江戸文化歴史検定 公式テキスト【上級編】

江戸博覧強記

江戸文化歴史検定協会・編

小学館

江戸風俗の展開

ファッションリーダーたち

江戸時代は、衣食住の様相が、大きく展開した時代であった。とくに江戸は、参勤交代による武家や、職人・商人が集まり、諸国の物産や技術の交流する、人・モノ・情報のセンターとなった。鎖国下でも、長崎を通じて中国や西洋の文物や情報が江戸へ流入し、江戸文化の形成にも直接影響を及ぼした。当初は上方《かみがた》文化や風俗への憧れがあったが、やがて独自の風俗スタイルを生み出し、江戸は最先端の流行発信地となる。江戸の遊里や芝居の隆盛が、モードを提供する基盤となった。

初期

遊女　江戸時代初めのファッション界をリードしたのは上級の遊女。耳を露《あらわ》にした兵庫髷《まげ》に、華麗な鹿子絞りの雪輪文小袖が斬新《ざんしん》①

中期

笠森《かさもり》お仙《せん》　笠森稲荷の茶屋娘お仙のような評判娘が登場。役者にちなんだ半四郎下駄を履く。髪型が発展、帯も幅広となる②

後期

団十郎《だんじゆうろう》の鎌○ぬ《かまわぬ》　七代目市川団十郎が舞台で着た浴衣の文様が､「構わぬ」の語呂合わせで贔屓《ひいき》筋に大流行。男伊達のファッション③

①『彦根屏風』国宝　滋賀、彦根城博物館
②鈴木春信『笠森おせん』東京国立博物館
③歌川豊国『曾我祭侠競』東京、たばこと塩の博物館

上方から江戸へ

慶長《けいちょう》～元禄《げんろく》 1596～1704

戦国の余風をとどめる慶長～寛永期は、桃山様の華やかで大胆なファッションが一世を風靡《ふうび》した。上方の美意識や風俗が流行をリードし、南蛮《なんばん》渡りの煙草やクルスを好むかぶき者たちが浮世を謳歌《おうか》した。

諸肌脱ぎのかぶき者　「いきすぎたりや、廿三、八幡、ひけはとるまい」と金文字で書かれた朱鞘の大刀をもつ。豊国祭礼での喧嘩①

湯女《ゆな》　小袖は、疋田《ひった》絞りに篆書《てんしょ》の大文字、艶書を入れた文箱《ふばこ》、といったダイナミックな意匠。苦界の身ながら、堂々の生き方を示す③

男装の麗人　切支丹《キリシタン》の象徴クルスを胸に、腰に鉄砲の火薬入れの瓢箪を提げた、歌舞伎の開祖・阿国《おくに》のファッションを受け継ぐ姿②

男舞《おとこまい》　独特の被《かぶ》り物に扇を手に持つ、浮《うか》れ女《め》が男装しての白拍子舞。芭蕉の葉の文様も最新の流行④

①『豊国祭礼図屏風』重文　愛知、徳川美術館
②『歌舞伎図巻』愛知、徳川美術館
③『湯女図』重文　静岡、MOA美術館
④『男舞図』東京国立博物館

といった気性や容姿によってある程度は増減したが、一般に年数両にすぎず、妻子が養えるほどではなかった。そこで、多くは旗本屋敷内の長屋でまとまって生活した。このため、仲間うちでの博奕《ばくえき》にはまるなど、すさんだ生活がたびたび問題にもなった。

　江戸時代中ごろまでは、彼ら奉公人は譜代で、旗本家内の一員であったが、その後はしだいに一年や半季で出替わる「出替り奉公人」が一般化する。旗本の生活は苦しく、いつでも十分な奉公人を抱えていられるとは限らず、供揃えは登城日など必要なときにだけ抱え入れるようになったからである。その半面、江戸では旗本の奉公人が不足気味で奉公口が多かったため、つぎつぎと旗本を渡り歩く奉公人が増加していった。

　彼ら渡りの奉公人は、「口入屋《くちいれや》」あるいは「人宿《ひとやど》」と呼ばれる業者に身を寄せ、奉公先を解雇されるとそこに戻り、新しい奉公口を斡旋《あっせん》してもらった。また、口入屋は渡り奉公人の「請人」（保証人）ともなった。こうなると口入屋の主人と身を寄せる渡り奉公人との間に、自然と親分・子分の関係が生じる場合もあり、しだいに都市江戸の新しい社会集団となったのである。

【女性の奉公人】

　旗本の屋敷には、女性の奉公人も抱えられていた。たとえば、家禄九〇〇石の旗本池田《いけだ》家では、用人以下中間まで男性の家来一八人とともに女中方《じょちゅうかた》八人が抱えられており、二〇〇俵の小野《おの》家では男性四人に女性二人がいた。女性奉公人のおもな役目は女中（家事手伝い）・乳母・裁縫女・飯炊き・子守であったが、彼女たちの取締役として老女《ろうじょ》が置かれたり、主人の妾《めかけ》も奉

下馬札から下乗橋までの召し連れ人数　安永5年（1776）3月の規定

格式	侍	草履取	挟箱持	傘持（雨天時のみ）	薬箱持
諸番頭 諸物頭 布衣以上の役人 中奥御小姓衆 3000石以上の寄合	2	1	1	1	
3000石以下の寄合 布衣以下の役人 中奥御番衆 惣御番衆	1	1	1	1	
医師	1	1	1	1	1

上記以外の諸役人については、前例に従うことになっていた。
『御触書天明集成』「御城内外供廻り等之部」より作成。

公人の一種と見なされた。また、三〇〇〇石以上の旗本ともなると、御局《おつぼね》・御中臈《おちゆうろう》・御《お》次《つぎ》など、将軍家の大《おお》奥《おく》や大名家の奥向き同様の役職が設けられていた。

　女性奉公人の抱え方は、おおむね二種類あった。ひとつは年限を定めて数年間奉公する年季奉公で、老女や女中がこれにあたり、もうひとつは男性の奉公人と同様に一年以内で交替する出替り奉公で、裁縫女、飯炊きなどがこれにあたる。もちろん出替り奉公の女性のなかには家内になじみ「重年《ちようねん》」（更新）を繰り返す者もいた。前者がほぼ三両前後かそれ以上の給金であったのに対して、後者は一両前後かそれ以下であった。

　彼女らのなかには、主人と男女の関係となり子を宿す者もいた。当初から妾として跡継ぎをもうけるために奉公した場合はともかく、こうした事件が旗本家内ではちょっとした「御家騒動」の原因ともなった。主人の子を宿した奉公人のなかには、「奥様」の地位を手に入れる者もいたが、生まれた子は「下腹」（下女の子）といわれ余所《よそ》へ貰《もら》い子に出され、本人は「御暇」となることも少なくなかった。

【旗本の家法と家政指南書】

　旗本も三〇〇〇石を超え家来や奉公人が多数となると、大名並みに家内の格式や儀礼、職務などを家法《かほう》としてまとめる必要があった。この家法は大名家同様の骨格でつくられており、幕府や大名家の家法を縮小したものであるが、内容はこまかな点にまで及んでいた。

　たとえば、三〇〇〇石の旗本池田家では、家老の処遇に始まり、諸役職の心得、礼法、家中や領内の法度《はつと》などをまとめ「御家法」とした。とくに家老以下家来衆の給与に関する規程が詳細で、家法作成の理由が家内の経済事情にあったことがうかがえる。事実、池田家は寛文《かんぶん》10年（１６７０）までは播磨《はりま》国新宮《しんぐう》で一万石の大名であったが、当主の早世で三〇〇〇石にwとなった旗本であった。そこで、大幅減収となった自家経済を立て直すため、家法が必要となったのである。

　対して、家禄が一〇〇〇石に満たない多くの旗本たちの場合は、既存の経済指南書《しなんしよ》に頼る場合が多かった。たとえば、一五〇俵の旗本橋本敬簡《はしもとゆきやす》が文政《ぶんせい》8年（１８２５）に著わした『経済随筆《けいざいずいひつ》』が有名である。敬簡は、家督前に病となり多額の治療費で家産を失うが、家督を継いだのを機に倹約を心がけ、九年で立て直しに成功する。この心がけを著わしたのが『経済随筆』である。みずからの体験に基づく生計立て直しの具体策を、収入に応じた生活設計や実生活の心得などに分けて提示している。借金に苦しむ小身旗本にとって、実用性に富んだ便利な書物であった。

細見

江戸の浪人
市井に生きる武士の姿

浪人とは主家を離れ知行や俸禄を失った武士のことである。寄る辺《よるべ》を失い流浪することから「浪人」といったが、江戸時代初頭には、身分や地位を失って牢《ろう》籠《ろう》(落ちぶれ困窮すること)することから「牢人《ろうにん》」の字をあてる場合が多かった。しかし、牢という字が牢屋を連想させること、中国に浪人という熟語はあるが牢人はないことなどから、江戸中期以降、一般に浪人と表わすようになる。

江戸時代初頭には、幕府がその権力を確立するためにも、城郭建築などの幕法違反や御家騒動、継嗣の不在(無嗣《むし》)に対して厳格な態度で臨んだ。このため、多くの大名が改易《かいえき》や減封となり、主家の不手際のあおりを受けて大量の浪人が発生する。また、江戸時代を通じて、大名やその家中との折り合いから主家を離れ浪人となる者も少なくない。浪人のなかには帰農する者もいたが、多くは江戸や大坂など大都市部に流れ込み、深刻な都市問題となった。慶安《けいあん》4年(1651)に軍学者由井正雪《ゆいしょうせつ》が起こした慶安事件の背景には、こうした浪人たちの不満があったのである。

浪人たちは、武士としての地位(士籍《しせき》)を失ったとはいえ苗字帯刀《みょうじたいとう》を許され、武士のような体裁を保てた。一部の恵まれた浪人は、親類縁者など身寄りの屋敷地に寓居して再仕官の機会を待った。幕府や諸大名にしても筋目のよい才能ある浪人を召し抱えるのにやぶさかではなく、浪人たちは、再仕官の日に備えて武芸や学問に励んでいた。なかには宮本武蔵《みやもとむさし》や山鹿素行《やまがそこう》など、その道で一家をなす者もいた。

しかし、多くの浪人たちは江戸の裏店《うらだな》に住んで、内職や手習いの師匠として糊口《ここう》をしのいだ。彼らは町方に住む以上、町奉行の支配を受け、その身分は百姓や町人とほとんど変わりなかった。こうした生活が続くなか、貧しさから無頼《ぶらい》の徒となる者も多かったという。

また浪人は、種々の文芸で取り上げられている。たとえば、浪曲や講談で名高い『天保水滸伝《てんぽうすいこでん》』は、天保年間(1830〜44)、利根川河畔の二人の大親分、笹川繁蔵《ささがわのしげぞう》と飯岡助五郎《いいおかのすけごろう》の抗争を描く作品だが、その登場人物で繁蔵の用心棒平手造酒《ひらてみき》は、酒に溺れ主家を追われた浪人であった。また、浄瑠璃や歌舞伎の主人公、義賊の児雷也《じらいや》も主家滅亡の浪人として描かれている。

いずれにしても浪人は、江戸人の生活文化に溶け込んだ身近な存在であったといえよう。

2 幕臣の生活

幕臣の一生

【誕生と通過儀礼】

江戸時代の乳児死亡率はひじょうに高く、「七つ前は神の子」などといわれた。そのため、旗本《はたもと》や御家人《ごけにん》をはじめ武家では、子どもの成長にあわせてさまざまな通過儀礼を設け、その成長を祈った。

誕生から七日目に「御《お》七夜《しちや》」を行ない、このときはじめて父親から幼名《ようみょう》をもらう。「御宮参《おみやまいり》」は生後ひと月目前後にはじめて産土神《うぶすながみ》に参詣する日である。「御《お》食初《くいぞめ》」は、生後三か月目前後に行ない、乳児に膳部《ぜんぶ》（食膳）を調え、食事の真似事《まねごと》をさせて丈夫に育つよう祈念した。また、生まれてはじめて迎えた節句を「初節句《はつぜっく》」といい、女子ならば3月3日の上巳《じょうし》に雛《ひな》人形を、男子ならば5月5日の端午《たんご》に武者人形を飾り、その行く末を祝した。この両日は現在でも雛祭り、こどもの日として親しまれている。

男女ともに3歳となると、髪置《かみおき》といって髪を伸ばしはじめた。その後、男子は5歳になると袴着《はかまぎ》といい、はじめて袴をつけてお宮参りをする。女子は7歳になると着物の付け紐《ひも》をやめ、はじめてふつうの帯を使う「帯解《おびとき》」をし、やはりお宮参りした。この髪置・袴着・帯解を簡略化したのが現在の七五三であるという。

武家男子は成人すると元服《げんぷく》を行なう。「元」は始まり・首《くび》、「服」は冠《かんむり》を意味し、はじめて冠をつけることをいうが、武家社会では冠にかえて烏帽子《えぼし》を用いた。室町時代までの元服では烏帽子着《えぼしぎ》の儀式のほうが重要であり、理髪《りはつ》は烏帽子をかぶるのに都合がよい髪型に変えるためのものであった。ところが江戸時代になり烏帽子をかぶらなくなると、当時の成人男性の髪型の象徴である「月代《さかやき》」とすることが元服となった。

男子は元服に先立って半髪《はんこう》を行なった。これは半元《はんげん》服《ぷく》・額直《ひたいなお》しともいい、額の角の前髪を取って前髪執《まえがみとり》の準備とした。その後、幕臣なら将軍への初御目見《おめみえ》を前に行なったのが元服である。元服は前髪執ともいい、前髪を全部剃り落として月代とする行事で、以後、実名（諱《いみな》）を名のり大人の仲間入りをしたのである。

武家のおもな通過儀礼

儀礼	時期	内容
御七夜	生後7日目	父親から幼名をもらう
御宮参	生後1月目〜2、3年目	産土神への参詣
御食初	生後3か月目前後	成長を願い、飯・魚の膳部と5個の餅をのせた三方、吸い物、酒を用意し、食事の真似事をする
初節句	—	生まれてはじめての節句。女子は3月3日、男子は5月5日
髪置	3歳	髪を伸ばしはじめる
袴着（男子）	5歳	はじめて袴をつける
帯解（女子）	7歳	ふつうの帯を使いはじめる。多く11月15日
半元服（半髪留袖　男子）	—	前髪の額の角を取って前髪執の準備をする
本元服（前髪執　男子）	初御目見前	前髪を全部剃り落として月代とする。実名をもらい、大人の仲間入りをする

市岡正一著『徳川盛世録』、武士生活研究会編『図録　近世武士生活史入門事典』などより作成。

【見習いの日々】

幕臣の子弟は、元服をすませ成人したからといって、すぐに就職（御番入《ごばんいり》・抱入《かかえいれ》）できたわけではない。しばらくは親がかりの部屋住として学問や武術に明け暮れる日々が待っていた。

とくに旗本の部屋住《へやずみ》は、御番入を願い出る「御番入《ごばんいり》吟味《ぎんみ》」の際、書類に学問や武術、諸芸の師範名を書き出して提出しなければならなかった。この師範名は一種の学閥《がくばつ》として有効であったため、旗本の子弟はさまざまな師範のもとに忙しく通った。

師範となる者の多くは、学問や武術、諸芸に長《た》けた旗本や御家人であり、御番入後、各役職へ配属される際には、誰の門下であるかが縁故《えんこ》として有効であった。この縁故は、旗本の子弟にとって習い事の習熟度以上に重要な問題となった。つまり、昌平坂《しょうへいざか》学問所などで名をなして、ひとつの習い事に秀でる以上に、さまざまな師範に入門するほうが出世の近道だったのである。

一方、御家人は、同じ役職の者が組屋敷で集団生活していたため、子弟の教育も組屋敷をあげて行なった。たとえば町奉行所与力《よりき》・同心《どうしん》の子弟は八丁堀《はっちょうぼり》の組屋敷内ではぐくまれ、若年《じゃくねん》になると「同心見習」として「無足」（無給）で召し使われた。そして、勤め慣れした同心見習のなかから、古参の与力が「吟味」して御用に立つと判断した場合に、欠員に抱入となったのであり、必ずしも父の跡を継いだわけではなかった。

　このように、旗本と御家人の教育は役職に直結する人材育成が主流で、今日のような学校教育とはだいぶ異なっていたのである。

【養子の口】

　旗本や譜代席の御家人に嫡子《ちゃくし》がいない場合は、養子が家を相続した。さもなければ「無嗣断絶《むしだんぜつ》」となったので、養子は、嫡子以外の幕臣子弟（厄介《やっかい》）が世に出るための絶好の機会でもあった。江戸時代には成人でも病死する場合が多く、養子の口も少なくはなかった。

　そこで厄介は、養子の口がかかるように日々の習い事に精を出したのである。また嫡子であっても、不行跡《ふぎょうせき》などを理由に「廃嫡《はいちゃく》」されて、才覚ある養子に跡を継がれてしまう場合もあり、嫡子もまた日々の習い事に力を入れざるをえない状況にあった。

　とくに享保《きょうほう》期（1716〜36）ごろまでは血筋が重んじられた養子ではあったが、その後は才覚ある他人を養子にすること（他人養子《たにんようし》）が一般化してくる。このため、ますます養子の口をめぐる駆け引きは複雑さを増し、ついには血筋でも才覚でもなく、「持参金」を後ろ盾として養子の口を得る者も現われた。また、一代抱え（抱席《かかえせき》）の御家人であっても、自身の欠員（跡式《あとしき》）に身寄りの者などを養子と称して推挙できたので、この跡式を金銭で売買する者もいた。これが「御家人株《ごけにんかぶ》」である。

　旗本や御家人の子弟は、血筋だけでなく才覚や財力をも駆使して養子の口を探し求め、身を立てる機会をうかがっていたのである。

【縁組みの様子】

　旗本や御家人が跡継ぎを確保するためにも、縁組みは重要であった。しかし、旗本や御家人の縁組みには、幕府法によってさまざまな規制があり、相手選びには苦労していた。まず、同じ役職で同じ組の者同士の縁組みは許されず、また、大名の家来（陪臣《ばいしん》）や百姓・町人など、身分違いの縁組みはできなかった。さらに、すべての縁組みは許可制で、婿側・嫁側双方から願い出て、上司の許可を得る必要があった。

　もっとも縁組みの許可と結婚とは別問題で、婚礼の式を挙げたあとに、さらに結婚届を出さなければならなかった。そのため縁組みの許可を得たあと、未婚のまま離縁ということもあったのである。

　こうした幕府法による規制は、旗本や御家人が縁組

不行跡により旗本や御家人の子弟が受けた懲戒

名称	内容
廃嫡《はいちゃく》	跡継ぎ（嫡子・惣領）が病身や虚弱・不行跡・家芸未熟などの場合に、その地位を剥奪すること。嫡子退身、惣領除きともいい、廃嫡された者は、以後、存在を失ったも同然に扱われ、たとえ病気が全快したり行跡が改善しても、ふたたび跡継ぎとなることはできなかった
勘当《かんどう》	跡継ぎをはじめ子弟の不行跡があらたまらないとき、懲戒のため一時的に家族関係を絶ち（絶縁）、屋敷から追い出すこと。本人が改悛すれば解除できた
久離《きゅうり》	不行跡があらたまらない子弟や出奔者に対し、家族だけではなく親族をあげて絶縁すること。勘当と同様に本人が改悛した場合は解除できた。勘当と久離はしばしば混同されるが、おおむね勘当を含めて久離という場合が多かった
離縁《りえん》	跡継ぎが養子でも実子と同じく廃嫡できるが、勘当や久離はできなかった。理由は養子は離縁できるからである。離縁とは、養子が病身であったり〝養父の心底に応ぜざる〟ときに、実家に差し戻すことをいう。離縁された養子は少なくとも10年はふたたび他家の養子にはなれず、またもとの養父も、その後、実子が生まれても跡継ぎにできないなど、お互いに不利益をこうむった
義絶《ぎぜつ》	親族の不行跡があらたまらない場合、親族としての関係を絶交（義絶）する場合があった。勘当や久離が自身の子弟に対する懲戒的意味合いが強いのに対し、義絶は親族間の不和による絶縁の意味合いが強かった。義絶は、子孫の代まで続く長期的な絶縁となる場合もあるが、双方の和談により解消できた

どの懲戒行為も幕府に届書や願書を提出する必要があった。
中田薫著『法制史論集』第１巻「親族法・家族法」より作成。

みによって党《とう》を組み結束することや、身分が乱れることを恐れたためである。しかし、実際には縁組みが許されない者同士でも、一度、条件にかなった者の養子や養女となったうえであれば縁組みできた。この手段により、旗本や御家人が百姓や町人の娘を嫁に迎えることもできれば、旗本や御家人の娘が百姓や町人に嫁ぐこともできたのである。

【幕臣と不行跡】

旗本や御家人のなかには、晴れて御番入や抱入の栄誉にあずかりながら、不行跡で改易《かいえき》となる者もいた。これは江戸の華美な風儀が原因のようで、無頼《ぶらい》の徒とつきあったり、酒食や女色《じょしょく》にふけるうちに身を持ち崩す者も多かったのである。

その傾向は江戸時代の初めからみられる。たとえば「旗本奴《はたもとやっこ》」といい、泰平《たいへい》の世に鬱屈《うつくつ》し奇抜な身なりで徒党を組む旗本がいた。彼ら旗本奴は御直参《ごじきさん》としての奢《おご》りから吉原《よしわら》や湯女風呂《ゆなぶろ》、芝居小屋などでのさばり、町人たちに乱暴狼藉《ろうぜき》をはたらいた。

旗本奴の代表といえば、「町奴《まちやっこ》」の頭目《とうもく》幡随院《ばんずいいん》長兵衛《ちょうべえ》との抗争が芝居の題材ともなった、知行三〇〇〇石の大旗本水野《みずの》十郎左衛門《じゅうろうざえもん》が有名である。彼は父の跡を継いだあとも市中での乱暴狼藉がおさまらず、最後は切腹を命じられ御家断絶《おいえだんぜつ》となっている。

賄賂《わいろ》政治で著名な田沼意次《たぬまおきつぐ》の時代ともなると、乱暴狼藉よりは、酒や女による不始末が増えてくる。賄賂の横行により「札差《ふださし》」などの旦那衆《だんなしゅう》が贅沢《ぜいたく》な暮らし向きに浸り、「十八大通《じゅうはちだいつう》」などと気取るなか、本来、生活が苦しいはずの旗本や御家人までがこの風潮に巻き込まれた。その結果、女色・飲食・博奕・借金・詐《さ》欺《ぎ》・刃傷《にんじょう》などさまざまな不行跡により、多くの旗本や御家人が処罰されている。

こうした風潮は江戸時代を通じて続いた。幕府は改革のたびに旗本や御家人に質素倹約を命じたが、その風儀が改まることはなかった。

【隠居の楽しみ】

旗本や譜代《ふだい》席の御家人は、老齢や病気を理由に「隠居」して、嫡子に「家督相続」させることができた。しかも、隠居しても旗本身分のままであり、場合によっては隠居料が支給された。

老齢による隠居が許される年齢は、70歳以上であったが、実際には70歳を過ぎても隠居しない者もめずらしくない。これは幕府に定年がなかったからでもあるが、年功を重んじる幕府では長期の精勤がそのまま収入の高さにつながっていたためである。くわえて、当《とう》主《しゅ》の地位を譲りたくないといった人情もあったようである。なかには90歳を超えてなお役職にある旗本も多かった。

一方、病気を理由にして家督を子どもに譲ってしまい、自身は楽隠居を決め込む者もいた。たとえば、勝《かつ》海舟《かいしゅう》の父小吉《こきち》は、粗暴な自分が当主を続けては御家断絶ともなりかねないと、優秀な子息海舟に後事を託し、36歳の若さで家督を譲っている。その後は「夢酔《むすい》」と号し49歳まで生き、この楽隠居の間に編まれた自伝が『夢酔独言《むすいどくげん》』である。

一方、抱席の御家人は基本的に本人一代のみの抱入であり、隠居は許されなかった。病気や老齢を理由に「御暇」した場合は、御家人身分から離れることを意味し、欠員（明跡《あきあと》）に何者かが新たに抱入となったのである。もっとも実際には身寄りの者が明跡に抱入となり、自身はその同居人として余生を送ることが多く、その場合も隠居と呼ばれていた。

【死去の様子】

旗本や御家人が死去した場合は、ただちに上司（頭・支配）に死亡届や跡目願《あとめねがい》を提出しなければならなかった。もし届け出が遅れると「跡目相続」に支障をきたし、時には処罰された。

もちろん、死亡届を出さなければ跡目相続もありえないため、惣領《そうりょう》は早急に提出したはずであるが、場合によっては届け出が遅れる場合もあった。その多くは当主の死去を隠し、長年の精勤で増加した役料の支給を二、三年引き延ばそうという試みであったり、隠居が死去した場合も、これを秘して隠居料をしばらく頂戴しようという手段であった。

当主あるいは隠居が死去すると、残された家族は「服忌《ぶっき》」といい、幕府によって定められた期間、長い場合で一年も喪に服した。ただし、役職にある者が長期間の服喪にあると職務に差し支えるので、「忌中《きちゅう》」といって数日間の休暇を賜わるにとどまる場合が多い。

彼らの葬儀の多くは仏葬で、前もって届けてある代々の菩提寺に葬られた。多くは土葬であったが、職務のため遠国《おんごく》で死去した場合などは火葬して遺骨を持ち帰る場合もあった。法名《ほうみょう》は宗旨によって異なるが、旗本の場合は「院居士《いんこじ》」が多く、大身《たいしん》は「院殿居士《いんでんこじ》」となり、死後まで身分や格式がものをいった。

なお、林家《りんけ》など幕府の儒者に限り、例外として儒法での葬儀が許されていた。この場合も墓は代々の葬地である寺院に置かれた。ただし、林家だけは牛込山伏《うしごめやまぶし》町《ちょう》に「儒者棄場」という墓地（現在の新宿区市谷《いちがや》山伏町「林氏墓地」）を設けていた。

幕臣の著作

書名	作者	作品と作者の紹介
三河物語《みかわものがたり》	大久保彦左衛門忠教《おおくぼひこざえもんただのり》	徳川将軍家草創の歴史を大久保一族の忠勤や自身の活動を交えて記した自伝的教訓書。作者の彦左衛門は幕府草創期の旗本で、鑓奉行や旗奉行を歴任した。「一心太助」が登場する講談や講釈の登場人物としても有名
耳袋《みみぶくろ》	根岸肥前守鎮衛《ねぎしひぜんのかみやすもり》	寛政年間に町奉行を勤めた鎮衛が、人々から聞いたさまざまな話を書き留めた随筆雑談集。江戸市中の風聞や江戸城内のうわさ話が書き留められ、当時から評判の書物
賤《しず》のをだ巻《まき》	森山孝盛《もりやまたかもり》	寛政年間に目付や火付盗賊改などを歴任した孝盛の随筆集。江戸の世相や人情話を子孫の教訓となるよう書き留めたもの。彼には『蜑の焼藻』『自家年譜』などの著作もある
東歌《あずまうた》	加藤枝直《かとうえなお》	枝直は、町奉行大岡越前守忠相の配下として活躍した町方与力で歌人。国学者賀茂真淵を庇護して息子の千蔭を入門させ、江戸派の形成に貢献。『東歌』はその歌集
うけらが花《ばな》	加藤千蔭《かとうちかげ》	千蔭の歌集。彼は枝直の息子で、同じく町方与力として活躍。少年時から賀茂真淵に学び、村田春海とともに江戸派の双璧をなす
寝惚先生文集《ねぼけせんせいぶんしゅう》	大田南畝《おおたなんぼ》	本名、覃。元来、御徒の家筋で、学問吟味により登用され支配勘定として活躍。ほかにも蜀山人・四方赤良・南極老人など種々の号をもつ、江戸文人界の重鎮。『寝惚先生文集』は、19歳のとき平賀源内らとの出会いを機にはじめて出版した狂詩集
偐紫田舎源氏《にせむらさきいなかげんじ》	柳亭種彦《りゅうていたねひこ》	本名を高屋彦四郎知久といい、小普請組の旗本。狂歌・俳諧・川柳・読本・随筆など多彩な文芸活動を繰り広げた。『偐紫田舎源氏』は、絵師の歌川国貞と組み評判になった作品

『国書人名辞典』、竹内理三ほか編『新装版　史籍改題辞典』、加藤友康ほか編『日本史文献外題辞典』などより作成。

幕臣の一年

【御礼日】

年始・八朔《はっさく》・五節句・月次《つきなみ》などの御礼日は、江戸幕府の年中行事のなかでも、とくに重要なものである。いずれも江戸城中で行なわれ、御目見《おめみえ》以上の旗本が将軍の面前に出る数少ない機会であった。

年始の御礼は正月元日から3日にかけて行なわれ、大名から旗本まで、身分や家格に応じて拝賀の日が決まっていた。旗本の場合、元日は交代寄合《こうたいよりあい》、表高家《おもてこうけ》、諸番頭《しょばんがしら》および諸番士《しょばんし》、諸大夫《しょだいぶ》・布衣《ほい》以上の諸役人、一部の寄合などが年賀を受けた。

この際、旗本の多くは「立礼《りつれい》」といい、群居し一同が平伏するなかで直立した将軍と対面した。その後、「御流《おながれ》」といい土器《かわらけ》に盛った酒を賜わり、この土器は各人が持ち帰った。2日は代官など、3日は残りの寄合、五〇〇石以上無役の面々などが年賀を受けた。

八朔は、年始に次ぐ大事な御礼日で、徳川家康が江戸に入部した日（八月朔日《さくじつ》）を祝日としたものである。在府の大名や、旗本のうち役職にある出仕の面々は惣《そう》登城《とじょう》し、役職にない三〇〇〇石以上の面々は太刀《たち》の贈呈目録（太刀目録）を献上した。

五節句は、正月7日（七種《ななくさ》）、3月3日（上巳《じょうし》）、5月5日（端午《たんご》）、7月7日（七夕《たなばた》）、9月9日（重陽《ちょうよう》）の五日をいい、やはり重要な御礼日として大名や旗本に登城が義務づけられた。

また、年始・八朔・五節句のような特別な日ばかりではなく、大名や旗本は、毎月朔日・15日・月末ごろに江戸城へ登城する義務があった。これらは毎月恒例の御礼日で、月次御礼《つきなみおんれい》という。

このほか、嘉祥《かじょう》（6月16日）や玄猪《げんちょ》（10月初亥《はつい》の日）なども大事な御礼日で、大名や旗本に将軍から菓子や餅が饗された。

【幕臣の年中行事】

御目見以上の旗本の一年は、おおむね幕府の御礼日に左右され、年中行事といえば江戸城へ登城することと同じといっても過言ではない。これは御目見以下の御家人も同じではあるが、彼らは江戸城のかわりに各人が所属する役所に出頭した。

たとえば町奉行所与力の年始を見ると、正月元日は、明《あ》け七つ（午前4時頃）に与力と同心が奉行所に勢ぞろいし、登城前の町奉行に拝礼し、年始の挨拶をした。

また、この日から5日までは「惣出初番」といい、当

幕臣の年中行事（御徒山本政恒の場合）

月日	行事	内容
2月 初午の日	初午	稲荷社の縁日で、地口行灯に絵と洒落言を書いて飾りにし、酒・赤飯などを供えた。各屋敷ごとに稲荷社があり、これを見物してまわるのも楽しみのひとつだった
春	花見	3月頃がもっとも盛んで、上野・飛鳥山・向島が定番の花見場所であった
5月5日	菖蒲の節句	端午の節句ともいう。菖蒲5、6本の根元を縛り、葉先までを3つ折りにして、これを地面に叩きつけて音の高低を遊び競った（菖蒲打）。また家のなかに幟・吹流し・鑓・長刀・青龍刀・鯉などを飾り、柏餅を供えた
7月7日	七夕祭り	五色の半紙で短冊をつくり、七夕の歌を書いて葉付きの竹に結び、庭先の樹へ縛りつけ高く掲げた
8月15日	月見（十五夜）	大団子をつくり、柿・枝豆・里芋などと三方に積み上げ、すすき・紫苑などとともに飾って発句をした
9月13日	月見（十三夜）	十五夜と同じ
10月	恵比須講	馬喰町宝田恵比須神社に参詣。宝田恵比須は、浅草大根の漬け物売りが市をなし、「べったら市」として有名だった
11月 酉の日	酉の市	浅草や足立郡花又村の鷲神社に詣で、熊手を買い求めて神棚に供える
12月 17・18日	暮の市	浅草の観音様へ行き、注連飾りを求める。暮の市は深川八幡（15日）・神田明神（19・20日）・湯島天神（25日）も盛んだった

山本政恒著・吉田常吉校訂『幕末下級武士の記録』より作成。

番の組（与力五騎・同心三〇人）が一組ごとに初出勤をすませた。

5日には町奉行から椀飯の振る舞いを受け、7日は町々の名主《なぬし》などから挨拶があり、16日まで町奉行所の業務は休みとなって年始御礼のための諸行事が続いた。さらに、与力は元日に登城する奉行の見送りをすませたあと、自身の屋敷で町火消の頭から年頭の挨拶を受けていたのである。

このように旗本や御家人はもちろん町人までも、その一年は幕府の御礼日に影響されていたが、各家なりの行事も行なわれていた。

たとえば七種《ななくさ》の節（正月7日）では、この日に家々の松飾りを取り除き、早朝に刻んだ菜と薺《なずな》を白粥《しろがゆ》に入れて食した。上巳の節（3月3日）は女性の節句で、毎年雛人形を飾り桃の花や白酒を供えてお祝いした。端午の節（5月5日）は男児の節句で、男子が生まれたら幟《のぼり》や兜《かぶと》、人形を新調し、7歳になるまで毎年飾った。また、この日から人々は単衣《ひとえ》となった。七夕（7月7日）には短冊に詩歌を書いて笹の葉に結び、重陽の節（9月9日）は菊重《きくがさね》の節句ともいい、人々はこの日から綿入れを着た。

いずれにしても、旗本や御家人は、多くの年中行事に忙殺されていたのである。

幕臣の一日

【出勤日と休日】

旗本や御家人がそれぞれの役職に励むことを、「勤《きん》番《ばん》」という。この言葉は、ほかに「出仕《しゅつし》」の意味にも用いられ、旗本や御家人が江戸城をはじめ、番所や役所など勤務地に赴くこともまた勤番といった。〝番〟の字がついているのは、江戸幕府の役職の多くが月ごとや日ごとに交代する当番制をとっていたからである。この当番制は、番方《ばんかた》と役方《やくかた》それぞれに特色があった。

役方とは、勘定奉行など、行政や司法、財政などに関する事務畑の諸役をいう。役方の多くは俗に「三日勤め」といい、おおかた二日出勤して一日休勤となる交代制をとった。対して、五番方《ごばんかた》をはじめとする軍事畑を担った番方の多くは、朝番、夕番、泊番《とまりばん》（不寝《ふしん》番《ばん》）の一日三交代制である。また要職のなかには、老中など、ひと月ごとに交代する月番制もあった。

彼ら旗本や御家人は、当番でないときが休暇（非《ひ》番《ばん》）となるのだが、この日は実際は自宅待機の状態であり、当番中に処理できなかった事務処理を行なうための在宅勤務の日でもあった。そのため非番を「在《ざい》宿《しゅく》」とも表現した。また、武芸や学芸など、武士としてのたしなみにいそしむ者もいた。もちろん、苦しい生活の足しに内職に励む者や、遊興にふける者など、私事にあてる者も多かった。

非番に対して、節句などの行事や体調不良のために許可を得て自宅にいることもあり、これこそが本来の「休み」「休日」であった。なお、幕臣の間では、この休日に非番を含めてたんに休日といっていた。

【勤務中の様子】

旗本や御家人の出勤時間は、役職により大きく異なる。たとえば月番の町奉行は、朝四つ（午前10時頃）の御太鼓《おたいこ》前に登城し、八つ（午後2時頃）には町奉行所に戻り町奉行として職務にあたった。また、勘定奉行のうち勝手方《かつてかた》担当の者は、朝七つ半（午前5時頃）には大手門《おおてもん》横の下勘定所《したかんじょうしょ》に出勤して事務処理をし、五つ半（午前9時頃）までに江戸城本丸御殿にある御殿勘定所に詰めた。

いずれにしても要職にある旗本は、老中の出仕（出勤）を知らせる朝四つの御太鼓までには江戸城内に出勤し、老中が御用部屋を退出する八つまで江戸城中にいて、その後、それぞれの役職に応じて移動していった。こうした老中の出勤の様子を俗に「四つ上りの八つ下り」といい、諸奉行はじめその下役人たちの出勤は、これに左右されていたのである。

　対して一日三交代制であった番方はどうかというと、たとえば御徒《おかち》は、組頭を含めて二五人を一組として、これをさらに一二人ずつ朝番と夕番の二組に分ける。


幕臣の一日（御徒方、御座敷勤番〔本番〕の場合）

時刻	朝番（組頭とも12人）	夕番（組頭とも12人）	宿番（1人）
朝六つ半（午前7時頃）	御門が開くのを待って登城 御玄関の舞良戸を開ける 前日の夕番の泊番（不寝番）より申し継ぎを受ける	（在宅）	自宅待機
〜	3人ずつ約半時交代で休息をとる 弁当が出る		
朝四つ（午前10時頃）	目付の登城に立ち会う 夕番と交代して一度帰宅	出宅して登城 朝番と交代	
朝四つ半（午前11時頃）	（在宅）	大老・老中・若年寄の登城に立ち会う	
〜		3人ずつ約半時交代で休息。弁当（昼・夕）が出る	
暮れ六つ（午後6時頃）	御門閉まりまでに再度登城 坊主より夜詰引けの通知があり 舞良戸を閉める 泊番を勤める	朝番へ引き継ぎをして退出	
〜	一時ごとに2人で勤務 小夜食が出るが、翌朝、夜具運びの人足へ与える	（在宅）	
明け六つ半（午前7時頃）	御門が開くのを待って退出		

山本政恒著・吉田常吉校訂『幕末下級武士の記録』より作成。


朝番は六つ半（午前7時頃）の大手門開門後に詰所《つめしょ》（担当場所）に入り、前夜の泊番（不寝番）から引き継ぐ。夕番は四つに出宅して登城し、朝番と交代する。朝番は一時帰宅し、暮れ六つ（午後5時頃）にふたたび登城、夕番と交代して翌朝まで泊番を勤めたのである。二五人のうち残り一人は宿番といい、在宅して留守番を勤めた。

　なお、御徒のように泊番のある役職には、江戸城内の御台所に夜食と朝食が用意されていた。

【病と欠勤】

　譜代席ならば代々、抱席でもその身一代を将軍に捧げた旗本や御家人にとって、本来、休暇というものはありえず、非番であっても実質的には待機の状態にすぎなかった。とはいえ、現実に病気によって勤務に滞りが生じる場合には病欠が認められていた。

　たとえば御普請役（御家人役）の井上貫流左衛門《いのうえかんりゅうざえもん》は痔疾《じしつ》により二七日間もの病欠をとっている。また、西丸書院番の松平外記《まつだいらげき》は、同僚と仲たがいした結果、勤務に差し障ると考え病気を理由に引きこもっている。

　なお、欠勤とまではいかずとも、病気を理由に勤務上さまざまな特例が許される場合があった。たとえば町奉行として著名な遠山左衛門尉景元《とおやまさえもんのじょうかげもと》は、西丸小納戸《にしのまるこなんど》役《やく》であった33歳のとき、痔疾《じしつ》のため騎馬での出勤が困難となった。このため、身分上は許されていない駕籠《かご》での登城を願い出、五か月間に限って許されている。

このように、幕府は病気に関しては比較的寛容な態度で臨んだ。病気を理由として免職となるのは、長患いによって一二か月間欠勤した場合、たびたび病欠し三年の間に三分の一以上欠勤した場合、明らかに病弱である場合などであった。この制度を利用して外国奉行水野《みずの》忠徳《ただのり》は若いとき、九〇日間欠勤しては一日だけ出勤したのち、ふたたび九〇日間欠勤して内職に励んだといわれている。

また、譜代席の旗本や御家人は、病気を理由に免職されても家禄まで取り上げられるわけではなかった。病気小普請といい、小普請組に編入されて快復を待ち、復職することができたのである。

【趣味と教養―休みの過ごし方1】

将軍は、剣術・弓術・鎗術《そうじゅつ》・炮術《ほうじゅつ》・柔術《じゅうじゅつ》・水練《すいれん》といった武芸はもちろん、能楽・蹴鞠《けまり》・管弦《かんげん》・舞楽など、さまざまな諸芸を上覧した。また幕府は、昌平坂学問所（儒学）や和学講談所《わがくこうだんしょ》（和学）・医学館（漢方医学）・西洋医学所（西洋医学）・講武所《こうぶしょ》（軍事）を設け、諸学問の振興に努めている。当然、旗本や御家人がたしなむべき教養は、このような武芸や諸芸、学問が中心となっていた。

旗本や御家人が非番を利用して、これら教養の修得に励んだのには理由があった。

ひとつは、御目見《おめみえ》以下の者でさえ、武芸や諸芸に秀でていれば、将軍上覧の栄誉を受けることができたからである。また、昌平坂学問所をはじめ、幕府の教育施設でもさまざまな試験が催されていた。当然、上覧や試験での成績優秀者は御番入りや昇進で優遇された。

もうひとつは、武芸や諸芸、学問の一門《いちもん》に名を連ねて縁故《えんこ》を得、出世の糸口にしようとしたのである。たとえば柳生新陰流《やぎゅうしんかげりゅう》が、幕臣はもちろん諸藩でも多く学ばれたのは、柳生家が将軍家の剣術師範であったからで、江戸時代における狩野派《かのうは》の隆盛もまた狩野家が御《ご》用絵師《ようえし》であったからにほかならない。

もちろん、こうした実利面ばかりではなく、旗本や御家人のなかには道楽としてひとつのことに熱中し、ついには歌川《うたがわ》（安藤《あんどう》）広重《ひろしげ》（もと定火消役同心《じょうびけしやくどうしん》）のように、その道で身を立てる者まで現われた。

【内職―休みの過ごし方2】

生活に余裕のある旗本や御家人であれば、非番を趣味や教養の時間にあてることができた。しかし、生活

幕臣のたしなみ

●御徒山本政恒の場合

時期	分野	教科書・流派・稽古場など
6～16歳	御家流手習	いろは四十八文字・名頭・字尽・都路・江戸方角・木曾路往来・商売往来・庭訓往来・その他
7～16歳	漢学	四書五経・十八史略
8～16歳	数学	算法通草
9歳～御徒勤務中	水泳	御徒水稽古場・御用稽古
13歳頃	画学	四条派
17歳	剣術・鎗術	（修業は短期間）
不明	柔術	起倒流
17歳	軍学	和流調練
27歳～銃隊勤務中	炮術	講武所などで西洋流炮術

山本政恒は、天保12年（1841）生まれ、安政３年（1856）御徒に抱入となり、慶応２年（1866）銃隊となる。明治維新後は諸県の役人を歴任し、大正５年（1916）死去。享年72歳。『幕末下級武士の記録』より作成。

●小普請組勝小吉の場合

時期	分野	師匠
9歳	柔術	養家の親類、細工頭鈴木清兵衛
10歳	馬の稽古	両番一色幾次郎
11歳	剣術（忠也流・一刀流）	御簾中様御用人鵜殿甚左衛門
12歳	学問	聖堂寄宿部屋保木巳之吉・佐野郡左衛門
17歳	喧嘩	分家、番場町男谷家用人源兵衛
17歳	刀の目利き	不明
17歳～	剣術（直心影流）	直心影流宗家団野源之進
28歳	加持祈禱	殿村南平
28歳	刀の研ぎ	研屋本阿弥弥三郎弟子吉

勝小吉は、享和２年（1802）男谷家に生まれ、文化５年（1808）小普請組勝家の養子となり跡を継ぐ。天保９年（1838）隠居して夢酔と号し、嘉永３年（1850）死去。享年49歳。『夢酔独言』より作成。

の苦しい旗本や御家人は、この時間を内職にあてた。

　広大な拝領屋敷をもつ旗本は、自身の屋敷地を利用して植物栽培を行なう者が多かった。とくに朝顔や万年青《おもと》などが江戸で大流行したため、朝顔ならば花の色や形、万年青ならば葉の形や地合いを競い合って改良し、品評会などで取り引きに励んだのである。時には数百両から数千両の値がつくこともあり、内職というよりは利殖として、植物栽培に没頭する者もいたという。

　御家人の内職としては、大久保《おおくぼ》の鉄炮百人組組屋敷《てっぽうひゃくにんぐみくみやしき》における躑躅《つつじ》栽培、下谷《したや》の御徒組《おかちぐみ》組屋敷での朝顔栽培、青山《あおやま》の鉄炮百人組組屋敷の傘張りや提灯《ちょうちん》張りなどが著名である。旗本と異なり、御家人は同役の者がまとまって組屋敷で生活するため、内職も同じ組屋敷に住む同僚とその家族が協力して行な

幕臣の内職

組屋敷所在地	おもな役職	内職
青山	御鉄炮百人組（甲賀組）	春慶塗 傘張り 提灯張り
大久保	御鉄炮百人組（伊賀組）	躑躅栽培
牛込	御鉄炮百人組（根来組）	提灯張り
下谷	大番組同心	朝顔栽培
	御徒組	金唐革紙づくり
麻布	（同地の御家人組屋敷）	草花栽培
代々木・千駄ヶ谷	〃	鈴虫・こおろぎの飼育
下谷	〃	金魚の飼育
巣鴨	〃	羽根つくり
山の手一帯	〃	凧張り
各火消屋敷	（臥煙）	銭さし

高柳金芳著『江戸時代御家人の生活』、山本政恒著・吉田常吉校訂『幕末下級武士の記録』より作成。

う場合が多かった。このため、御家人の内職がそのまま東京の地場産業となった事例も多く、入谷の朝顔などがそのよい例である。

ほかにも、書物の執筆や楊枝《ようじ》削りなど室内でひっそりと行なう内職もあれば、手習いの師匠や武術の師範など、教養の延長上にある内職もあった。いずれの内職にしても幕府は、幕臣としての体面を傷つけないかぎり、禁止するようなことはなかった。

【外泊と外出】

旗本や御家人は、非番の日でも勝手に泊まり歩くことは許されていなかった。泊番や幕命による出張などを除いて、一夜といえども屋敷を空けてはならず、無断外泊が発覚した場合は、御家断絶《おいえだんぜつ》となっても文句がいえなかったのである。

しかも江戸時代には子《ね》の刻《こく》（午前1時頃）を境として、それ以前を昨夜、それ以後を今暁《こんぎょう》（きょうの明け方）としたので、子の刻前に帰宅していないと朝帰りとなり、処罰の対象となった。

当然、妾宅に何日も宿泊したりすることはもちろん、隠居した先代を訪ねて中屋敷《なかやしき》に一泊するといったことも許されてはいなかった。とはいえ、先祖の墓参のため日帰りができない遠方の菩提寺《ぼだいじ》に行くといった場合は、幕府から許可をとれば一、二泊の外泊は認められていた。

また、日帰りならどんな遠くまでも外出してよいというわけではなく、俗に「江戸四里四方」といわれる「御府内《ごふない》」から外に出る場合には、基本的に幕府への届け出が必要であった。

たとえば、届け出による外出の代表的なものには、鍛錬を名目とした「遠足《とおあし》」がある。江戸時代は、健脚の者なら一日三〇里（約一二〇km）は歩いたといい、鎌倉《かまくら》の鶴岡八幡宮《つるがおかはちまんぐう》（往復三二里）が目的地としてよく選ばれた。また、「遠馬《とおうま》」という馬術鍛錬のための遠出も行なわれていた。

幕臣の家族

【惣領以外の行く末】

惣領《そうりょう》とは旗本や御家人の跡継ぎをいう。幕法では武家の跡継ぎについて、大名や交代寄合《こうたいよりあい》ならば嫡子《ちゃくし》、旗本や御家人ならば惣領と呼び、その他の兄弟たちとは区別して扱っていた。

一方、旗本や御家人の家族のなかでも、惣領以外の兄弟たちは「厄介《やっかい》」と呼ばれた。まだ幕府や旗本、御家人が裕福な時代であれば、厄介でも幕府から新規に召出《めしだ》しを受けたり、または、当主である父や兄弟から知行を分けてもらい（分知《ぶんち》）、分家することもできた。しかし、江戸時代も中ごろを過ぎると、旗本や御家人は財政難となり、厄介は養子の口を待ちつつ屋敷内で不遇をかこつこととなる。時には厄介の子や孫までも行く末の定まらないまま厄介となり、甥《おい》や従兄弟《いとこ》を当主として頂くこととなった。

とはいえ旗本や譜代席の御家人は、跡継ぎがなければ改易《かいえき》となってしまう。そこで惣領以外にも二番手、三番手の跡継ぎが存在することを示すため、幕府に提出する「親類書」などには「手前《てまえ》に罷在候《まかりありそうろう》」などと厄介の同居を明記した。また厄介の存在は一族でも周知され、本家や分家の当主に跡継ぎが生まれなければ、彼らのなかから養子が選ばれた。その日を夢見て厄介は、日々心身の修養に励んだが、鬱屈《うっくつ》するなか無頼《ぶらい》に走る者も多かったという。

しかし旗本や御家人の子弟は、跡を継げなかったからといって、誰もが屋敷内に厄介としてとどまったわけではない。たとえば、旗本天野弥五右衛門《あまのやごえもん》の長男小《こ》左衛門《ざえもん》は病弱のため出家し、天野家の知行所であった山城《やましろ》国相楽《さがら》郡《ぐん》祝薗村《ほうそのむら》（現在の京都府精華町《せいかちょう》）の常念寺《じょうねんじ》住職隆覚となったが、厄介は彼のように知行地で閑居することもめずらしくなかった。

【親類と縁者】

旗本や御家人にとって、葬儀や法事をはじめとした親類づきあいは、百姓や町人以上に重要な問題であった。なぜなら、旗本や御家人の跡継ぎは、まず第一に親類から選ぶ決まりであり、円滑な親類づきあいこそ跡継ぎ確保の第一歩といえたからである。

では、親類とは血縁者全般を指すのかというと、そうではない。旗本や御家人にとっての「親類」とは、父や祖父《そふ》、子や孫などの直系尊属に加え、兄弟・甥《おい》・伯父《おじ》・従兄弟《いとこ》までの血縁者をいう。また、又甥《またおい》（甥の

武家の親類・縁者

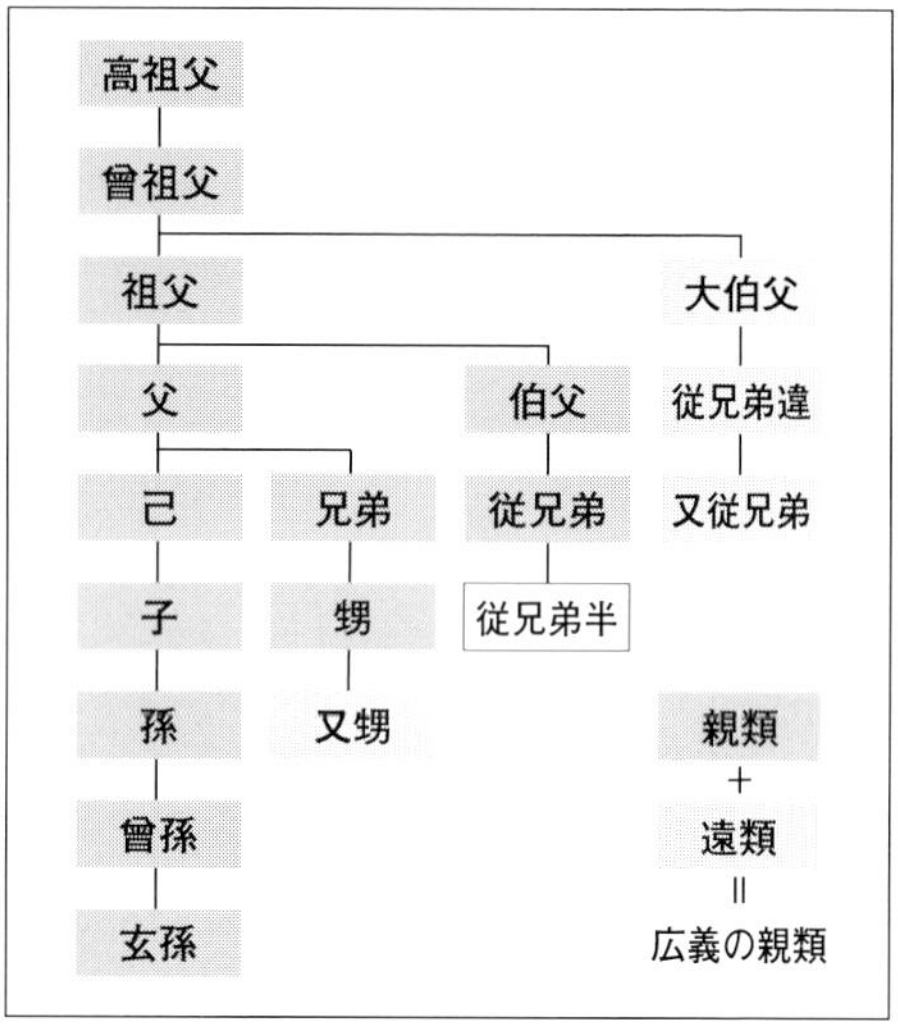

田原昇「近世大名における養子相続と幕藩制社会」（『史学67（2）』）より作成。

子）・大伯父《おおおじ》（祖父の兄弟）・従兄弟違《いとこちがい》（父の従兄弟）・又従兄弟《またいとこ》（従兄弟違の子）を「遠類《えんるい》」といった。したがって、従兄弟の子（従兄弟半）は法的には他人となる。この「親類」と「遠類」を合わせて広い意味で〝親類〟という場合もあった。また、妻の父（舅《しゅうと》）と兄弟（小舅《こじゅうと》）を「縁者《えんじゃ》」といい、親類に次いで重視され、時には同様に扱われた。

旗本や御家人の生活において、親類と遠類の大きな違いは、親類が「縁坐《えんざ》」「服忌《ぶっき》」を受ける点にある。縁坐とは犯罪者の責を同じく負わされることで、服忌とは死者に対して物忌《ものい》みすることをいう。

遠類の存在が問題となったのは、当主に跡継ぎがいないときである。幕法では、無嗣《むし》の場合に、養子はまず親類と遠類のなかから選ぶよう取り決めている。旗本や御家人の血筋を守るため、こと相続に関しては親類よりひとまわり広い範囲として遠類を設けていた。そのため幕府は、旗本や御家人の相続や縁組みの際に「親類書」「遠類書」を提出させてまで、その家柄の確認にこだわったのである。

【娘たちの行く末】

「子なきは去る」という言葉があるように、旗本や御家人に限らず、武家女性の第一の役割は跡継ぎの出産にあったとする見方がある。また「女は三従《さんじゅう》」ともいい、娘・嫁・母として、その時々の当主に従うもので、才気走った女性は家を滅ぼすとみられていた。

しかし実際は、武家の女性には「奥向《おくむ》き」、すなわち屋敷内の家事いっさいを差配する役割があり、武家の妻としてそれ相応の才覚が必要であった。そのため旗本や御家人の子女もまた、惣領などと同じように教養の修得にいそしんだのである。この教養を修得、あるいは実践で試す機会が、江戸城「大奥《おおおく》」の「奥女《おくじょ》中《ちゅう》」になることであった。

大奥とは将軍家の奥向きであり、将軍夫人（御台所《みだいどころ》）を頂点に数百人の奥女中が運営していた。奥女中でも身分が高くなると「一生奉公」となったが、身分が低い場合は、一時的に大奥にあがり「行儀見習い」をするといった意味合いが強かった。旗本や御家人の子女は、この行儀見習いのため大奥や身寄りの武家屋敷に出る場合が多かったのである。

そして、大奥や武家屋敷での行儀見習いを経て妙齢にさしかかると、親類などが仲人となり適当な嫁ぎ先を準備した。嫁ぎ先に関しては、幕府への届け出だけですみ、養子の口ほど制約がなかった。そのため、大身《たいしん》の旗本家に御家人や陪臣《ばいしん》の娘が嫁ぐことも少なくなかった。

幕臣の呼称

<table>
<tr><th colspan="2" rowspan="2">身分</th><th colspan="7">呼称</th></tr>
<tr><th>本人</th><th>夫人</th><th>隠居</th><th>隠居夫人</th><th>嗣子</th><th>嗣子夫人</th><th>娘</th></tr>
<tr><td rowspan="3">旗本</td><td>高家・諸大夫・1000石以上</td><td>御前様</td><td rowspan="4">奥様</td><td rowspan="2">大殿様</td><td rowspan="2">大奥様</td><td rowspan="3">若殿様</td><td rowspan="3">若奥様</td><td rowspan="3">於嬢様</td></tr>
<tr><td>1000石以下</td><td rowspan="3">殿様</td></tr>
<tr><td>小身の者</td><td>御隠居様</td><td rowspan="5">—</td></tr>
<tr><td rowspan="4">御家人</td><td>御目見以上の役職</td><td rowspan="4">—</td><td>—</td><td>—</td><td rowspan="4">—</td></tr>
<tr><td>一般</td><td rowspan="2">旦那様</td><td>御新造様</td><td>若旦那様</td><td>若新造様</td></tr>
<tr><td>町奉行所与力</td><td>奥様</td><td rowspan="2">—</td><td rowspan="2">—</td></tr>
<tr><td>微禄</td><td>旦那</td><td>御新造さん</td></tr>
</table>

市岡正一著『徳川盛世録』、高柳金芳著『江戸時代御家人の生活』、笹間良彦著『図説　江戸町奉行所事典』より作成。

【奥様・御新造様の暮らし】

大名や大身の旗本ならば、その奥向きは江戸城大奥と同じように、当主の空間である「表向き《おもてむ》」との区別がはっきりとしていた。対して、旗本や御家人の多くは、屋敷も手狭で表向きと奥向きの区別が曖昧《あいまい》である。そのため旗本や御家人の女房ともなると、家事全般はもちろんのこと、台所向きを取り仕切る都合から、表向きの儀礼にも精通して、それに見合った膳部を用意する技量も必要であった。当然、当主の面倒も女房の大事な役目であった。

さて、家格がものをいう武家社会では、身分に応じて尊称《そんしょう》も異なり、大名と旗本は「殿様《とのさま》」、御家人は「旦那様《だんなさま》」と称された。そして、当主が殿様なら女房は「奥様《おくさま》」、旦那様なら「御新造様《ごしんぞさま》」と呼ばれた。しかし、町奉行所与力は御家人ながら、女房は奥様と呼ばれた。

通常、武家の女房は表向きの客人に応対することはなく、小者《こもの》など奉公人がそれにあたった。しかし町奉行所与力の屋敷に限っては、女房が応対した。役目柄、頼み事にくる町人が多く、機転を利かせて如才なく相手する必要があったからである。そのため、町奉行所与力の女房だけは、町人などから尊敬の意を込めて奥様と呼ばれたのである。

幕臣の住まい

●御家人・山本政恒の屋敷

役職・御徒
禄高・七〇俵五人扶持
屋敷所在地・仲御徒町通り
敷地面積・約二〇〇坪
家屋建坪・二九坪

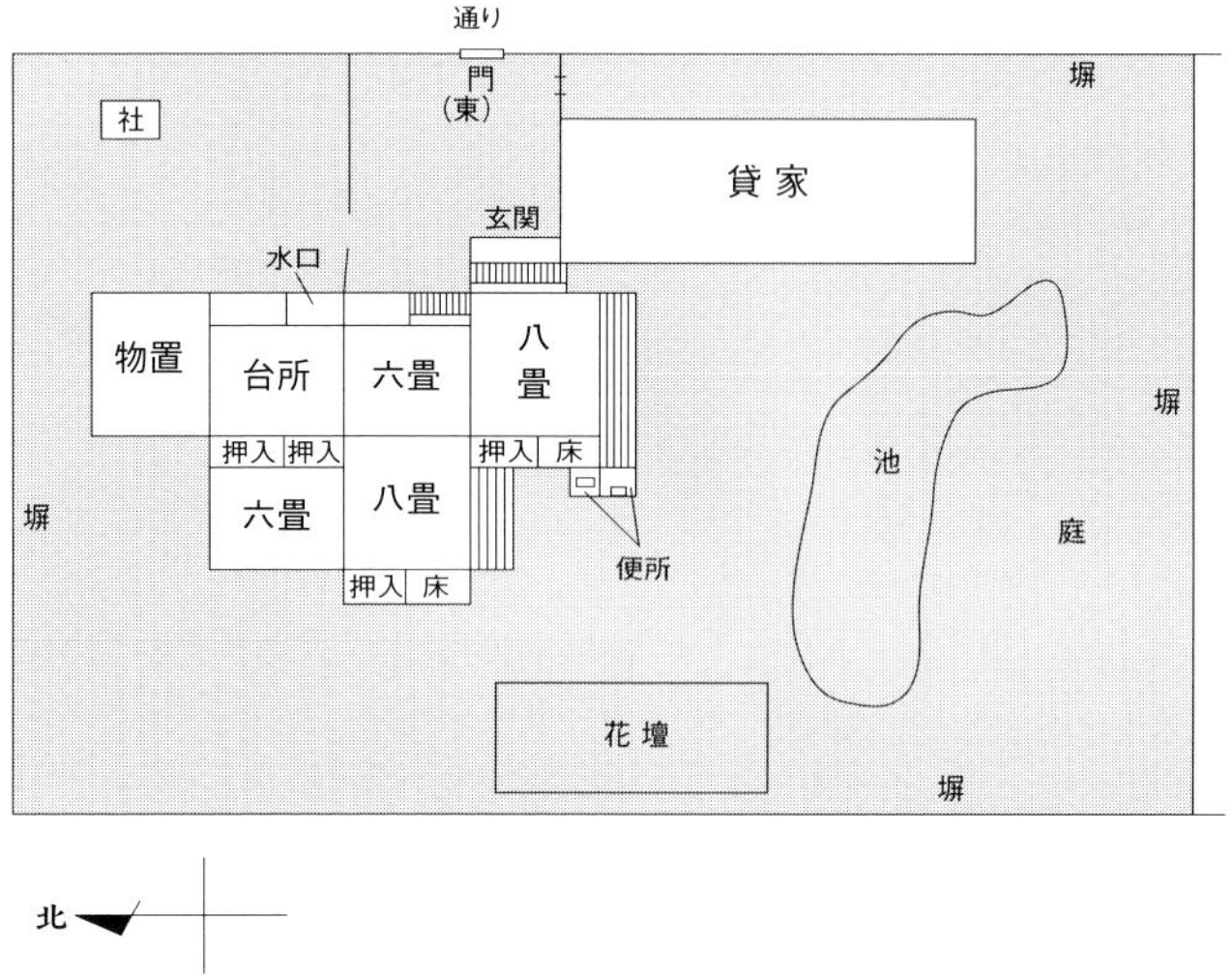

●旗本・武井善八郎の屋敷

役職・賄頭
禄高・二〇〇俵
屋敷所在地・小川町
敷地面積・四二二坪
家屋建坪・二一〇坪

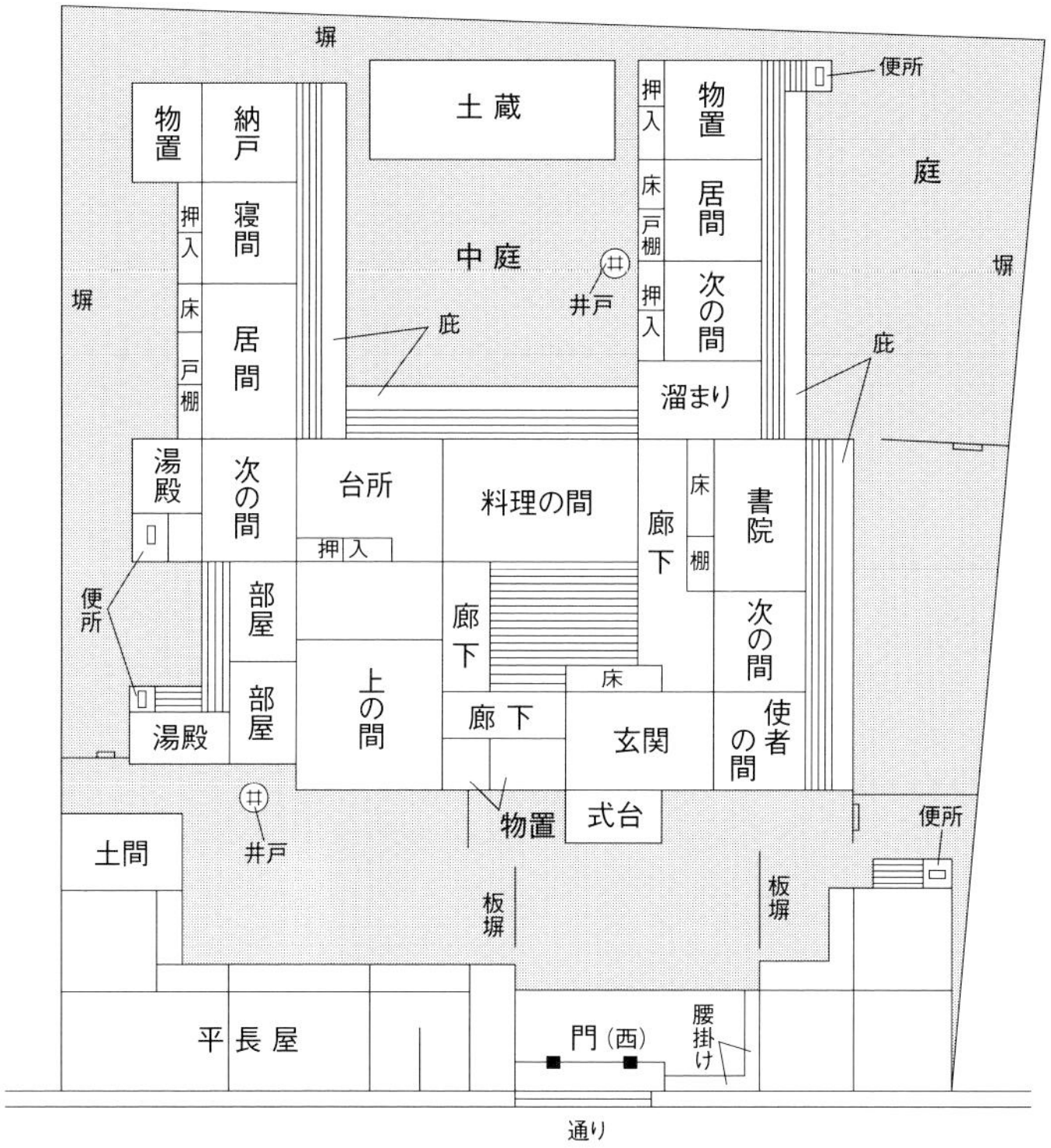

平井聖監修『図説江戸２　大名と旗本の暮らし』より作成。

細見
江戸時代名数辞典②
〝三〟の巻・上

【江戸城三大刃傷事件】 目付豊島信満《のぶみつ》による老中井上正就《まさなり》殺害、若年寄稲葉正休《まさやす》による大老堀田正俊殺害、赤穂藩主浅野長矩《ながのり》による高家吉良義央《よしなか》殺害未遂。

【蝦夷《えぞ》三蔵《さんぞう》】 文化・文政年間に活躍した、北地経営論で知られる幕臣の平山行蔵《ぎょうぞう》・書物奉行の近藤重蔵《じゅうぞう》・蝦夷地探検家の間《ま》宮林蔵《みやりんぞう》。化政の三蔵ともいう。

【三柄《さんがら》大名】 加賀藩前田家・薩摩藩島津家・仙台藩伊達家。前田の高柄《たかがら》（大名中で禄高が最高）・島津の家柄（源頼朝以来の血統）・伊達の国柄（国が豊かで富んでいる）が、他にぬきんでていたことから。

【三棚《さんたな》】 御厨子《みずし》棚・黒棚・書棚。武家の嫁入り道具。

【三殿八役】 御三卿（田安・清水・一橋）創設の際に、新家経営のために設置された八つの役職。家老・番頭・用人・旗奉行・長柄《ながえ》奉行・物頭《ものがしら》・郡奉行・勘定奉行。

【三譜代】 三河時代からの徳川氏の家臣。仕官の時期から岩津・安祥《あんじょう》・岡崎譜代の三つに区別される。

【弥三《やぞう》】 馬方の通称。弥蔵とも書く。

【助三《すけぞう》】 『助六由縁江戸桜《すけろくゆかりのえどざくら》』の助六を演じる役者の半分という意味で、へぼ役者、下回り役者のこと。

【三日坊主】 脚気《かっけ》の異名。寛政年間に京都で流行した際、症状が出てすぐに死亡することが多かったためにこう呼ばれた。

【三つ物】 古着のことで、綿入れの着物を表・裏・綿と別々に分けて売ったためにこう呼ばれた。

【三本道具】 通常の国持大名は行列の供先に立てる鑓が二本だが、薩摩藩島津家と仙台藩伊達家だけは三本の鑓を立てることが許されたことから、この二家を指す。

【三下《さんした》】 俸給が三両一人扶持だったことから三一《さんぴん》と呼ばれた最下級の武士よりさらに下という意味で、中間《ちゅうげん》・子分・子方を蔑《さげす》む言葉。

【三兵衛】 万治年間の京歌舞伎の重鎮で、村山又兵衛・夷屋《えびすや》吉郎兵衛・大和屋六兵衛の三人。

【江戸の三大橋】 両国橋・千住《せんじゅ》（手）橋・六郷《ろくごう》橋。

【大坂の三大橋】 天満《てんま》橋・天神《てんじん》橋・難波《なにわ》橋。

【寛永《かんえい》三馬術】 講談で寛永年間の馬術の名人とされた曲垣《まがき》平九郎・筑紫《つくし》市兵衛・向井蔵人の三人。

【寛永の三筆】 寛永年間に活躍した能書家、近衛信尹《このえのぶただ》（三藐院《さんみやくいん》）・本阿弥《ほんあみ》光悦《こうえつ》・松花堂昭乗《しょうかどうしょうじょう》の三人。

【三太郎】 商家などで働く小僧や丁稚の通称。

3 江戸詰勤番武士の生活

勤め

【江戸詰】

定期的に江戸在住を義務づける参勤交代制度によって、諸大名は江戸屋敷を保持し、その管理と江戸での情報収集のために家臣を屋敷に配置していた。この江戸屋敷での勤務を総称して江戸詰《えどづめ》とか江戸勤番《きんばん》と呼ぶ。

江戸詰は三種類に大別され、藩主とともに一時的に江戸に滞在する役を一般に「江戸詰」という。ほかに、参勤行列に従い江戸へ同道し、到着後ただちに帰国する「立帰《たちかえ》り」、江戸屋敷に常住する「定府《じょうふ》」といった役も、広義の江戸詰になる。なお、立帰りの人数は藩により異なり、また、参勤行列の人数と江戸詰の人数が一致しないため、江戸の勤番武士居住数は、まったくわからない。江戸の武家人口が推定値でしかないのは、この江戸詰人口が不明だからである。

江戸詰勤務は、基本的に国許《くにもと》での勤務と同じで、多くの場合は、御城勤めがそのまま江戸屋敷勤めに変わるだけであった。ただ、藩主が江戸城に登城《とじょう》する際のお供や、藩主が公儀《こうぎ》の役に就いた場合はその御用勤めを行なうなど、江戸ならではの仕事もあった。

江戸詰の期間は、藩主の江戸滞在期間とほぼ同じことが多く、原則として一年間であるが例外も多い。

【留守居役】

定府の武士は妻帯《さいたい》を許され、江戸屋敷内に個別に屋敷を与えられる場合が多かった。その役割はおもに江戸屋敷の管理と、幕府などからの情報収集に大別され、前者の役目は管理統括で家老級が任命される場合が多く、「留守居役《るすいやく》」と呼ばれる。後者は当初「聞役《ききやく》」とか「聞番役《ききばんやく》」といい、知行高《ちぎょうだか》二〇〇石程度の中級の武士が任命される渉外折衝役《しょうがいせっしょうやく》であったが、後世はこれらも「留守居役」と呼ぶようになった。

後者の留守居役は、対幕府との交渉において必須の役割で、政治・経済などのさまざまな情報を入手し、その時々の藩の方向性を主導する役まわりも担った。そのため、中級職とはいえ重要な役職であった。

しかし、藩単独での情報収集には限界があるため、彼らは他藩の留守居役と組合を結成し、重要情報を共有するなど連携をとった。こうした組合を留守居役組合といい、同格の大名家同士の同席組合《どうせきくみあい》、藩主の親類大名家同士の親類組合、屋敷地の近隣大名家との近所組合などがあり、これらは同時かつ複合的に存在した。

留守居役組合の役割は、時代とともに重要性を増したが、半面、藩権力の及ばない特権的性格をもつようになり、しばしばその存在が社会問題化する。組合の会合は、茶屋《ちゃや》や遊廓《ゆうかく》などで開かれることが多く、一回の会合に多額の経費がかかり、藩の財政上も風紀上も好ましい状態ではなくなってきたからである。この傾向に対し、寛政の改革時には組合解散の措置がとられたが、組合の消滅は一時的なものでしかなかった。

また、留守居役組合は重要情報を入手し、それを他藩と共有化したため、藩にとって無視できない存在になってきていた。その結果、組合は必要悪として幕末まで存続することとなった。

暮らし

【御長屋】

江戸詰武士たちは、江戸屋敷内にあてがわれた「御《お》長屋《ながや》」「勤番長屋《きんばんながや》」と呼ばれる長屋に住んだ。これは一種の集合住宅で、多くは屋敷を囲むように建てられた平屋もしくは二階建ての建物で、内部がこまかく区切られ、それぞれに出入り口が設けられていた。ただ、加賀藩の本郷上屋敷《ほんごうかみやしき》のように、藩主らが居住する御殿空間の周囲に、数棟が並列につくられる場合もあった。

御長屋の屋根や壁など、構造的な部分については藩の経費で修繕《しゅうぜん》が行なわれたが、畳や建具《たてぐ》といった造作《ぞうさく》は使用者の負担でまかなわれたという。しかし時代とともに、この原則も曖昧《あいまい》になり、本来公共物である構造的部分を自前で勝手に改造、新築したりするなど、御長屋は事実上、私物化していく傾向がみられた。

御長屋の割り当ては、身分によって広さが異なり、大身《たいしん》の者であれば一軒をあてがわれる場合もあったが、多くは身分に応じて広さが決まっており、家賃は必要なかった。また、下級の武士であれば複数人での同居が当たり前で、大半は単身赴任のため、江戸では男所帯での共同生活を余儀なくされ、賄《まかな》い一式に関して自前で工面する必要があった。下級の江戸詰勤番武士は、武士といえども自炊生活を強いられたのである。

【外出】

江戸での勤番生活については、各藩でさまざまな規則が定められ、とくに外出は厳しく制限された。伊予国松山《まつやま》藩の場合、外出は「他行《たぎよう》」と呼び月四回までで、うち二回は明け六つ（午前6時頃）から暮れ六つ（午後6時頃）、残り二回は昼八つ（午後2時頃）から暮れ六つと、時間制限までされていた。

外出の際、伊予松山藩では必ず藩の目付《めつけ》に報告し、目付から小札《こふだ》を受け取って門番へ渡し、戻ると門番から小札をもらい目付に返却する、という手続きをとった。そのため門限に遅れた場合は、「御門切れ《ごもんぎれ》」として処罰され、松山へ戻され謹慎《きんしん》になったという。紀州《きしゆう》藩でも同様で、御役御免《おやくごめん》という処罰が下されたという。

しかし、時代とともにこうした処置は形だけとなっていく。伊予松山藩では一時《いつとき》の長さを刻限《こくげん》により変え、昼七つ（午後5時頃）から暮れ六つ（午後6時頃）の間は、通常の約三倍の長さに設定したという。また、時刻を知らせる拍子木《ひようしぎ》打ちを、同僚の者が抱きとめたり、賄賂《わいろ》を使い拍子木を打つのを遅らせ、外出した者が遅れないよう配慮していた。紀州藩の下級武士酒井《さかい》伴四郎《ばんしろう》の日記にも、門限に遅れ、門番に一〇〇文の賄賂を渡してすり抜けたことが記されている。

伊予松山藩は、屋敷が愛宕下《あたごした》や三田《みた》にあるため、浅《あさ》草猿若町《くささるわかちよう》での芝居見物の場合、大概は一幕を残して退散した。しかし、なかには大切《おおぎ》りまで見物して愛宕下までの八km、三田までの一〇kmを走って戻ったという回顧録も残っている。

【江戸詰の決まり】

江戸屋敷での生活には、藩によってそれぞれ独自の決まりが定められていた。

たとえば紀州藩の御長屋居住に関する決まりでは、貫《ぬき》（貫木《ぬきぎ》）や柱を勝手に切ってはならない、入り口や窓を勝手に設けてはならない、勝手に厩《うまや》や湯殿・雪《せつ》隠《ちん》・土蔵などをつくってはならないというものがある。御長屋は藩の所有物であるため、これらの規定は当然の規則であるが、先述のように実際はさまざまな改造が加えられていた。こまかい規則では、馬を繋《つな》いではならない、ゴミを埋めてはいけない、月に六日間ほど決められた日の朝五つ（午前8時頃）までに、御長屋前の道や水道を掃除することとしている。

また、火の用心は言うまでもなく、御長屋内での博《ばく》打《ち》、琴《こと》や三味線《しゃみせん》といった鳴物《なりもの》行為は禁止、独身者宅への女性の出入りを禁じ、親類でも御長屋内に宿泊させてはならないとした。このほか、御長屋内で喧嘩《けんか》が起きたときは、両隣や向かい側の住人が仲裁すべきで、遠方からわざわざ出向いて仲裁することは禁止するといったものもあり、その目配りは多岐にわたっている。

外出に関するきまりも種々雑多なものがあり、江戸詰武士は外出しても物見遊山《ものみゆさん》をしてはならず、茶屋や旅籠屋《はたごや》、湯屋・風呂屋などには、行ってはいけないというのが第一前提であった。

しかし、酒井伴四郎の日記には、外出は半年間で一〇〇回を優に超え、寺社参詣《さんけい》などの物見遊山も六〇回前後に及び、湯屋・風呂屋に一〇回以上、寄席《よせ》にも数回、茶屋・料理屋の類《たぐい》は数知れずといったことが平然と記されている。少なくとも幕末時点での紀州藩では、外出規制は形骸化《けいがいか》していたとみてよいだろう。

【江戸詰の経費】

江戸詰武士の江戸滞在や出府にかかる経費は、基本的には自前であった。伊予松山藩の場合、江戸滞在期間中は多少増額があったが、単に禄《ろく》を前借り的に支給されるだけで、生涯賃金でみれば何も変わらない。

加賀藩では禄高に応じた支給金が支払われたが、涙《なみだ》金《きん》程度であり、生活はかなり困窮していたという。のちに、江戸詰に対し貸金《かしきん》制度を設けるが、事実上の借金であったため、帰国後はその返済に苦しんだ。加賀藩では通常、江戸詰を命じられるのは六年に一回で一年間程度であった。しかし、道中費節減のため数年の滞府を余儀なくされることもあり、一般に藩士たちは、江戸詰は経費面で迷惑と考えていたようである。

加賀藩のような大藩でもこのような実情であったということは、ほかの小藩に至っては苦しい台所事情であったことは言わずもがなであろう。

酒井伴四郎は、日記とともに詳細な小遣い帳をつけており、一例ではあるが、禄高二五石程度の江戸詰武士の江戸経費を検証することができる。彼は万延《まんえん》元年（1860）11月から翌文久《ぶんきゅう》元年10月までの一年分の生活費に、総額一七九貫《かん》九三七文《もん》、金に換算して二七両《りょう》二朱《しゅ》ほどを費やしている。仮に一石を一両とすれば、年収を超す額を江戸で費やしたことになる。

ただ酒井は、江戸詰経費として三九両を藩から別途受けていた。日記から相当の節約魔であったこともわかり、江戸詰一年の収支は大幅な黒字であったといえる。彼の場合は、切り詰めた生活ではあっても、困窮はしなかった。しかし、これは例外であり、支給金の額によっては相当逼迫《ひっぱく》した生活になったはずである。

赤穂四十七士データバンク

年代	年齢	もとの役職（関係）	切腹場所	戒名
大石内蔵助良雄	44	国家老	細川越中守高輪下屋敷	忠誠院刃空浄剣居士
大石主税良金	15	部屋住（大石内蔵助嫡子）	松平讃岐守三田中屋敷	刃上樹剣信士
吉田忠左衛門兼亮	63	足軽頭・郡代	細川越中守高輪下屋敷	刃仲光剣信士
磯貝十郎左衛門正久	24	物頭・側用人	〃	刃周求剣信士
原惣右衛門元辰	55	足軽頭	〃	刃峰毛剣信士
堀部弥兵衛金丸	76	隠居（前江戸留守居役）	〃	刃毛知剣信士
片岡源五右衛門高房	36	側用人・児小姓頭	〃	刃勘要剣信士
近松勘六行重	33	馬廻	〃	刃随露剣信士
間瀬久太夫正明	62	目付	〃	刃誉道剣信士
富森助右衛門正因	33	馬廻・使番	〃	刃勇相剣信士
小野寺十内秀和	60	京都留守居役	〃	刃以串剣信士
潮田又之丞高教	34	絵図奉行・郡奉行	〃	刃窓空剣信士
堀部安兵衛武庸	33	馬廻・御使番（堀部弥兵衛娘婿）	松平讃岐守三田中屋敷	刃雲輝剣信士
赤埴源蔵重賢	34	馬廻	細川越中守高輪下屋敷	刃広忠剣信士
奥田孫太夫重盛	56	武具奉行・江戸定府	〃	刃察周剣信士
矢田五郎右衛門助武	28	馬廻・江戸定府	〃	刃法参剣信士
岡嶋八十右衛門常樹	37	札座勘定奉行（原惣右衛門実弟）	毛利甲斐守麻布上屋敷	刃袖払剣信士
早水藤左衛門満堯	39	馬廻	細川越中守高輪下屋敷	刃破了剣信士
間喜兵衛光延	68	勝手方吟味役	〃	刃泉如剣信士
中村勘助正辰	46	書物役	松平讃岐守三田中屋敷	刃露白剣信士
菅谷半之丞政利	43	馬廻・代官	〃	刃水流剣信士
不破数右衛門正種	33	浪人（元馬廻・浜奉行）	〃	刃観祖剣信士
千馬三郎兵衛光忠	50	馬廻・宗門改	〃	刃道互剣信士
大石瀬左衛門信清	26	馬廻（大石内蔵助はとこ）	細川越中守高輪下屋敷	刃寛徳剣信士
木村岡右衛門貞行	45	馬廻・絵図奉行	松平讃岐守三田中屋敷	刃通普剣信士
岡野金右衛門包秀	23	部屋住み（小野寺十内甥）	〃	刃回逸剣信士
吉田沢右衛門兼貞	28	蔵奉行（吉田忠左衛門嫡子）	毛利甲斐守麻布上屋敷	刃当掛剣信士
貝賀弥左衛門友信	53	蔵奉行（吉田忠左衛門実弟）	松平讃岐守三田中屋敷	刃電石剣信士
大高源五忠雄	31	膳番元方・腰物方・金奉行	〃	刃無一剣信士
武林唯七隆重	31	馬廻	毛利甲斐守麻布上屋敷	刃性春剣信士
倉橋伝助武幸	33	中小姓・扶持奉行	〃	刃鍛錬剣信士
村松喜兵衛秀直	61	扶持奉行・江戸定府	〃	刃有梅剣信士
杉野十平次次房	27	札座横目	〃	刃可仁剣信士
勝田新左衛門武堯	23	札座横目	〃	刃量霞剣信士
前原伊助宗房	39	中小姓・金奉行	〃	刃補天剣信士
間瀬孫九郎正辰	22	部屋住み（間瀬久太夫嫡男）	水野監物三田中屋敷	刃太及剣信士
小野寺幸右衛門秀富	27	部屋住み（小野寺十内養子）	毛利甲斐守麻布上屋敷	刃風颯剣信士
間十次郎光興	25	部屋住み（間喜兵衛嫡男）	水野監物三田中屋敷	刃沢蔵剣信士
間新六光風	23	部屋住み（間喜兵衛次男）	毛利甲斐守麻布上屋敷	刃模唯剣信士
奥田貞右衛門行高	25	加東郡勘定方（近松勘六の異母弟）	水野監物三田中屋敷	刃湫跳剣信士
矢頭右衛門七教兼	17	部屋住み（矢頭長助嫡男）	〃	刃擲振剣信士
村松三太夫高直	26	部屋住み（村松喜兵衛嫡男）	〃	刃清元剣信士
神崎与五郎則休	37	徒目付・郡目付	〃	刃利教剣信士
茅野和助常成	36	横目	〃	刃響機剣信士
横川勘平宗利	36	徒目付	〃	刃常水剣信士
三村次郎左衛門包常	36	酒奉行・台所改	〃	刃珊瑚剣信士
寺坂吉右衛門信行	39	吉田忠左衛門組足軽	—	—

順序は討入書置書付の署名順。年齢は討ち入り時。

山本博文『忠臣蔵のことが面白いほどわかる本』、西山松之助監修『図説　忠臣蔵』などより作成。

第四章　江戸の営み

一、家居は至而《いたつて》粗末にて、上方に似るべくもなし。壁土は汚《お》瀆《とく》泥にて粘《ねまり》なく、風雨の堪えがたき故《ゆえ》、壁の上を板張にし、瓦をふくも僅《わずか》に端の方ならで土を不レ用《もちいず》、蹴《け》れば瓦は悉《ことごと》く落るなり。竈は清き粘土を用ゆれど価《ね》貴《たか》く、実に土壱升銭壱升と言べし。火に焼るも江戸の家十軒は上方の一軒にかけ合う。箸を《(で)》家建て糞《ばば》で壁ぬるとは江戸小家の事なるべし。瓦の価は若山《わかやま》に三倍すれば、大名屋敷も、長屋、玄関のみ京物を用い、其外《そのほか》御殿向も捻り返しなり。小禄の士、貧なる旗本の屋敷、又裏屋は招き家《や》根《ね》にて瓦なし。町家の中には土蔵建有《あれ》ども至而少く、蔵はいずれも丈夫に而《して》焼る少なし。

原田某『江戸自慢』より

史料を愉しむ
4

諸商人通用賦帳集

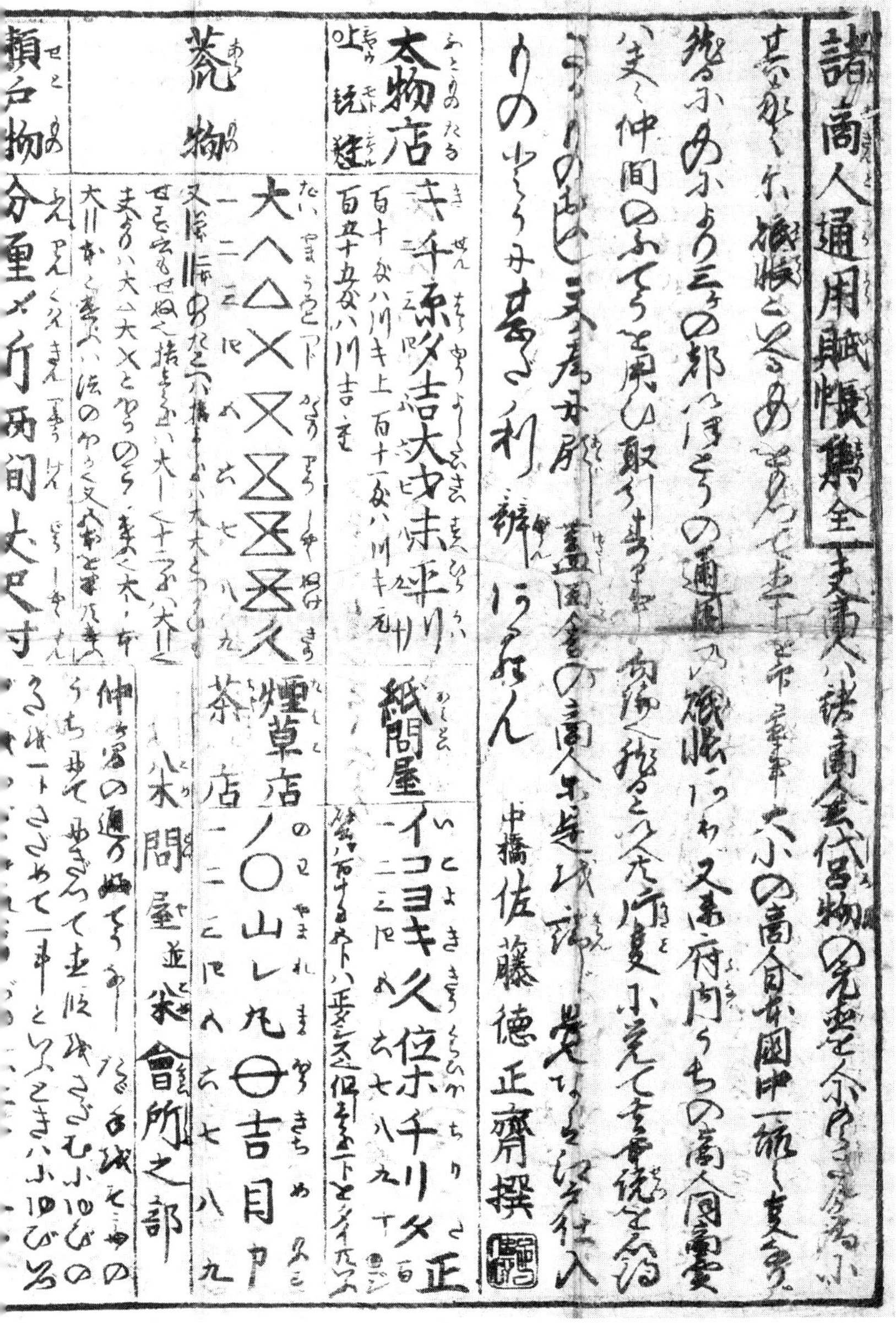

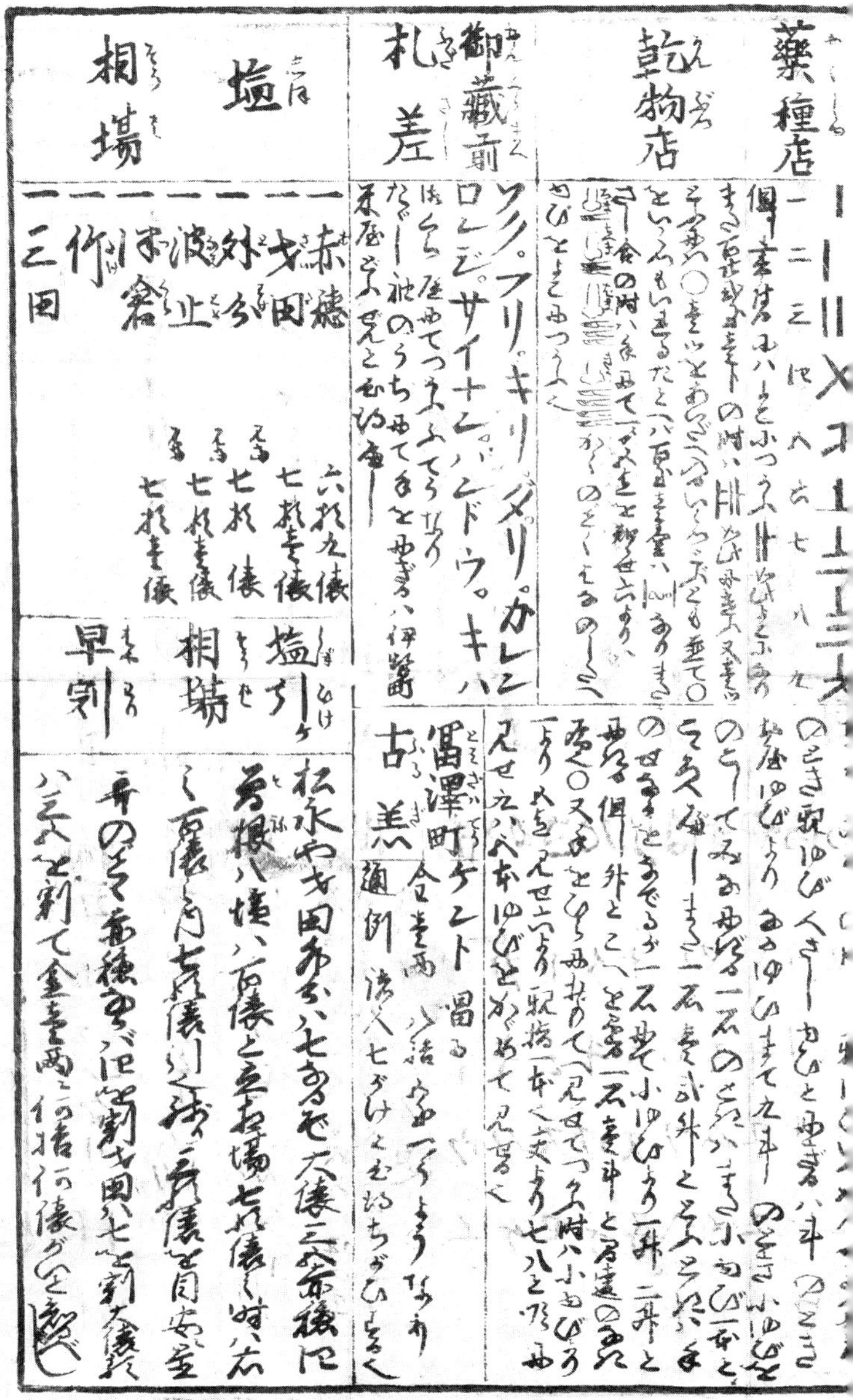

江戸時代には、三井越後屋のように「現金掛値なし」の商法もあったが、多くは相手によって取引価格が変化した。そのレートを相手に知られぬよう、店内ではこうした暗号が使用された。斎藤徳正斎撰。江戸東京博物館蔵。

1 町のハード

都市構想

【初期の町割】

江戸は、平安時代末期に江戸重継《えどしげつぐ》が本拠とし、長禄《ちょうろく》元年（1457）には太田道灌《おおたどうかん》が江戸城を築くなどという歴史を有するが、天正《てんしょう》18年（1590）に徳川家康《とくがわいえやす》が江戸に拠点を構えてからは、全国から人や物が集まる大都市へと発展を遂げた。

家康は、江戸入り直後から堀割の整備に取りかかった。日比谷入江《ひびやいりえ》に流れ込んでいた平川《ひらかわ》の流れを付け替えたほか、道三堀《どうさんぼり》（のちの銭瓶橋《ぜにかめばし》から大手門《おおてもん》あたりの堀割《ほりわり》）を開削することで江戸城への物資の搬入路を確保した。また、小名木川《おなぎがわ》を開削し、新川《しんかわ》を経て行徳《ぎょうとく》（現在の千葉県市川市）に至る水路を通すことで、行徳でつくられる塩を江戸に運んだ。

道三堀の両岸には、定期市が開かれる四日市町《よっかいちまち》や遊女屋が集まる柳町《やなぎまち》、および船町や材木町が成立し（これらはのちに移転）、これに続いて大橋《おおはし》（のちの常盤橋《ときわばし》）から浅草《あさくさ》方面へ抜ける本町《ほんちょう》通り沿いの町割が行なわれた。文禄《ぶんろく》元年（1592）には江戸城の西の丸築造工事が始まり、慶長《けいちょう》8年（1603）に家康が征夷大将軍《せいいたいしょうぐん》になると、諸大名を動員した大規模な工事が行なわれた。神田山《かんだやま》と呼ばれる台地も切り崩され、これらの工事で出た土で日比谷入江の一帯や海岸沿いの低地が埋め立てられると、堀割の整備や日本橋《にほんばし》を南北に横切る通町《とおりちょう》筋の町割が実施された。

こうして成立した町人地には、江戸城をはじめとして、江戸に居住する旗本《はたもと》・御家人《ごけにん》や、江戸に滞在する大名など、多くの武士の消費生活を支えるために、さまざまな職人や商人が集められた。彼らは江戸城の御用を勤めることで土地を与えられ、当初は同業者同士で集住する町を形成した。寛永《かんえい》期（1624～44）

までに成立した三〇〇ほどのこれらの町は、古町《こちょう》と称された。

【明暦の大火と都市改造】

明暦《めいれき》3年（1657）正月18～20日に、江戸では大火が発生した（明暦の大火）。大火の被害は甚大で、江戸の六割以上が焼失し、一〇万人以上の死者を出したともいわれる。この経験をふまえて、大火後には防災対策を組み込んだ江戸の復興が進められた。

幕府は江戸城への延焼を防ぐため、尾張《おわり》・紀州《きしゅう》・水《み》戸《と》の御三家や諸大名の屋敷を郭外に移転させ、それらの跡地を吹上《ふきあげ》の庭や幕府用地とした。江戸城付近や市中の寺社も周辺地域に移され、多くの寺社の移転先となった浅草をはじめ、江戸の各所に寺町が形成された。

江戸の町づくり

玉井哲雄『江戸―失われた都市空間を読む』より作成。

江戸市中には、延焼を防ぐための火除地《ひよけち》（空き地）や防火堤（土手）が設けられた。筋違橋《すじかいばし》から浅草橋《あさくさばし》に至る神田川の南沿いには土手がつくられ、この防火堤は柳原土手《やなぎはらどて》と呼ばれたが、筋違橋の南側には火除地（八つ小路）もできた。江戸橋（四日市）広小路・上野《うえの》広小路・中橋《なかはし》広小路などもこの時期に成立した火除地であるが、江戸の火除地は防火体制が強化された享《きょう》保《ほう》期（1716～36）にも多く新設されている。

隅田川《すみだがわ》東岸の本所《ほんじょ》・深川《ふかがわ》は、当初は関西をはじめ各地から集まった人による開発が行なわれ、商人や武士が利用する蔵（倉庫）が置かれたりもしたが、大半は遠浅の海に面する低湿地であった。しかし明暦の大火以降、幕府は本所奉行を設けるなどして大規模な開発を実施し、新たな市街地を造成した。隅田川には両国《りょうごく》橋が架けられ、本所・深川における武家屋敷・寺社・町屋の建設が進んだ。

【江戸の範囲】

明暦の大火後の都市改造により、江戸の周辺地域には多くの町が成立し、都市域は拡大を遂げた。町奉行支配域は、寛文《かんぶん》2年（１６６２）に芝《しば》や下谷《したや》・浅草あたりの寺社門前や代官支配地、正徳《しょうとく》3年（１７１３）に深川・本所・浅草・小石川《こいしかわ》・牛込《うしごめ》・市谷《いちがや》・四谷《よつや》・赤《あか》坂《さか》・麻布《あざぶ》などの代官支配地、そして延享《えんきょう》2年（１７４５）には多くの寺社門前や境内の町屋に及んだ。町数もこのころには一六〇〇を超え、これ以降大きな変動はない。18世紀後半ごろには「大江戸」や「江戸っ子」の呼称も生まれ、江戸は地理的な拡大だけではなく、経済や文化の面でも発展を遂げた。

江戸は「御府内《ごふない》」とも呼ばれたが、この範囲には上記の町奉行支配域のほか、追放刑の江《え》戸払《どばらい》で立ち入りを禁じられた範囲（品川《しながわ》・板橋《いたばし》・千住《せんじゅ》・本所・深川・四谷大木戸より内側）、寺社が社殿修復などのために寄付を募る勧化《かんげ》が許される範囲（東は砂村《すなむら》・亀戸《かめいど》・木《き》下《ね》川《がわ》・須田《すだ》村、西は代々木《よよぎ》村・角筈《つのはず》村・戸塚《とつか》村・上落《かみおち》合《あい》村、南は上大崎《かみおおさき》村・南品川宿、北は千住・尾久《おぐ》村・滝野川《たきのがわ》村・板橋の内側）、変死者や迷子の特徴を記した札を掛ける場所の範囲（寺社の勧化場とほぼ同じ）、旗本や御家人が御府内の外に出かけるときに届け出が必要とされた範囲（東は常盤橋門、西は半蔵門《はんぞうもん》、南は外桜田門《そとさくらだもん》、北は神田橋門とされた曲輪《くるわ》内から四里《り》以内）など、さまざまな指標が存在した。

そこで幕府は文政《ぶんせい》元年（１８１８）に江戸の絵図に朱線を引き、御府内の範囲を確定した。朱線の範囲は寺社の勧化場の範囲をもとにしたもので、御府内は朱《しゅ》引《びき》内とも称されるようになった。同じ絵図には町奉行支配域が墨《すみ》引きの線で示されたが、朱引内の大半はこれよりも広い範囲であり、都市域の拡大が町奉行支配域を超えて進行したことがうかがえる。

【江戸の人口】

都市域の拡大に伴って江戸の町方人口も増加したと考えられるが、根拠の明確な人口が知られるのは、幕府による全国人口調査が行なわれた享保6年（１７２１）以降である。

享保6年の調査では、町方人口は五〇万一三九四人であったが、男性が三二万三二八五人（64%）、女性が一七万八一〇九人（36%）で、圧倒的に男性が多かった。残された人口統計は断片的ではあるが、その後の人口は安政《あんせい》元年（１８５４）あるいは同2年の五七万三六一九人を最高に、幕末に至るまでの大半の時期を五〇万人台で推移した。男女比には変化がみられ、天保《てんぽう》3年（１８３２）には男性が55%、女性が45%となり、幕末には男女がほぼ同数となっている。

天保期以降は出生地や出稼《でかせ》ぎ人の情報も得られるが、

それによれば町方人口の20～30％は他所出生者であり、このほかに数千から数万人の出稼ぎ人が存在した。地方出身者などのなかには人別帳《にんべつちょう》の記載から漏れて調査人口に含まれない人も存在したと推定されており、江戸には絶えず地方から人が流入（および滞留）していたと考えられる。

　武士の人口については、享保7年（1722）時点で二六四人の大名、五二〇五人の旗本、一万七三九九人の御家人が存在したが、江戸に住む旗本や御家人の家族や家臣を含めた人数、および大名の江戸藩邸に滞在・居住した人の総数は、ともに不明である。一般的に江戸の人口は一〇〇万人といわれるが、これは武士人口を五〇万人ほどと想定したときの推定値である。

江戸のおもな河岸

名称	現在地	特徴
日本橋川周辺		
米《こめ》河岸	中央区 日本橋本町	日本橋川から北へ入る伊勢町堀の西沿いにある河岸で、伊勢町裏河岸とも呼ばれた。この北部には塩河岸（伊勢町河岸）があった
小舟《こぶな》河岸	中央区 日本橋小舟町	伊勢町堀の東沿いにある河岸。鰹節や塩干魚の問屋が多く、鰹河岸ともいう。伊勢町堀は多くの有力商人が軒を並べる物流の中心地のひとつ
本材木《ほんざいもく》河岸	中央区 日本橋・京橋	日本橋川と京橋川を結ぶ楓(もみじ)川の西側沿いの河岸。本材木町二丁目あたりには、魚市場のひとつである新肴場がある
大根《だいこん》河岸	中央区 京橋・八重洲	京橋川沿いの北側にある河岸。大根などの野菜が扱われ、青物市場があった。西隣に槙(薪)河岸、京橋を挟んで東隣には竹河岸がある
神田川		
昌平《しょうへい》河岸	千代田区 外神田	かつては薪を扱う商人が多く薪河岸と呼ばれたが、付近に昌平橋が架けられてからは、昌平河岸と呼ばれた

米河岸・材木河岸などの荷揚げ物資の名前が付く河岸は、神田川にも存在した。

【堀割と河岸】

　江戸の人口を支える消費物資は、おもに大量輸送が可能な舟運を利用して江戸にもたらされた。海上輸送の場合は、積み荷を満載した廻船《かいせん》などの大型船が隅田川河口や品川沖に停泊し、ここで荷物は茶船《ちゃぶね》（瀬取《せどり》船《ぶね》）などの小型船に積み替えられた。内陸の河川輸送では、大型の高瀬船《たかせぶね》の多くは、小名木川の中川番所から小網町《こあみちょう》までの間に、積み荷を小船に積み替えた。こうした荷物の積み替えや小船の差配は、江戸の廻船問屋や奥川筋艀下船宿《おくかわすじはしけしたふなやど》が行なった。

　これらの小船の着岸先が江戸の河岸《かし》である。家康の江戸入り以来、堀割の整備は早くから行なわれたが、河岸は船の発着や荷物の揚げ下ろしが行なわれた堀割沿いの場所である。江戸の河岸は、日本橋周辺から隅田川に注ぐ堀割や隅田川東岸の本所・深川など、江戸城の東側の地域に集中して存在した。日本橋から江戸橋にかけての日本橋川沿いには、北岸に魚河岸《うおがし》・芝《しば》河岸・地引河岸《じびきがし》・高間河岸《たかまがし》が並び、南岸には蔵が立ち並ぶほか、江戸橋詰《づめ》に木更津河岸《きさらづがし》があった。

魚河岸のほか、米《こめ》河岸・塩《しお》河岸・鰹《かつお》河岸などは、荷揚げされる物資に由来する名称であるが、木更津河岸のほか鎌倉河岸《かまくらがし》や行徳河岸《ぎょうとくがし》などのように地名が冠された河岸もあった。木更津河岸は、木更津村（現在の千葉県木更津市）の水主《かこ》が大坂の陣に従軍した功により、江戸―木更津間の貨客を運送する木更津船の利用が認められた河岸で、鎌倉町の鎌倉河岸は江戸城築城の折に相模《さがみ》国から取り寄せた石材を陸揚げしたことに由来する名称である。小網町《こあみちょう》三丁目の行徳河岸は、江戸―行徳間の貨客運送を担う行徳船が利用した河岸で、周辺には地廻《じまわ》り塩問屋が多く存在した。

【通りと橋】

江戸の主要な通りといえば、本町《ほんちょう》通りと、日本橋を南北に横切る通町《とおりちょう》筋である。万延《まんえん》元年（１８６０）の絵図によれば、日本橋南の通町筋の道幅は約一八m（田舎《いなか》間一〇間《けん》、田舎間一間は約一・八二m）である。

この大通りには、三井家の越後屋《えちごや》（日本橋北の駿河町《するがちょう》。通町筋には室町《むろまち》二・三丁目の店舗が面する）や大村家の白木屋《しろきや》（日本橋南の通一丁目）をはじめとする江戸有数の大店《おおだな》が軒を連ねた。

これらの大通りのほかにも、江戸市中には通りが縦横に巡らされたが、堀割の多い江戸には多くの橋が架けられ、通りが渡された。橋のなかでも、幕府の負担で架橋や修復が行なわれた橋を御入用橋《ごにゅうようばし》という。日本橋や江戸橋をはじめとする江戸市中の主要な橋は御入用橋であり、天保13年（１８４２）には一三二か所を数えたが、そのうち八八か所は本所・深川に存在した。御入用橋のほかには、橋周辺の町・寺社・武家などが組合をつくって管理した組合橋、武家や富裕な商人などが個人でつくった一手《いって》持橋《もちばし》などがあった。

こうした市中の橋のほか、隅田川には文禄3年（１５９４）に千住大橋が最上流に架けられて以来、両国橋、新大橋《しんおおはし》、永代橋《えいたいばし》、吾妻橋《あずまばし》（大川橋《おおかわばし》）が架けられた。これらの橋の維持には多大な経費がかかり、永代橋と新大橋は当初は幕府が維持費を負担したが、のちに町人が負担するようになった。吾妻橋は架橋も維持も民費による橋である。これらの町人による橋の維持費には、橋を渡る人から徴収する橋銭《はしせん》（二文）があてられたが、この橋銭は文化6年（１８０９）に廃止された。

流通と交通

【下り物と地廻り物】

江戸には上方、関東、東北などから、さまざまな物資が集まった。下《くだ》り物《もの》（下り荷）とは、上方から江戸にもたらされた物資のことで、下り酒などのように品名ごとに下りと冠されたものもある。下り物の多くは一定の加工技術を要するもので、享保期《きょうほう》（1716〜36）ごろのおもな産物には、繰綿《くりわた》・木綿《もめん》・油・酒・醤油《しょうゆ》・塩（塩は瀬戸内地域より江戸へ直送）などの日常生活物資や、京都を中心に生産された呉服や小間物《こまもの》（櫛《くし》・簪《かんざし》、紅・白粉《おしろい》など）といった高級品がある。

これに対して地《じ》廻《まわ》り物《もの》は、江戸周辺の関東地方などから供給された物資であり、当初は大半が薪炭《しんたん》や魚油などの農村や漁村で生産される第一次的な産物に限られた。しかし18世紀後半になると、それまで下り物に依存していた物資の一部が、江戸の地廻りでも生産されるようになった。醤油はその代表的な産物で、17世紀には醸造が行なわれていた下総《しもうさ》国の野田《のだ》や銚子《ちょうし》の醤油は、宝暦《ほうれき》期（1751〜64）以降に江戸市場へ本格的に参入し、文政《ぶんせい》4年（1821）には江戸入荷高

おもな地廻り野菜と産地

郡	野菜	特徴	郡	野菜	特徴
豊島	大根	練馬周辺は多産で上質。練馬大根と呼ばれた	葛飾	菜	小松川産は上質で、小松菜と呼ばれた
	茄子《なす》	駒込周辺でとれたものは美味・特大で、駒込茄子と称された		茄子	収穫時期がほかより早く小ぶり。わせなすと呼ばれた
	蕃椒《とうがらし》	四谷内藤宿周辺で生産され、内藤蕃椒と呼ばれた		葱	砂村産は岩槻産に次ぐ品質で、砂村葱と呼ばれた
	茗荷《みょうが》	早稲田村・中里村などのものは多産で上等		西瓜《すいか》・冬瓜《とうがん》	江戸で売られた7割は砂村あたりの生産といわれた
足立	薯蕷《ながいも》	江戸向けで上等	新座	大根・牛蒡・蕪根《ぶこん》・芋	多産で美味。江戸向け。蕪根はかぶら・かぶらなの異称
埼玉	牛蒡《ごぼう》・大根・葱《ねぎ》	岩槻・越谷の名物			

・豊島郡―現在の東京都新宿・文京・台東・渋谷・豊島・板橋・北・荒川区、千代田・港・練馬区の一部
・葛飾郡―東京都葛飾区・江戸川区・墨田区・江東区、埼玉県吉川市・三郷市ほか
・足立郡―東京都足立区のほぼ全域、埼玉県さいたま市・川口市ほか
・新座郡―東京都西東京市・練馬区の一部、埼玉県和光市・朝霞市・新座市・志木市
・埼玉郡―埼玉県行田市・越谷市、春日部市の大部分ほか

伊藤好一『江戸地廻り経済の展開』より作成。

一二五万樽のうち一二三万樽（98・4％）を関東醤油が占めるに至った。江戸の近郊農村で栽培された地廻り物の野菜も、小松川《こまつがわ》の冬菜（小松菜）などの特産品が生まれ、江戸向けの商品生産が活発に行なわれた。

【菱垣廻船と樽廻船】

下り物を上方から江戸に運んだのは、菱垣廻船《ひがきかいせん》や樽《たる》廻船《かいせん》と呼ばれる大型船である。

菱垣廻船は、元和《げんな》5年（1619）に和泉《いずみ》国堺《さかい》の商人が大坂から江戸へ廻船を運航したのが始まりで、名称は舷側《げんそく》の垣立《かきだつ》（船の左右両舷《げん》上に柵のように立てる垣）の下部が菱組の格子《こうし》に組まれたことに由来する。

菱垣廻船にはさまざまな日常生活物資が積み載せられたが、この廻船を利用する江戸の問屋《といや》は、元禄《げんろく》7年（1694）に仲間を結成した。当初の会合に集まったのは八組であるが、ほどなく内店組《うちだなぐみ》と釘店組《くぎだなぐみ》が加わり、また当初の米問屋は河岸組《かしぐみ》に変わっている。こうして集まった一〇組が、江戸の十組問屋《とくみどいや》である。

十組問屋が扱う物資のなかでも、酒は腐敗しやすく迅速な輸送が求められたが、菱垣廻船は多様な荷物を載せるため、出帆するまでに多くの日数を要した。また、船が海難にあうと、船の上部に積まれた上積荷物は高波をかぶったり、船の安定を図るために海中に捨てられたりしたが、その際にはおもな下積荷物で海難の被害が少ない酒の問屋も、上積荷物の損失を共同で負担しなければならなかった。そこで、酒店組に属する酒問屋は、享保15年（1730）に菱垣廻船への積み荷をやめて、樽廻船による輸送を開始した。

樽廻船は酒樽をおもな荷物としたが、余積《よづみ》と称して酒以外の荷物も安い運賃で載せることができたので、菱垣廻船と樽廻船は競合した。そこで、明和《めいわ》7年（1770）には、米・糠《ぬか》・阿波《あわ》藍玉《あいだま》・灘目《なだめ》素麵《そうめん》・酢・溜《たま》り（醤油）・阿波蠟燭《ろうそく》の七品は菱垣廻船と樽廻船の両積、酒は樽廻船の一方積、それ以外は菱垣廻船の一方積とする仕法が定められた。しかし、樽廻船への規程外の積み荷はやまず、菱垣廻船はしだいに衰えていった。

【荷受問屋と仕入問屋】

物資の流通を担う江戸の問屋は、荷受《にうけ》問屋と仕入《しいれ》問屋に大別される。荷受問屋とは、生産地の荷主が送ってくる荷物を引き受け、保管や委託販売を行なうことで、蔵敷《くらしき》料（保管料）や口銭《こうせん》（販売手数料）を受け取る問屋である。一方の仕入問屋は、自己の資金で商品を仕入れ、卸売《おろしう》りを行なう問屋である。

江戸時代の初期には荷受問屋が多く存在したが、しだいに仕入問屋が台頭するようになる。木綿の場合、寛永期《かんえい》（1624～44）に江戸の大伝馬町《おおでんまちょう》に成立した四軒の木綿問屋は、おもに東海地方（三河《みかわ》・伊勢《いせ》・尾張《おわり》）の木綿荷物を引き受けて、江戸市中や関東・東北地方の注文主に委託販売する荷受問屋であった。しかし、貞享《じょうきょう》3年（1686）にはこれら四軒の系列下にあった七〇軒の木綿仲買が、仕入問屋として生産地から直接木綿を仕入れるようになり、元禄期以降、四軒の問屋は没落し、仕入問屋が繁栄した。

江戸の十組問屋も、そのほとんどを仕入問屋が占めており、彼らの自己資金で仕入れた荷物が海難事故や廻船業者の不正で受ける損害を最小限に防ぐことを目的に、仲間を結成した。なお、酒荷物は上方荷主の委託荷物であるなど商取引の慣行が異なり、この点も享保15年の樽廻船への移行の一因とされている。

結成当初の十組問屋

組名	地域	品目
塗物店	日本橋辺・通町筋・室町辺	紀州の塗物・膳椀類
内店組	本町筋	小間物・木綿・繰綿・真綿類
通町組	日本橋通り	小間物・木綿・繰綿・真綿類
表店組	日本橋辺	畳類・莫蓙類・青筵類
薬種店	本町辺	薬種類
河岸組	本船町・小網町通り・堀江町辺	水油・繰綿類
綿店組	本町筋・大伝馬町・石町辺	繰綿
紙店組	本町通り・大伝馬町・本石町辺	紙類
釘店組	本船町通り・品川町辺	釘・鉄・銅類
酒店組	伊勢町・呉服町・堀江町辺	酒類

中井信彦「江戸十組問屋に関する一資料」(『史学』43-1・2号)より作成。

【市場】

江戸に集まる物資は、問屋から仲買《なかがい》や小売りを経て江戸の人々の手に渡ったが（問屋が仲買や小売りを兼ねる場合もある）、魚介類や野菜などの生鮮食料品は市場での取り引きを経て市中に出まわった。

江戸には日本橋《にほんばし》・四日市《よっかいち》・新肴場《しんさかなば》・芝雑魚場《しばざこば》の四か所に魚市場が存在した。なかでも日本橋の魚市場は江戸を代表する市場で、魚荷を満載した押送船《おしおくりぶね》が浜方《はまかた》（魚介類の産地）から市場の魚河岸に着岸した。魚河岸には平田舟《ひらたぶね》と呼ばれる底が平らで長い造りの小船がつながれ、押送船の荷揚場として使用された。魚河岸に建てられた納屋では、魚問屋の集荷した魚が仲買に渡り、納屋前の通り沿いに設けられた板舟《いたぶね》と呼ばれる魚の売り場で、仲買は、小売りである棒手振《ぼてふ》りの魚屋、あるいは武家や料理屋などに、魚を売りさばいた。

野菜については、古くから神田《かんだ》・駒込《こまごめ》・千住《せんじゅ》などで市場が開かれた。野菜のなかでも青物とは葉野菜のことを指し、土物（根菜類）や水菓子（果物）とは区別された。市場にはこれらの問屋が集まり、山方（野菜の産地）からもたらされるさまざまな野菜が、問屋や仲買を経て小売商人などに渡った。

神田市場は江戸を代表する市場のひとつで、早くから幕府の青物御用を勤めたが、多町《たちょう》・連雀町《れんじゃくちょう》・永富町は「青物三か町」と呼ばれ、多いときには一五二軒の問屋が軒を連ねた。

【陸上運送と飛脚】

遠隔地間での物資のやりとりのなかでも、絹織物のように高価で湿気を嫌う荷物や高額な金銭などは、陸上輸送が選択された。船で運ばれた物資も、江戸市中で荷揚げされたあとは陸上の運送手段が利用された。

江戸市中の陸上運送としては、馬や牛の背に荷物を載せるほか、牛に荷車を引かせる牛車《うしぐるま》や、大八車《だいはちぐるま》があった。江戸の牛車は芝車町《しばくるまちょう》（俗称牛町《うしまち》、現在の高輪《たかなわ》二丁目）から出され、江戸橋《えどばし》広小路《ひろこうじ》と八丁堀《はっちょうぼり》には輸送の拠点として牛置き場が設けられた。大八車は一～四人ほどの人力による二輪の荷車であり、明暦《めいれき》3年（1657）の大火以降に使用されるようになった。大八車は牛や馬には必要な飼料代がかからず、荷車を運ぶ車引きや車力《しゃりき》の賃金も安いことから利用が広がり、馬や牛による輸送と競合した。

飛脚《ひきゃく》とは、遠隔地間でやりとりされる書状・荷物・金銭の運送を担った業者で、為替《かわせ》の取り扱いも行なった。民間の飛脚は京・大坂・江戸の三都を中心に発達し、上方と江戸の間を往復した飛脚は、定期的に月三回出されたことから三度《さんど》飛脚《びきゃく》と呼ばれた。飛脚はもっぱら陸路を使用したが、送達に要する日数は、料金に応じてさまざまであった。三都の飛脚屋は、天明《てんめい》2年（1782）に定飛脚《じょうびきゃく》問屋として仲間を結成した。

民間の飛脚には、こうした遠隔地間の移送とは異なり、江戸市中で書状などを配達する町飛脚も存在した。この町飛脚は荷物箱の担い棒の先端に鈴を付けていたことから「チリンチリンの町飛脚」と呼ばれた。

【交通手段】

江戸市中では、大半の人々は徒歩をおもな移動手段とした。武士のなかには馬に乗ることを許された人がいたほか、吉原《よしわら》に通う遊客は当初は雇い馬を利用したが（のちに廃止）、庶民が江戸市中の移動に利用できた交通手段といえば、駕籠《かご》と舟である。

江戸定飛脚仲間定則運賃　天保1年〜元治1年（1830〜64）

種類	請負日限	荷物	運賃	種類	請負日限	荷物	運賃
幸便	六日限	書状１封	銀２匁	並便	十日限	書状１封	銀３分
		荷物１貫目	銀50匁			荷物１貫目	銀９匁５分
		金100両	銀55匁			金100両	銀11匁
	七日限	書状１封	銀1匁５分	仕立便	正三日半限	封物100目限	金７両２分
		荷物１貫目	銀40匁		正四日限	封物100目限	金４両２分
		金100両	銀45匁		正四日半限	封物100目限	金４両
	八日限	書状１封	銀1匁		正五日限	封物100目限	金３両２分
		荷物１貫目	銀30匁		正五日半限	封物100目限	金３両
		金100両	銀35匁		正六日限	封物100目限	金２両２分
	十日限	書状１封	銀６分		正三日限	封物100目限	銀700匁
		荷物１貫目	銀15匁	催合便《もやいびん》	正六日限	書状1封	金1朱
		金100両	銀20匁				

・幸便とは毎月９回、2、5、8のつく日に出発する便。六日限といってもおおむね９日かかる。
・並便とはもっとも時間がかかるもので、25〜26日かかるのがふつう。
・仕立便は、荷物があるとすぐに出発し、規定の日限も厳守した。正三日限は嘉永６年（1853）から。
・催合便は六日限幸便が有名無実になったため、文久３年（1863）から毎月2、5、8のつく日に出発、ほぼ７日で到着したもの。
横井時冬『日本商業史』より作成。重さ１貫目（匁）＝1000匁＝3.75kg。

駕籠は、駕籠《かご》かきと呼ばれる人足が人を乗せて担いでゆく道具で、庶民が利用したのは町駕籠である。駕籠の利用は贅沢《ぜいたく》とされ、旅行者・高齢者・病人・女性・子どものほかは利用を認めないとする町触《まちぶれ》も出されたが、こうした規制は厳密には守られなかったようである。江戸の一般的な町駕籠は四手《よつで》駕籠で、その利用料金は江戸時代後期には日本橋から吉原大門《おおもん》までで金二朱、銭では八〇〇文ほどであった。これより上等な町駕籠に、ほうせんじ（宝泉寺）駕籠やあんぽつなどがあるが、いずれも利用者は富裕な人に限られたと考えられる。

武家の間では、高級な御忍駕籠《おしのびかご》・留守居駕籠《るすいかご》・けんもん駕籠や、乗物《のりもの》が使われた。乗物は、公家《くげ》や国持《くにもち》大名などの限られた身分の人のみが使用を許された、とくに高級な駕籠で、一般の駕籠とは区別された。

水上の移動手段には、江戸に特有な猪牙《ちょき》がある。猪牙は先のとがった細長い舟で、屋根はなく、軽快で舟足が早い。柳橋《やなぎばし》（神田川《かんだがわ》が隅田川《すみだがわ》へ流れ出るあたり）から隅田川に出て、上りは吉原の遊廓《ゆうかく》、下りは深川《ふかがわ》の岡場所に向かう光景がよくみられたが、江戸時代後期の柳橋から山谷堀《さんやぼり》までの舟賃は、片道で銭一四八文である。猪牙はこうした遊所通いのほか、通常の交通手段や舟遊び、漁業などにも利用された。

江戸の土地区分と主要施設（江戸末期）

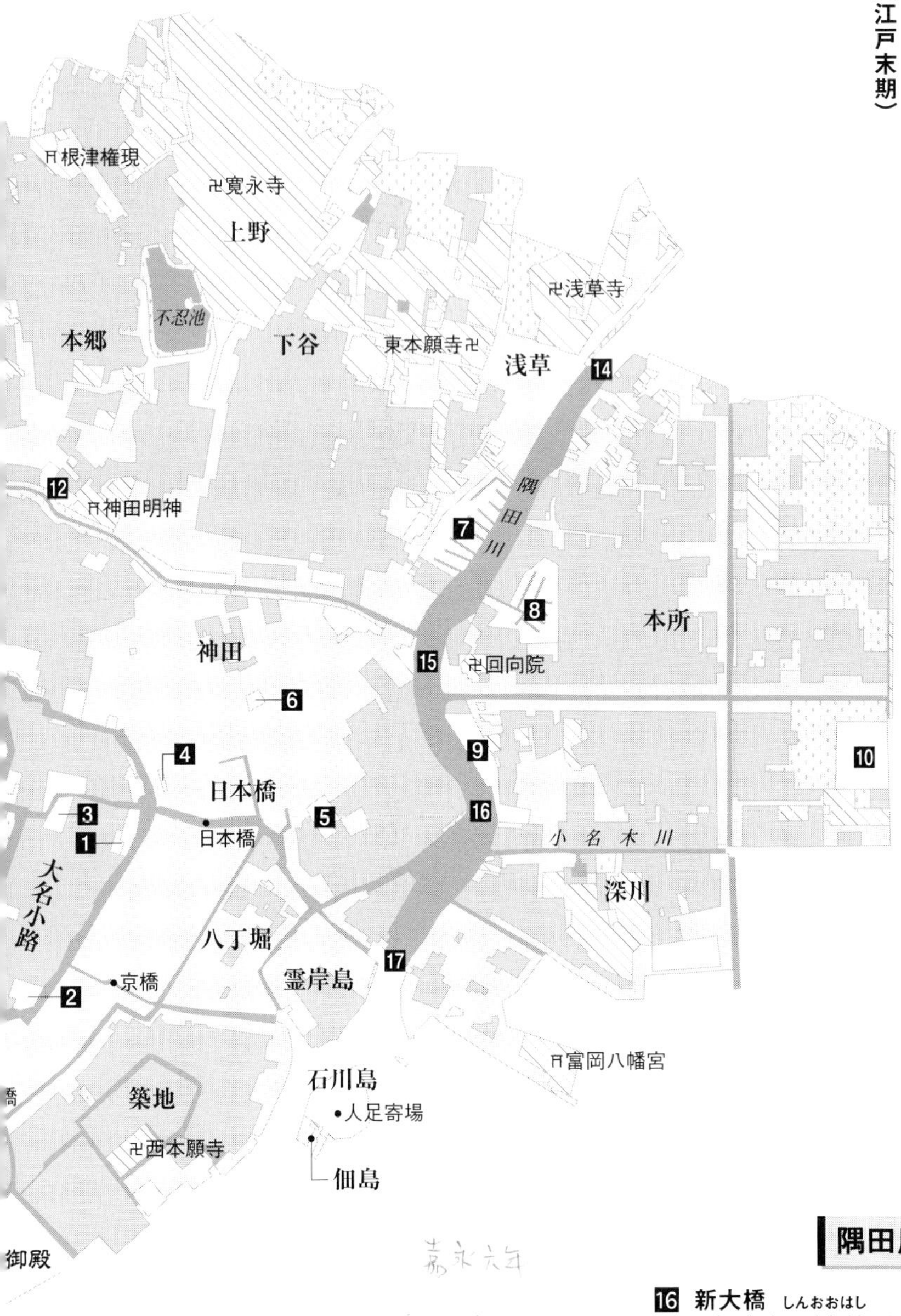

隅田川の橋

14 吾妻橋 あずまばし

安永3年（1774）架橋。長さ84間。

幕府は大川橋と名付けたが、俗に東橋、吾嬬橋などと呼ばれ、明治9年（1876）に正式に吾妻橋となった。

15 両国橋 りょうごくばし

寛文元年（1661）竣工（万治2年〔1659〕とも）。長さ96間。
武蔵・下総の両国に架かる橋として両国橋と呼ばれるようになった。

16 新大橋 しんおおはし

元禄6年（1693）架橋。長さ約108間。
新大橋は、大橋（両国橋の旧称）、あるいは千住大橋に対する名称といわれる。

17 永代橋 えいたいばし

元禄11年（1698）架橋（元禄9年とも）。長さ110間。文化4年（1807）の富岡八幡宮祭礼のとき、落橋事件が起きた。

おもな幕府関連施設

1 北町奉行所 きたまちぶぎょうしょ
呉服橋門内。何度かの移転を経て、
文化3年（1806）以降、幕末までこの地にあった。

2 南町奉行所 みなみまちぶぎょうしょ
数寄屋橋門内。常盤橋門内にあった北町奉行所が
宝永4年（1707）この地に移転。以後南町奉行所となる。

3 評定所 ひょうじょうしょ
幕府の最高司法機関。寺社奉行・町奉行・勘定奉行の
三奉行などが合議して事件を裁決した。

4 金座 きんざ
金貨製造機関。金座の頭人は御金改役を代々勤めた
後藤庄三郎。のちに庄三郎家は不正がもとで途絶える。

5 銀座 ぎんざ
銀貨製造機関。寛政12年（1800）、新両替町（現在の銀座）
から、蠣殻町のこの地に移転した。

6 牢屋敷 ろうやしき
獄舎、処刑場、囚獄の役宅および牢屋役人の執務所
などに分かれる。周囲には塀と堀が巡らされた。

7 米蔵 こめぐら
幕府直轄地からの年貢米を納める蔵。
西側一帯は御蔵前、蔵前と呼ばれた。

8 竹蔵 たけぐら
当初は幕府の材木蔵であったが、
享保19年（1734）に米蔵となる。

9 船蔵 ふなぐら
幕府の御用船を格納する蔵。
大小14の格納庫が並んでいた。

10 材木蔵 ざいもくぐら
幕府の材木蔵。享保19年（1734）、
横網町から移転した。

11 講武所 こうぶしょ
幕府の武術調練機関。安政3年（1856）
築地に竣工、万延元年（1860）
神田小川町のこの地に移転・開校した。

12 昌平坂学問所 しょうへいざかがくもんじょ
幕府直轄の学校。寛政9年（1797）に正
規の学問所となる前は、林家の私塾。

13 小石川薬園 こいしかわやくえん
幕府直営の薬園。
薬草の栽培などを行ない、
園内に養生所が置かれた。

【凡例】
- 幕府用地・広小路ほか
- 武家地
- 寺社地
- 町人地
- 田畑・土手ほか

江戸東京博物館『参勤交代』より作成。

ライフライン

【上水道の普及】

　江戸の飲料水や生活用水は、おもに上水道で供給された。神田上水《かんだじょうすい》は武蔵野《むさしの》の井《い》の頭池《かしらいけ》を水源とする上水道で、開削年代は天正《てんしょう》18年（1590）、寛永《かんえい》期（1624〜44）などの諸説がある。上水堀はしばらくの間は開渠《かいきょ》（素堀・白堀）であり、内神田《うちかんだ》から地中に埋設された暗渠となる。玉川《たまがわ》上水は多摩《たま》郡羽村《はむら》で多摩川の水を取り入れ、四谷《よつや》大木戸《おおきど》までは開渠、その先は暗渠で配水された上水道である。工事は承応《じょうおう》2年（1653）に始められ、翌3年に完成した。

　これらの上水のほかに、亀有《かめあり》（本所《ほんじょ》）上水・青山《あおやま》上水・三田《みた》上水・千川《せんかわ》上水が相次いで開設されたが、享《きょう》保《ほう》7年（1722）には上水としての利用が廃止された。給水が途絶えた地域では、掘り抜き井戸の開削などによって水が得られたが、大部分が埋立地である本所・深川《ふかがわ》地域では、井戸を掘っても良質な水が出ないため、銭瓶橋《ぜにかめばし》や一石橋《いちこくばし》付近で汲《く》み取られた神田・玉川上水の余水が、水舟で運ばれて売られた。

　神田・玉川上水の経営は、当初は神田上水が内田家、玉川上水が玉川家という、水元役《みずもとやく》あるいは水役《みずやく》などと呼ばれる請負人によって行なわれ、彼らが水道の修復料などとして水銀《みずぎん》を徴収した。元文《げんぶん》4年（1739）に玉川、明和《めいわ》7年（1770）に内田が水道経営を免ぜられると、両上水は幕府直営となったが、水銀の徴収は幕府のもとで続けられ、武家は石高割《こくだかわり》、町方は小《こ》間割《まわり》で水銀を負担した。

　上水を利用する町は、周辺地域で形成する水道組合に属し、上記の水銀のほか上水の普請入用《ふしんにゅうよう》も負担した。神田上水を引く町は、上水堀の開渠の箇所を浚渫《しゅんせつ》する役を負担したが、これはのちに金銭による負担となり、白堀浚《しらほりさらい》賃として町入用に計上された。

【下水・塵芥の処理】

　江戸の生活排水は、表通りに面した家の前を流れる雨落の下水や、屋敷内の下水（いわゆる裏店《うらだな》のどぶ）から、小下水や大下水を経て堀や川へ流された。軒先や裏長屋の下水は蓋《ふた》や溝板《どぶいた》で覆われたが、小下水や大下水には開渠で橋が渡されたものや、地中に埋設されたものがあった。下水が上水を横切る場合には立体交差にされ、下水の汚れた水が上水に流れ込むことを防いだ。神田上水の開渠の箇所を横切る下水は、潜《くぐ》り樋《ひ》が上水堀の底を通されたり、箱下水・渡《わたり》下水と呼ばれる箱状の樋が上水堀に掛けられたりした。

下水にはゴミが捨てられたり屎尿《しにょう》が流されることもあったため、幕府がこれらを禁じる法令を出したり、下水浚いが行なわれるなど、下水の保全が図られた。

塵芥《じんかい》（ゴミ）は、明暦《めいれき》元年（１６５５）に永代島《えいたいじま》へ船で捨てることが命ぜられて以来、収集・運搬・処分の基本的な処理方法が整備された。家々から出されたゴミは、裏店に設けられた芥溜《ごみため》に捨てられ、ここのゴミが溜まると町内の大芥溜に捨てられた。大芥溜は塵芥船にゴミを積む前の集積所であり、幕府指定の請負人はここからゴミを運び出し、永代島に投棄した。裏店の芥溜から大芥溜までゴミを運ぶ人足や、大芥溜から船積みして捨てに行く経費は、各町が負担した。

享保15年（１７３０）には、ゴミ捨ての指定場所は永代島から越中島《えっちゅうじま》の後方に移されたが、ゴミの投棄による海辺の埋め立ては続けられた。

江戸の上水道

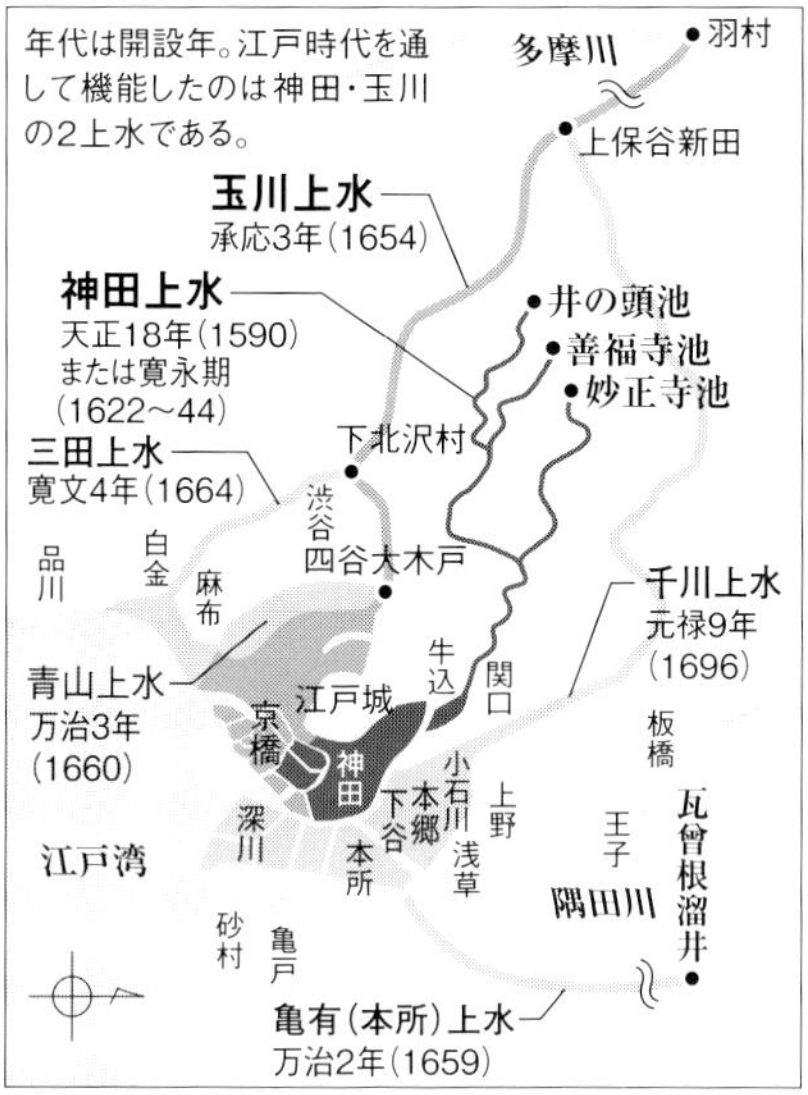

年代は開設年。江戸時代を通して機能したのは神田・玉川の2上水である。

日本水道協会『日本水道史　総論編』などより作成。

【下肥】

江戸の人々が排泄《はいせつ》した屎尿は、周辺農村で野菜栽培などの肥料に利用された。この肥料を下肥《しもごえ》という。大名や旗本の屋敷・商家・裏店などの雪隠《せっちん》・厠《かわや》（便所）で出る屎尿は、周辺農村の百姓に汲み取られ、江戸の西部農村には馬、東部から北部にかけては俗に葛西船《かさいぶね》と称される船で運ばれた。

下肥は、延享《えんきょう》・寛延《かんえん》期（１７４４〜５１）には、一年間の一〇〇人分の屎尿汲み取りに金二両、一荷（天《てん》秤《びん》で背負う肥桶二つ）では銭三二文、一駄（二荷半）では四八文かかると試算された。しかし、下肥需要の高まりとともに下肥値段は高騰し、寛政《かんせい》期（１７８９〜１８０１）には延享・寛延期の三倍になった。

下肥が商品としての価値をもつようになると、大名屋敷では雪隠や厩《うまや》の掃除が、由緒《ゆいしょ》や長いしきたりで特定の百姓にゆだねる従来の方法から入札《にゅうさつ》制に切り替えられることもあった。町方では、裏長屋の共同便所の下肥代が、家守《やもり》の貴重な収入源となった。

江戸市中には貸雪隠や小便所が設けられ、下肥の回収が積極的に行なわれるようになった。貸雪隠は使用料収入を目的に、盛り場などに設置された有料便所であるが、下肥の回収にも役立ったという。小便所は下肥回収を目的に設置された無料便所である。屎尿を汲み取る権利は小便所を設置した江戸周辺の農民にあり、天明《てんめい》4年（1784）には江戸の町々に一六〇か所の小便所が存在した。

【リサイクル】

江戸の屎尿が下肥として利用されたことに象徴されるように、生活で使用されたもの、あるいは生活のなかで生じたものの多くは、すぐには廃棄されず、修理や加工を通して再利用された。

浅草紙《あさくさがみ》は、江戸で出た紙屑《かみくず》を集めて漉《す》き返した紙である。紙屑の回収は、紙屑を買い集める紙屑買いのほか、購入するお金がない人による紙屑拾いが担った。浅草紙の名称は、浅草地域でつくられたことに由来するが、江戸時代後期には足立郡淵江《ふちえ》領（現在の足立区）の村々で、紙の漉き返しがさかんに行なわれた。

江戸では古物が広く売買されたが、幕府は盗品や紛失物の流通を取り締まるため、享保8年（1723）に古着屋・古着買い・古鉄屋・古鉄買い・古道具屋・小道具屋・唐物屋・質屋の組合を結成させた。これらは八品商と呼ばれ、当初の組合には延べ一万八三九人が加入した。

古着問屋には、仕入れた古着を江戸市中だけではなく関東・東北方面に売る地《じ》古着《ふるぎ》問屋《どいや》や、関西から古着を仕入れる下り古手《ふるて》問屋《どいや》が存在し、古着は江戸内外で広く流通した。富沢町《とみざわちょう》には多くの古着問屋や古着屋・古着買いが集まり、古着の市が立って繁栄した。神田《かんだ》川《がわ》沿いの柳原土手《やなぎはらどて》にも古着屋が軒を連ねたが、富沢町では古着だけではなく呉服や太物《ふともの》類（綿織物・麻織物）も取り引きされたのに対して、柳原土手ではより品質の劣る古着が売られた。

【養生所】

江戸の人々は病気になると、売薬（調合された既成剤）に頼ったり医師の診察を受けたりしたが、こうした有料医療を受けられない人々に対して、幕府は享保7年（1722）に養生所《ようじょうしょ》を開設した。

養生所は、町医の小川笙船《おがわしょうせん》が目安箱に投じた上書が契機となり、小石川薬園《こいしかわやくえん》内に設けられた。養生所は町奉行所の支配下に置かれ、与力・同心が取り締まりにあたった。配属された医師は、本道（内科）二名、外科二名、眼科一名が定数となり、のちに見習い医師が加わった。患者の収容人数は、当初は四〇人であったが、享保18年以降は一一七人となった。

養生所に入るには、当初は町奉行所への申請が必要とされたが、享保8年には不要とされ、病人の入所を望む人が家守《やもり》などとともに、名主《なぬし》あるいは月行事《がちぎょうじ》の押《おう》印《いん》を得て、養生所に直接願い出た。当初は入所を望む人が多かったが、江戸時代後期には医師が不誠実な診療を行なったり、日常の看病をする中間《ちゅうげん》が患者への支給品を横領するなどという悪弊もみられ、入所者も減

さまざまなリサイクル関連業

	業種	内容
修理・再生	鋳鉄師	鞴(ふいご)を携えて、その場で鍋や釜の補修を行なう。鋳掛屋
	印肉の仕替え	印肉の取り替え
	臼の目立て	磨滅した臼の目立て
	下駄歯入れ	下駄・足駄の歯の差し替え
	錠前直し	鍵の補修
	雪駄《せった》直し	履物の補修
	瀬戸物焼き接《つ》ぎ	日用陶器の焼き接ぎ。寛政年間から白玉粉（ガラス質の材料）を用いる方法が普及した
	算盤《そろばん》直し	算盤の補修
	提灯《ちょうちん》張り替え	提灯の張り替え。求めに応じてその場で記号などを書き入れることもあった
	磨師《とぎし》	挿刀・包丁・小刀・鋸などの研磨。ただし、刀剣の研磨は刀磨工の仕事
	眼鏡の仕替え	新品売り、新古交換、破損の修理
	羅宇屋《らうや》	煙管の竹管のすげ替え。標準の8寸のもので8文、文久元年に10文に値上がりした
	輪替え	桶・樽などの補修、竹輪の交換
再生品販売	還魂紙《かんこんし》売り	漉き返し紙売り。江戸では浅草紙と呼ばれた
	銭茣蓙《ぜにござ》売り	反故紙を筵に編んだものを売った。両替店などで銭を緡(さし)に差すときに用いたもの
	竹馬古着屋	四本脚の竹具を担ぎ、古着や古衣服をといた襟や裏などを売る
	箒《ほうき》売り	棕櫚箒売り。古いものに銭を足して新しいものに替えた。古箒は棕櫚縄・タワシにして売った
回収	紙屑買い	反故紙・古帳・紙屑の購入。古着類・古銅鉄・古器物の買い取りを兼ねる人もいた
	樽買い	酒・醬油などの空樽を購入し、空き樽問屋に売る。問屋が用途に応じて転売した
	灰買い	竈下・炉中の灰の購入。灰は肥料としたり、洗濯のために使われた
	古傘買い	古傘の購入。江戸では1本4文・8文・12文で買い取り、古骨買いとも呼ばれた
	蠟燭《ろうそく》の流買い	提灯や燭台の流れ余りの蠟の購入

種別は便宜上の区分で、修理・再生業者が販売を兼ねたり、再生品販売業者が回収を兼ねることなどもある。
『守貞謾稿』などより作成。

少した。
養生所は無料の入院治療を行なう施設であるが、その運営費は当初は養生所付き町屋敷から上がる地代収入でまかなわれ、宝暦《ほうれき》期（１７５１〜６４）以降は年間八四〇両が幕府から支給された。

【町火消】

江戸の武家火消《ぶけびけし》には、大名が勤めた大名火消・方角《ほうがく》火消・所々《しょしょ》火消や、旗本が担った定《じょう》火消のほか、それぞれの屋敷周辺の防火を担う各自火消が存在した。

これに対して、江戸の町《まち》火消は町奉行の大岡忠相《おおおかただすけ》のもとで、本格的な整備が行なわれた。享保5年（１７２０）には、いろは四十七組（のちに四十八組）と本所深川十六組の小組が成立し、同15年には、前者が一〇組（のちに八組）、後者は三組の大組に分けられた。町火消は大組単位で協力しながら、おもに町人地の消火活動を担ったが、やがて江戸城や幕府施設にも駆けつけるようになった。

町火消は、当初は町の住民が店人足《たなにんそく》として勤めたが、当時の消火方法は周辺の建物を壊して延焼を食い止める破壊消防が主流であったため、町屋の構造をよく知り、屋根上での作業に慣れた鳶人足《とびにんそく》が町火消の主力となった（制度化は天明7年〔１７８７〕）。

各町の鳶人足には、小頭《こがしら》と呼ばれた一名の抱人足《かかえにんそく》と、町ごとに決められた人数の駆付《かけつけ》人足が存在し、彼らの給金や法被《はっぴ》・股引《ももひき》代などは各町で負担した。天保《てんぽう》14年（１８４３）の名主の書上《かきあげ》によれば、抱人足の給金は一か月に銭五〇〇〜二貫五〇〇文、駆付人足は三〇〇〜七〇〇文ほどであった。なお彼らはふだんは土木建築現場などで働いており、町火消のみで生計を立てていたわけではない。

寛政9年（１７９７）には小組ごとに数名の人足頭《とう》取《どり》が置かれ、町火消は人足頭取を筆頭に、頭《かしら》・纏持《まといもち》・梯子持《はしごもち》・平《ひら》、などという階層で構成された。

江戸町火消の配置図

鈴木淳『町火消たちの近代』より作成。

細見 江戸時代名数辞典③

〝三〟の巻・下

【浅間三宿《あさまさんしゅく》】中山道の軽井沢《かるいざわ》・追分《おいわけ》・沓掛《くつかけ》の三宿場。

【江戸草分《くさわけ》三名主】草分名主のうち、徳川家康入部《にゅうぶ》以前からの三名家。馬込《まごめ》勘解由《かげゆ》（大伝馬町）・田所平蔵（田所町）・宮部又四郎（通油町《とおりあぶらちょう》）。江戸名主総代として正月3日に登城した。

【江戸三大幽霊】『東海道四谷怪談』のお岩《いわ》、『番町皿屋敷』のお菊《きく》、『真景累ケ淵《しんけいかさねがふち》』の累。

【江戸の三吟《さんぎん》】延宝年間に活躍した三俳人、松尾芭蕉《ばしょう》・伊藤信徳《しんとく》・山口素堂《そどう》（信章《のぶあき》）。ちなみに、江戸三大俳人は松尾芭蕉・与謝蕪村・小林一茶。

【三侯《さんこう》】寛政年間に好学で知られた大名。因幡《いなば》国若桜《わかさ》藩主池田定常《さだつね》（松平冠山《かんざん》）・豊後《ぶんご》国佐伯《さえき》藩主毛利国高標《たかすえ》（霞山《かざん》）・近江《おうみ》国仁正寺《にしょうじ》藩主市橋長昭《ながあき》（黄雪《こうせつ》）。

【久三郎《きゅうざぶろう》】一季《いつき》奉公《ぼうこう》の下男や奉公人の通称で、久三《きゅうざ》ともいう。おもに上方での呼び名。

【三替《さんたい》】上方での芝居の3月興行のこと。前年11月の顔見世《かおみせ》興行、正月の初春狂言に続く興行なのでこう呼ばれた。

【三大人《さんうし》】江戸時代を代表する国学者、荷田春満《かだのあずままろ》・賀《か》茂真淵《ものまぶち》・本居宣長《もとおりのりなが》の三人。これに平田篤胤《あつたね》を加えて四大人《しうし》ともいう。

【三商】古銅古道具屋・古手屋《ふるて》（古着屋）・質屋の三業種の総称。

【三甚内《さんじんない》】江戸初期の盗賊、庄司甚内・富（飛）沢甚内・幸（高）坂甚内のこと。

【三大道場】幕末の江戸にあった著名な武芸道場。お玉が池の千葉周作の玄武館（北辰《ほくしん》一刀流）・九段の斎藤弥九郎《やくろう》の練兵館（神道無念流）・京橋の桃井《もものい》春蔵《しゅんぞう》の士学館（鏡新明智流《きょうしんめいちりゅう》）。

【寛政の三奇人】寛政期に活躍した優れた三人の人物。林子平《しへい》（経世論家）・高山彦九郎（尊王思想家）・蒲生君平《がもうくんぺい》（儒学者・尊王思想家）。

【三分】金一両の四分の三に相当。江戸後期に吉原の上級遊女の揚げ代が三分だったことから、揚げ代と同時に上級遊女自体のことも指すようになった。

【三雀《さんじゃく》】江戸時代初期の江戸・大坂・京都の地誌で、菱川師宣《ひしかわもろのぶ》『江戸雀《すずめ》』・水雲子《すいうんし》『難波《なにわ》雀』・浅井《あさい》了意《りょうい》『京雀』の三書。いずれも雀の字がつくことから。

【三種尺】江戸時代に使われた三種類の長さの単位。曲尺《かねじゃく》（一尺は三〇・三cm）・呉服尺（一尺は曲尺の一尺二寸）・鯨尺《くじらじゃく》（一尺は曲尺の一尺二寸五分）。

2 町のソフト

町の仕組み

【町と町人】

18世紀中ごろ以降の江戸には一六〇〇〜一七〇〇ほどの町《ちょう》が存在したが、これらの一つひとつの町は、江戸の町人地を構成する基本的な単位である。江戸時代初期には、本町《ほんちょう》通りや日本橋周辺の通町《とおりちょう》筋の地域を中心に、京間で六〇間《けん》四方の正方形を基準とする町割がなされ、ひとつの町は通りを挟んで向かい合う区画で構成された。こうした町は両側《りょうがわ》町と呼ばれ、一般的な町のあり方と考えられているが、江戸全体でみたときには立地条件などに応じて、両側町の形態をとらない町も多い。

ひとつの町は複数の町屋《まちや》敷《しき》で構成されたが、町人とは狭義には町屋敷を所持する地主のことをいう。この町人は、町入用《ちょういりよう》や幕府に対する諸役を負担するなど、さまざまな義務を負ったが、正式な町の構成員として町の運営を担う権利を有した。これに対して、町屋敷の有無にかかわらず、町に居住する職人や商人などを総称して町人ということもある。この広義の町人は、町方の人別《にんべつ》に加えられた人と考えてよい。

人別帳は町の住民を登録した帳面で、江戸では天和《てんな》3年（1683）に作成が命ぜられた。各町の人別帳では、住民は町屋敷ごとに書き上げられ、家持《いえもち》（居付《いつき》地主《じぬし》）あるいは家守《やもり》（家主《いえぬし》・大家《おおや》）を先頭に、それに続けて地借《じがり》や店借《たながり》が記載されている。人別帳には、各世帯の当主以下、妻子から同居人に至るまでの名前と年齢、および生国・宗旨・檀那《だんな》寺《でら》・店請人《たなうけにん》が記され、当主の生業や当主との続柄も記載されている。

【住民の構成】

町の住民は、地主（家持）、家守（家主・大家）、地借、店借に分けられる。

　地主は町屋敷を所持する人で、自身が所持する町屋敷に住む居付地主と、他所に居住する不在地主が存在した。家持というときには前者の居付地主を指す。当初は居付地主が多く存在したが、町屋敷の売買が広く行なわれるようになると、不在地主が多くを占めるようになった。

　家守は町屋敷の管理を地主から任された人である。家守とは、地主との関係をふまえた呼称であるが、人別帳などの公式書類には家主と記され、大家の俗称もよく知られている。家守は、店子《たなこ》から地代・店賃を徴収して地主に納めるほか、店子に町触《まちぶれ》を伝達したり、

町割の概念図

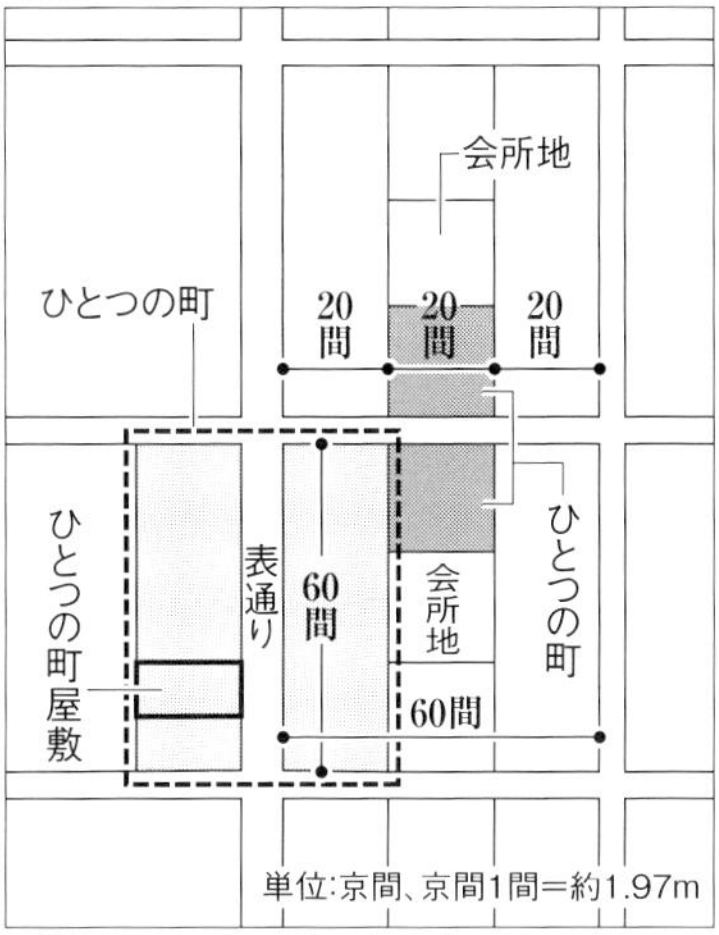

両側町の背後に残った空地が会所地で、当初はゴミ溜めや排水地として利用された。やがて新道（地主がつくった私道）が通されると、会所地も開発が進められた。

店子の転入や転出を把握するなど、店子の管理全般にあたった。裏店に入る路地口には木戸が設けられ（後述の町の木戸とは異なる）、木戸が閉じられると店子は潜《くぐ》り戸から出入りしなければならなかったが、この潜り戸の管理も家守の仕事である。

　町の運営は、本来は地主が行なうものであったが、不在地主が多くなると家守が担うようになった。江戸の家守には、専業の人とほかの生業を兼ねる人がいたが、おもな収入には地主から支給される給金のほか、樽代《たるだい》（転入してきた店子からの祝儀《しゅうぎ》）、節句銭《せっくせん》（店子からの五節句の祝儀）、下肥《しもごえ》代などがあった。

　地借は土地を借りるが家作は自前の人、店借は土地も家作も借りる人であり、町の住民の大半はこの地借・店借である。それぞれの町屋敷は、通り沿いに店舗を構える表店と、通りに面さずに細い路地を入る裏店で構成された。地借には表店の商人や職人も多いが、店借の多くは裏店（裏長屋）の住人であった。

【町屋敷の売買】

　町人地は、売買が行なわれた町屋敷と、江戸時代を通して一度も売買されていない草創《くさわけ》地や、下級の幕臣や大奥女中などに与えられた拝領町屋敷などの売買されない土地に分けられる。多くは売買可能な町屋敷で

あったが、売買の際に作成された証文を沽券《こけん》ということから、これらの町屋敷を沽券地という。

沽券高（沽券金高）は、本来は町屋敷の売買価格のことであるが、幕府が作成を命じた沽券絵図などに示された沽券高は、周辺地域の相場や立地条件などから算定された公定表示価格に相当する価格であった。日《に》本橋《ほんばし》や京橋《きょうばし》あたりの地域では、元禄期《げんろく》（1688～1704）に沽券高が高騰《こうとう》し、一筆《いっぴつ》の町屋敷の沽券高は数百両から数千両に及んだ。

現在でも品位や体面に差し支えることを「沽券にかかわる」といったり、品位が下がる、あるいは不面目なことになることを「沽券が下がる（落ちる）」といったりするが、こうした言いまわしは、沽券を有することが町屋敷を所持する正式な町人であること、あるいは沽券高が町屋敷の立地条件や利用のあり方に応じて上下したという事情を反映したものと考えられる。

町屋敷を所持すると、地代・店賃の収入が得られるほか、町屋敷を担保（家質《かじち》）とする金融活動が可能になった。そのため、幕府の御為替御用《おかわせごよう》を勤めた三井家《みつい》など、公金の運用や金融に携わる豪商、あるいは高額な営業資金を必要とする大店の商人は、多くの町屋敷を所持した。しかしその一方で、わずかな地代・店賃収入を得て生計を維持する零細な地主もいるなど、江戸にはさまざまな地主が存在した。

【町の支配】

江戸の町の支配は、町奉行《まちぶぎょう》以下、町年寄《まちどしより》・名主《なぬし》・月行事《がちぎょうじ》という支配系統に基づいて行なわれた。町触《まちぶれ》は江戸の町方を対象として出された触であり、住民の生活や生業について、さまざまな制限や統制を加えたものであるが、町触の伝達にはこの支配系統が利用され、最終的には家守が店子に読み聞かせることで、住民に周知された。町触は自身番屋などに張り出されることもあった。

町年寄は、奈良屋《ならや》・樽屋《たるや》・喜多村《きたむら》の三家が世襲で勤めたもので、先祖が古くから徳川家康《とくがわいえやす》に仕えたという由緒《ゆいしょ》をもち、町人としてはもっとも高い格式を有した（奈良屋・樽屋はのちに館《たち》・樽《たる》の姓を名のる）。町年寄は町奉行のもとで町方の支配にあたる一方で、町の下情を町奉行に上申する役割を果たした。おもな職務には、触の伝達、新開地の地割りや受け渡し、人別の集計などの町政一般、組合の名前帳の保管など商人・職人の統制、前例・旧慣の調査やもめごとの調停などがある。また、町年寄は幕府公金の貸付業務を委託されるなど、金融や経済にも関与した。

江戸の名主は、18世紀中ごろには一六〇〇余町に対して二五〇名ほどが存在し、ひとりが複数の町を支配した。家康の入部以前から江戸に居住したり、家康の江戸入りとともに三河《みかわ》や遠江《とおとうみ》から移住した名主は草創《くさわけ》（草分）名主と呼ばれ、名主のなかではもっとも高い格式を有した。寛永期《かんえい》（１６２４～４４）ごろまでに成立した古町《こちょう》の名主は、これに準じる格式をもつ。

名主は、町触の伝達、人別帳の管理、町屋敷の売買の管理をはじめとして、自身が支配する町の公用や町用の全般に関与した。江戸時代後期には、市中取締《しちゅうとりしまり》掛《かかり》や人別掛などの掛役《かかりやく》を町奉行所から命ぜられ、支配町を超えた広域都市行政にかかわるようになった。

月行事は、町内の家守が中心となって構成する五人《ごにん》組《ぐみ》から出された人が交代で勤めたもので、町ごとに存在した。彼らの仕事は、町触の伝達、訴訟の書類や願書・届書への加判、喧嘩《けんか》口論の仲裁など、住民の生活に直接にかかわるものであった。

【木戸番と自身番】

江戸の通りには、通常は町境ごとに木戸が設置されたが、そのわきには木戸《きど》番屋《ばんや》や自身番屋《じしんばんや》が置かれた。

木戸番は、木戸番屋に詰める木戸の番人である。木戸は、通常は夜四つ時（午後10時頃）に閉め切られ、自由な往来が禁じられたが、これ以降に往来人があった場合は、潜《くぐ》り戸から通行人を通した。このときに木戸番は拍子木《ひょうしぎ》を打って、つぎの木戸に通行人の往来を知らせた（送り拍子木）。

このように、木戸番は木戸の開閉や送り拍子木を勤めることで、町の治安維持を担ったが、このほかにも防火の役割を果たしたり、自身番屋の雑用を勤めたりした。木戸番は町から給金が支払われたが、副業として番屋で駄菓子・蠟燭《ろうそく》・草履《ぞうり》などの日用品を売ることを許された。このような番屋は商番屋《あきないばんや》と呼ばれたが、商番屋は木戸際に限られたものではなく、市中の空き地や堀端《ほりばた》などにも置かれた。

自身番は、当初はおもに町内の火の用心や喧嘩口論・不審者の取り締まりを行なうもので、自身番屋には番を勤める地主自身が詰めていた。しかし自身番屋は、書役《かきやく》が出勤して町内の算用《さんよう》などの事務を行なったり、町内で捕らえられた不審者が留め置かれるなど、町の事務所あるいは施設として多様な目的に使用されるようになり、番屋には家守が詰めるようになった。

自身番屋は、各町に一か所ずつ置かれた場合と、複数の町が共同で使用した場合がある。自身番屋には、家守や書役のほか、番人や店番（町内の店子が順番に勤めたもの）が詰め、書役と番人の給金は各町から支給された。

【町入用】

町入用《ちょういりよう》（ちょうにゅうよう・まちにゅうよう、とも）とは町の運営や維持に必要な経費で、町屋敷を所持する地主が負担した。基本的には町屋敷の表間口《おもてまぐち》一間《けん》を単位にして負担が割り当てられたが（小間割《こまわり》）、決まった役数に基づく面割・役割や、町屋敷の坪数に応じた坪割《つぼわり》の方法もみられた。

町入用は、定式《じょうしき》入用と臨時入用に分かれている。各町によって両者の区別は一様ではないが、多くの場合、伝馬役《てんまやく》・国役《くにやく》（職能に応じた職人の役に由来）・公役《くやく》（単純な人足役）・年貢《ねんぐ》（後年に町方に組み込まれた代官支配地域の負担）などの幕府に対する負担、年頭銀、町年寄晦日銭《みそか》、鐘役銭《かねやく》、名主役料、書役・番人の給金、町火消の経費（鳶人足《とびにんそく》の給金や法被《はっぴ》・股引《ももひき》代など）、自身番屋の諸経費、水道経費などは定式入用に含まれる。幕府に対する負担の種類は町によって異なり、これらは厳密には町の運営・維持費とはいえないが、町入用に含まれることが多い。年頭銀は年明けに名主が江戸城へ登城する折の献上物にかかる経費、町年寄晦日銭は町年寄に上納する金銭で、いずれも古町に限られた負担である。名主役料は、支配を受けている名主に各町が納めるもので、名主の収入となった。

臨時入用には、自身番屋などの町内施設の修復費や道路普請の費用、火災発生時の実費や纏《まとい》・竜吐水《りゅうどすい》などの火消道具の修復費など、定期的・恒常的ではない負担が含まれる。祭礼費については、定式・臨時の別は町によって異なり、町入用とは別途に負担される場合もある。

寛政3年（1791）の南鞘町の町入用見積り

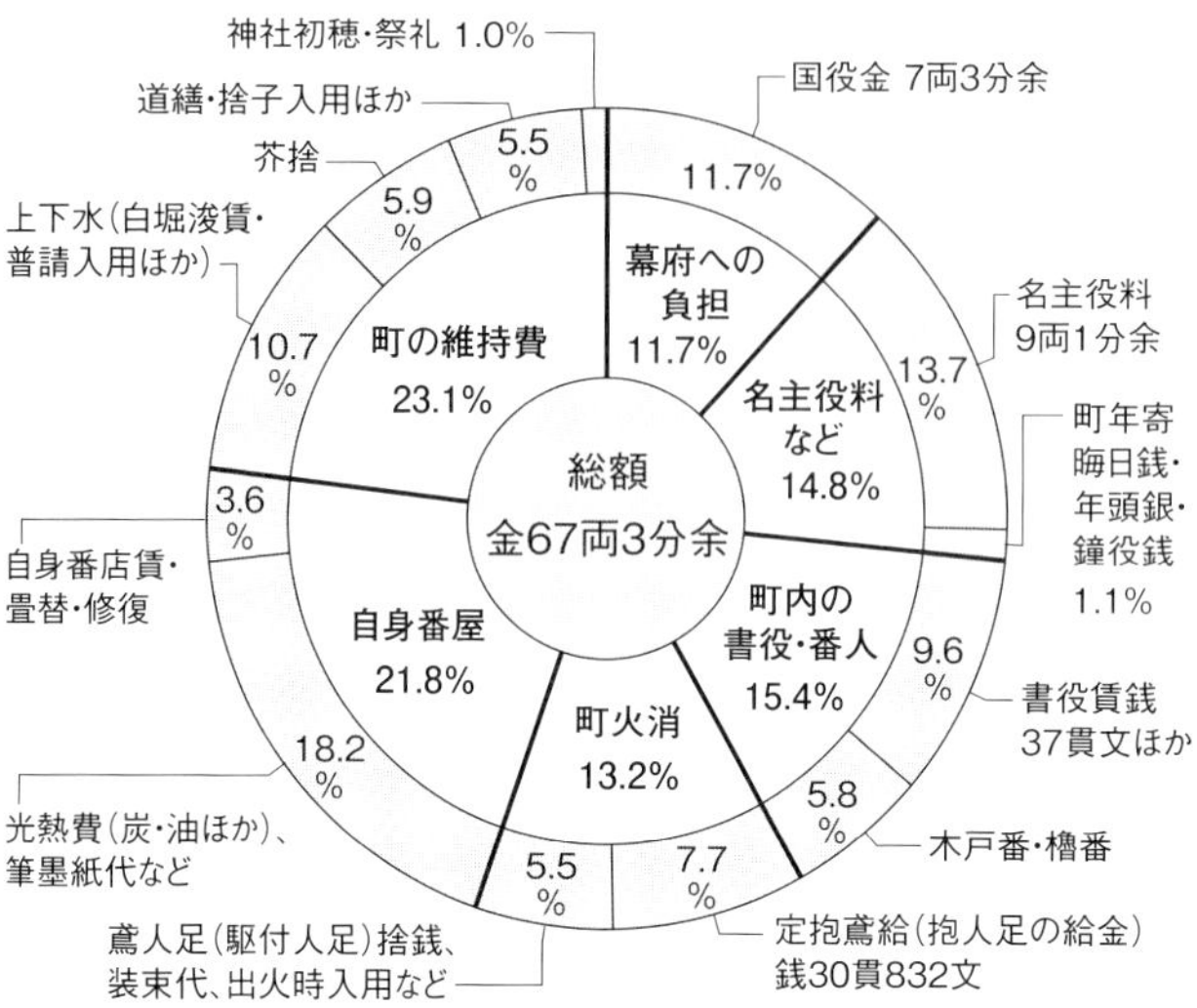

「撰要永久録」（『東京市史稿』産業篇36）より作成。金1両＝銀60匁＝銭5貫900文で換算。

警察と裁判

【町奉行】

町奉行は、江戸の町々における行政・警察・裁判・消防など、市政にかかわるすべての事項を統轄した。町奉行の定員は二名であるが、元禄《げんろく》15年から享保《きょうほう》4年（1702〜19）までは一名増員された。町奉行所は町奉行の役所兼役宅で、番所《ばんしょ》とも呼ばれた。北町奉行所と南町奉行所のほか、定員が増えた時期は中町奉行所が置かれたが、北・中・南の呼称は奉行所の位置関係による。

町奉行は月番《つきばん》制である。月番の町奉行は番所の表門を開き、四つ時（午前10時頃）に江戸城へ登城、番所に戻ると訴訟や請願を聞き、裁許の申し渡しなどを行なった。幕府の評定所に出向いて一座の合議に加わることも、月番の仕事である。

非番の町奉行は番所の表門を閉ざし、新たな案件を受け付けなかったが、月番の折に受理した訴訟や請願の調査などを継続して行なった。月三回ほどは月番の番所に赴き、内寄合《ないよりあい》において両町奉行は意見交換を行なった。

歴代の町奉行では、大岡忠相《おおおかただすけ》や遠山景元《とおやまかげもと》（金四郎《きんしろう》）などが名奉行として知られ、遠山は裁判上手で一二代将軍家慶《いえよし》から高い評価を得ている。大岡は八代将軍吉宗《よしむね》に抜擢《ばつてき》された町奉行であるが、名判決として知られる「大岡裁き」のほとんどは、創作として伝わる「大岡政談」に基づくものである。

【与力と同心】

町奉行の下には与力《よりき》と同心《どうしん》が存在し、さまざまな実務を担当した。享保4年に、与力は一組二五騎（人）で南北合わせて五〇騎、同心は一組一〇〇名ずつの計二〇〇名とされた（時期により増減あり）。

町奉行所の分掌は、当初は歳番（年番）・牢屋見廻《ろうやみまわ》り・町廻りが存在する程度であったが、享保期（1716〜36）以降はさまざまな分掌が順次設けられた。裁判を担当する吟味方《ぎんみかた》などのように専門的な知識や熟練を要する分掌は、特定の与力が代々で勤めるようになった。同心は吟味方下役などのように、おもな分掌では与力の下役であったが、隠密《おんみつ》廻り・定《じょう》廻り・臨時廻りの三廻りなどのように、同心のみで構成された分掌も存在した。

町奉行所の与力・同心は八丁堀《はっちょうぼり》の組屋敷に居住し、俗に「八丁堀の旦那《だんな》」「八丁堀御役人衆」などと呼ばれた。彼らの多くは土地や家屋の一部を他人に貸し、その地代店賃《たなちん》収入を生活費の足しにしたが、一般の商人に貸すことは憚《はばか》られたため、この地域には儒者・医師・絵師などが多くみられた。

【目明し】

享保期以降の江戸の町方人口は五〇万人を超えたが、町奉行所の三廻り同心は二〇名前後にすぎず、彼らのみで江戸の警察機能を維持することは無理な話であった。彼らは目明《めあか》しなどと呼ばれる人を活用して、犯人逮捕などの任務を遂行した。

目明しは、本来は同心が私的に雇ったもので、町奉行所の役人ではない。目明しには、犯罪歴のある人や、賭事《かけごと》を好む人なども多く、犯罪者やその周辺の人の情報に精通していたため、犯罪の捜査に一定の役割を果たした。

しかし、目明しが町の人々から金品を脅《おど》し取るなどという問題も跡を絶たず、正徳《しょうとく》2年（１７１２）以来、目明しの廃止令は繰り返し出された。それでも目明し同様の人は、岡《おか》っ引《ぴき》・手先《てさき》と名前を変えて存続し、天保《てんぽう》13年（１８４２）頃には、町奉行所に納められた没収地の地代などから手先の手当が支給されるようになった。

【火付盗賊改】

火付盗賊改《ひつけとうぞくあらため》は、江戸市中や近在を巡回して放火・盗賊・博奕《ばくえき》の取り締まりや犯人の逮捕を行なう役職であり、町奉行とともに江戸の警察機能を担った。

当初は盗賊改・火付改・博奕改は別個の組織であったが、享保3年以降はこれらがまとめて扱われるようになった。火付盗賊改は、元来は将軍の鉄炮隊《てっぽうたい》や弓隊の頭である先手頭《さきてがしら》や持之頭《もちのかしら》が、本来の職務とは別に兼務する加役《かやく》として勤めた。火付盗賊改が専任の役職となったのは、文久《ぶんきゅう》2年（１８６２）である。

火付盗賊改は町奉行に協力する立場にあり、逮捕者は町奉行所に引き渡すものとされていた。しかし、彼らは自分の屋敷内に白洲《しらす》や仮牢を設け、逮捕者の吟味や裁判を行なっており、町奉行との権限の境界は必ずしも明確ではない。

火付盗賊改には与力五〜一〇騎と同心三〇〜五〇名が付属し、その下には町奉行所の場合と同様に、非公認の目明しが存在した。

【出入筋の裁判と公事宿】

幕府の裁判手続きには、出入《でいり》筋と吟味《ぎんみ》筋の二種類がある。出入筋は訴訟人（原告）と相手方（被告）が争うもので、出入物あるいは公事《くじ》という。出入筋では、金銭貸借や家督相続をめぐる問題や、さまざまな紛争・口論・傷害・不義などの案件が扱われた。出入筋の場合は内済《ないさい》（当事者同士の和解）による解決が奨励され、出訴後であっても内済が成立すると、訴訟を取り下げることができた。

訴訟人と相手方が江戸住民の場合、訴訟人の家主《いえぬし》（家守《やもり》）が本人を連れて月番の町奉行所に訴状（目安《めやす》）を提出した。裁判当日は町奉行所の白洲で審問が行なわれるが、初対決の折は町奉行が立ち会い、のちの本格的な審問は吟味方与力が行なった。判決は一連の審問と過去の判例をふまえて、町奉行から言い渡された。

幕府による出入筋の裁判は、当事者双方の居所や身分などに応じて、町奉行所のほか、評定所・勘定奉行所・寺社奉行所などで行なわれたが、これらの裁判では当事者やその関係者が地方から江戸に出てくることも多かった。公事宿《くじやど》とは、裁判のために地方から出てきた人を宿泊させた宿屋であり、裁判役所からの召喚

町奉行所のおもな掛り 文政3年（1820）

掛り	定員数		職務内容
	与力	同心	
年番	4	10	町奉行所・組屋敷の管理、同心分課の監督・任免、金銭出納など
本所方（本所見廻り）	3	7	本所・深川の道橋巡回・普請など諸事取り扱い
牢屋見廻り	2	8	小伝馬町牢屋の取り締まり
養生所見廻り	2	2	小石川養生所の管理
町火消人足改	4	8	町火消の消火活動の指揮
高積見廻り《たかづみみまわり》	2	3	防火のため河岸に積まれた荷物の高さ制限の監視
風烈廻り	2	2	強風時の火災の警戒
昼夜廻り	2	2	市中の巡回
吟味方（詮議方）	14	24	訴訟の調停・審理、刑事事件の吟味・審理
赦帳方《しゃちょうかた》（赦帳撰要《せんよう》方）	4	15	罪状調査と恩赦資料作成、「撰要類集」の編纂など
例繰方《れいくりかた》	5	18	判例の記録・調査、判決の参考資料の作成
定橋掛《じょうはしがかり》	2	6	公儀普請の橋の維持・管理
町会所掛	6	12	町会所の事務監督
猿屋町会所見廻り	*1	*3	札差業務の監督
古銅吹所見廻り	2	2	銅吹所の古銅吹替の監督
諸色調掛	2	3	諸物価の調査
酒造掛	2	4	酒造の取り締まり
隠密廻り		4	三廻りの筆頭。おもに市中の風聞・風説の探索
定廻り（定町廻り）		5	違法者の摘発・逮捕、風聞探索。定廻りは決まった道順、臨時廻りは随時各方面に出向く
臨時廻り		12	

人数は南北町奉行所の総数（＊は北町奉行所のみの人数で南は不明）。掛りの種類や人数は時期により異なる。同心のみの掛りは三廻り以外省略した。町奉行の下にはほかに秘書的な役割の内与力が存在したが、廃止の時期もある。
南和男『幕末都市社会の研究』、『国史大辞典』などより作成。

状（差紙《さしがみ》）の送達、訴状（目安）の作成をはじめとする訴訟手続きの代行、宿預《やどあずけ》となった人の身柄預かりなどを行なうほか、裁判では当事者とともに白洲に入り、弁護人的な役割も果たした。

江戸の公事宿は旅人宿と百姓宿に分けられるが、裁判関係者のほか一般の旅客も利用した旅人宿は、馬喰《ばくろ》町《ちょう》と小《こ》伝馬町《でんまちょう》に多かった。百姓宿は裁判関係者のみが利用した宿屋であるが（江戸時代後期には一般旅客も宿泊するようになる）、これらは馬喰町のほか神田《かんだ》・日本橋《にほんばし》・麹町《こうじまち》あたりに存在した。

【吟味筋の裁判】

吟味筋は、裁判役所が被疑者の召喚や逮捕者の吟味を行なうもので、吟味物という。吟味筋は、殺人・窃盗・放火・博奕・隠売女などの犯罪事件を対象とし、重い刑罰が科される犯罪や幕府の禁令に違反した行為である場合は、出入筋で訴えられたものでも吟味筋に切り替えられた。吟味筋では、原則として内済は許されなかった。

町奉行所による裁判の場合、被疑者は町の自身番屋のなかでもとくに大きい大番屋（調番屋）で同心による取り調べを受けてから、奉行所の白洲で町奉行の尋問を受けた。その後、軽罪で宿預（自宅監禁）となった人を除き、被疑者は奉行所の仮牢に入れられ、入牢証文が出ると小伝馬町の牢屋に移された。吟味方与力は供述書（吟味《ぎんみ》詰《つま》りの口書《くちがき》）を作成するが、当時は被疑者の自白が最重視されたため、牢問《ろうもん》が行なわれ、自白が強要されることもあった。牢問のなかでも笞打《むちうち》・石抱《いしだき》はよく行なわれたが、海老責《えびぜめ》が行なわれることは少なかった。拷問《ごうもん》とは釣責《つるしぜめ》のことを指し、牢問とは区別されたが、拷問が行なわれることはまれであった。

供述書ができると、町奉行はその内容を被疑者に確認したうえで、処罰を決定した。中追放《ちゅうついほう》以下の場合は町奉行が刑罰を確定したが（手限《てぎり》仕置《しおき》）、重《じゅう》追放以上は老中の指図を受け（仕置伺《しおきうかがい》）、遠島《えんとう》以上は将軍の裁決を必要とした。判決は原則として、奉行所の白洲で町奉行が申し渡した。

【刑罰】

江戸の庶民に対する刑罰には二種類の体系があるが、通常の体系では刑罰の軽重は段によって分けられた。罪状によって刑罰を一等重くするときは一段上げ、一等軽くするときは二段下げるとされたが、死罪と遠島の差は大きく、遠島以下の刑を死刑に加重することはできず、死刑から一等軽くするときは、いかなる刑種でも遠島か重追放となった。

死刑のなかでも磔《はりつけ》・獄門《ごくもん》・火罪は、鈴ケ森《すずがもり》（品川）と小塚原《こづかはら》（浅草）の刑場で処刑された。刑場は、受刑者の犯行場所、あるいは江戸出生の人については出生地に近いほうが選ばれたという。小塚原刑場では獄死者・刑死者などの埋葬も行なわれた。

もうひとつの体系はおもに盗犯《とうはん》に対する刑罰で、入《いれ》墨重敲《ずみじゅうたたき》・入墨敲・入墨・重敲・敲とされ、入墨重敲より重い刑罰は死罪である。初犯敲、再犯入墨、三犯死罪といわれるように、盗みを重ねるごとに刑罰は重くなるが、金一〇両以上の盗みは初犯でも死罪である。入墨は、「入墨のうえ、重追放」のように敲・追放刑などの付加刑とされるなど、罪状に応じて適用された。

庶民に対するおもな刑罰

刑罰	内容
磔《はりつけ》	柱に縛りつけた罪人を槍で刺し、処刑後は死骸を晒す。罪状により引廻しを付加。主殺し・親殺し・関所破り・通貨偽造などに適用。これより重い極刑は鋸挽で主殺しのみに適用
獄門《ごくもん》（火罪）	獄門は斬首のうえ、首を晒す。罪状により引廻しを付加。主人の妻との密通、強盗殺人などに適用。火罪は火あぶりで、必ず引廻しを付加。放火犯に適用
死罪（下手人《げしゅにん》）	死罪は斬首のうえ、死骸は様斬(ためしぎり)される。罪状により引廻しを付加。下手人は死罪に準じるが、様斬はなく、死罪より刑は軽い。死罪は金10両以上の盗みなど、下手人は喧嘩・口論による殺人などに適用
遠島《えんとう》	遠島は島流しの意。江戸からは大島・八丈島・三宅島・新島・神津島・御蔵島・利島の伊豆七島へ送られた。博奕犯、女犯の寺僧、過失殺人などに適用
重追放	武蔵・相模・上野・下野・安房・上総・下総・常陸・山城・大和・摂津・和泉・肥前・東海道筋・木曾路筋・甲斐・駿河より追放。関所を忍び通った人などに適用
中追放	武蔵・山城・摂津・和泉・大和・肥前・東海道筋・木曾路筋・下野・日光道中・甲斐・駿河から追放。主人の娘と密通した人などに適用
軽追放	江戸十里四方・京・大坂・東海道筋・日光・日光道中から追放。帯刀した百姓・町人などに適用
江戸十里四方追放	日本橋から四方五里外に追放。偽名で奉公人の請に立った人などに適用
江戸払（重敲《じゅうたたき》）	江戸払は品川・板橋・千住・本所・深川・四谷大木戸の内から追放。追放者を隠した人などに適用
所払（敲・百日手鎖・過料銭10貫文）	所払は居町から追い払う。贋朱墨の製造などに適用。敲は庶民男性のみに科される刑で、軽い盗みなどに適用。ふつうの敲は50回、重敲は100回
五十日手鎖（過料銭5貫文）	過料は罰金刑のこと。納付が困難なときは手鎖に代替した
三十日手鎖	手鎖は庶民のみに科される刑で、罪人の両手に手鎖をかけ封印するもの
急度叱り《きつとしかり》	叱りの重いもの
叱り	罪の叱責。もっとも軽い刑罰

おもな刑罰を段の重いほうから順に記した。（　）内は、それぞれの段で同等の刑罰。ただし、死罪と下手人は段の差がつくほどではないが、同等ではない。表中の刑罰のほか、禁錮刑や身分変更を伴う刑罰など、さまざまな刑罰がある。

財団法人刑務協会編『日本近世行刑史稿』、平松義郎『近世刑事訴訟法の研究』、石井良助『江戸の刑罰』などより作成。

【小伝馬町の牢屋】

町奉行のほか評定所《ひょうじょうしょ》・寺社奉行・勘定奉行・火付盗賊改などの裁判管轄に属する被疑者は、小伝馬町の牢屋に収容された。

獄舎には揚座敷《あがりざしき》・揚屋《あがりや》・大牢《たいろう》・二間牢《にけんろう》・百姓牢《ひゃくしょうろう》があった。揚座敷には御目見《おめみえ》以上の直参《じきさん》や僧正《そうじょう》などの身分のある僧侶や神主、揚屋には御目見以下の直参・陪《ばい》臣《しん》、僧侶・医師・山伏《やまぶし》などが収容された。大名や五〇〇石以上の旗本《はたもと》は、大名などに預けられ牢屋には収容されない。大牢以下は庶民の牢で、足軽や浪人もここに入れられた。女性は身分を問わずひとつの揚屋に入れられたが、これを女牢という。

在牢者は江戸時代後半には二〇〇～四〇〇名ほどであったが、多いときには九〇〇名に及び、一室三〇畳の大牢に一〇〇名以上が収容されたこともあった。収容者の多くは未決囚であるが、永牢《ながろう》・過怠牢《かたいろう》という禁《きん》錮《こ》刑《けい》の囚人も例外的に存在した。敲《たたき》・入墨《いれずみ》刑、および死刑のなかでも死罪・下手人《げしゅにん》は、ここで刑が執行された。

小伝馬町の牢屋は町奉行支配に属し、牢屋見廻りの与力・同心が牢改や巡回を行なったが、実際に牢屋を管理したのは囚獄《しゅうごく》で、俗に牢屋奉行と呼ばれた石出《いしで》帯《たて》刀《わき》である。世襲の石出氏の下には牢屋《ろうや》同心や牢屋下《しも》男《おとこ》などの幕府の役人がいた。囚人のなかには名主《なぬし》・添《そえ》役《やく》・角役《すみやく》などの牢内役人が存在し、牢内の取り締まりにあたった。

【人足寄場】

人足寄場《にんそくよせば》は、無宿（人別帳の登録から除かれた人）、および刑を終えたが引取人のいない人を収容する施設として、寛政《かんせい》２年（１７９０）に隅田《すみだ》川《がわ》河口の石川島《いしかわじま》に開設された。老中の松平定信《まつだいらさだのぶ》に人足寄場の設置に関する献言をしたのは火付盗賊改の長谷川宣以《はせがわのぶため》（平蔵《へいぞう》）であり、寛政４年に寄場奉行が置かれるまで、長谷川は人足寄場の責任者であった。

文政《ぶんせい》３年（１８２０）以降は、江戸払以上の追放刑の受刑者も寄場に入所するようになり、当初は一四〇～一五〇名ほどであった収容人数は、天保《てんぽう》期（１８３０～４４）以降は四〇〇～六〇〇名になった。

寄場では、入所者に大工・左官・鍛冶《かじ》・紙漉《かみす》き・米《こめ》搗《つ》き・草履《ぞうり》づくり・炭団《たどん》づくりなど、さまざまな仕事をさせ、天保12年からは油搾りが行なわれた。寄場の外で川浚《かわざら》いなどの土木普請に従事させることもあった。寄場では心学の講話も行なわれ、更生した無宿や身元引受人が現われた人が出所する際には、上記の労働報酬の積立金が渡された。

細見

江戸のアウトロー 鼠小僧・国定忠治と無宿の世界

江戸時代に人別帳から除かれた人を無宿《むしゆく》という。彼らは博奕《ばくえき》・窃盗・喧嘩《けんか》をはじめとする犯罪の温床となったことから、幕府は無宿の取り締まりに取り組んだ。無宿となる経緯は、生活の困窮による欠落《かけおち》、親が子を絶縁して家から追い出す勘当《かんどう》、出奔した子を絶縁する久離《きゆうり》、犯罪による追放刑などさまざまで、生活に窮した物乞《ものご》い同然の人から、長脇差《ながわきざし》をはじめ槍《やり》や鉄砲などを携帯する集団まで、無宿の実態も一様ではなかった。

天保《てんぽう》3年（1832）の江戸では、鼠小僧《ねずみこぞう》の異名をもつ盗賊が、江戸市中引廻しのうえ獄門《ごくもん》という極刑に処されたが、彼もまた無宿であった。本名を次郎吉《じろきち》というこの盗賊は、文政《ぶんせい》6年（1823）頃から盗みを重ね、盗んだ金額は合計三〇〇〇両以上に達した。武家屋敷ばかりをねらったことから義賊との評判が立ち、安政《あんせい》4年（1857）に市村座《いちむらざ》で初演された歌舞伎《かぶき》『鼠小紋東君新形《ねずみこもんはるのしんがた》』（鼠小僧）は大当たりとなるなど、江戸中の人気をさらったが、実際の次郎吉は盗んだ金銭を酒食遊興や博奕に使い果たしたと伝えられる。

無宿と博奕の関係は深く、博奕に手を出して身を持ち崩し、無宿になった人も少なくなかったが、賭博《とばく》を本業とする人は博徒《ばくと》と呼ばれた。彼らは賭場《とば》の寺銭《てらせん》をおもな収入とし、いくつかの賭場を自分の縄張りとする親分と、その子分で博徒集団を形成した。

賭場は大都市や街道筋の宿場町など、多くの人が行き交う場所で開かれたが、とくに関東周辺は幕府領・旗本領《はたもと》・寺社領などが錯綜《さくそう》して警察力が弱かったため、博徒集団の活動は活発であった。文化《ぶんか》2年（1805）に幕府が設けた関東取締出役《かんとうとりしまりしゆつやく》（通称八州廻り《はつしゆうまわ》）は、身分統制や治安警察活動に従事したが、彼らを助ける道案内を無宿や博徒自身、あるいは彼らの世界に通じる人が務めることもあり、不正や弊害も絶えなかった。

上野国《こうずけ》国定《くにさだ》村の無宿忠次郎《ちゆうじろう》は、嘉永《かえい》3年（1850）に関東取締出役に捕らえられ、磔刑《たつけい》に処された博徒の大親分である。博徒は長脇差を象徴とする奢侈《しやし》な風俗でも知られるが、勘定奉行《かんじようぶぎよう》による審判を受けるために江戸に移送される忠次郎は、縮緬《ちりめん》で身を固め、特別誂《あつら》えの丸駕籠《まるかご》に乗せられたという。忠次郎については、飢饉《ききん》時に地元住民に米銭を供与したなど、さまざまな話が伝わるが、のちの講談などの創作のなかでは義侠に生きた国定忠治として描かれ、人気を博した。

3 江戸の生業

商人

【上方商人の江戸店】

　江戸時代の初期には、江戸に居住・滞在する武士の需要を満たすため、多くの商人が江戸に集まったが、17世紀後半ごろになると、武士だけではなく、江戸市中の人々を相手に商売を行なう新興商人が現われた。

　この時期の江戸では、寛文《かんぶん》2年（1662）に小間《こま》物《もの》店を出した白木《しろき》屋（大村家、のちに呉服・太物《ふともの》も扱う）、延宝《えんぽう》元年（1673）に呉服店を開いた越後《えちご》屋（三井家）など、著名な大店《おおだな》が営業を始めている。白木屋は現在の東急百貨店に引き継がれ、越後屋は現在の三越の前身である。

　白木屋や越後屋は、江戸時代には本店《ほんだな》が京都にあり、当主も京都に居住した。江戸の店は現在の支店に相当する出店であり、この出店を江戸店《えどだな》という。江戸店をもつ商家の本店は、京都・伊勢《いせ》・近江《おうみ》に多く、伊勢の木綿《もめん》店、近江の畳店などはよく知られている。

　江戸店をもつ上方《かみがた》商人は、基本的に商品の仕入れや仕上げ加工、および奉公人の採用を本店で行ない、江戸店では商品を販売した。江戸店の店表《たなおもて》の奉公人の多くは、本店のある上方出身者で占められており、白木屋では当主の出生地である近江のほか、本店を置く京都などから店表の奉公人を採用した。

【大店の奉公人】

　大店の奉公人は、営業を担う店表の奉公人と、炊事などの家事労働に従事する台所の奉公人に分けられる。

　店表についてみると、10代前半の少年が奉公人になると、まずは子供《こども》（丁稚《でっち》・小僧《こぞう》）として、店内の雑用や習字・そろばんの習練などに励んだ。

　白木屋の江戸店の場合、子供は元服後に若衆《わかいしゅ》（見習

大店の例

大店	所在地	おもな業種ほか
大丸《だいまる》屋《や》正《しよう》右衛門《えもん》	通旅籠町 （当主は京都）	呉服問屋。下村家。享保2年京都伏見に大文字屋として創業。寛保3年江戸店開業。間口36間の大店舗を構え、広重の『名所江戸百景』にも描かれる。現在の大丸の前身
松坂《まつざか》屋《や》利兵衛《りへえ》	下谷同朋町 （当主は尾張）	呉服問屋。伊藤家。慶長16年名古屋で呉服小間物商の伊藤屋を創業。明和5年に上野の松坂屋を買収して江戸に進出、松坂屋の店名はそのまま残す。『名所江戸百景』にも描かれる。現在の松坂屋の前身
竹原《たけはら》屋《や》文《ぶん》右衛門《えもん》	室町三丁目 （当主は江戸）	両替屋。寛政元年に幕府の勘定所御用達に任命され、文化5年には本両替となる
田端《たばた》屋《や》次郎左衛門《じろうざえもん》	大伝馬町一丁目 （当主は伊勢）	木綿問屋。田中家。大伝馬町には木綿問屋が立ち並び、『名所江戸百景』にも田端屋・升屋などの店が描かれている
近江《おうみ》屋《や》甚五郎《じんごろう》	通一丁目 （当主は近江）	畳表青莚問屋。西川家。初代が近江八幡町に本店の山形屋を開店、のち元和元年に江戸で店を開く。蚊帳の製造・販売に尽力
栖原《すはら》屋《や》角兵衛《かくべえ》	本湊町 （当主は紀伊）	材木問屋。初代は房総漁業、2代目以降江戸で炭薪・材木業を営む。3代目で漁業を廃し、5代目で蝦夷地に進出
鹿島《かしま》清兵衛《せいべえ》	霊岸島四日市町 （当主は江戸）	下り酒問屋。天明8年より勘定所御用達。嘉永7年には江戸の豪商のなかでも最高額の5000両の幕府御用金を課される

勘定所御用達は、幕府の任命でその経済政策に協力した江戸の豪商。俗に十人衆。
『諸問屋名前帳』などより作成。

い）となり、それから数年を経た初登りの前後に一人前の手代《てだい》となった。登りとは長期の休暇制度のことで、江戸店の奉公人は上方の本店への挨拶《あいさつ》をすませたあとに故郷へ帰ることが許された。白木屋では、入店後九年目の初登り（五〇日間）、一六年目の中登り（六〇日間）、二二年目の三度登り（六〇日間）、退役した支配役の隠居仕舞《いんきょじまい》登りという四回の登りがあった。

なお、江戸およびその周辺から奉公人を採用する商家などの場合は、毎年正月と盆の一六日前後に休暇をとって親元に帰ることができた。この休日（あるいはこの休日に親元に帰ること）を、藪入《やぶい》りという。

手代になると、客の相手をするなど営業の主力として働き、永年勤めあげると店の経営を担う支配人（番《ばん》頭《とう》）に出世した。さまざまな職階が設けられた店では、年功序列と業績主義の併用で奉公人の昇進が決められており、江戸店の場合は、先にみた登りの制度が昇進の重要な階梯《かいてい》とされた。

白木屋の江戸店における最高責任者は支配役《しはいやく》であるが、ここまで昇りつめる奉公人はごくわずかで、多くは途中で店を去った。退店者のなかには病気などで店を離れる人がある一方で、永年勤めあげた奉公人には屋号や暖簾《のれん》印（商標）が認められ、別家を立てることが許された。この慣行が暖簾分けであり、奉公人にとっては最大の成功であった。

　越後屋の場合、京都の本店の事例ではあるが、奉公人の市川忠三郎は14歳で奉公に上がり、18歳の元服後に子供から手代となった。28歳で平手代から役付きの名目役手代、40歳で住み込みを終えて宿持《やどもち》と呼ばれる通勤手代になるなど、いくつかの節目を経て、60歳で奉公人最高位の元締役《もとじめやく》に昇りつめた。

【奉公人の世界】

　江戸店の奉公人は、多くの場合、店表も台所もすべて男性で構成された。店表の奉公人が妻帯できるのは、奉公人がすべて住み込みの白木屋の場合は退職後であった。越後屋の京本店には通勤制度があり、市川忠三郎が結婚したのは、通勤手代になったあとの43歳のときである。店表の奉公人は総じて晩婚であった。

　奉公人の給料は、子供のころは少額の祝儀《しゅうぎ》や小遣いが与えられる程度で、給金はない。手代の給金は、明《めい》和《わ》6年（1769）の白木屋（富沢町《とみざわちょう》店）の規程では、元服後三年目までは一年に金四両、四年目からは五両、買出役《かいだしやく》になると六両、支配役は一〇両とされていた。また、二三年以上の勤務経験をもつ奉公人が店を辞めるときには金五〇両、支配役の退勤時には一〇〇両の退職金が支給された。こうした給与体系のほか、店表の奉公人は勤務年数に応じて着用できる衣類などもこまかく規定されていた。

　奉公人の職場では、数字に符帳が利用され、店外の人が帳簿を見たり値段の話を聞いたりしても、わからないようになっていた。一から一〇までの数字を「イセマツサカエチウシ」（伊勢松坂越氏）の片仮名で示すのは越後屋の符帳であり（一がイ、二がセ、三がマ、以下省略）、白木屋は「エヒスタイコクテム干」（恵《え》比寿《びす》大黒天像《だいこくてんぞう》）であった。こうした数字のほか、白木屋の「仙の字」は食事、「丸や」は酒、「卜入《いれ》」は客というように、大店では各種の隠語が使われることもあり、奉公人はこれらの用法に精通していなければならなかった。

【両替商】

　江戸にみられる生業のひとつに、両替業があげられる。江戸時代には、金・銀・銭の三貨が幕府の貨幣として製造されたが、上方では商品価格が銀で示されたのに対して、江戸では金で表示された。そのため、上方と江戸との間で売買を行なうときには、金と銀を交換しなければならなかった。この交換業務に従事したのが両替商である。

　両替商のなかでも本両替は、おもに金と銀の両替を行なうほか、幕府や藩の公金の取り扱いや、為替《かわせ》や貸し付けなどの金融業務にも従事した。江戸の本両替は経営の浮き沈みが激しく、多いときには本両替町や駿河町《するがちょう》を中心に四〇名ほど存在したが、享保《きょうほう》3年（1718）には一六名、天保《てんぽう》期（1830～44）以降は四～五名となった。

越後屋を経営する三井家は、天和《てんな》3年（1683）に呉服店を本町一丁目から駿河町に移した際、呉服店とは別に両替店を設けた。この両替店は元禄《げんろく》2年（1689）に本両替仲間に加入し、同4年には幕府の御為替御用を引き受けた。

以上の本両替に対して、銭両替《ぜにりょうがえ》（脇《わき》両替）は、おもに金・銀と銭の交換を行なう両替商で、銭屋とも呼ばれた。金と銀の両替を行なうこともあり、三組両替（神田《かんだ》・三田《みた》・世利《せり》組）、番組両替（一～二十七番組、のちに一番組が本両替仲間に加入して欠番となる）、寺社方両替（上野《うえの》寛永寺《かんえいじ》領・牛込《うしごめ》済松寺《さいしょうじ》領）が存在した。享保3年に江戸の両替商は六〇〇軒とされたが、先に述べた一六軒の本両替を除く五八四軒は、銭両替であったとみられる。多くの銭両替は本両替に比べて経営規模が小さく、庶民の生活に深く関係したが、なかには本両替とも関係を密にする有力な銭両替も存在した。

播磨《はりま》屋（中井家）は、正徳《しょうとく》4年（1714）に金吹《かなふき》町《ちょう》に開業した近江出身の銭両替であるが（三組両替の世利組）、大名の御用や幕府の公金取り扱いも引き受け、文化《ぶんか》5年（1808）には本両替となった。

【札差】

江戸を代表する金融商人には、両替商のほか、浅草にある幕府米蔵の周辺に居住した札差《ふださし》がいる。幕府の蔵から米の支給を受ける蔵米取《くらまいとり》の旗本《はたもと》・御家人《ごけにん》は、受け取った米を売却して生活に必要な現金を調達しなければならなかったが、この米の受け取りや米問屋への売却を代行して手数料収入を得たのが札差である。札差は客である武士を札旦那《ふだだんな》と呼び、武士の側では札差を蔵宿《くらやど》とも呼んだ。

札差はこうした本来の業務のほか、支給予定の蔵米を担保として、金貸しを行なうようになった。貸し金の公定利率は時期によって異なるが、江戸市中の一般的な金融よりは低利であり、寛政《かんせい》元年（1789）に棄《き》捐令《えんれい》が出されたときには年利12％とされた。しかし札差のなかには、持ち金がないので別の金主を斡旋《あっせん》するとの口実で高利を要求し、保証人として礼金もとる（奥印金《おくいんきん》）、あるいは証文書き替え時に一か月分の利子を二重取りする（月踊《つきおど》り利子）などの強引な方法で利殖を行なう人もみられ、幕府の取り締まりを受けた。

札差は、享保9年（1724）の株仲間結成時には一〇九人を数え、片町《かたまち》組、森田町《もりたちょう》組、天王町《てんのうちょう》組に編成された。明和《めいわ》～天明《てんめい》期（1764～89）に札差は繁栄をきわめ、巨富を元手に贅《ぜい》を尽くした蔵前風と呼ばれる独自の風俗を生み出した。豪快な浪費や型破りの行動が特徴で、両手を左右に大きく振り、腿《もも》を高く上げるのが蔵前風の歩き方とされた。また彼らの間で流行した髪型は蔵前本多《くらまえほんだ》と呼ばれた。

【いろいろな生業】

江戸の商家には、江戸店のような大規模な店から家族主体の小経営まで、さまざまな業種・経営規模・経営手法の店が存在した。金融業にしても、本両替や札差のような豪商がいる一方で、その日暮らしの庶民を相手に、烏金《からすがね》（明け方に借りて暮れに返す、あるいは借りた日の翌朝に返すといわれる借金）、百一文（朝一〇〇文借りて夕方一〇一文にして返す）などの小口金融を営む人もいた。

また、上方商人の江戸店は男社会であったが、当主が江戸にいる大店などでは、当主の妻が台所の奉公人を統轄したり、営業資金の一部を管理するなど、女性も家業を支えていた。こうした商家では、女性の奉公人も雇われていたが、江戸の女性には、商家や武家への住み込み奉公のほか、洗濯や裁縫などの賃仕事、読み書きや音曲《おんぎょく》の師匠、産婆や乳母《うば》、女芸人や女髪結《おんなかみゆい》、娼妓《しょうぎ》など、さまざまな生業に従事する人がいた。なお、大名や旗本の武家屋敷に女性が奉公で上がるときには、行儀見習いを目的とすることも少なくない。

江戸時代後期の江戸では、小売業全般、食べ物を扱う店（食店）、武家の需要に応じる商人、奉公人や日《ひ》傭《よう》（用）の口入《くちい》れ業（雇夫の長）、酒問屋が繁盛したといわれる。この生業のあり方からは、膨大な労働・消費人口を抱えた江戸の特徴がうかがえる。

さまざまな商家

献残屋《けんざんや》	熨斗鮑・干物・昆布などの贈答品、檜台・箱など献上に使う道具の、残りや払い下げ品を引き取り、販売する業者
質屋《しちや》	質物をとって金を貸す金融業者。元禄14年以降の質置き期限は、刀・脇差・諸道具などが12か月、衣類が8か月。利率は銭100文の場合は月4文（変動あり）。享保8年の江戸で、質屋は2731人
損料屋《そんりょうや》	損料をとって、衣類や寝具、道具類などを貸す店。損料とは、物を借りたとき、それが傷む代償として支払う金銭（借用料）
搗米屋《つきごめや》	玄米を精白して消費者に販売する小売商。小売価格は仕入れ値の2割増しとされた（1割が精白料、1割が利益）
菓子屋《かしや》	餅菓子などを売る店と、贈答・儀礼用の上菓子を扱う店があり、後者では鈴木越後、金沢丹後、鳥飼和泉などが有名
煮売屋《にうりや》	野菜・魚などの煮物を売ったり食べさせた店。酒も出し、文化8年の江戸には煮売居酒屋が1808軒あった

職人

【職人の来歴】

天正《てんしょう》18年（1590）に徳川家康《とくがわいえやす》が江戸入りを果たすと、家康の出身地である三河《みかわ》・遠江《とおとうみ》や先進的な技術を有する上方《かみがた》などから、多くの職人が江戸に集まった。星野《ほしの》又右衛門《またえもん》は、家康が遠江国の浜松《はままつ》城を拠点としたころに取り立てられた檜物大工棟梁《ひものだいくとうりょう》であるが、家康が江戸に移ると配下の檜物職人を連れて家康に付き従い、江戸に移住した。このとき又右衛門には土地が与えられ、又右衛門をはじめとする檜物職人が江戸に住み着いた。ここに成立したのが檜物町（現在の中央区八重《やえ》洲《す》一丁目・日本橋《にほんばし》三丁目）である。

檜物町周辺の日本橋・京橋《きょうばし》地域や神田《かんだ》地域には、木《こ》挽《びき》町・大鋸《おが》町（建築関係）、具足《ぐそく》町・鉄炮《てっぽう》町（武具）、鍋《なべ》町・桶《おけ》町（日用品）など、職人に由来する名前の町が多くみられたが、これらは檜物町と同様に江戸時代の初期に成立した。

当初の職人は、江戸城をはじめとする武士の需要に応じて江戸に集まり、幕府の御用達《ごようたし》となる特権的な職人頭（棟梁）も存在した。しかし、江戸市中の民間需要が高まると、職人町における職人の集住は崩れ、一般の職人の多くは江戸市中に散在するようになった。とくに明暦《めいれき》3年（1657）の大火後には、市街地の復興の過程で多くの職人が江戸に流入し、職人の市中散在が進んだ。

職人の居住状況を、文久《ぶんきゅう》元年（1861）4月の四《よつ》谷塩町《やしおちょう》一丁目（現在の新宿区本塩町）の人別《にんべつ》帳を例にみることにする。四谷塩町は江戸城の西側に位置する町で、周辺には武家屋敷が多い。檜物町などのように職人町として成立した町ではないが、文久元年には全二〇〇世帯（同居人・同居世帯二二を除く）の当主のうち、三割以上の六三人が、さまざまな物づくりに携わる職人であった。職人の種類や人数は町や年代によって一様ではないが、同町では大工職が一七人、髪結職が七人と多数を占め、そのほかは各種の職人が若干名ずつ存在した。

【出職と居職】

江戸の職人は、出職《でしょく》と居職《いじょく》に分けられる。出職とは顧客のもとに出向いて仕事をする職人である。たびたび火災が発生した江戸では町屋が頻繁に類焼したため、住宅建設の需要はとくに多く、大工・左官《さかん》・屋根職などの建築関係の出職が多く存在した。

四谷塩町一丁目の例でも大工の数は群を抜いて多く、大工は庶民の身近に存在する江戸の代表的な職人であったといえる。同町には、ふだんは建物の基礎を固める地形《じぎょう》や建築現場の足場掛けなどに従事し、火災時には町火消《まちびけし》として活躍する鳶《とび》人足（鳶・鳶の者・仕事師ともいう）が五名居住した。彼らのほか、瓦師《かわらし》や建《たて》具師《ぐし》なども含めると、多くの人が住宅建設に関連する業種に従事していたといえる。

一方、居職とは屋内に作業場をもち、そこで細工を行なう職人である。日用品から武具や奢侈《しゃし》品などに至るまで、さまざまなものがつくられた。

周辺に武家屋敷の多い四谷塩町一丁目には、馬具・鎗《やり》・弓懸《ゆがけ》・弓などの武具をつくる職人が居住した。同町には刀をつくる職人である鞘師《さやし》と柄巻《つかまき》師も存在したが、一本の刀ができるまでには、このほかにも刀身を生産した刀鍛冶《かたなかじ》、刀を研ぐ研師《とぎし》、鍔《つば》や目貫《めぬき》をつくる鍔師や目貫師、刀を組み立てる刀拵師という、多くの職人の手を要した。

また、四谷塩町一丁目には三名の桶《おけ》職人が存在したが、江戸には木の製品をつくる職人も少なくなかった。江戸の代表的な木製の家具職人としては、指物《さしもの》師があげられる。彼らは、枘《ほぞ》（接合箇所の一方の側につくる突起、他方には突起を差し込む枘穴をうがつ）で板を刺し合わせて、簞笥《たんす》・文箱《ふばこ》・化粧箱・煙草盆《たばこぼん》などの、蓋《ふた》や引き出しのある箱物をつくった。

【親方・手間取り・弟子】

江戸時代の職人は、親方・手間取《てまと》り・弟子などに分けられる。

親方は、一般の職人や弟子を抱えて独立した経営を営む人である。自分の店を構える親方（店持ち親方）は、製品の細工だけではなく販売を兼ねることもあった。大工などの場合、入札が行なわれる工事では親方が普請《ふしん》を請け負い、一般の職人が親方のもとで働いた。親方になることができたのは職人のなかでもごくわずかであり、親から子への世襲のほかは、親方株を譲り受けるか金銭で買い取るかであった。

親方以外の一般の職人のなかには、親方から独立して客からの注文を受ける職人もみられたが、大半は手間取りとして親方から仕事を分けてもらい、出来高払いで手間賃を稼ぐ下請け職人や、親方のもとに住み込みで働く雇われ職人となった。なかには特定の親方との関係をもたず、その場その場で仕事のあるところを転々とする日雇いや出稼ぎの職人も存在した。

弟子（徒弟）は親方のもとで修業中の人であり、通常は10代前半で弟子入りをし、親方宅に住み込んで徒弟奉公に励んだ。奉公の年季は、職種や年代などによる相違はあるものの、だいたいは一〇年ほどであった。弟子は特定の技術を習得するだけではなく、掃除や炊事などの家事労働にも従事しなければならなかった。

年季奉公を終えると、弟子は親方から道具一式を与えられ、一人前の職人となった。年季が明けたあとに親方のもとでお礼奉公をしたり、職種によっては渡り職人として旅に出て技術を磨くこともあった。

【大工の労働時間と賃銀】

職人の労働時間や賃銀の支給方法は、それぞれの職種などによって一様ではなかったと考えられるが、江戸時代の大工の場合、一日一定の時間を働くと手間賃を稼ぐことができた。

寛政《かんせい》6年（1794）に大坂で出された触《ふれ》では、大工は朝五つ前（午前8時頃）から暮れ六つ（午後6時

四谷塩町一丁目にみる江戸の職人

生業		人数	仕事の内容ほか
建築関係（25人）	大工職	17	木造建築の技術者
	左官職	3	壁塗り職。土蔵建築の増加で仕事が増えた
	屋根職	3	屋根を葺く職人
	瓦師	1	屋根瓦を焼く。江戸時代、民間需要も増えた
	建具師	1	戸・障子・襖などをつくる職人
武具関係（8人）	馬具師	2	鞍は、樫などの木に漆・箔などで加工した
	鎗師	2	鎗をつくる職人。身は鎗鍛冶がつくった
	鞘師《さやし》	1	鞘の用材は朴で、正式の大小拵は黒
	柄巻師《つかまきし》	1	刀剣の柄を組紐・革などで巻く
	弓懸師《ゆがけし》	1	弓懸は弓を射るとき用いる革の手袋
	弓師	1	弓は木と竹を張り合わせたものを芯につくる
日常生活関係（30人）	髪結職	7	居職の内床と、出職の回り床がある
	桶職	3	桶は必需品。居職のほか出張修理も行なった
	菓子職	2	菓子には上菓子と庶民向けの菓子がある
	鍛冶職	2	工具や、包丁・鋏などの刃物をつくる
	鼈甲《べっこう》職	2	タイマイの甲羅を加工して櫛や笄をつくる
	料理人	2	料理をつくる人
	鋳物師	1	溶かした金属を鋳型に流し、鍋などをつくる
	錺《かざり》師	1	金属の簪や金具などの、こまかい細工をする
	型付職	1	型紙を染色前の布にあて、糊で模様をつける
	更紗《さらさ》職	1	更紗は草花などの模様を種々の色で染めた布
	仕立職	1	衣服の裁ち縫い、縫い直しなどをする
	葛籠《つづら》職	1	竹・檜の剝片で箱を編み、漆などで仕上げる
	桐油職	1	桐油紙・桐油合羽などは防水用に用いられた
	時計師	1	和時計の製造、修理・調整を行なう
	塗師《ぬし》	1	漆塗りの細工、漆器製造を行なう
	版木師	1	本や浮世絵版画を印刷する版木を彫る
	表具師	1	巻物・掛物・屛風・襖などの表装をする
	蠟燭《ろうそく》職	1	灯心に、溶けた蠟を何度もかけてつくる

『四谷塩町一丁目人別書上』（文久元年4月）より作成。

頃）まで働き、その間には四つ時前（午前10時頃）・中食・八つ時（午後2時前後）に、計一刻《こく》（約二時間）の休憩があったとされる。基本的な労働時間は四刻（約八時間）ほどで、江戸の場合もこの事例と大差はないと推定される。大火の直後など注文の多い時期には、早出（朝出）や居残りもあった。

江戸時代の時刻は不定時法で、一刻の長さが時期によって異なるため、前述の大坂の事例では4月8日から8月朔日までは中食後に昼休みを付加することで労働時間が調整された。大工などを雇う側では、日が短く手もとが冷える秋冬よりも、日が長い春夏に雇用するほうがよいともいわれた。

大工の賃銀は、安政《あんせい》2年（1855）当時の公定賃銀では、手間賃が銀三匁《もんめ》、飯料が一匁二分の計四匁二分であったが、同年10月に大地震が発生すると、手間賃が四匁五分、飯料が一匁五分の計六匁に高騰した。ただし江戸時代後期には、大工賃銀は五匁から五匁五分、大火後などには一〇匁を超えることがあったともいわれ、公定賃銀は必ずしも守られてはいなかったようである。

大工は屋外で仕事を行なうため、雨天の折には仕事がなく収入は得られないが、大火後などの需要が多いときには、通常より多い収入を得た。

【仲間・組合・講】

江戸の職人は、同業者同士で仲間《なかま》を形成した。当初の仲間は職人が自主的に形成したもので（内仲間《うちなかま》）、互いの得意先を守り、賃銀の協定を行なうというように、同業者間の競争を排除して営業の安定を維持することが、おもな目的であった。

しかし18世紀後半ごろになると、親方層のなかには、彼らに従属する手間取りなどの賃銀を抑制したり、年季奉公中の弟子が暇を取り（または出奔《しゅっぽん》し）勝手に仕事をすることを取り締まるため、あるいは江戸内外の同業者による自由な営業を制限するため、幕府公認の仲間となって（表仲間《おもてなかま》）、営業の安定を図る人も現われた。なお、幕府は享保《きょうほう》6年（1721）に組合の結成を命じ、江戸市中の職人や商人の把握に乗りだしたが、これは奢侈《しゃし》品の製作禁止や物価の抑制を目的としたもので、職人の保護を意図するものではない。

職人は同業者同士で共通の神を信仰した。講《こう》はその信仰を営む親睦《しんぼく》団体で、仲間としての機能を果たすこともあった。大工など建築関係の職人は、寺院建立の祖とされた聖徳太子《しょうとくたいし》を祀《まつ》り、命日とされる2月22日に太子講を催した。鍛冶など金属関係の職人は稲荷《いなり》を信仰し、11月8日には稲荷を祀る鞴《ふいご》祭りが行なわれた。

さまざまな生業

【日傭と日傭座】

江戸には零細な生活を送るその日暮らし（その日稼ぎ）の人が多く存在した。さまざまな業種の振売《ふりう》り商人や手間《てま》取り職人のほか、路上で経を唱えたり歌や踊りを演じて施しを得る願人坊主《がんにんぼうず》や、大道芸を交えて薬などを売る香具師《やし》といった宗教や芸能に従事する人など、その生業はじつに多様である。なかでもとくに多く存在したのは日傭《ひよう》（日用）と呼ばれる人である。先に見た文久《ぶんきゅう》元年（１８６１）4月の四谷塩町《よつやしおちょう》一丁目の事例では、全二〇〇世帯の当主のうち、日傭は最多の四五人を占めた。

日傭とは、一日単位で働いて日給を受け取る人のことで、日傭稼《ひようかせ》ぎ・日傭取り、あるいは日雇《ひやと》いともいう（ただし業種によっては雇用期間が数十日から数か月のものもある）。魚河岸《うおがし》などで荷揚げに従事する軽子《かるこ》、大八車で荷物を運搬する車力《しゃりき》、駕籠《かご》を担ぐ駕籠かきなど、日傭の仕事はいずれも体力を要するものであった。四谷塩町一丁目の事例では、四五人の日傭のうち、半数以上の二九人が江戸以外の他所出生者であり、日傭の多くは他所から江戸に流入した人であった。

日傭座《ざ》（日用座）は、寛文《かんぶん》5年（１６６５）に成立した日傭頭《がしら》の共同組織で、江戸市中の日傭に対して、日傭座が交付する札《ふだ》の携行と日傭座への札役銭《ふだやくせん》の納入を義務づけた。札役銭の金額は時期によって異なるが、享保《きょうほう》3年（１７１８）には一か月に三〇文、延享《えんきょう》4年（１７４７）以降、背負《せおい》と軽子は四六文とされた。

賃銭にも日傭座の規程があり、寛政《かんせい》4年（１７９２）の鳶《とび》の場合、日傭賃は銭一七〇～二一六文で、ここから口銭《こうせん》など一四～一六文が、日傭を周旋する口入《くちい》れ業者の日傭頭などに支払われ、残りが手取りとなった。

日傭座は、日傭の統制のほか、幕府への御用人足《ごようにんそく》の供給も行なった。しかし札の交付を受けない日傭は跡を絶たず、札役銭の徴収も円滑に進まないなど、運営は容易ではなく、寛政9年に日傭座は廃止された。

【奉公人と人宿】

奉公人とは、長年季・一季（一年）・半季などの期限で、大名や旗本《はたもと》・御家人《ごけにん》の武家奉公人として、あるいは町方の商家などで雇われた人である。契約期限が切れて奉公人が入れ替わることを出替《でがわ》りというが、江戸ではこの日が3月5日とされた。

奉公契約には請人《うけにん》による身元の保証が必要であった

が、この身元保証を行ない奉公先を世話して周旋料などをとる業者が人宿《ひとやど》であり、桂庵《けいあん》（慶安・慶庵）、口入れ、奉公人之《ほうこうにんの》宿《やど》などとも呼ばれた。江戸に親戚や知人のいない地方出身者は、江戸に出ると人宿の寄子《よりこ》となり、奉公口を求めた。

人宿はおもに武家奉公人を周旋したが、町方の商家などの場合、人宿を通して雇用されたのは、台所の奉公人である下男・下女など、店表の奉公人に比べて短い契約期間の奉公人である。店の営業を担う店表の奉公人は、人宿を介さずに、店の関係者や親戚・知人などを通して雇われることが多かった。

奉公人や人宿をめぐっては、奉公人の出奔や人宿の不正が跡を絶たず、幕府はこれを取り締まるため、宝《ほう》永《えい》6年（1709）に組合の結成を命じた（いったん廃止のあと、享保15年に再結成）。組合に属する人宿は番組人宿《ばんぐみひとやど》と呼ばれ、この組合にはのちに日雇いや月雇いの名目で多数の奉公人を斡旋《あっせん》していた業者も加えられた。結成当初は三九〇人余の人宿が一三の組合に編成されたが、再結成以降は一一組となり、人数は増減を繰り返した。天保《てんぽう》11年（1840）の調査では、番組人宿の寄子は三万五一四三人であったが、その大部分は江戸の町方人別に属していなかったという。

番組人宿とは別に、六《む》組飛脚屋《くみひきやくや》と呼ばれる業者は、通日傭《とうしひよう》（通日用）と呼ばれる人足の周旋を行なった（ただし番組人宿との兼業あり）。通日傭とは、大名の参勤交代や旗本の遠国御用などの際、宿場での交代なく道中を通して荷物運搬などに従事する人足である。また、江戸周辺諸国の村々には、江戸向けの奉公人を周旋する抱元《かかえもと》（抱宿《かかえやど》）と呼ばれる業者も出現した。

【床見世と振売り】

江戸市中には、表通りに面した店《たな》の庇下《ひさしした》や往還の木戸際、および広小路《ひろこうじ》・橋詰・河岸《かし》地・堀端《ほりばた》などの繁華な場所に、床見世《とこみせ》（床店）と呼ばれる露店が多く出された。床見世の営業者の多くは、町の裏店《うらだな》に居住し（これを控《ひか》え店《たな》という）、営業のときだけ通ってきて見世を開き、営業を終えると見世を閉じたり、その場から見世を撤去したりした。床見世では、煙草《たばこ》入れや紙入れなどの小間物《こまもの》、古道具などの古物、食べ物など、庶民の日常に身近なものが多く売られた。江戸に多く存在した屋体《やたい》見世（屋台）は、はこび床見世に相当するもので、鮨《すし》や天ぷらなどの食べ物が売られた。

振売りは、商品を天秤棒《てんびんぼう》で担ぎ、商品名を触れ呼びながら売り歩く行商人で、食料品・衣類・日用品など、庶民の生活に必要なものを届けた。彼らは棒手振《ぼてふ》りとも呼ばれたが、江戸で「ぼて」というときには魚の行商人を意味した。さまざまな種類の野菜を売り歩くのは菜蔬《そさい》売り（青物《あおもの》売り・八百屋《やおや》）であるが、江戸では瓜《うり》や茄子《なす》など一、二種類のみを売る人を前栽《せんざい》売りといった。行商人には荷を背負う業種もあり、春の桜草の花売り、夏の定斎屋《じょうさいや》（暑気あたりに効く薬の販売）など、季節ごとに現われるものもある。

幕府は、万治《まんじ》2年（1659）に振売りに対していっせいに振売札（鑑札）を交付し、札を持たない人による営業を禁止した。振売りのなかでも、古着買いと煎茶《せんちゃ》売りは札ごとに年間金一両、髪結《かみゆい》師匠は金二両（弟子は一両）の札銭が課されたり、札が不要とされた業種もあるなど、営業条件は一様ではなかった。

床見世の種類

床見世（建床）
往還の木戸際・橋詰・広小路などに柱立てで設置される見世。営業が終われば戸締まりをして見世をその場に残す
掛け床見世
往還の木戸、表通りの土蔵、家作側面の板塀などに、屋根や揚縁を取り付け、営業するときは屋根を上げ、終われば下げる見世
たたみ床見世
橋詰・広小路・堀端・河岸地などに、簡単に撤去できるよう設置された見世。将軍の御成の折などに撤去。元来は葦簀張りだったものが、たたみ床となったものもある
はこび床見世
市中の往還に、担いだり車で引いたりして出す見世。夜分は河岸地や空き地などに片付ける

『市中取締類集』「床見世等之部」より作成。

【出稼ぎ人】

出稼《でかせ》ぎ人《にん》とは、江戸に定住することなく、故郷に帰ることを前提として一時的に江戸に流入した人のことである。天保14年（1843）7月の調査では、三万四二〇一人（男二万五八四八人、女八三五三人）の出稼ぎ人が江戸にいたとされる。

椋鳥《むくどり》とは、農閑《のうかん》期に江戸に出て働く冬場の出稼ぎ人のことで、江戸では出稼ぎ人一般をいう。彼らは、稲刈りを終えた11月から翌年の2月までを江戸で過ごし、出稼ぎを終えると故郷に帰ったが、なかにはそのまま江戸に残る人もみられた。信濃《しなの》（長野県）出身の出稼ぎ人は著名で、当時の川柳などにも「信濃者」として登場する。このほかにも関東・東北地方などのさまざまな地域から、出稼ぎ人が江戸に流入した。

天保14年頃には、他所出身者（他国者）が多い生業として、人宿の寄子・辻番《つじばん》請負人の寄子同様の人・米《こめ》搗《つ》き・水主《かこ》（船頭）・軽子・駕籠かき・大鋸《おが》職・杣《そま》・饂飩杜氏・車力・手間取りの髪結い・冬季の奉公人があげられており、ほとんどが荒稼ぎ（荒働き）と呼ばれる体力を要する仕事であった。このころには、江戸市中の荒稼ぎの多くは、出稼ぎ人と江戸在住の他所出身者によって担われていた。

細見

天明の打ちこわし

米価高騰がもたらした庶民の反乱

江戸では、享保《きょうほう》18年（1733）、天明《てんめい》7年（1787）、慶応《けいおう》2年（1866）の三度にわたり、大規模な打ちこわしが発生した。なかでも天明7年の打ちこわしは、奥羽《おうう》地方をはじめとする各地の農村が冷害などで大凶作となり（天明の飢饉《ききん》）、米価が高騰したことを背景に発生したもので、大坂や長崎などの全国主要都市でも同じ時期に打ちこわしが起こった。

江戸で本格的な打ちこわしが起きたのは5月20日で、深川森下《ふかがわもりした》町では米や乾物を商う平松屋伝次郎《ひらまつやでんじろう》の店が襲われ、赤坂《あかさか》では複数の米商人が打ちこわしにあった。翌21日以降、日本橋《にほんばし》や京橋《きょうばし》周辺をはじめとして、南は品川《しながわ》から北は千住《せんじゅ》まで、市中各所の米屋や富商が軒並み襲撃され、打ちこわしは24日まで続いた。かつて幕府による米の買い上げや貸付金運用に協力した南伝馬《みなみでんま》町《ちょう》二丁目の米仲買である万屋作兵衛《よろずやさくべえ》は、米や小豆がまき散らされ、衣類や帳面は切り裂かれ、長持《ながもち》や箪笥《たんす》も二階から投げ落とされるなど、激しく打ちこわされ、近所の人たちが見物につめかけた。

一連の打ちこわしで逮捕あるいは指名手配された人は四二名を数えたが、いずれも店借《たながり》で（一名は人宿寄《ひとやどより》子《こ》、一名は店借同居）、多くは裏長屋の住民であったと考えられる。詳細がわかる三〇名についてみると、21歳から51歳までの男性で（平均33歳）、左官《さかん》・屋根《やね》葺《ふ》き・髪結いなどの職人、魚・前栽《せんざい》（野菜）などを売る小商人、船乗り、日傭《ひよう》（日用）、無宿など、零細な生業を営む人が大半を占めた。

打ちこわしでは、盗みをせず（打ちこわし勢力とは別に、混乱に乗じて盗みをはたらく人はいた）、火の用心をして周囲に迷惑をかけず、拍子木《ひょうしぎ》で統制をとるというように規律のある行動がみられたという。騒動の過程では、米商人から賄賂《わいろ》をもらっているとされた幕府役人を糾弾《きゅうだん》する木綿旗《もめんばた》も、市中に立てられた。

幕府内部では、打ちこわしが発生する前年（天明6年）に、老中の田沼意次《たぬまおきつぐ》が失脚したが、江戸の打ちこわしは松平定信《まつだいらさだのぶ》の登場を促す効果をもたらした。打ちこわし直後の6月19日に老中に就任した定信は、旧里《きゅうり》帰農《きのう》令、物価引き下げ令、人足寄場《にんそくよせば》の設置、七分積金《しちぶつみきん》令（町入用《ちょういりよう》節減分の七割を町会所に積み立て、窮民救済や低利融資にあてる）など、打ちこわしを引き起こす温床となった零細な窮民層に対する社会政策を推進した。

第五章 江戸の暮らし

一、菜籠《ながたま》を担《かたけ》て晨朝《しののめ》に銭六、七百を携え、蔓菁《かぶらな》大根蓮根芋を買、我力の有《ある》かぎり肩の痛むも厭《かず》とせず、脚に信《まか》せて巷《ちまた》を声ふり立、蔓菁めせ、大根はいかに、蓮も候、芋や芋やと呼《よば》わりて、日の足もはや西に傾くころ家に還《かえ》るを見れば、菜籠に一掬《つかみ》ばかりの残れるは、明朝の晨炊《しんすい》の儲なるべし。家には妻いぎたなく昼寝《ひるね》の夢まだ覚《さめ》やらず、懐にも背《せ》にも幼稚《おさな》き子等二人許《ばかり》も横竪《たて》に並《ならび》臥《ふし》たり。夫は我家に入て菜籠かたよせ竈《へつい》に薪さしくべ、財布の紐とき、翌日の本貨を算除、また房賃をば竹筒へ納などする頃、妻眼を覚し精米の代はと云《いう》。すわと云て二百文を擲出《なげだ》し与うれば、味噌もなし醤《ひしお》もなしと云。又五十文を与う。

栗原柳庵『文政年間漫録』より

史料を愉しむ 5

あたり升鏡　江戸じまん大通一覧

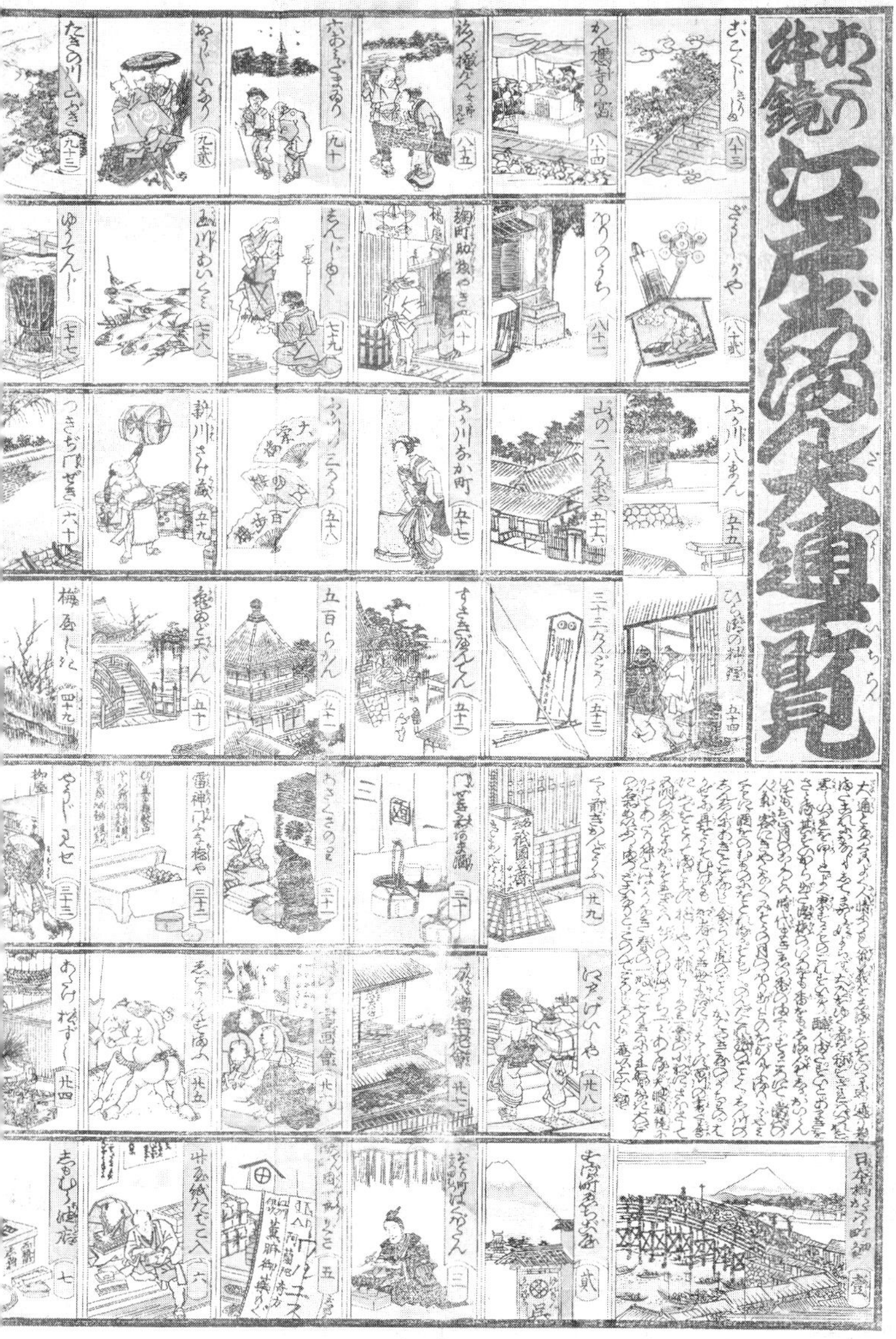

江戸の名所や名物八七点を紹介するもの。有名料亭や名物の菓子・食べ物などに関する記述が多いことから、江戸を観光する際の実用的なガイドブックとして用いられたと思われる。江戸後期。江戸東京博物館蔵。

1 町人の暮らし

町人の一生

【誕生】

医療技術が発達していなかった江戸時代では乳児の死亡率は20〜25%と高かった。出産もつねに危険と隣り合わせだったが、お産は自宅で行なうのがふつうで、産科医はよほどの難産でないと呼び出されなかった。お産の手伝いをするのは、取上《とりあ》げ婆《ばば》・子《こ》安婆《やすばば》とも呼ばれた産婆《さんば》であった。

妊婦は妊娠五か月目の戌《いぬ》の日、岩田《いわた》帯《おび》などと呼ばれる腹帯《はらおび》を巻いて安産を願った。これを帯祝《おびいわ》いとか鎮帯《しずめおび》の祝儀などといい、産婆が招かれて帯を締めた。

出産はおもに座って行なわれ、天井からつるされた産綱《さんづな》・力綱《ちからづな》と呼ばれる綱にしがみついて分娩した。産婦は出産後、上方では産椅《さんい》、江戸では産籠《さんかご》・かた畳《だたみ》と呼ばれた椅子に座って数日間正座させられた。これは、産後すぐに横向きになって寝ると「血があれる」「血があがる」と信じられていたためである。

産湯《うぶゆ》は産後すぐか、三日目、七日目に入れられる。七日目の夜はお七夜のお祝いで、赤子の危険も去ったと考えられた。その後、宮参りをして赤子の成長を願ったが、元禄《げんろく》5年（1692）の『女重宝記《おんなちょうほうき》』は、男子は三一日目、女子は三三日目としている。

ところで、江戸には中条《ちゅうじょう》流を名のる、堕《だ》胎《たい》専門の医師がおり、幕府からの禁令も出ている。農村での間《ま》引《び》きが、貧困などで子どもを育てることができなかったからなのに対し、江戸では夫をもたない女性が行なうことが多かったという。

【子ども】

子どもは3歳で髪置《かみおき》、男子は5歳で袴着《はかまぎ》、女子は7歳で帯解《おびとき》のお祝いをした。現在の七五三に相当する。

もとは公家《くげ》や武家の習俗であったが、江戸時代に民間にも広まったもので、幕末には日にちも11月15日にほぼ定まった。商家などでは盛装して氏神に参詣《さんけい》し、華やかに祝った。子どもは6、7歳になると寺子屋《てらこや》に通うようになる。男子はその後、15歳ごろに前髪を剃《そ》り、元服《げんぷく》して成人となった。

一方、遊びにもさまざまなものがあった。代表的なものに、鬼ごっこの一種「子を取ろ子取ろ」がある。これは、子どもたちが一列につながって逃げ、その先頭が「親」役で、鬼が最後尾の子を捕まえようとするのを、親が手を広げて邪魔をするものである。

玩具で代表的なものは、独楽《こま》や凧《たこ》などである。いわゆるベーゴマ勝負も行なわれていたが、巻貝の殻を独楽にしてまわしていたので貝独楽《ばい》といった。江戸時代後期の風俗を考証した『守貞謾稿《もりさだまんこう》』には、番小屋で二文で売っていたとある。

凧揚げはよく行なわれたが、江戸では、奉公に出ている子どもが帰省する、正月15・16日の藪入《やぶい》りの二日間にとくに盛んであったという。江戸では凧といったが、関西ではいか幟《のぼり》、または下を略して「いか」といった。『守貞謾稿』には、寛政《かんせい》（1789〜1801）のころは紙一枚の簡単なもので一六文とある。図柄は武者絵などが多く、蘭《らん》・寿・鷲《わし》などの画数の多い字を白抜きにした字凧もあった。

現在のヨーヨーも、土の素焼きでつくられたものがあり、手車《てぐるま》と呼ばれていた。

土製の泥面子《どろめんこ》も子どもの玩具である。鐘馗《しょうき》や狐の型の面摸《めんかた》を買い、自分で土を入れて押し出してつくった。また、芥子面《けしめん》という顔型の泥面子は指先につける指人形である。円形の泥面子である面打《めんちょう》は、面に漢字や歌舞伎役者の顔などの模様があった。

【結婚】

縁組みは、両家の家柄の釣り合いが重視された。女性は持参金を持っていくのが一般的で、なかには持参金目当てに何度も結婚した者もいたという。

縁組みを取り持つ仲人には、持参金の一割が礼金として払われた。そのため、仲人を商売にした女性もおり、「仲人かか」と呼ばれた。また、医者が仲人をすることも多く、京橋《きょうばし》の医者大和慶庵《やまとけいあん》は縁談をまとめることで有名であったので、仲人医者を慶庵と呼んだ。医者は往診することで、家の事情や当人の身体についてもよくわかっており、仲人として信頼を得ていた。

見合いは、茶屋や花見の場所で、仲人の仲介などによって行なわれる。女子用往来物《おうらいもの》の挿絵には、腰掛《こしかけ》に座っている男性の前を女性が通りすぎるといった場面が多く描かれ、今日の形式とは異なることがわかる。

婚礼は、女性が男性の家に輿入《こしい》れし、三三九度の杯を交わすのが基本である。作法については、絵草紙《えぞうし》やほとんどの女子用往来物に詳細な記述があるが、本によって異同もあり、一概に決まった形があったわけではなかった。

裏長屋の住人の間では、婚礼を行なわず荷物だけを持ってくる女性もおり、引越《ひっこし》女房と呼ばれた。

離婚は、夫が三行半《みくだりはん》と呼ばれる離縁状を妻に渡すか、妻が鎌倉の東慶寺《とうけいじ》や上州の満徳寺《まんとくじ》などの縁切寺《えんきりでら》と呼ばれる尼寺《あまでら》に駆け込むことによって成立した。三行半は夫が一方的に妻にたたきつけるものではなく、女性の権利を認める再婚許可証ともいわれている。

【病】

江戸でも風邪《かぜ》の大流行があり、世事にちなんだ名前が付けられた。たとえば、天明《てんめい》4年（１７８４）の風邪は力士の谷風梶之助《たにかぜかじのすけ》がひきはじめたので「谷風」といい、享和《きょうわ》2年（１８０２）のものは八百屋お七の小唄《こうた》が流行したため「お七風」、安政《あんせい》元年（１８５４）のものは開国の影響を受けて「アメリカ風」といった。

麻疹《はしか》や疱瘡《ほうそう》などの流行病は、とくに恐れられた。人々は護符《ごふ》を門口に張るなどして、疫病退散を願った。

疱瘡は、天然痘《てんねんとう》・痘瘡《とうそう》ともいわれる。この病は疱瘡神によるものとされ、江戸では雑司ヶ谷《ぞうしがや》の鷺明神《さぎみょうじん》や神田《かんだ》明神内の疱瘡神の社、芝御穂《しばみほの》神社などが信仰を集めた。疱瘡にかかった患者や看病人は赤い衣類を着て、屛風《びょうぶ》にも赤い衣類を掛けておくと軽くすむという俗信があった。また、鍾馗《しょうき》や、疱瘡神を退治したとされる源為朝《みなもとのためとも》の疱瘡絵が描かれ、それらを赤色で描いた「赤絵《あかえ》」が疱瘡よけの護符として用いられた。また、黄牛《こうぎゅう》の尿をなめると予防になるとか、中国の白牛《はくぎゅう》の糞《ふん》が妙薬となるなどの民間療法の話もあった。嘉永《かえい》2年（１８４９）に牛痘接種が日本ではじめて行なわれ、翌年には全国で実施され、疱瘡による死亡率は激減した。

コレラは文政《ぶんせい》5年（１８２２）に日本で最初に流行し、発病から二、三日で死亡するのでコロリとも呼ばれた。江戸に流行が及んだのは安政5年で、『安政個《あんせいこ》労《ろ》痢《り》流行記概略』には約二か月のうちに江戸で三万人以上が死んだと記されている。コレラが流行すると、獅子舞《ししまい》を踊ったり、注連縄《しめなわ》や門松《かどまつ》を飾るなど、正月の行事を行なって悪い年がはやく過ぎるように願った。

医者に免許はいらなかったので、誰でも町医者となることができた。医療費の相場は、薬礼として寛永《かんえい》期（１６２４～４４）で一服銀二分、弘化《こうか》2年（１８４５）の少し大きな町屋の例で銭四～五貫文くらいという。灸《きゅう》や鍼《はり》、按摩《あんま》も庶民に身近な治療法であった。薬も多くの種類が売られており、日本橋の本町三丁目には薬種商の店が並んでいた。

【葬儀・墓】

遺体を収める棺《ひつぎ》には、四角い座棺《ざかん》と呼ばれるものと、早桶《はやおけ》という桶形のものがあったが、庶民は早桶を用いることが多かった。葬列には、桶に天蓋《てんがい》と呼ばれる飾りが掲げられたり、香炉《こうろ》や位牌《いはい》、提灯《ちょうちん》や笠《かさ》などを持った者が加わった。

葬法には土葬と火葬があり、火葬の場合、火屋《ひや》と呼ばれる火葬場で荼毘《だび》にふされた。江戸では、小塚原《こづかはら》・代々木《よよぎ》・渋谷《しぶや》・上落合《かみおちあい》など近郊に設置されていた。

埋葬方法には、「投げ込み」「取り捨て」と呼ばれる、土を掛ける程度で墓石を建てない墓もあった。これは、江戸に流入して家族をもたない、最下層の者に多かったという。彼らは江戸で檀那寺《だんなでら》をもっておらず、職人の親方や、奉公口を世話した人宿《ひとやど》が、自分の檀那寺に頼んで埋葬させた。檀那寺をもっていても、お布施《ふせ》が一〇〇文程度しかできない者を百檀那といったが、このような者の墓は墓地の隅のほうにあった。

幕末の江戸に生まれた鹿島万兵衛《かしままんべえ》の『江戸の夕栄《ゆうばえ》』には、葬礼の具体例が描かれている。上級商家の場合、雨戸を半分下ろし、店の前に竹の簾《すだれ》を掛けて、「忌中《きちゅう》」とした下に葬送の日時と寺院を書いた紙を張っておく。簾の下には暖簾《のれん》を裏返しに掛ける。出棺の際は門口に取り付けた竹の輪の下をくぐって出発し、町内では中腰で棺を運んだ。寺には玄関などに会葬者の記名帳が置かれ、葬列が門に入ると鐘を打ち鳴らし読経《どきょう》が始まる。会葬者が席に着くと茶や味噌漬などを出して、死者が50歳以上は赤の強飯《こわめし》、以下は白の強飯を出した。親戚の焼香のあと施主の挨拶《あいさつ》があり、退散となる。

おもな売薬

名称	効能など
反魂丹《はんごんたん》	越中富山の薬が有名だが、江戸でも製造・販売された。胃腸薬
錦袋円《きんたいえん》	江戸上野池之端の店が有名だが、浅草などにも数軒の店があった。気付けなどに用いた
実母散《じつぼさん》	江戸中橋で売られたものが有名。産前産後・血の道など婦人病の妙薬とされた
外郎《ういろう》	室町時代、外郎の官職にあった唐人が伝える。江戸時代は小田原の名物。口臭除去・去痰剤
万金丹《まんきんたん》	伊勢の朝熊岳金剛証寺門前ほか、内宮・下宮でも売られた。解毒・気付けなどに用いた
陀羅尼助《だらにすけ》	吉野の大峰山などで古くからつくられたといわれる、苦味の強い胃腸薬。名称は陀羅尼経に由来
和中散《わちゅうさん》	近江草津宿近くの梅木村で製造されたものが有名。めまいなどに用いた
毒消し	越後の毒消しとして知られた、解毒剤。江戸末期から男性が行商した

宗田一『日本の名薬』などより作成。

町人の一年

【正月】

元日の日中は、譜代《ふだい》大名や旗本《はたもと》らが将軍に年始の賀のために登城したのに対し、ほとんどの庶民は休んでいた。深川洲崎《ふかがわすさき》・芝高輪《しばたかなわ》の海浜や神田明神《かんだみょうじん》などは、初日の出を拝む者でにぎわった。

元日にはじめて井戸から汲《く》む水を若水《わかみず》といい、新しい桶《おけ》で汲んだという。その水で雑煮をつくり、福茶《ふくちゃ》を飲んだ。江戸の雑煮《ぞうに》は、鰹《かつお》だしの醤油味で、焼いた切餅を入れ小松菜を具として入れると『守貞謾稿《もりさだまんこう》』には記される。福茶は梅と干大豆《ほしだいず》、山椒《さんしょう》を入れて煮出したものである。屠蘇《とそ》は、年末に医者に支払いをしたお返しとしてもらうもので、桔梗《ききょう》などの漢方を酒に浸してつくった。健康な者は薬種屋で買い入れた。

2日は商売初めで、町人も年礼に出かけた。商家の場合は麻裃《あさがみしも》（上下）の礼服に脇差《わきざし》を差して正装をした。多い場合は二〇軒以上もまわるため、親しくない場合などは門礼《かどれい》といって玄関で挨拶《あいさつ》をしたり、玄関に置かれた年礼帳《ねんれいちょう》に記帳するだけですませた。

新春の挨拶は「おめでとう」ではなく、「御慶《ぎょけい》」と言った。相手に贈るものを年玉《としだま》といい、年玉の多くは扇であったが、天明期《てんめいき》（1781～89）以後は木綿《もめん》の綿《わた》入れなどに変わった。扇は末広がりで縁起がよいとされたが、粗末な贈答用のものであった。

二日から三日にかけての夜に見るのが初夢で、元日に売られる宝船の絵を枕の下に敷いて、吉夢を期待して寝た。絵には「なかきよのとおのねふりのみなめさめなみのりふねのおとのよきかな」と回文が書かれている。

正月には、芸人が家々をまわり、門付芸《かどづけ》を披露して、ご祝儀をもらった。種類もさまざまで、三河国《みかわ》から来る三河万歳《まんざい》は、太夫《たゆう》と才蔵《さいぞう》の二人組で、鼓《つづみ》に合わせて春の寿を謡い、才蔵が滑稽《こっけい》な所作をして笑わせた。この二人組は、年末に日本橋《にほんばし》の南詰《みなみづめ》で開かれた才蔵市で、太夫が技量のある才蔵を選んで雇い入れ結成された。ほかにも猿回し、曲芸や獅子舞をした太神楽《だいかぐら》、二人組の女性が三味線を弾き歩く鳥追《とりおい》などが市中をめぐり、江戸の正月を彩った。

【雛祭り】

3月3日は上巳《じょうし》の節句、雛《ひな》祭りである。江戸における雛人形にも流行があった。

初期は立雛《たちびな》や紙雛《かみびな》であったが、しだいに華美になり、享保《きょうほう》（1716～36）ごろには大型で面長《おもなが》の人形が出まわった。享保雛と呼ばれるものであるが、幕府の奢侈《しゃし》禁止令の一環で、享保6年に八寸（約二四㎝）以上の雛人形は禁止された。その後は、顔が丸く引目鉤《ひきめかぎ》鼻《はな》の次郎左衛門雛《じろざえもんびな》が流行《はや》った。京都の人形師岡田《おかだ》次郎左衛門が製作したもので、宝暦《ほうれき》11年（１７６１）に日《に》本橋室町《ほんばしむろまち》に進出してから広く普及した。

後期になると、十軒店《じっけんだな》の人形師原舟月《はらしゅうげつ》がつくった雛人形が流行した。美しい装束をまとい、顔が写実的なのが特徴で、古今《こきん》雛などと呼ばれている。

2月25日から江戸の町々で雛人形や調度品を売る雛市が立ちはじめる。なかでも、とくににぎわったのが十軒店の雛市であった。

生まれた女子が最初に迎える雛祭りは初雛《はつひな》と呼ばれ、親類や知人から雛人形や雛調度が贈られ、祝われた。この贈り物に対しては菱餅《ひしもち》を返すのが通例で、酒肴《しゅこう》や膳《ぜん》を出してもてなす場合もあった。菱餅は現在と異なり、白と緑の二色であったという。

【端午の節句】

5月5日の端午《たんご》の節句に幟《のぼり》や人形を飾ることは、町人の間でも広く行なわれた。

江戸時代の初期には、軒に菖蒲《しょうぶ》を葺《ふ》いて家の前に柵《さく》をつくり、そこに菖蒲兜《かぶと》・毛槍《けやり》・薙刀《なぎなた》・石畳模様などの幟を立て、往来の人が見られるように飾った。このころの兜は、木の肌を細長く削る「削り掛け」を垂らして、長い棒の上にのせたものである。

江戸中期になると、自家と母方の実家の二つの紋《もん》を入れた幟を立てるようになった。また、幟より幅の広い四半旗《しはんき》には源頼光《みなもとのよりみつ》などの武者絵が描かれたが、中国の魔よけの神である鍾馗《しょうき》はとくに好まれた。

座敷飾りも中期に始まり、外に飾っていた幟や鍾馗の四半旗などを小さくしたものを、縁側や店先の人目につく場所に飾った。菖蒲兜や武者人形も享保のころから縁側などに飾るようになった。

後期には人目につくところには飾らなくなり、内飾りとして奥の座敷に並べた。赤い裂《きれ》を敷き、幟や槍、人形や甲冑《かっちゅう》を並べて柏餅《かしわもち》や粽《ちまき》を供えた。

鯉幟《こいのぼり》は、急流を登った鯉は龍になるという登竜門の故事に由来し、男子の出世を願ったものである。天保《てんぽう》7年（１８３６）の序をもつ『東都歳事記《とうとさいじき》』には、紙でつくった鯉を竹の先につけ、幟とともに立てるのは近年の習わし、とある。

この日に行なわれる刀や棒などで打ち合う遊びは、菖蒲切りと呼ばれたが、時代が下ると木刀を金銀の紙で飾った菖蒲刀を腰に差すだけとなった。ほかに、束ねた菖蒲で地面をたたきつけて音の大きさを競う、菖蒲たたきもあった。
4月25日から5月4日まで、十軒店や尾張町《おわりちょう》などに、雛市同様に市が立った。

【歳末】

江戸では12月13日になると、煤払《すすはら》いが行なわれた。江戸城でこの日に行なう煤払《すすはら》いの儀式に町人も倣って、この日に行なったものである。商家では掃除が終わると、主人から奉公人までを胴上げした。

12月14日の深川八幡宮《ふかがわはちまんぐう》を口切りに、各所で歳《とし》の市《いち》が開かれた。江戸の人々は、ここで正月用の注連《しめ》飾りからまな板などの台所用品まで買いそろえた。17・18日に浅草寺《せんそうじ》、20・21日に神田明神《かんだみょうじん》、25・26日に平川天満《ひらかわてんまん》宮《ぐう》でも行なわれ、とくに浅草の歳の市はにぎわった。『東都歳事記』には、浅草寺境内だけでなく駒形《こまがた》から上野《うえの》に至るまで市が立ったと記されている。

節分は旧暦のため、年末にあたることが多かった。『東都歳事記』では、炒豆《いりまめ》を撒《ま》いて、自分の年齢に一つ加えた数の豆を食べるとある。また、浅草寺では、申《さる》の刻《こく》にお堂の柱に梯子《はしご》をかけて、そこから厄《やく》よけのお札をまいた。人々はこれを拾うために、堂中に殺到したという。お札は門口に張って厄よけとしたほか、とくに安産のお守りとされた。

また、新年のために、裕福な商家では各家で餅をついた。四～五人で釜《かま》や薪《まき》、臼《うす》や杵《きね》を持ってまわり、頼まれるとその場で米を蒸して餅つきをする、賃餅《ちんもち》・引きずりと呼ばれた者も出まわった。

【町人の一年の行事】

1月7日は人日《じんじつ》で、朝、七草粥《ななくさがゆ》を食べた。江戸ではこれに小松菜を加えた。また、あまった菜を浸した水に指をつけてから、その年のはじめての爪切りをするのも江戸の習慣である。正月の一連の行事が終わるのは2月8日の事納めの日（事八日《ことようか》）で、この日には、目《め》籠《かご》を竿《さお》にかけて屋根の上に立てた。事始めは12月8日であるが、この日が事納めで2月を事始めとする説もあり、江戸時代から議論されている。

春分の日と前後三日の合わせて七日間が彼岸《ひがん》で、諸寺院では亡き人の供養を行なったが、庶民は近所や子どもの寺子屋の師匠などへ、団子や五目ずし、茶飯などを贈った。

6月頃の夏の土用《どよう》には、土用干しといって、屋内外に衣類をつるして虫干しを行なった。また土用掃《どようば》きといい、この日に掃除をする江戸特有の習慣もあった。

7月7日は七夕で、江戸では短冊や色紙、作り物を付けた青竹を屋根の上に高く立てた。また、この日に素麺《そうめん》を食べる習慣があった。

7月13日からは盂蘭盆会《うらぼんえ》である。麻の茎の芋殻《おがら》で迎え火を焚《た》き、竹や真菰《まこも》で組んだ魂棚《たまだな》を設け、先祖の霊を招き入れた。16日には送り火を焚いた。魂棚《たまだな》に位牌《いはい》を祭り、供物は枝豆・茄子《なす》・蕎麦《そば》や素麺などであった。また、15日には生御霊《いきみたま》のお祝といって生存している父母のお祝いをした。

9月9日は重陽《ちょうよう》の節句で、庶民は三味線などの師匠へ挨拶に行った。

暦の種類と体裁

暦の種類	
頒暦《はんれき》	暦屋が、幕府の統制下で製作・頒布していた正式な暦。江戸では、江戸暦のほか、伊勢暦が多く使われた。ほかに京暦、南都（奈良）暦、大坂暦などの地方暦がある
略暦《りゃくれき》	1年の主要な暦註をコンパクトにまとめた一枚刷りのもの。幕府や藩の許可を受けた正式なものと、町の摺師が適当に出すものがある。細長い柱暦のほか、大小暦、引札暦（広告つきカレンダー）などがあった
暦の体裁	
巻暦《まきごよみ》	いちばん古い形式で、京暦は最後までこの形であった
折暦《おりごよみ》	巻暦をそのまま折った、経本のような形。伊勢暦だけに用いられた
綴暦《とじごよみ》	京暦と伊勢暦を除いた、ほかの地方暦で用いられた、冊子型の形式
一枚刷り	略暦に用いられた形式

岡田芳朗『旧暦読本』より作成。

【暦】

江戸時代の暦は太陰太陽暦であり、一か月を三〇日とする「大の月」と、二九日とする「小の月」が毎年異なって組み合わされていた。江戸では掛売《かけう》りが多く、月末が支払い日であったので、大小を知る暦は生活上欠かせなかった。

庶民向けには、仮名で書かれた仮名暦がある。また、暦には十干十二支《じっかんじゅうにし》や方角の吉凶、行動の禁忌が示してあるものもあり、これらは具注暦《ぐちゅうれき》といった。

宝暦《ほうれき》・明和《めいわ》期（１７５１～７２）に大流行した暦は「大小《だいしょう》」と呼ばれたもので、その年の大小の月の数字を十二支や縁起物の絵のなかに隠し込んだものなどもある。また、「小は西向く士《さむらい》と知れ」と句で大小を表わすこともあった。この場合は天保8年（１８３７）で、小の月が二・四・六・九・十一月であることを示している。また、「大小と順に数えて盆踊り」は、寛《かん》政《せい》13年（１８０１）のことで、1月から大小と数えて、盆の7月はおどり（前の繰り返し）ということで小、8月から大小と数えていくことを表わしている。

江戸の暦屋は、元禄《げんろく》10年（１６９７）に一一人と決められた。翌年の暦は一一月一日から売られ、暦の値段は、大小暦で四文から八文であった。

日々の暮らし

【食事】

朝・昼・晩の、一日三食の普及は江戸時代からといわれる。幕末の随筆『さへづり草』には、二食から三食になったのは明暦《めいれき》（１６５５〜５８）前後とあるが、実際はもう少し遅れるようである。

『守貞謾稿《もりさだまんこう》』によれば、京・大坂では昼に一日分の米を炊き、朝夕は冷や飯を食べるのに対し、江戸では朝に一日分の米を炊き、朝は味噌汁を合わせ、昼は冷や飯に野菜か魚のおかずを一品、夕食は茶漬けにして香の物と食べたという。

庶民の食生活を相撲番付《ばんづけ》に見立てた、「日用倹約料理仕方角力番附」がある。天保《てんぽう》（１８３０〜４４）ごろの出版とされるもので、精進《しょうじん》方と魚類方に分けられ、計一九一種類のおかずが記される。精進方の大関、八《はち》杯豆腐《はいどうふ》は豆腐を主体とした澄まし汁のことである。

番付のおかずの材料は、豆腐や茄子《なす》・大根・山芋などが多い。みつばの根を利用した「みつばね油いり」、人参の葉を利用した「葉にんじんよごし」などもあり、現在では捨ててしまう部分も無駄にせず料理されていたことがわかる。ほかに刺身や焼き魚なども多く食されていた。

料理を食べるときは、現在の食卓と違い、一人分ずつ分けられ、膳《ぜん》を使って食事をした。貧しい者は半分に割った胡桃《くるみ》を底に付けて脚の代用にした、胡桃足膳を使った。箱膳《はこぜん》は中に食器をしまっておき、使用するときは蓋《ふた》を逆さにして膳として利用した。

【暖房】

18世紀に入って木炭が普及し、暖房として火鉢《ひばち》や炬《こ》燵《たつ》が庶民にも広まった。庶民は、棒手振《ぼてふ》りの炭売りから一升《しょう》二升程度を量り売りしてもらった。より安価なものに、炭粉を丸めて固めた炭団《たどん》があり、『守貞謾稿』には、大小あって一〜四文であったとある。

火鉢は調度品でもあり、種類や材質もさまざまであった。真鍮《しんちゅう》や銅製の火鉢は高級品で、一般にもっともよく使われたのは、桐や檜《ひのき》などの木で四角く囲った箱火鉢と、長火鉢であった。長火鉢には、片側に三〜四段の引き出しがあり、その上に猫板《ねこいた》が置かれる。猫板という名前は、寒がりの猫には最適の場所であったために付いたという。灰を入れる落としの下にある引き出しは、乾燥するので海苔《のり》や煙草《たばこ》を入れていた。火鉢は暖房以外に、簡単な炊事にも利用できた。

炬燵には掘炬燵《ほり》と置炬燵がある。掘炬燵は炉《ろ》の上に櫓《やぐら》をのせて布団を掛けたものである。一方、置炬燵は火鉢の上に櫓を置いて布団を掛けたもので、火鉢の発達に伴って登場したものである。移動ができる置炬燵は狭い家では重宝された。江戸時代から使用されるようになった行火《あんか》は、火入れを箱状の外囲いに入れたもので、布団《ふとん》の中に入れてよく使われた。

着火道具は、火口箱《ほくちばこ》に収納した。石英《せきえい》などの火打《ひう》ち石と、木に鉄をはめた火打ち金《がね》を打ち合わせ、木綿屑《くず》などの火口《ほくち》に火花を飛ばして種火《たねび》をつくる。さらに、へぎ板に硫黄《いおう》を塗った付木《つけぎ》で火を大きくして利用した。

おかずの番付

番付	魚類方	精進方
大関	目ざしいわし	八はいどうふ
関脇	むきみ切ぼし	こぶあぶらげ
小結	芝えびからいり	きんぴらごぼう
前頭(1)	まぐろからじる	煮まめ
前頭(2)	小はだ大こん	焼豆ふ吸したじ
前頭(3)	たたみいわし	ひじき白あえ
前頭(4)	いわししおやき	切ぼし煮つけ
前頭(5)	まぐろすきみ	いもがら油揚
前頭(6)	しおがつを	あぶらげつけ焼
前頭(7)	鮭しおびき	小松なひたしもの

「日用倹約料理仕方角力番附」より作成。

【明かり】

照明器具で代表的なものは、油を使う行灯《あんどん》と、蠟燭《ろうそく》を使う提灯《ちょうちん》である。行灯は室町時代からあったが、もとは携帯用照明器具であった。江戸時代になると、蠟燭の普及により携帯用は提灯に取って代わられ、行灯はおもに室内照明器具として用いられた。江戸時代に庶民に広く使われるようになったのは、油の原料となる菜種《なたね》、蠟の原料となる櫨《はぜ》などの商品作物の普及による。

油はおもに菜種油であったが、安価な鰯《いわし》油も用いられた。菜種油一升が酒二升、米三升と同じ値段だったという。油の消費量は、灯心一本を半夜（約四時間）点灯した場合で、月に〇・六升といわれる。来客時は三〜四本の灯心を用いたが、ふだんは一本であった。灯心一本の明るさは、二〇ワットの蛍光灯の二〇〇分の一程度で、かなり暗かった。

行灯には、座敷に置いて使った丸《まる》行灯や角《かく》行灯、壁などに掛ける掛《かけ》行灯などがあった。有明《ありあけ》行灯は、枕もとに置いて、終夜照らすものである。また、湯屋や居酒屋で使われた大型で比較的明るい行灯は八間《はちけん》と呼ばれ、天井や梁《はり》から下げて使われた。

行灯よりも安いものに、素焼きの瓦灯《がとう》がある。なかに油皿を置いて火をつけたり、上部の皿部分にも火をともすことができた。

蠟燭は、油に比べ煙が少なく火もちはよかったが、菜種油よりも高価であった。嘉永《かえい》4年（1851）で、百目《ひゃくめ》蠟燭一本は三〇〇文、燃焼時間は三時間半である。

【寝具】

布団《ふとん》といえば敷布団のことを指した。これは木綿《もめん》を入れたもので、一般に薄い煎餅《せんべい》布団である。ただし、木綿の布団は高価で、庶民が手軽に買えるものではなく、貧しい者は布団を使わないことも多かった。

襟袖《えりそで》付きの着物に綿を入れたものが夜着《よぎ》で、掛け布団のように使った。『守貞謾稿』には、夜着を使用したのは遠州《えんしゅう》（静岡県）以東のみで、京・大坂などでは四角い布団を用いていたとある。四角い掛け布団は大布団と呼ばれ、江戸で使われたのは幕末からという。

享保期《きょうほうき》（1716〜36）以前に多くみられたものに、天徳寺《てんとくじ》という紙の掛け布団がある。夏に使っていた紙製の蚊帳《かや》を秋に売り、商人がこれに藁《わら》しべなどを入れて縫い、衾《ふすま》仕立てにして売ったものである。

枕は、江戸時代の髪型に合うようにつくられていた。箱枕《はこまくら》は木製の箱に蕎麦《そば》殻《がら》を詰めた筒状の小枕をのせたもので、その上に枕紙を敷いて使われた。坊主枕《ぼうずまくら》は筒形で両端をくくった枕のことで、髷《まげ》のない僧が用いたのでこの名がある。

布団や枕は、昼間はたたんで部屋の隅に置き、枕屏風で囲ってあった。寝るときは枕屏風を頭の近くに立てて風よけに使った。

【髪結】

髪結《かみゆい》には、店を構えて営業する内床《うちどこ》と、橋詰《はしづめ》や道で営業する出床《でどこ》があった。ほかに廻り髪結や廻り床などと呼ばれる、得意先に出張する者もいた。また、江戸後期になると、女性の髪を結う女髪結も現われた。

髪結は、町々で火事が起こると町奉行所に駆けつける義務があり、橋では通行人の監視や掃除などの仕事を課された。

彫刻家高村光雲《たかむらこううん》の『幕末維新懐古談』には、髪結床の様子が描写されている。下谷《したや》源空寺《げんくうじ》にあった髪結床は土間で、客は通りに向かって腰掛の板に座り、髪結は客の後ろで作業をした。鬢付油《びんつけあぶら》の硬いのと軟らかいのが板につけてあり、そばにある鬢盥《びんだらい》で水をつけた。客は毛受《けうけ》を胸のところに捧《ささ》げて、剃った毛を受け止めた。また、「一町内の寄り合い所なり遊び場でありました」とあり、庶民の社交場でもあった。

『守貞謾稿』によれば、値段は二八文の時期が長く、天保期には二〇文または二四文と幕府に定められたが、また二八文に戻ったという。慶応《けいおう》年間（1865〜68）には四八文に上がっている。定値段のない廻り髪結は月極《つきぎめ》で、四、五日ごとにまわる場合は一か月で一四八文《もん》から二〇〇文、毎日だと月二朱《しゅ》などであった。また、大店《おおだな》などでは食事付きの場合もあり、これを「あごつき」といった。

【湯屋】

町人は豪商でもあまり自宅に風呂をもたず、自宅では夏に盥《たらい》で行水《ぎょうずい》をする程度であった。

江戸時代の銭湯は湯屋《ゆや》ともいわれ、慶長《けいちょう》年間（1596〜1615）には町ごとに湯屋があったという。銭湯の数はしだいに増え、文化《ぶんか》11年（1814）刊行の『塵塚談《ちりづかだん》』には江戸に六〇〇軒あまり、嘉永ごろの随筆『皇都午睡《こうとごすい》』には江戸の中心部で一町にたいてい二軒ずつあったと記されている。銭湯の多くは男女混浴で、寛政《かんせい》3年（1791）には混浴が禁止されたがなかなか守られず、天保の改革でも禁令が出された。

湯銭《ゆせん》は、嘉永4年刊の『銭湯手引草《せんとうてびきぐさ》』によれば、明和《めいわ》（1764〜72）の末まで大人六文、子供四文で、安永《あんえい》・天明《てんめい》期（1772〜89）は四〜八文、寛政6年からは、大人一〇文・子供六文で一定したという。

営業時間は、寛文《かんぶん》2年（1662）に幕府によって、日の出から日の入りまでと決められたが、守られていない場合もある。日の入りには火を落とすのみで、湯が温かい8時頃までは客が来ていた。

式亭三馬《しきていさんば》の『浮世風呂《うきよぶろ》』から客層をみると、朝湯には隠居や仕事前の男たち、遊廓《ゆうかく》からの朝帰りの男。午後には手習いから帰ってきた子どもたちや、仕事の終わった男たち、道楽者らがいる。女湯の朝の一番風呂は芸者や料理屋の娘などで、食事の支度が終わるころから親子連れなどが来てにぎわうようになる。

ところで、八丁堀《はっちょうぼり》の七不思議として「女湯の刀掛け」があるが、これは町奉行所《まちぶぎょうしょ》の与力《よりき》らが、早朝、混雑していない女湯に入ったため置かれたもの。

男湯からは二階に上がれるようになっており、紀州藩附家老《つけがろう》の家臣による幕末の江戸見聞記『江戸自慢《えどじまん》』には、二階ではひとつ八文で菓子が売られたとある。ほかにも碁や将棋などが行なわれ、手軽に寄れる、庶民の社交場の役割を果たしていた。

【庶民の収支・財産】

江戸後期の随筆『文政年間漫録』によれば、野菜の棒手振《ぼてふ》りは毎日仕入れに六〇〇〜七〇〇文をあて、一日の売り上げのうちから米二〇〇文、味噌・醬油に五

○文、子どもの菓子代一二～一三文を支出している。さらに家賃分をとりのけて、一〇〇～二〇〇文を酒代や風雨の日の積み立てにしていた。これを試算すると、毎日六〇〇文の仕入れで一三〇〇文程度の売り上げとなる。棒手振りは最初から値段を定めない相対《あいたい》売りであり、毎日同じ場所をまわる者よりも、決まった商圏をもたない固定客相手でない者のほうが、利益率が高かったといわれる。それにもかかわらず、「宵越《よいご》しの銭は持たぬ」といわれるように、その日を暮らすぶんだけしか稼がなかったのは、裏長屋にはぐくまれた共同生活の社会規範、つまり営利行為に走らない経済道徳の観念によって生活していたためともいう。

『文政年間漫録』には、ほかに大工や商人の収支も記されている。大工の一日の収入は四匁《もんめ》二分と飯代一匁二分。一年のうち正月や節句、風雨などで六〇日休むとして、一年（二九四日）で銀一貫五八七匁六分となる。夫婦に子ども一人家族の一年の支出は銀一貫五一四匁で、七三匁六分が残る程度だった。

　また、家賃滞納や破産の際などに家財が売却されることがあり、庶民の持ち物の例がわかる。本石町《ほんごくちょう》一丁目の住人の場合、左記の表に示した家財道具を全部売ると一両であった。

商人の年間支出

費目	金額
精米	15～16両
味噌	1両2分
醤油	2両1分
油	3両
薪	4両2分
炭	3両2分
大根漬	1両3分
菜蔬・家具	14～15両
衣服	17～18両
普請	6～7両
給金	8～9両
地代	22～23両
（合計）	100両

大工の年間支出

費目	金額
飯米	銀354匁
塩・醤油・味噌・油・薪・炭	銀700匁
道具・家具	銀120匁
衣服	銀120匁
冠婚葬祭・布施	銀100匁
家賃	銀120匁
（合計）	銀1貫514匁

商人は、通りに面した店をもつ、家族と下女ら奉公人合わせて8～9人の世帯。店の普請代や借地代、奉公人への給金など、商家の特徴がみられる。

『文政年間漫録』より作成。

江戸本石町一丁目
裏長屋住人の家財道具

種別	品目
家具 建具	手水盥1 畳8　（計9）
照明 暖房 燃料	火口箱1　火打石金1 十能1 行灯1　（計4）
厨房具	竈1　釜1　鍋1 蒸籠1　茶釜1 上げ流し1　小桶1 手桶1　柄杓1 包丁1　すり鉢1 小柄杓1　貝柄杓1 味噌漉1　ざる2 （計16）
供膳具	徳利1　茶碗2 ずんどう1　（計4）

小泉和子「くらしと道具」（『岩波講座　日本通史　第13巻　近世3』）より作成。原資料は「貸店一五番西川要助居所入用品書」

細見

江戸時代名数辞典④
“四”から“五”までの巻

【四座一流】能楽シテ方の五流派のこと。大和中楽《やまとさるがく》の観世《かんぜ》・宝生《ほうしょう》・金春《こんぱる》・金剛《こんごう》の四座と、金剛から分かれた喜多《きた》流の五つ。喜多流は豊臣秀吉取り立てのためか、江戸幕府から一座として認められなかった。

【四閏《しじゅん》刑】僧侶と庶民の閏刑。僧侶には退院《たいいん》・晒《さらし》・追院《いん》・構《かまい》、庶民には叱《しかり》・過料《かりょう》・閉戸《へいこ》・手鎖《てぐさり》の四つがあったことから、こう呼ばれた。

【四親王家】江戸初期の世襲親王家は伏見《ふしみ》・有栖川《ありすがわ》・桂の三家だったが、寛永7年に閑院《かんいん》を新たに立てて四家となった。

【日本四弁天】日本三弁天の相模《さがみ》国江ノ島《えのしま》・近江《おうみ》国竹生島《ちくぶしま》・安芸《あき》国厳島《いつくしま》に、大坂箕面《みのお》山滝安寺《さんろうあんじ》を加えた著名な四つの弁財（才）天。本朝四弁財天ともいう。

【四《し》六《ろく》】揚げ代が昼は四〇〇文、夜は六〇〇文だったことから、二流の遊女屋を指す。四六店ともいう。

【四木三草】江戸時代に重視された七種の植物で、茶・楮《こうぞ》・漆《うるし》・桑の四木と麻・藍《あい》・紅花《べにばな》の三草。三草は地方によって種類が異なる場合もある。

【五学舎】幕府による学術機関で、教育や幕府の諸用にあたった。昌平黌《しょうへいこう》（昌平坂学問所）・蕃書調所《ばんしょしらべしょ》（洋書調所・開成所）・天文台・医学館・和学講談所の五つ。

【五《ご》鬼《き》】寛政異学の禁に反対した江戸の儒学者五人、亀田鵬斎《ほうさい》・山本北山《ほくざん》・冢田《つかだ》大峯《たいほう》・豊島豊洲《ほうしゅう》・市川鶴《かく》鳴《めい》のこと。五異学・異学の五鬼ともいう。

【五《ご》三《さん》】寛文《かんぶん》年間までの島原遊廓《しまばらゆうかく》の揚げ代が銀五三匁《もんめ》だったことから、島原遊廓の太夫の異称となった。

【五閏刑《ごじゅんけい》】武家には逼塞《ひっそく》・閉門・蟄居《ちっきょ》・改易《かいえき》・切腹の五つの閏刑があった。

【五附加刑】正刑に付加して科される刑。晒引廻《さらしひきまわし》・入《いれ》墨《ずみ》・闕所《けっしょ》・非人手下《てか》・遠国非人手下。

【五《ご》縄張《なわばり》】仲間内で暗黙裡《あんもくり》に勢力範囲が決められており、互いに侵すことのないもののことで、香具師《やし》・博打《ばくち》うち・葛西の肥汲み・江戸町火消・銭緡売《ぜにさしうり》。

【五《ご》等死《とうし》罪《ざい》】死刑の方法で、斬罪・火罪・獄門・磔《はりつけ》・鋸挽《のこぎりびき》の五つ。

【五《ご》手掛《てがかり》】重大な刑事訴訟の場合、寺社奉行・町奉行・勘定奉行の三奉行と、大目付・目付の五者が幕府評定所《ひょうじょうしょ》に集まって審議・裁定をすること。

【五《ご》艘船手《そうせんで》】江戸末期の伊万里《いまり》焼《やき》の絵付大鉢。五艘の異国船を、中央に一艘、周囲に四艘を配する図柄。

2 行楽と盛り場

祭礼と寺社での興行

【天下祭り】

　江戸には天下《てんか》祭りと呼ばれる特別な祭礼があった。天和《てんな》元年（１６８１）以降、隔年で行なわれるとされていた、山王権現《さんのうごんげん》（千代田区永田町）と神田明神《かんだみょうじん》（千代田区外神田）の祭礼である。

　現在、日枝《ひえ》神社といわれる山王権現は、江戸時代、将軍家の産土神《うぶすながみ》として崇《あが》められ、祭礼は6月15日であった。寛永《かんえい》12年（１６３５）、三代将軍家光《いえみつ》が城内櫓《やぐら》からこの大祭を上覧《じょうらん》しているが、これが将軍上覧の記録としてもっとも早いものとされる。一方の神田明神は、江戸の総鎮守と称され、祭礼は9月15日に行なわれていた（現在は5月）。将軍上覧の記録は山王権現のものより遅く、元禄《げんろく》元年（１６８８）の五代将軍綱《つな》吉《よし》によるものがもっとも古いとされる。練物《ねりもの》の番組は、山王権現は四五番、神田明神は三六番までで、豪華な扮装《ふんそう》と山車《だし》の大がかりな造り物が見物であった。

　天下祭りに対しては将軍の代参が行なわれ、祭祀《さいし》・調度の諸費用や補修の経費などが幕府により助成されていた。また、氏子の各町に対しては、幕府から一組ごとに六両二分ずつが下賜《かし》されていた。祭礼番付《ばんづけ》も、幕府から承認を得るという形式がとられていた。

　なお、根津《ねづ》権現（文京区根津）は、六代将軍家宣《いえのぶ》の産土神であったことから、正徳《しょうとく》2年（１７１２）、天下祭りに加えられ、三年に一度の大祭を行なうように定められたが、実際に大祭が行なわれたのは正徳4年の一度だけであった。その後、祭礼は9月21日に隔年で執り行なうようになった。

【開帳】

　寺社に安置される秘仏を、期間を限って公開することを開帳《かいちょう》という。江戸では、開帳は寺社奉行に出願し許可を得たうえで行なっていた。開帳出願理由のおもなものは、宗教行事と建造物の維持・修復助成で、なかでも建造物の維持・修復助成の割合が突出していた。

江戸時代には、幕府による宗教政策の引き締めにより寺社の収入が減少していたが、開帳を行なえば、信者たちの宗教心を深めるとともに、参拝者からの奉納金品や賽銭《さいせん》を得ることができる。たとえば、文化《ぶんか》4年（1807）に浅草寺《せんそうじ》で行なわれた本尊の開帳では、絵馬《えま》などの売り上げと、初穂《はつほ》・賽銭により、七日間で二〇〇〇両あまりの収入を得たことが明らかにされている。これでも浅草寺側の見込みを下まわったとされるが、開帳は、寺社にとり、短期間に臨時収入を得る有効な手段だった。

開帳には、寺社がみずからの秘仏を公開する居開帳《いがいちょう》と、遠方の寺社が他所に秘仏を運び公開する出開帳《でがいちょう》の二種類がある。居開帳は、江戸および周辺ではほとんどの有名寺社で行なわれ、浅草寺《せんそうじ》・江ノ島弁財天《えのしまべんざいてん》・護国寺《ごこくじ》・亀戸天神《かめいどてんじん》・洲崎《すさき》弁財天・永代寺《えいたいじ》などが一〇回以上行なっている。一方、出開帳は、信州善光寺《ぜんこうじ》如来《にょらい》像（五回）・嵯峨《さが》清凉寺《せいりょうじ》釈迦《しゃか》如来像（一〇回）・成田山新勝寺《なりたさんしんしょうじ》不動尊《ふどうそん》（一一回）の出開帳が評判であった。江戸の寺社は出開帳の宿寺《やどでら》となるが、回向院《えこういん》・永代寺・湯島天神《ゆしまてんじん》・護国寺・浄心寺《じょうしんじ》・玉泉寺《ぎょくせんじ》などが、それぞれ二〇回を超えている。居開帳・出開帳ともに、本所《ほんじょ》・浅草《あさくさ》・深川《ふかがわ》方面の寺社に集中しているのが特徴であるが、とくに回向院を宿寺とするものは一六六回を数えた。

【富くじ】

富くじ興行は、寺社の建築物維持修復の費用補足という名目で行なわれた。番号の書かれた札《ふだ》を売り、札の売り上げから興行の経費を差し引いた残りが寺社の収入になった。売れる札数の多いほど、寺社の収益は上がる。各寺社は、富くじ興行から、四割から五割の収益を得ることを期待していた。

江戸では、享保《きょうほう》20年（1735）、谷中感応寺《やなかかんのうじ》が主催する富くじが公認（御免富《ごめんとみ》）された。谷中感応寺と目黒《めぐろ》不動・湯島天神が江戸の三富《さんとみ》と呼ばれ、そのほか回向院・浅草寺・芝神明《しばしんめい》・根津権現などでも興行が行なわれた。寛政《かんせい》の改革時、三都に限り、一寺社年三回限りとされたが、文政《ぶんせい》4年（1821）、その制限も解かれている。このあと富くじ興行が全面的に禁止される天保《てんぽう》13年（1842）までが、興行の全盛期であった。

文政末の江戸の富くじの興行日や札料をまとめた『江戸大富集《えどおおとみしゅう》』によれば、当時二〇か所の寺社が富くじ興行を行なっており、毎月定日に興行を行なっていたのは、三富と回向院・浅草寺の五か所であった。この五か所では最高賞は一〇〇両で、売り出される札数は、浅草寺の二万四〇〇枚を除けば三〇〇〇から五〇〇〇枚、札料は、浅草寺は一枚銀二匁《もんめ》五分、ほかの四か所は金二朱《しゅ》であった。そのほかの寺社では、基本的には年四日の興行であった。最高賞が三〇〇両と、もっとも高いのは、根津神社・芝神明などの五か所で、これらの寺社では、札数は二万から三万五〇〇〇枚ほど、札料は銀二匁八分から銀六匁であった。

富くじの札料は、高額であるため、庶民の間では共同購入も行なわれた。さらに、下級武士や町人たちが元締めとなり、三富などの当たり札の何番台などおおよその数を当てる影富《かげとみ》も流行していた。これは「お咄《はなし》」ともいわれ、興行の直後に、お咄売りが当たり番号を書き付けた紙を売り歩き、一〇〇文を賭けて、当たると八〇〇文になるという仕組みであった。天保ごろには、興行の前に一枚四文で紙片を購入し、当たれば翌日金銭と交換という方法になっている。

【勧進相撲】

勧進相撲《かんじんずもう》は、もともと寺社の修復費用などを調達するにあたり、人々に喜捨《きしゃ》を請うために興行する相撲である。そのため、寺社を管轄する寺社奉行の許可を得たうえで興行された。番付の中央に見える「蒙御免《ごめんこうむる》」の文字は、この許可を得たという意味である。

勧進相撲の興行は、慶安《けいあん》元年（１６４８）と寛文《かんぶん》元年（１６６１）、町中の治安悪化を防止するため禁令が出されているが、貞享《じょうきょう》元年（１６８４）にふたたび許可されている。同時にこの年から、現在の親方に相当する相撲年寄《としより》が、部屋ごとに専業の相撲取りを統括することとなった。しかし、多くの相撲取りは大名のお抱えで、大名から禄を与えられ、武士に準ずる身分と見なされていた。当時は部屋よりも藩への帰属意識のほうが高く、場所中には同部屋対決はあっても同じ藩に抱えられた者同士の対決はなかった。

勧進相撲は、18世紀なかばには、木戸銭《きどせん》を集めることを目的とするようになった。代表的な興行場所は、深川の富岡八幡《とみおかはちまん》や、文政10年（１８２７）から興行をほぼ独占した東両国《りょうごく》の回向院であった。興行は、毎年春冬二回、晴天一〇日間（安永《あんえい》6年〔１７７７〕以降）となっていたが、土俵まわりには屋根がなく、天候に左右されて日延べになることが多かった。当時は本場所には女性の入場は禁じられていたといわれ、また、土間《どま》（現在の枡席《ますせき》の位置）よりも、土間の周囲に設けられた仮設の桟敷《さじき》席のほうが高価な席であったらしい。

江戸後期になると、雷電為右衛門《らいでんためえもん》（松江藩）・谷風《たにかぜ》梶之助《かじのすけ》（仙台藩）・小野川喜三郎《おのがわきさぶろう》（久留米藩）などの力士が現われて人気を博した。また、大童山文五郎《だいどうざんぶんごろう》（怪童）や大空武左衛門《おおぞらぶざえもん》、生月鯨太左衛門《いけづきげいたざえもん》（大男）など、土俵入りだけを行なう看板力士もいたのが、当時の勧進相撲の特徴である。

江戸のおもな祭りと縁日

祭りなど	期日	内容
初午《はつうま》	2月の最初の午の日	江戸中の稲荷社で祭りを行ない、前日からにぎわった。なかでも、王子稲荷は関八州の稲荷の統領として、人々が群参した
三社権現《さんじゃごんげん》祭礼	3月17・18日	17日に「びんざさら」などの田楽があり、18日は神輿3基が出た。神輿は途中、浅草橋から駒形まで舟で移動。現在の祭礼は5月
四万六千日《しまんろくせんにち》	7月9日・10日	この日に参詣すると4万6000日分の功徳があるといわれる。江戸後期は、とくに浅草寺がにぎわい、雷よけの赤い玉蜀黍が売られた
富岡八幡宮《とみおかはちまんぐう》祭礼	8月1日	隔年で本所一ツ目の旅所に神幸があったが、文化4年に祭礼見物の群衆で永代橋が落下、神輿は仮屋に安置されるようになった
芝神明宮《しばしんめいぐう》祭礼	9月11日～21日	境内で生姜を売ったので生姜祭りとも、期間が長いので「だらだら祭り」とも呼ばれた。なかに飴が入った小判型の「千木箱」も名物
酉《とり》の市	11月の酉の日	「酉のまち」とも呼ばれる。まちは祭りの縮んだ語。鷲神社の祭礼で、はじめは葛西花畑村の鷲神社が、のちには下谷の鷲神社が盛ん

朝倉治彦校注『東都歳事記』より作成。

【寺社詣で】

大山詣《おおやまもう》で・江ノ島《えのしま》詣で・成田《なりた》詣でなど、宿泊を伴う参詣《さんけい》も盛んであった。石尊《せきそん》詣でとも呼ばれた大山詣では、夏に大山石尊に詣でるもので、出立のときと現地で、水垢離《みずごり》を行なった。「大願成就《たいがんじょうじゅ》」と墨書された木の大太刀《おおだち》を担いで参詣し、これを石尊社に納め、別の太刀に交換して帰るという風習があった。

江ノ島詣では、江ノ島弁財天を参詣するもので、音《おん》曲《ぎょく》の関係者や芸人、商人から信仰を集めていた。小人数の女性同士での参詣も盛んであった。成田山新勝寺に参詣する成田詣では、とくに江戸後期に盛んになり、役者や芸者の参詣も多かった。新勝寺の不動明王は、成田屋、つまり歌舞伎《かぶき》役者の市川団十郎《いちかわだんじゅうろう》が代々信仰したことでも知られる。

また、江戸の各地に所在するそれぞれの神仏には、縁日（賽日《さいにち》とも呼ばれる）があり、その日には法要・供養が行なわれる。この日に参詣すれば特別なご利益《りやく》があるといい、多くの参詣者を集めた。

とくに幕末になると、たとえば嘉永《かえい》2年（1849）に流行した四谷正受院《よつやしょうじゅいん》の奪衣婆《だつえば》や江戸橋の翁稲荷《おきないなり》などのように、短期間に特定の小さな神仏を拝むことが突発的に大流行するという現象もみられた。

江戸の寺社と行楽地

江戸の人々は、祭礼や縁日、年中行事の一環としての寺社詣《もう》でを、日々の楽しみのひとつとしていた。また、花見をはじめ、紅葉狩《もみじがり》・月見などさまざまな名所が成立すると、季節ごとに行楽の足を運んでいった。

●六地蔵は、6か所の江戸の入り口に地蔵を配したもので、元禄4年（1691）に空無（くうむ）が開いたもの、享保（1716～36）の初めに正元（しょうげん）の建てたものなどがある。現在一般的に六地蔵といわれるのは、正元が発願したものである。

●六阿弥陀詣では、春と秋の彼岸に6か所の阿弥陀如来をまわるもの。一巡6里といわれた下谷から亀戸にまわる六阿弥陀が代表的であるが、ほかに、山の手六阿弥陀・西方六阿弥陀があった。

●五色不動は、江戸鎮護のために置かれたといわれている、5つの不動尊。青・白・赤・黒・黄は、密教で東西南北と中央を表わすとされる。江戸時代は、目白不動・目黒不動への尊崇がとくに盛んだった。

●『東都歳事記』は、神田雉子町の名主斎藤月岑が、江戸の年中行事を月ごとに詳しく記したもの。江戸後期の江戸の名所を知るための格好の史料である。長谷川雪旦の挿絵が入る。天保9年（1838）刊。

名所は『東都歳事記』から代表的なものを選んだ。中村座・市村座・森田座の江戸三座は、天保12年以降、浅草猿若町に移転した。

江戸庶民の行楽

【春の行楽―花見】

江戸近郊の花見の名所としては、上野《うえの》寛永寺《かんえいじ》、品川《しながわ》の御殿山《ごてんやま》、王子《おうじ》の飛鳥山《あすかやま》、隅田川《すみだがわ》の両岸（墨堤《ぼくてい》）などがよく知られていた。

寛永寺は、徳川将軍家の廟所《びょうしょ》で、また住職が宮家出身であるため、通常、庶民は山内に入ることはできなかったが、花見の時期に限り、明け六つから暮れ六つまでの日中、開放された。江戸の初期から花見の名所として知られ、堂内には、「桜が峯《みね》」と呼ばれる桜の多い場所もあり、清水観音堂《きよみずかんのんどう》の秋色桜《しゅうしきざくら》も名高かった。

しかし、のちにほかの名所での花見が盛んになるにつれ、酒や三味線《しゃみせん》が禁じられていた寛永寺の花見は、老人や女性向けの、静かで上品なものになっていった。踊りや浄瑠璃《じょうるり》の師匠が弟子を連れ、揃《そろ》いの日傘《ひがさ》などを手に花を見る、「お揃い」と称する花見も多かった。

御殿山は海に臨む丘で、寛文《かんぶん》（１６６１～７３）のころ、吉野山《よしのやま》の桜の苗が植えられて桜の名所となった。長く庶民の行楽地として知られていたが、幕末、その土は掘り崩されて、海防のため江戸湾に築かれたお台場の土台として使われてしまった。

飛鳥山の桜は、享保《きょうほう》5年（１７２０）から翌6年、将軍吉宗《よしむね》の命によって数千本が植樹されたもの。元文《げんぶん》年間（１７３６～４１）には水茶屋《みずぢゃや》や楊弓《ようきゅう》などの営業も許可され、王子稲荷《いなり》の参詣《さんけい》と併せての大娯楽地となっていった。ただし、飛鳥山は日帰り圏とはいうものの、徒歩での道のりは遠く、女性向きではなかった。

隅田川両岸の桜は、享保10年に江戸城吹上御苑《ふきあげぎょえん》の桜を移植したのが始まり。同17年には桜とともに桃と柳が植えられ、その後も数回の補植が行なわれた。江戸の中心地からも近く、船からも徒歩でも桜を眺めることができ、向島《むこうじま》の料理屋からは夜桜を楽しむこともできた。花見には墨堤が一番とされたが、男性には、桜見物にかこつけた吉原《よしわら》行きという楽しみもあった。

そのほか、宿泊を伴う花見の名所として小金井《こがねい》があったが、これも吉宗の命により桜が植えられている。また、吉宗は、中野《なかの》に桃園もつくっており、政策として庶民の行楽地を造営していたことがわかる。

【夏の行楽―川開き】

毎年5月28日は、両国の川開きである。8月28日まで毎日、隅田川に大小数々の納涼船が出た。貞享《じょうきょう》元年（１６８４）刊の井原西鶴《いはらさいかく》『諸艶大鑑《しょえんおおかがみ》』は、当時座敷が九間《けん》もある大型船もあったと記し、このような船の船賃は、「一日五両」としている。納涼船と、その船客に酒や冷水《ひやみず》、餅《もち》や田楽《でんがく》・冷麦《ひやむぎ》・蕎麦切《そばきり》・饅頭《まんじゅう》などの飲食物を売る物売りの船とを合わせると、川面は、まるで船に埋め尽くされるようであったという。

享保18年（1733）以降は、川開きの期間、花火も打ち上げられるようになった。花火師としては、両《りょう》国《ごく》広小路《ひろこうじ》の玉屋市郎兵衛《たまやいちろべえ》と横山町《よこやま》の鍵屋弥兵衛《かぎややへえ》が著名であった。玉屋は両国橋より上流に、鍵屋は橋より下流に花火を打ち上げるための船を出し、注文に応じて大小の花火を打ち上げたという。松浦静山《まつらせいざん》の『甲子夜《かっしや》話《わ》』には、文化《ぶんか》元年（1804）のものとして、数十種のからくり花火などの名が記録されている。ただし、当時の花火は、まだ化学薬品が使用されていなかったため、硫黄《いおう》や塩硝《えんしょう》、木炭を原料とした赤色花火だけであった。人々は花火に合わせて「玉屋」「鍵屋」と声をかけたが、玉屋は、天保《てんぽう》14年（1843）に失火が原因で処罰を受け、廃業してしまった。

また、幕末の随筆『五月雨草紙《さみだれぞうし》』によれば、「御三卿《ごさんきょう》方の花火、諸侯方の花火」も毎日のように打ち上げられたというが、武家の花火は、鉄炮《てっぽう》方が行なう狼煙《のろし》を応用したもので、ただ高く上がっていく打ち上げ花火であり、からくり花火ではなかった。

【秋冬の行楽―月見・虫聴き・紅葉狩・雪見】

江戸では、月見は7月26日・8月15日・9月13日に行なわれたが、なかでも月光のなかに阿弥陀如来《あみだにょらい》・勢《せい》至菩薩《しぼさつ》・観音《かんのん》菩薩の三尊の来迎《らいごう》を見ることができるといわれた、7月の二十六夜待《にじゅうろくやまち》がたいへん盛んであった。8月15日も、9月13日も、日没後まもなく月を見ることができたが、7月26日の月は、明け方近い時間になってようやく東の空に見えてくる。人々は芝高輪《しばたかなわ》・品川・深川洲崎《ふかがわすさき》などに集まり、物を食べ、打ち上げられる花火に歓声をあげ、沖合いに船を出して宴会を楽しみながら、夜を徹して月を待った。

虫聴きは、秋の野に出て虫の鳴き声を鑑賞することで、飛鳥山や道灌山《どうかんやま》が名所とされていた。飛鳥山には鈴虫が多く、『江戸名所図会《ずえ》』によれば、道灌山には松虫や鈴虫が多かった。

紅葉《もみじ》の名所として著名なのは、品川海晏寺《かいあんじ》と王子滝《たき》野川《のがわ》である。海晏寺は葉の種類が多く、葉が染まる時期も色合いもそれぞれ微妙に異なり、人気を集めた。

江戸の冬は今よりも雪が多かったといわれ、雪見も行なわれた。雪を見るには、隅田川に障子《しょうじ》船を出し、雪見酒を楽しみながら墨堤を進み、帰りは有明楼《ありあけろう》や八《や》百善《おぜん》などの料理屋に船をつける、あるいは吉原へ進み、そちらでも夜雪を楽しむというのがコースであった。また、みずからの足で見晴らしのよい小高い丘に登り、一面の銀世界を望むこともあった。しかし、虫聴き・紅葉狩・雪見は、いずれも詩歌人・書画家など、風流を好む人々が行なうものであった。

【盛り場―両国】

江戸には、恒常的に大勢の人々が集う盛り場があった。小物の売店や飲食店・髪結床・稽古所・見世物小屋・寄席など、葦簀《よしず》張りの仮設小屋がひしめきあい、いつでも活気にあふれていた。

江戸はたび重なる火災に悩まされていたが、明暦《めいれき》3年（1657）の大火以降は、火《ひ》除《よけ》地として、市中や橋の両詰に広小路《ひろこうじ》と呼ばれる広場が設けられることになった。隅田川をまたぐ両国橋は、寛文元年（1661）頃に架けられたが、その西詰と東詰にも火除地が設けられ、貞享4年（1687）には、西の火除地がさらに拡張された。火除地では、緊急時の移動が可能な仮設小屋であれば営業が認められたため、両国にも仮設の小屋が建ち、元禄《げんろく》（1688〜1704）ごろには、盛り場化しはじめたといわれる。仮設の小屋での営業が認可された理由は、もともとは、徴収した場所代を橋の維持費にあてるためであったが、のちには、娯楽の場として、軽業《かるわざ》などを見せる大型の見世物小屋なども設営されるようになる。

なお、現在両国といえば橋の東側を意味するが、随筆や浮世絵など記録に残されている両国は、両国橋の西詰（現在の東京都中央区東日本橋）であることが多く、とくに浮世絵の場合、橋の東詰を描いたものはあまり見当たらない。

【盛り場―浅草寺】

浅草寺《せんそうじ》は江戸随一の古刹《こさつ》であり、境内には数多くの子院や神仏の祠堂があった。一度に多くの神仏に参拝できるため、庶民の信仰を集めていた。明暦3年の大火以降、幕府公認の遊廓《ゆうかく》吉原が浅草寺北方の日本堤《にほんづつみ》に移転したため、遊廓の客やその見物客も浅草寺に立ち寄ることも多くなった。後年になるが、天保の改革以降は、江戸三座の芝居小屋までこの近くの猿若町《さるわかまち》に移転した。

境内では、明暦の大火以降、人々が休憩する水茶屋が営業を始め、楊枝店《ようじだな》や張《は》り子《こ》店、団子店を中心に多くの店が出ていたが、これらの店は浅草寺に地代を納めることで営業を許可されていた。参詣者の増加に伴い、楊弓場《ようきゅうば》や見世物《みせもの》小屋など娯楽施設も増えていった。享保ごろからは、仕方噺《しかたばなし》で評判をとった講釈師深井《ふかい》志《し》道軒《どうけん》が、浅草寺境内にある仮設小屋で営業していた。
明和の三美人のお藤《ふじ》の店柳屋《やなぎや》は浅草寺本堂の後ろにあり、蔦屋《つたや》お芳の茶店も境内にあった。また、寛政の三美人の難波屋《なにわや》おきたの茶屋も随身門《ずいじんもん》前にあった。

【矢場】

両国・浅草寺境内・日本橋四日市《にほんばしよっかいち》・愛宕山《あたごやま》・神田明神・芝神明などの盛り場には、料金をとって弓を射させる矢場（楊弓場）が営業していた。浅草寺の場合は、安永《あんえい》7年（1778）と同9年には、それぞれ七軒の楊弓場があり、店のほとんどは、遊戯施設の多い奥山《おくやま》と呼ばれる一帯に軒を連ねていた。楊弓には標準規格があり、楊弓の長さ二尺八寸、矢は九寸二分で、射手と的の距離は七間《けん》半となっていた。
『守貞謾稿《もりさだまんこう》』によれば、料金は江戸では三〇矢で銭六文、破損した場合は、弓は三匁《もんめ》、矢は一匁となっている。また、二〇〇筋《すじ》矢を射る「結改《けつかい》」というものがあって、名人は一八四、五筋的中させ、なかには一九七、八も的中させた者もいたという。
また楊弓場では、店先に矢取女《やとりおんな》という美しく飾った女性を置くのがふつうであったが、この美女は、客がはずした矢を拾い集めるだけではなく、男性客相手に売色することもあった。そのため、天保の改革時には、楊弓場に女性を置くことが禁じられている。

江戸における外国産の動物見世物の例

見世物名	興行年・興行地・種類
唐渡《からわた》り名鳥	宝暦8年、両国で興行。インコ・鸚鵡ほか8羽
駝鳥《だちょう》	寛政3年夏、堺町で興行。ヒクイドリの見世物。2月にまず葺屋町で興行か
駱駝《らくだ》	文政7年閏8月、西両国で興行。ヒトコブラクダ2頭。文政4年6月に長崎渡来
虎《とら》(豹)	万延元年7月、西両国で興行。ヒョウの見世物。ヒョウはしばしば「虎」と呼ばれた
虎	文久元年10月、麹町で興行。トラの見世物
駱駝	文久3年1月、西両国で興行。フタコブラクダの見世物。のち浅草で興行
大象	文久3年3月、西両国で興行。インドゾウの見世物

川添裕「江戸見世物主要興行年表」『大系日本歴史と芸能13　大道芸と見世物』より作成。

【見世物】

見世物は、木戸銭《きどせん》を徴収して、芸や珍品を見せるもので、軽業・曲芸の見世物、細工物の見世物、動物の見世物の三つに大別できる。
軽業・曲芸の見世物には、足芸・怪力・曲独楽《きょくごま》・曲馬などがある。幕末の両国で興行した足芸の早竹虎吉《はやたけとらきち》や曲独楽の竹沢藤治《たけざわとうじ》はとくに名高い。早竹虎吉は、慶《けい》応《おう》3年（1867）にアメリカで興行し、評判となった。

細工物の見世物とは、口上つきで、さまざまな素材でつくられた造り物を見せるもので、見世物としてはこの種のものがもっとも多く興行されていた。菊細工・瀬戸物細工・紙縒《こより》細工・糸細工・ギヤマン細工・籠《かご》細工・貝細工・生人形《いきにんぎょう》のほか、からくりを仕込んだ大がかりなものもみられた。籠細工は竹の籠目を編んで人や動物をかたどった見世物で、文政2年（1819）の浅草奥山での興行は、木戸銭が三二文と記録され、四〇万～五〇万人を動員して大成功をおさめた。噺本《はなしぼん》の『籠巧観物譚《かございくみせものがたり》』や歌舞伎狂言の『細工《さいく》物《もの》籃轎《かごの》評判《うわさ》』など、籠細工の人気を当て込んだものも出現した。

動物の見世物としては、外国産の動物が人気を集めたが、とくに文政7年の駱駝と文久《ぶんきゅう》3年（1863）の象の見世物は、一世を風靡《ふうび》した。駱駝の場合は、文政6年から京・大坂で見世物になり、翌年江戸へ来た。文政9年に名古屋へ行き、その後も一〇年以上かけて各地を興行した。名古屋では、駱駝をあしらった煙草《たばこ》入れや、凧《たこ》・人形など、関連グッズまで売られていた。

【大道芸】

盛り場では、日々、さまざまな芸人が露天で、覗《のぞ》きからくり・講釈・曲独楽・居合い抜き・かごぬけ・手《て》妻《づま》・人形操《あやつり》・役者身振《みぶり》・声色《こわいろ》などを見せていた。このような芸は大道芸と総称される。

多くの芸人が興行していた浅草寺では、覗きからくりの興行は念仏堂《ねんぶつどう》前で、地代二〇〇文。曲独楽を披露し、歯磨きや膏薬《こうやく》を売っていた松井源水《まついげんすい》の興行場所は護摩堂《ごまどう》と橋本薬師堂《はしもとやくしどう》に隣接した二か所で、地代は合わせて一七〇〇文であった。露天であっても、興行場所とその地代などが定められていたことがわかる。

ちなみに松井源水は、安永7年（1778）、浅草寺代官あてに、長年浅草寺のみで売薬を行なってきたことや、御成《おなり》の際に将軍が曲独楽を上覧したこと、芝神明や湯島《ゆしま》天神に売薬頭取がいることを理由に、境内における売薬頭取として認めるように願い出た。この申請は通り、浅草寺境内における興行場所の拝借の取り次ぎは、このあと源水が引き受けることとなった。

なお、これらの芸人のうち、物を売るための人寄せとして芸を披露する芸人は香具師《やし》と呼ばれる。一方、芸を演じて投げ銭《ぜに》を受ける芸人のうち、猿若《さるわか》・江戸万《まん》歳《ざい》・操り・浄瑠璃《じょうるり》・物真似《ものまね》・講釈をはじめとした一二《に》種の芸人は乞胸《ごうむね》に所属し、家業については乞胸頭の仁太夫《だゆう》を通じて車善七《くるまぜんしち》の支配を受けていた。香具師の芸と乞胸の芸には抵触する部分も多く、寛政《かんせい》8年（1796）、両者の間に係争が起きたことがわかっている。

遊廓

【吉原と新吉原】

江戸時代初期には、遊女屋が集まって一区画になっている廓《くるわ》というものはなく、遊女屋が各所に散在していた。しかし、庄司甚右衛門《しょうじじんえもん》ら遊女屋から遊廓《ゆうかく》建設の請願が出され、元和《げんな》3年（1617）、幕府がそれを認可。翌4年、日本橋葺屋町《にほんばしふきやちょう》の東側に隣接した二町四方の土地（現在の中央区人形町周辺）で営業が始められた。この遊廓が「吉原《よしわら》」である。

この遊廓は、『享保撰要類集《きょうほうせんようるいしゅう》』によれば、明暦《めいれき》2年（1656）、突然に本所《ほんじょ》か浅草《あさくさ》裏の日本堤《にほんづつみ》への移転を命じられたという。理由は、江戸の市街地の拡張、あるいは風紀上の問題などが考えられている。本所も浅草日本堤も江戸の外《はず》れである。遊女屋たちは移転の撤回を嘆願したが聞き入れられず、日本堤への移転を決めた。翌3年、江戸の市街地は正月の大火（明暦の大火）で焼け、吉原も類焼。吉原は、6月に移転が命じられ、8月からは新しい土地での営業を開始している。

新しい遊廓は「新吉原」と呼ばれ、旧吉原は「元吉《もとよし》原《わら》」と呼ばれるようになったが、一般的には、新吉原はそのまま吉原と呼ばれた。また、日本堤は江戸の北に位置するため、北国《ほっこく》・北里《ほくり》などの呼称もあった。以後、江戸時代を通じて、この土地で江戸にある唯一の公認の遊廓として営業が続けられることになる。

新吉原は、移転時の条件で、五割増しの三町四方が与えられたため、元吉原より広くなった。廓の周囲には、おはぐろどぶと呼ばれた堀が巡らされ、廓の入り口は大門《おおもん》一か所だけであった。

なお、元禄《げんろく》ごろの浮世草子『傾城色三味線《けいせいいろしゃみせん》』では、吉原移転後すぐの遊女の人数は総数一七五〇人とされているが、享保《きょうほう》6年（1721）の調査では、遊女二

吉原の略図

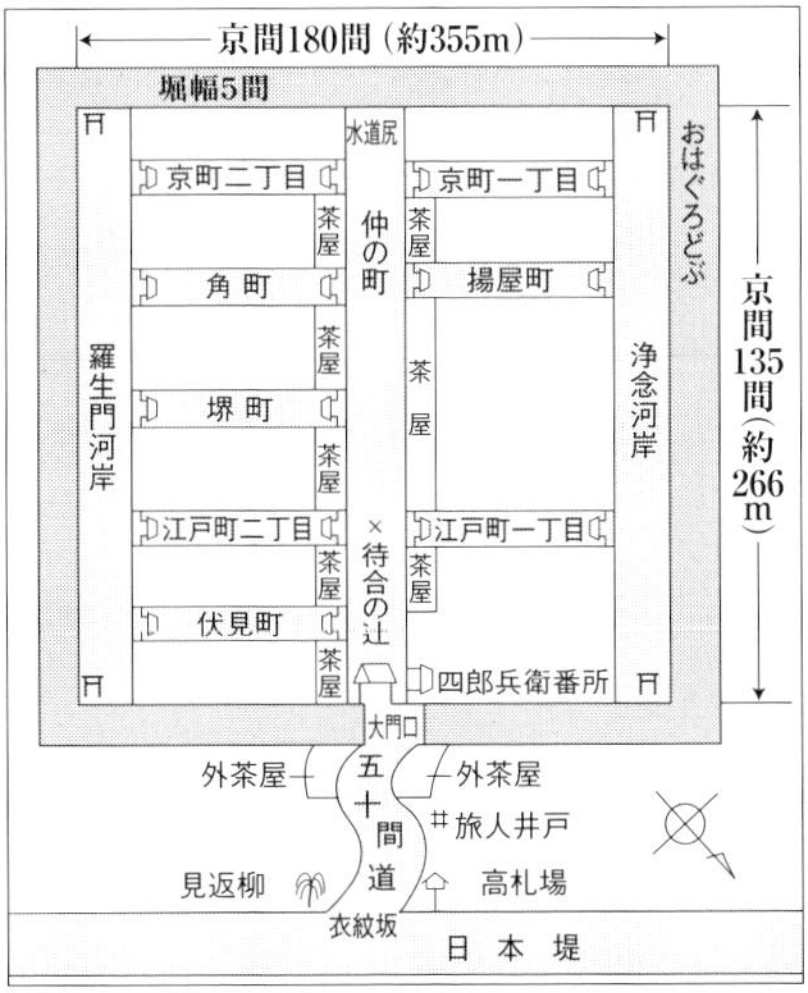

元吉原の町割を踏襲した江戸町一・二丁目、京町一・二丁目、角町を五丁町と呼び、吉原の代名詞となっていた。

一〇五人、禿《かむろ》九四一人となっている。天保《てんぽう》3年（1832）刊『江戸繁昌記《えどはんじょうき》』では「三千の娼妓《しょうぎ》」とされているが、三千というのは、遊女の人数を表わすときの数の多さの慣用句でもあった。

【吉原の遊女の階級】

遊女には、階級がある。その階級は時代とともに変化しているが、明和《めいわ》（1764〜72）ごろからは、上の階級が「呼出《よびだし》」（張見世《はりみせ》をしない、呼び出す遊女）、「平の昼三《ひるさん》」（張見世をする昼夜で金三分の揚げ代の遊女）、次いで「附廻《つけまわし》」。つぎに「座敷持《ざしきもち》」「部屋持《へやもち》」。そして、もっとも低い階級が「切見世女郎《きりみせじょろう》」となっていた。切見世は、軒割りの長屋を四尺五寸から六尺ほどに区切ったもので、そこに遊女をひとりずつ置き、ごく短い時間で客の相手をさせたものである。

遊女屋には「大籬《おおまがき》（大見世）」「半籬《はんまがき》（中《ちゅう》見世）」「惣《そう》半籬《はんまがき》（小見世）」というランクがあり、同じ階級の遊女であっても、所属する遊女屋の格によって、揚げ代に差があった。揚げ代がもっとも高額であったのは、「大籬」の「新造《しんぞう》」（自分の部屋をもたない先輩遊女に附属している遊女）二名付きの「呼出」である。寛政《かんせい》（1789〜1801）ごろであれば、玉屋《たまや》（大籬）の花紫《はなむらさき》（呼出）や扇屋《おうぎや》（大籬）の花扇《はなおうぎ》（呼出）で、揚げ代は金一両一分であった。

しかし、遊女を買うための吉原独特の慣例があり、茶屋への手数料、芸者への祝儀《しゅうぎ》、飲食代、座敷上で与える紙纏頭《かみばな》（一枚が金一分に換金されるチップ）など、さまざまな費用がかかったため、実際に遊ぼうとすれば、揚げ代の数倍の費用がかかった。

また、『吉原細見《よしわらさいけん》』という、吉原で遊ぶための情報誌が毎年出版されており、町割《ちょうわり》ごとに遊女屋の名と格、遊女の名と位、揚げ代などが記されていた。刻々と変わる情報が正確に記され、吉原遊びには必携であった。この地に登場した新興の版元蔦屋重三郎《つたやじゅうざぶろう》は、『吉原細見』の出版で成功し、版元としての地盤を固めた。

【仮宅】

江戸は火事が多く、吉原もたびたび火事に見舞われている。日本堤に移転してから慶応《けいおう》2年（1866）までの二〇〇年あまりのうち、二〇件を超える火災が確認されている。平均すれば、おおよそ一〇年に一度は火事にあっていることになる。

火災にあった遊女屋は、吉原再建までの期間を見込み、別の場所での営業を申請した。このような仮営業の遊女屋を仮宅《かりたく》という。場所としては、浅草近辺のほか、両国《りょうごく》・芝神明《しばしんめい》・深川《ふかがわ》など江戸の中心地に近い場所も選ばれ、営業期間は、六〇日から一年を超えるものもあった。

仮宅では、揚げ代とそのほかの飲食費などの少ない費用ですみ、通常、吉原で遊ぶほどの余裕のない者でも遊ぶことができた。たとえば、安政《あんせい》2年（1855）の大地震のあとには、復興景気で儲けた建築業などの職人たちが仮宅で遊んでいる。薄利ではあったが、多売であったため仮宅営業は繁盛し、再建に必要な期間以上に長い期間での営業が申請されることがあった。

また、出火の折、遊女屋自体が仮宅営業を望み、消火活動よりも家財道具の運び出しや仮宅確保のほうを熱心に行なうため、さらに火災の被害を大きくしたともいい、放火と伝えられる火事もある。再建費用を上まわるほど、仮宅での営業は繁盛していたのである。

【岡場所】

非公式ながら遊女屋を営む場所は、岡場所《おかばしょ》と総称された。一説によれば、岡場所とは、吉原に対する「外（ほか）の場所」の意であるとされる。幕府の公認ではなかったため、つねに摘発の対象とされていたが、その一方で、非公式に見逃されることもあった。

岡場所は宝暦《ほうれき》から寛政（1751～1801）にかけて全盛をきわめ、代表的なものは、南《みなみ》と呼ばれた品《しな》川《がわ》、辰巳《たつみ》と呼ばれた深川などであった。品川は東海道の宿駅という好立地に恵まれ、また深川は化粧も衣装も淡泊であるのを特徴とし、豪華な吉原とは異なる風情が好まれていた。

岡場所の揚げ代は、寛政年間、たとえば深川仲町《なかちょう》の場合、時間決めの切遊《きりあそ》びで一切《ひときれ》（昼夜を五つに切った五分の一）が銀一二匁《もんめ》、昼夜通しで予約をして遊ぶ昼夜仕舞《やしまい》では七二匁であり、これが最高であった。吉原での遊興とは異なり、格式張った慣例などなく、ずっと手軽で、地理的にも江戸の中心から近く、時間をやりくりして遊ぶことができて便利であった。

岡場所の数は時代によって変化し、また、同じ時代の記録でも、それぞれ異なる数が記されている。天明《てんめい》（1781～89）ごろのものとして、少なくとも八〇ほどの岡場所の名が確認できるが、実数はその倍に相当するとも考えられている。これらの岡場所は、寛政の改革でまず半数以上が廃され、その後、文化《ぶんか》・文《ぶん》政《せい》期（1804～30）にいったんは盛んになるが、天保の改革により、岡場所自体が禁じられた。遊女屋の営業は、すべて吉原へ移転して行なうこととなり、岡場所から多数の遊女が流入することになった吉原は、遊女の質が低下したという。

なお、江戸には、遊女屋などに属さない最下級の遊女もいた。茣蓙《ござ》を抱えて白木綿《しろもめん》をほっかむりして人を呼び止める夜鷹《よたか》、天明末まで上野山下などにいた「けころ」、享保から天明ごろまで小舟から客を呼んだ船《ふな》饅頭《まんじゅう》、重箱に入った食べ物を売り歩くという名目で売色した提重《さげじゅう》など、その売色の仕方でさまざまな呼称があったことが知られている。なかには銭五〇文、一〇〇文といった料金で客をとる者もいた。

【芸者】

唄・三味線《しゃみせん》・踊りや芸などを披露し、座敷での遊興を盛り上げることを職業とする者は、元文《げんぶん》（1736～41）ごろより芸者と呼ばれるようになったというが、当時は芸者にも、男芸者と女芸者がいた。文化年間の随筆『塵塚談《ちりづかだん》』は、江戸には男女合わせて二万人の芸者がいるとする。

男芸者は、太鼓持ちとも、幇間《ほうかん》とも呼ばれた。踊りやその他滑稽《こっけい》な座敷芸を披露し、役者の声色《こわいろ》をまね、客の機嫌をとっていた。明和期の十寸見《ますみ》らんじうなどはとくに名高い。大槻玄沢《おおつきげんたく》が編集した『蔫録《えんろく》』にも「幇間吉蔵」という名が見え、扇の上に煙草《たばこ》の煙の輪を乗せたり、懐から入れた輪を袖から出したりするという独特な煙の芸を見せていたという。

女芸者には、町《まち》芸者と深川《ふかがわ》芸者と廓《くるわ》芸者がいた。町芸者は、どの町にも二、三人はいたようであるが、『守貞謾稿《もりさだまんこう》』では、とくに両国・柳橋《やなぎばし》・葭町《よしちょう》・甚左衛《じんざえ》門《もん》町・堀江《ほりえ》町・京橋《きょうばし》あたりに多いとしている。深川芸者は気《き》っぷのよいことで知られ、辰巳《たつみ》芸者とも羽織芸者とも呼ばれていた。羽織《はおり》芸者と呼ばれたのは、ここの女芸者が、一時的に、本来男性のものであった羽織を着用していたためである。

廓芸者は吉原の女芸者である。安永《あんえい》8年（1779）、十八大通《じゅうはちだいつう》のひとり大黒屋庄六《だいこくやしょうろく》が見番《けんばん》を立て、吉原の芸者の取り締まりや取り次ぎ、玉代の精算などを行なった。『守貞謾稿』によれば、吉原の女芸者には、見番に登録した見番芸者（仲の町芸者）と、遊女屋に抱えられた内芸者がいた。

見番芸者は、見番を通して二人一組で遊女屋に派遣され、内芸者は、見世に一人から三人くらい置かれていた。芸者を抱えない見世も多く、とくに茶屋から芸者が同行する大見世では、抱えていなかったという。なお、廓芸者は、町芸者や深川芸者などとは異なり、場所柄売色は厳禁で、見番を通して厳しく取り締まられていた。

天保ごろの記述によれば、芸者は、男女一人ずつ一組で座敷に出て、線香一本（一時間ほど）の間で、金一分という料金であったという。

細見

吉原の遊び方
床入りまでにかかる金と手間

吉原《よしわら》には引手茶屋《ひきてぢゃや》という、客と遊女屋を取り持つ茶屋があった。引手茶屋は吉原のメインストリート、仲の町の両側に軒を連ね、その奥に遊女屋が並んでいた。引手茶屋を通す客は、懐中のものはすべて茶屋に預け、遊女の揚《あ》げ代《だい》・飲食費・芸者への祝儀《しゅうぎ》・紙纏頭《かみばな》などは、あとですべて茶屋で支払うことになっていた。

逆にいえば、茶屋を通した客の支払いは茶屋の責任になる。たとえば、客が逃げてしまったとしても茶屋が補塡《ほてん》するため、茶屋を通した客は、遊女屋にとっては上客ということになった。客は、茶屋を通せば茶屋への手数料が必要になり、よけいな費用がかかるが、信用のある上客というステータスを得ることができた。よい顔をしたい客は引手茶屋を通したが、茶屋を通さずに遊女屋へ行くこともあり、それは「つっかけ」「直《じ》きづけ」といわれた。

茶屋を通した客は、茶屋の者の案内で遊女屋に行き、張見世《はりみせ》の遊女を見立てて茶屋の者に指示し、登楼《とうろう》した。客は、遊女屋で遊女を監督する遣手《やりて》、あるいは遊女屋の若い衆か禿《かむろ》の案内で遊女の部屋へ行く。茶屋の者はこのときまで同席し、客と遊女の間を取り持ち、明朝の迎えの時間を約束し、客を残して部屋をあとにした。

以上は一般的な遊女の買い方であるが、上級遊女になると、登楼したあと、さらに初会・二会目・三会目という段階を踏まなければならなかった。

初会　はじめて登楼した客は初会の客という。まず遊女屋の表二階にある引付座敷《ひきつけざしき》に行き、その後遊女の部屋で遊女と対座する。客が遊女に杯をすすめても、遊女は客を正面から見ることも、杯を取り上げることもなく、愛想よいような悪いような気のもたせ方をする。

二会目　初会に比べれば、遊女も少しは打ち解け、座る位置も前よりは近づいたようにみえる。しかし、まだ台《だい》の物《もの》（料理）にはほとんど箸《はし》もつけず、気を許したふうにはふるまわない。

三会目　三会目になると、遊女も台の物に手をつけ、冗談を口にするようにもなる。馴染《なじみ》になったということで、客の紋やあだ名などを記した箸紙が用意され、遊女が大切に保管する。三会目にして、やっと床入りとなる。このときは、必ず遣手に祝儀を出すが、遊女にも床花《とこばな》（昼三《ちゅうさん》の遊女で二両ほどが相場であったという）を用意して、遊女の枕もとの煙草盆《たばこぼん》のなかに入れておくという習慣があった。

３　衣食と趣味

グルメ

【江戸前―すし】

食べ物について「江戸前《えどまえ》」と銘打つ場合、江戸の近くの海、品川《しながわ》や芝《しば》沖でとれた海産物のことをいう。しかし、江戸前という言葉は、本来鰻《うなぎ》に対して使用されたもので、鰻の場合、江戸前は深川《ふかがわ》や神田川《かんだがわ》でとれたものを指した。

夏の土用《どよう》の丑《うし》の日に鰻を食べる習慣は、18世紀後半ごろ、平賀源内《ひらがげんない》が広めたという俗説があるが、一度白焼きし、蒸し、さらにもう一度タレをつけて焼き上げる江戸風の蒲焼《かばやき》の調理法が確立したのは、文政《ぶんせい》（１８１８～３０）ごろといわれている。

それまでの調理法は上方《かみがた》から伝えられたもので、これに「蒸し」という工程が加えられ、味醂《みりん》入りのタレが使われるようになって、生粋《きっすい》の江戸風の蒲焼となったのである。『守貞謾稿《もりさだまんこう》』によれば、鰻の蒲焼は一皿二〇〇文、文化《ぶんか》年間（１８０４～１８）に始まったといわれる鰻丼飯は、物価が高騰《こうとう》する文久《ぶんきゅう》（１８６１～６４）以前は一〇〇文、一四八文という値段であったという。

江戸前という言葉は握り鮨《ずし》に対しても使われるようになり現在に至るが、19世紀初めごろまでは、鮨といえば、上方から伝えられた押鮨《おしずし》であった。文化の初めごろ、深川本所《ほんじょ》あたりの鮨屋、松《まつ》の鮨《すし》や花屋《はなや》与兵衛《よへえ》鮨《すし》によって握り鮨が考案されて大流行し、またたく間に押鮨を席巻したといわれる。

すしの種については、魚介類は、江戸前の新鮮な魚・貝類であることが大切であった。『守貞謾稿』は、鮨の種には、鶏卵焼き・鮑《あわび》・鮪《まぐろ》の刺身・海老《えび》そぼろ・小鯛《こだい》・コハダ・白魚などがあり、価格は、天保《てんぽう》の改革以前は一つ五〇～六〇文という高価なものもあったが、改革以降は、一つ四文あるいは八文が標準になったと記録している。

【江戸前─天ぷら・蕎麦】

天ぷらは、もとは西洋から伝えられた料理である。戯作者山東京山《さんとうきょうざん》によれば、17世紀の初めごろから、上方では魚のすり身に衣をつけたものが「つけあげ」の名で流行していた。江戸にも「胡麻《ごま》揚げ」という野菜の揚げ物があったが、17世紀なかばごろになり、魚肉の揚げ物を屋台で売るようになったという。江戸では、魚肉の揚げ物には「つけあげ」でも「胡麻揚げ」でもなく、「天麩羅《てんぷら》」という名が用いられた。語源については、オランダ語説やポルトガル語説を含め諸説あるが、その後、天ぷらという名は各地に広まった。

江戸では、天ぷらは屋台で食べるもので、穴子《あなご》・芝海老・コハダ・貝柱（アラレ）・スルメイカなど、江戸前の魚介類の揚げたてを串《くし》に刺して食べた。18世紀後半ごろ、価格は四文で、安価な庶民向けの食べ物であったが、幕末になると、料理屋でも天ぷらが出されるようになっていった。

蕎麦《そば》は、厳密には江戸前に当てはまらないが、江戸っ子の蕎麦好きはよく知られている。『守貞謾稿』は、幕末には、およそひとつの町に一軒の蕎麦屋があると記しており、江戸の町数から蕎麦屋の数もおよそ一六〇〇ということになるが、万延《まんえん》元年（１８６０）の江戸町奉行所の調査では、三七六三となっている。これは店舗の数であるといい、屋台の蕎麦屋の数は含まれていない。

雑穀《ざっこく》の蕎麦は、蕎麦がき・蕎麦粥《がゆ》、あるいは団子のようにして食べられていた。江戸時代初期には蕎麦切《そばきり》がみられるようになるが、最初は身分の高い者が食べるものではなかったようである。享保《きょうほう》（１７１６〜３６）末の随筆『むかしむかし物語』では、「けんどん（うどん）そばきり」は、寛文《かんぶん》（１６６１〜７３）ごろは下々の食べ物であったとし、のちに身分にかかわらず食べるようになったとしている。ここから、蕎麦切は、享保以前に広く江戸の人々に食べられるものになっていたことがわかる。

蕎麦切は、当初は蕎麦屋ではなく、うどん屋で扱われていた。しかし蕎麦の普及に伴い、逆に、うどんが蕎麦屋で扱われるようになっていった。蕎麦の価格は、一杯一五〜一六文というのが標準であった。

【屋台】

屋台には、肩で担ぐ形のものと、安永《あんえい》・天明《てんめい》（１７７２〜８９）ごろに登場した荷台の上に屋根がつき、小さな家のようになっているものとがある。担ぐ屋台は売り歩く屋台で、屋根付きの見世《みせ》（店）は定位置に出されていた（→p182）。いずれもできたてを、その場で、安価で食べさせるのが基本であった。

江戸の屋台見世で代表的なものは蕎麦・握り鮨・天ぷらで、蕎麦の屋台は担ぐ屋台、握り鮨・天ぷらの屋台は屋根付きの屋台であった。

蕎麦の屋台については、寛文元年に火を持ち歩くことを禁じた法令が出ているため、それ以前から存在していたことがわかる。夜鷹《よたか》蕎麦や風鈴《ふうりん》蕎麦などと呼ばれる屋台見世もあり、夕暮れから深夜まで蕎麦を売り歩いていた。夜鷹蕎麦の価格は、一杯一二文、一六文という記録がみられる。

天ぷら、握り鮨は、それぞれが流行しはじめた天明ごろ、文化ごろから屋台見世がみられた。『守貞謾稿』は、鮨と天ぷらの屋台は一町に三〜四店はあるとしている。なかには人形町《にんぎょうちょう》に店を出していた広野屋《ひろのや》のような、有名な天ぷらの屋台見世もあった。なお、天保（1830〜44）ごろからは、握り鮨とは別に、稲《いな》荷《り》鮨の屋台見世もできた。

そのほか、団子や汁粉・餅《もち》菓子・水菓子などが屋台見世で売られ、また、水からくりを見せ、砂糖や白玉を入れた水を金属の器で出す水売りや、なんでも波銭《なみせん》一枚、すなわち四文（あるいは四文の倍数）で食べさせる四文屋《しもんや》も屋台見世であった。

【初物】

「初物を食えば七五日長生きする」といわれたように、江戸の人々は、旬を迎える前、その季節にはじめて出た魚や野菜を、人より先に食べようとした。

とくに4月の初鰹《はつがつお》に対しては、「女房娘を質に置いても」といわれるほど熱狂した。鰹がその年はじめて魚河岸《うおがし》に入荷すると、まず将軍に納められ、残りが江戸市中に出まわるが、それより先に沖まで船を出して、鰹を積んだ船から直接一両で買い付けた話や、文化ごろには、料理屋の八百善《やおぜん》や歌舞伎《かぶき》役者の三代目中村歌《うた》右衛門《えもん》が、一本二両から三両で初鰹を購入したという話も伝わる。しかし初鰹のあとは日ごとに値が下がり、一尾二〇〇文から二五〇文ほどになってしまうという。

なお、喜多村信節《きたむらのぶよ》の随筆『嬉遊笑覧《きゆうしょうらん》』には、江戸の初茄子《なす》についての記述があり、昔は駿河《するが》から早生の茄子が運ばれてきていたが、今では寒暖にかかわらず、2月頃には近郊でもつくられているとしている。このように、技術の改良により、初物に対する意識も変化することがあったが、初鰹ほどの熱狂ぶりが伝わるものは、ほかにはない。

路上で売られた食べ物

名称	売り方など
心太《ところてん》	三都とも夏季に売られる。江戸での値段は2文。テングサからつくった食べ物のひとつ。これを晒したものを寒天といい、値段は4文。砂糖や醬油をかけて食べた
冷水	夏に、砂糖と白玉団子を入れて売られる。1碗4文。砂糖を多く入れたものは、8文、12文のものもあった。「ひやっこいひやっこい」と言って売った
白玉	米の寒晒し粉を水で練り、ゆでたもの。砂糖をかけて食べた。古くは白だけだったが、紅を加えて斑にするものもできた。100粒で24文
ゆで豆	三都とも夏の夜に売る。江戸では枝つきで売るので枝豆といい、京・大坂では枝を取り去り「さやまめ」と呼んだ。江戸の豆売りには女性が多く、豆籠を抱きかかえて売った
ゆで玉子	値段は大きいもので約20文。江戸では4月8日に、鶏卵と併せてアヒルの卵も売られた。この日にアヒルの卵を食べると、中風にならないといわれた
汁粉	江戸では小豆の皮をとり、低級な白砂糖か黒砂糖を加え、切り餅を煮た。京・大坂では皮をとらず黒砂糖で丸餅を煮た。三都とも1碗16文。汁粉屋は正月屋とも呼ばれた
甘酒	京・大坂では夏の夜のみ売られるが、江戸では1年中売られた。値段は京・大坂で1碗6文、江戸では8文。真鍮や鉄の釜を担いで売り歩いた
白酒	春に売られた。必ず「山川(やまかわ)」ととなえたが、山川は白酒の別名。桶の上の箱にはガラスの徳利が収められる。路上で売られる白酒は、おもに子ども用だった

『守貞謾稿』より作成。

魚・鳥・野菜・果実などの売り出し時期

月	魚介鳥類	野菜・果実類
正月	マス(4月まで)	シイタケ(4月まで)
2月		ツクシ・ボウフウ
3月		生ワラビ・タデ・葉ショウガ
4月	カツオ・アユ	生シイタケ・タケノコ・根イモ
5月		ナスビ・白ウリ・ビワ・クネンボ
6月		ササゲ・マクワウリ
7月	ホトシギ	リンゴ
8月	ツル・サケ(9月まで)・ナマコ(9月まで)	マツタケ・ナシ(11月まで)・ブドウ(11月まで)・芽ウド
9月	キジ・ツグミ・カモ(10月まで)	カキ(11月マデ)・ミカン(3月まで)・クネンボ(3月まで)
10月	ガン	
11月	アンコウ・生タラ・マテガイ	
12月	シラウオ	

江戸東京博物館『図表で見る江戸・東京の世界』より作成。

初物食いは、価格の高騰も招くため、はやくも寛文９年（１６６９）には、魚・鳥・野菜の三八品目に対して、販売期間が定められ、さらに年次により品目や期間に若干の差はあったが、同様の法令が繰り返し出された。しかし効果はなく、かえって指定された販売期間が初物の目安と考えられ、文化・文政期に人気のピークを迎えた。

【料理茶屋】

食事ができる茶屋は、料理茶屋と呼ばれる。江戸では明暦《めいれき》の大火後にその前身ができ、元禄《げんろく》（１６８８〜１７０４）ごろには、奈良《なら》茶飯《ちゃめし》（茶飯に豆腐汁・煮しめ・煮豆などを添えたもの）を出す店が浅草寺《せんそうじ》・品川・目黒《めぐろ》・堺町《さかいちょう》・駒形《こまがた》にみられるようなった。『守貞謾稿』は、茶漬けを出す店は所々にあって、一人分は三六文、四八文、七二文などであると記す。

一方で、享保ごろには、銀五匁《もんめ》で二汁五菜を出す浅草寺門前の茶屋が評判となり、両国橋詰《りょうごくはしづめ》・深川洲崎《すさき》、芝神明《しばしんめい》前・堺町などにこのような料理を出す店ができたという。このころから、湯豆腐や田楽《でんがく》、そのほかお好み次第の料理を出す高級な店も現われ、明和《めいわ》（１７６４〜７２）ごろにかけて店が増加していった。『武江年表《ぶこうねんぴょう》』の安永年間の事項には、料理茶屋として深川竹市・洲崎升屋《ますや》・深川八幡宮二《はちまんぐうに》軒茶屋《けんちゃや》のほか二軒があげられ、さらに卓袱《しっぽく》の神田《かんだ》佐柄木町《さえきちょう》山藤・大橋新地楽庵、田楽の真崎甲子屋《きのえねや》、生簀《いけす》鯉《ごい》の庵崎葛西太郎《いおさきかさいたろう》・須崎《すざき》大黒屋孫四郎など、十数軒以上の料理屋の名とそれぞれの名物料理が記されている。

同じころ、建物や庭の造作を売りにする店も出てくるようになり、洲崎升屋などは、贅《ぜい》を凝らした造りで大名や留守居役たちからも贔屓《ひいき》にされたという（寛政３年に津波に流され廃業）。

天明から幕末にかけ、向島《むこうじま》の葛西太郎（前出）、深川の平清《ひらせい》や二軒茶屋（前出）、王子《おうじ》の扇屋《おうぎや》、浅草大音寺《だいおんじ》の田川《たがわ》屋、新鳥越《しんとりごえ》の八百善、書画会が催された柳橋《やなぎばし》の万八楼《まんぱちろう》など、高級な料理屋は数多かった。『守貞謾稿』によれば、このような料理屋では、銀一〇匁ほどで味噌吸物《すいもの》・口取肴《くちとりさかな》・二ツ物・刺身吸物あるいは茶碗物、さらに一汁一菜、そして煎茶《せんちゃ》と菓子を出したという。

しかし、八百善については、初鰹を高値で三本購入したという話や、瓜と茄子の粕漬《かすづけ》と煎茶の代金が金一両二分であったという話が伝わる。さらに、幕末の随筆『五月雨草紙《さみだれぞうし》』にも、はりはり漬は大根の厳選から行ない、たいへん美味であるが、五寸ほどの容器に入れただけで金三〇〇疋《ぴき》であったという逸話が載るなど、高級な料理屋は法外な価格で料理を出していた。

ファッション

【小袖・帯】

小袖《こそで》は、現在のきものの古称である。庶民にとっては労働着であり、上の階級の者にとっては下着として用いられていたが、戦国時代前後に表着《うわぎ》化していった。

小袖の文様は、江戸時代初期には全面に配されたものが好まれ、しだいに裾《すそ》のほうに重点が置かれるようになる。宝暦《ほうれき》（1751～64）ごろには裾から七寸～一尺ほどの裾模様も出はじめ、そのほか無地、縞《しま》、あるいは裏模様としたもの、小紋《こもん》などが流行していく。

小袖の文様は、帯幅が広くなり、全体のバランスが変化するなかで変わっていった。また、庶民に対する奢《しゃ》侈《し》禁止令は、目立たない部分に凝ったり、渋く粋なものを好む風潮を生み出した（↓口絵p233）。

江戸時代には、小袖のデザイン絵本である小袖雛《ひいな》形《がた》本が、約一二〇余種も出版された。そのデザインは、とくに当初は実用的でないものもあったが、時代が下るに従い、実用性を備えたものも登場し、小袖雛形本に載るものとほぼ同一意匠の小袖も確認されている。

女性用の帯は、17世紀後半に、幅が細いものから太いものへと流行が変わるが、その後は、結び位置、結び方とも、さまざまなものが流行していった（↓口絵p240）。文化《ぶんか》10年（1813）刊の『都風俗化粧《みやこふうぞくけわい》伝《でん》』は、前帯は遊女から町の女性へと流行していったが、略儀であるため、身分の高い女性は前帯にしないと記している。

現在は、帯の結び方としては太鼓《たいこ》結びがよく知られているが、この結び方が行なわれるようになったのは江戸末期で、一般化したのは明治以降である。文化・文政《ぶんせい》（1804～30）ごろには、太い幅の帯を押さえるため、帯留《おびどめ》も考案された。

【肌着・下着】

江戸の人々が肌着として用いていたのは、上半身用の襦袢《じゅばん》と下半身用の褌《ふんどし》であった。肌着の上に下着を重ね、さらにその上に小袖という順に重ね着していた。

上半身用の襦袢には、丈の長い長襦袢《ながじゅばん》と、短い半襦《はんじゅ》袢《ばん》があった。長襦袢は袷《あわせ》で、表には麻の葉や鹿子《かのこ》絞《しぼ》り文様のある絹の緋縮緬《ひぢりめん》、肌に触れる裏は木綿《もめん》が用いられることが多い。半襦袢は、絹の縮緬のものはおもに袷で、木綿は単《ひとえ》で仕立てられた（↓口絵p237）。

下半身用の褌は、男性用のものと、女性用の女褌があった。男性用の褌には六尺の長さの晒《さらし》でつくられた六尺褌《ろくしやくふんどし》、半分の長さの越中褌《えつちゆうふんどし》、さらに短く両端に結び紐《ひも》を通すようになっている「もっこ褌」があった。褌用の布地は、初期には麻、のちには木綿が主流となるが、加賀絹《かがぎぬ》や絹の縮緬のものも用いられた。

女褌は、現在の腰巻《こしまき》に近いもので、入浴時に下半身を覆うのに用いることから湯文字《ゆもじ》とも呼ばれ、緋色の縮緬のものが多かった。江戸後期には、蹴出《けだ》し・裾避《すそよ》けなどと呼ばれる、歩くとき小袖の裾から見えることを意識した、女褌の上に重ねるものも登場したが、これらには刺繍《ししゆう》が施されることもあった。

下着は小袖と同形で、江戸初期には、麻や絹の羽二重《はぶたえ》で仕立てられていたが、木綿の普及に伴い、木綿のものが用いられるようになった。『守貞謾稿《もりさだまんこう》』には、初冬や春には一枚、真冬には二枚重ねで着たとある。

【足袋】

『嬉遊笑覧《きゆうしようらん》』によれば、江戸の人は、貴賤《きせん》を問わず、明暦《めいれき》の大火までは革足袋《かわたび》を用いていたという。しかし大火以降、燃えにくい革製の羽織《はおり》や頭巾《ずきん》が流行したため革の価格が高騰《こうとう》し、革の足袋は不足してしまった。一方、寛永《かんえい》（１６２４～４４）末には木綿の足袋がつくられるようになり、革の高騰と木綿の普及で、木綿足袋が主流になっていった。

木綿足袋には、箔絵《はくえ》で飾った足袋、紫紐つきの染め分けた足袋、畝刺《うねざ》し足袋という、布を二枚重ねにしてその間に薄い綿を入れ、畝のように糸で刺し縫いした足袋などがあり、天和《てんな》（１６８１～８４）ごろに登場して流行した。木綿足袋の流行のなかでも革足袋は用いられており、足袋用の革は白なめし革や紫色の革のほか、享保《きようほう》の改革までは柔らかい渡り物の革も用いられていた。国内産の革は毛羽立ちが早く、高価ではあったが、渡り物の革のほうがよいという評価であった。

また、元禄《げんろく》（１６８８～１７０４）ごろには、足袋の筒の部分の長さが、それまでより短いものに変化した。もともとは、足袋を留めるには紐が使われていたが、ボタン留めの足袋や、コハゼがけの足袋もつくられるようになった。コハゼがけの足袋は、享保（１７１６～３６）のころに大流行したという。

しかし、実際には季節によって足袋を履かないことも多かった。また、遊女や芸者たちは、足袋を履かないことを粋《いき》とし、とくに深川《ふかがわ》芸者は真冬でも足袋を避けていたという。

【女性の髪型と装身具】

女性の髪型を概観すると、江戸初期には、髱《たぼ》の部分、中期には鬢《びん》の部分、後期には髷《まげ》の部分に変化がある。

前半期、髱（後ろに張り出た部分）が後ろに長くのびていったのが、明和《めいわ》（１７６４〜７２）ごろには、享保ごろに考案されたという髱差《たぼざ》しを使って反《そ》り上がるような形になった。さらに、安永《あんえい》期（１７７２〜８１）に鬢差《びんざ》しが考案され、しだいに鬢（左右の部分）が大きく横に張り出した灯籠鬢《とうろうびん》が流行していくが、髱はのばさずに襟足《えりあし》を見せるようになった。灯籠鬢は文化・文政期にはすたれ、その後は、髷の形にさまざまな流行がみられるようになる（↓口絵ｐ２３８）。

鬢付《びんつけ》油については、『守貞謾稿』に詳しい。江戸では、寛永末年に芝《しば》で「花之露《はなのつゆ》」という名の油が売り出されたのが最初で、価格は、寛文《かんぶん》（１６６１〜７３）ごろ江戸の室町《むろまち》一丁目中村数馬《かずま》が売る鬢付油の場合、貝殻入り一両（約四匁《もんめ》＝一五ｇ）が二二文、極上品で三六文であった。また、武家ではビナンカズラ（サネカズラ）の茎を水に浸して用いたため、鬢付油は用いないとしている。

髪を飾る櫛《くし》・笄《こうがい》・簪《かんざし》については、寛文ごろまでは櫛や笄は黄楊《つげ》や鯨鬚《くじらひげ》であったが、その後は、鼈甲《べっこう》・鹿の角のものがつくられ、享保ごろには、ビードロの笄が流行したという。簪は、享保ごろから銀製のものがつくられていたが、延享《えんきょう》元年（１７４４）に、金銀の櫛・笄・簪を用いることが禁じられ、その後は象牙《ぞうげ》・角・鼈甲・錫《すず》でつくられるようになった。そのほか、黄楊や鼈甲に、蒔絵《まきえ》や珊瑚珠《さんごじゅ》を施したものもみられる。高価な素材を用いたもののうち、鼈甲の櫛の場合は武家の奥方や遊女向け、珊瑚珠つきのびらびら簪は資産のある家の若い女性向けであった。

【男性の髪型】

成人の男性は、浪人・医師・相撲《すもう》取りなど一部を除けば、月代《さかやき》を剃《そ》るのが常識であった。ちなみに、歌舞《かぶ》伎《き》役者も月代を剃っていたが、女形が外出するときなどには、月代の部分に紫帽子《むらさきぼうし》と呼ばれる紫縮緬の裂《きれ》をつけ、隠していた。

男性の髪型は、月代のきわのつくり方、あるいは元禄ごろの糸鬢《いとびん》、宝永《ほうえい》（１７０４〜１１）ごろの撥鬢《ばちびん》など、側面の髪の剃り込みの型にも流行がみられたが、基本的には髷の形が工夫されていた。天和《てんな》から元禄《げんろく》ごろには蟬折《せみおれ》、享保ごろには辰松《たつまつ》風（辰松八郎兵衛という人形遣いが始めた結び方）、元文《げんぶん》（１７３６〜４１）ごろには文金《ぶんきん》風（元文元年に発行された元文小判・一分金は文金と呼ばれたが、この髷も同じ年に始められた）、明和・安永ごろには本多髷《ほんだまげ》が流行している（↓口絵ｐ２３９）。

本多髷流行時に出版された朋誠堂喜三二《ほうせいどうきさんじ》作とされる

恋川春町《こいかわはるまち》画『当世風俗通《とうせいふうぞくつう》』には、本多風のバリエーション八種が紹介されており、ちょっとした違いでさまざまな呼称が用いられていたこともわかる。もっとも、文政ごろの随筆『我衣《わがころも》』には「色々髪に物数奇《ものずき》すれども、ひつきやう若輩の致す所なり」「町人、百姓の若き族《やから》なす事なり」とあり、流行を追うのは、基本的には、若者や軽輩の傾向であったことがわかる。

【化粧と刺青】

嘉永《かえい》（1848〜54）ごろに記された『皇都午睡《こうとごすい》』によれば、江戸の町人の女性は化粧をしないことも多く、身分の高い人は化粧はしたが、京に比べて薄化粧であるという。化粧の指南書の代表的なものとして、『女重宝記《おんなちようほうき》』（元禄5年刊）、『都風俗化粧伝』、『容顔美艶考《ようがんびえんこう》』（文政2年刊）などがあるが、これらはすべて上方の出版である。

女性の用いる白粉《おしろい》は、鉛白粉や水銀白粉で、水に溶いて刷毛《はけ》で塗った。文政期から「美艶仙女香《びえんせんじよこう》」という白粉が一包一〇粒入り三二銅（文）で売り出され、浮世絵・草双紙などの出版物でさかんに宣伝されていた。

また文化8年には、「江戸の水」という白粉ののりをよくする化粧水が、戯作者《げさくしや》の式亭三馬《しきていさんば》によって売り出された。ちなみに「江戸の水」は、陶器の徳利《とくり》かビードロの瓶入りで売られ、ビードロの瓶入りの場合は、大きいもので一五〇銅、瓶持参で水のみ購入する場合は一〇〇文という価格であった。紅は、紅花《べにばな》からとったものを紅筆でさした。

文化・文政ごろには、笹紅《ささべに》といい、下唇に墨を塗ったり、あるいは紅を何層にも塗り重ねて、上唇と異なる色合いに仕上げる化粧法が流行《はや》った。また、紅は爪にも塗られ、そのほか、鳳仙花《ほうせんか》や酢漿草《かたばみ》の葉をもむという方法でも、爪を赤く染めた。そのため鳳仙花は、「つまくれない」とも呼ばれていた。

既婚の女性には、歯を黒く染める習慣があった。釘や針を茶汁などのなかに入れて酸化させた液をつくり、その液と五倍子《ふし》の粉を、筆で交互に歯につけるもので、鉄漿《かね》つけあるいはお歯黒《はぐろ》と呼ばれていた。眉は、子どものいる女性は眉を抜いてそのままにし、未婚の女性は毛抜きで眉の形を整えてから筆で眉墨をつけたが、顔型に合う形を意識して眉をつくっていた。

男性は、安永から文政ごろまで、一部で眉を細くしたこともあったようだが、基本的に女性のような化粧は行なわなかった。しかし、鳶職《とび》や火消《ひけし》人足・船頭・馬子《まご》・侠者《きようしや》などの間では、背中を中心に刺青《いれずみ》が好まれた。刺青は彫り物とも呼ばれ、文化7年にはこれを禁じる町触《まちぶれ》も出ていたが、あまり効果はなかったらしい。

嗜好品と趣味

【酒】

酒は、もともと日本では濁り酒が飲まれていたが、室町時代末期に酒造りに必要な麹米《こうじまい》と掛米《かけまい》に精白米を用いるようになり（これを諸白《もろはく》という）、その過程で火入れ殺菌と濾過《ろか》が始められ、さらに江戸時代中期に至ると精米技術の向上で、より上質な酒がつくられるようになった。江戸の人々に好まれた酒は、伊丹《いたみ》酒（剣菱《けんびし》・男山《おとこやま》）、池田《いけだ》酒（満願寺《まんがんじ》）、灘目《なだめ》酒（正宗《まさむね》）など、上方から樽廻船《たるかいせん》で運ばれてくる下り酒であった。下り酒は、毎年10月から11月頃に江戸へ着くが、文化《ぶんか》（１８０４〜１８）以前は、酒が着くと、出入りの屋敷や町屋などに、一升、二升五合といった単位で新酒を贈る「新酒配り」が行なわれていた。

下り酒を扱う問屋は新川《しんかわ》に多く、小売りをする店は随所にあって、一合二合といった小さな単位でも売られていた。小売りの店としては、とくに鎌倉河岸《かまくらがし》の豊《と》島《しま》屋、本町《ほんちょう》二丁目の広瀬忠兵衛、神田新和泉町《しんいずみちょう》の四方久兵衛などは著名であった。『我衣《わがころも》』は、豊島屋について、寛保《かんぽう》（１７４１〜４４）ごろからは、大名家の御用酒も拝命し、よい酒を安価で出したため繁盛したと記している。

【酒の楽しみ方】

江戸の人々の飲酒量については、元禄《げんろく》（１６８８〜１７０４）ごろで一人年二斗《と》と計算されており、また価格については、天保《てんぽう》13年（１８４２）の書上げでは、一升二三〇文（極上）、一七〇文（上）、一四〇文（中）、一一〇文（下）であった。

酒の楽しみ方もいろいろである。豊島屋のような小売りの酒屋の店先で飲んだり、文化・文政ごろの庶民向けの居酒屋や煮売《にうり》屋では、一合二五文の安酒を飲むことができた。

文化12年の千住《せんじゅ》の酒合戦をはじめ、酒の飲み競《くら》べの催しが開かれ、宴席にも酒はつきものであった。燗《かん》酒《ざけ》が好まれ、江戸では燗徳利のまま座敷に出された。また、拳酒《けんざけ》といい、当時流行していた拳（じゃんけんの仲間の狐拳《きつねけん》など）の勝負で負けた方が、酒を飲むということも行なわれた。

また、宴席用の酒器には酔興なものが登場しており、下に置くことができない可杯《べくさかずき》（漢文で「可飲《のむべく》」のように可は下に置けない字であることからいう）、水に浮かせて宴席に出される「浮き」などがあった。

【茶】

茶道の場では抹茶《まっちゃ》が飲まれていたが、江戸時代、とくに都市では煎茶《せんちゃ》が流行した。煎茶は、中国から高僧隠元《いんげん》が来日し、黄檗宗《おうばくしゅう》を伝えたのに伴って、日本にもたらされたといわれている。

煎茶といっても、当初は生の茶葉を煎《い》ってそれを湯で煮出すというもので、色や香りにあまり深みがなかった。元文《げんぶん》年間（１７３６〜４１）に、宇治《うじ》の永谷《ながたに》三之丞宗円《さんのじょうそうえん》が工夫し、煎茶の製造に「蒸し」の工程を加えて、湯で煎じ出す「出し茶」とし、色も香りも濃い甘味の強い茶となった。

江戸時代の茶の産地としては、宇治（京都）・信楽《しがらき》（近江《おうみ》）・足久保《あしくぼ》（駿河《するが》）が有名で、とくに宇治茶については、将軍御用でもあり、新茶を収めて封印された茶壺を運ぶための「御茶壺道中《おちゃつぼどうちゅう》」が毎年4月下旬ごろからみられた。「御茶壺道中」の際は、街道沿いの村々には街道の掃除が命じられ、土下座が強《し》いられていた。

価格は、幕末のものと思われる京橋銀座《きょうばしぎんざ》三丁目の茶屋平吉の引札《ひきふだ》によれば、それぞれ一斤《きん》で、精選煎茶の場合銀一五匁《もんめ》から三八匁、宇治・信楽産の煎茶で二匁五分から二〇匁、足久保産の煎茶で一五〇文から四〇〇文であった。

【煙草】

煙草《たばこ》は、外来の植物であったが、江戸時代の初期に、急速に日本に定着した。慶長《けいちょう》（１５９６〜１６１５）末から元和《げんな》・寛永《かんえい》（１６１５〜４４）ごろには厳しい禁煙令も出され、その後も煙草の耕作が禁止・制限されたが、その間にも庶民の間に普及していった。

日本で発達した喫煙法は、煙草の葉を細かく刻み、刻み煙草を煙管《キセル》に詰めて吸うという独特なものであるが、時代とともに、葉の刻みはより細かくなり、刻んだ煙草の葉を詰める煙管の雁首《がんくび》も、より小さくなっていった。煙草がお歯黒《はぐろ》の定着をよくするという俗信もあり、江戸時代を通して喫煙率はひじょうに高かった。

文政3年（１８２０）に江戸の煙草屋三《み》河屋《かわや》弥《や》平次《へいじ》が記した『狂歌煙草百首』によると、煙草を吸わない者は一〇〇人中二〜三人であるという。

煙草にも作法があり、『むかしむかし物語』は、目上の人の前では吸わない、客に招かれたときには、亭主の煙管で出された煙草を吸い、その風味を褒め、煙管の吸い口をぬぐって返す、といったことが行なわれていたが、享保《きょうほう》（１７１６〜３６）ごろにはその作法もすたれてしまったとしている。

江戸時代は、産地の土壌の質によって煙草の味が異なるとされ、江戸で最高級品と考えられていた煙草は、大隅《おおすみ》国産の国分《こくぶ》煙草である。18世紀なかばまでは、丹《たん》波《ば》や和泉《いずみ》新田《しんでん》・吉野《よしの》・摂津《せっつ》の服部《はっとり》といった上方産の煙草に人気があったが、ちょうどそのころから、国分煙草がもっぱら好まれるようになった。

幕末のものと思われる内藤新宿大萬清七の引札によれば、煙草の価格は、一斤《きん》で三〇〇文から金二朱で、なかでも車田《くるまだ》国分が五〇〇文、吉原国分が六〇〇文、薩摩《さつま》国分が六五〇文、伊勢《いせ》ヶ屋敷《やしき》（国分煙草の一種）が金二朱となっている。

【盤上遊戯】

盤面を使用して勝敗を決める遊戯に、碁《ご》・将棋《しょうぎ》・盤《ばん》双六《すごろく》がある。江戸時代初期にもっとも流行していたのは盤双六であったが、しだいに行なわれなくなり、19世紀初めには衰退してしまった。

碁については、幕府は碁所《ごどころ》と呼ばれる最高権威者や家元を指名して扶持《ふち》を給し、将軍も碁所から指南を受けたため、とくに武家の間で流行していた。初代の碁所には、信長《のぶなが》・秀吉《ひでよし》からも厚遇された本因坊算砂《ほんいんぼうさんさ》（京都寂光院《じゃっこういん》の僧日海《にっかい》）が、慶長17年に指名されている。碁所に指名されるのは、本因坊・中村・安井《やすい》、そしてのちに興《おこ》った林《はやし》の四家元の、九段の者に限られていたが、本因坊は四家元のなかでも筆頭で、現在は実力によって争奪される棋士《きし》のタイトルとなっている。

毎年11月17日（期日が固定されたのは享保以降）には、幕府の恒例行事として将軍の御前で御城碁《おしろご》が行なわれた。この御城碁に一九連勝したという、一四代本因坊秀和《しゅうわ》門下の本因坊跡目秀策《しゅうさく》（文久《ぶんきゅう》2年、本因坊を継ぐ前にコレラで病死）など、伝説的な棋士もいた。

将棋についても、やはり幕府は、慶長17年に大橋宗《おおはしそう》桂《けい》を将棋所《しょうぎどころ》とした。将棋所としての指名は、大橋家・大橋家の分家・伊藤家の三家元の、八段の者に限られていた。将棋についても、毎年11月17日に将軍の御前で御城将棋が行なわれていた。とくに八代将軍吉宗《よしむね》は碁や将棋を好んだといわれ、御城碁や御城将棋を11月17日に定めたのも吉宗であった。

碁や将棋については、『囲碁四角鈔《しかくしょう》』（元禄8年刊）、『囲碁定石集《じょうせき》』（寛政《かんせい》5年刊）、『将棋独稽古《ひとりげいこ》』（天保4年刊）、『将棋早指南』（天保10年刊）などの指南書が出版され、みずから研鑽《けんさん》を積むことができた。また都市には、碁の会所があり、版本などにはプロと思われる「将棋指し」が描かれており、庶民にも浸透していたことがわかる。また、将棋は、挟み将棋や将棋倒し、回り将棋など、本来の指し方とは別の遊びも一般的で、とくに庶民に好まれた。

【園芸】

江戸の庶民は、植木屋が売る小さな鉢植の木を求め、家でも園芸を行なっていた。時代による流行もみられ、流行した草木は、品種改良が行なわれて種類も増え、変種が誕生した。斑《ふ》入りの植物や変わり咲きは、コレクターの収集対象になり、珍種には五〇両、一〇〇両といった値がつくこともあったという。

文化・文政期（１８０４〜３０）と嘉永《かえい》・安政《あんせい》期（１８４８〜６０）には、変種の朝顔の大流行があった。朝顔は花の色や形に変化が出やすく、撫子《なでしこ》咲き・縮緬《ちりめん》咲き・二重咲き・八重咲きなどの変種が登場していた。入谷《いりや》の植木屋成田屋《なりたや》留次郎や、北町奉行の鍋島《なべしま》直孝は朝顔の栽培で有名であった。成田屋留次郎は、歌舞伎《かぶき》役者の市川団十郎《いちかわだんじゅうろう》にちなんだ「団十郎」という柿色の大輪の花をつくりだし、『三都一朝』（嘉永7年刊）をはじめとした朝顔図譜の刊行にもかかわった。

また、文化・文政期以降、植木屋は、染井《そめい》・巣《す》鴨《がも》・駒込《こまごめ》（現在の豊島区・文京区）に多く集まり、弘《こう》化《か》（１８４４〜４８）ごろからは菊の品評会などが頻繁に開催されていた。文化元年には梅園の向島百花園が開園し、嘉永5年には、浅草奥山に草花を見せる場として花屋敷も誕生している。

【ペット】

江戸で、屋内で飼育されていたペットは、金魚・猫・鳥・ハツカネズミ・狆《ちん》などである。

金魚は一般的なペットで、ガラスの金魚鉢や陶製の比較的大型の鉢などで、室内でも室外でも飼育された。『金魚養玩草《そだてぐさ》』（寛延《かんえん》元年刊）という飼育書も出版されていた。露天でガラスの金魚玉で売られたものがある一方、ワキン、ランチュウ、リュウキンといった高価な金魚も流通し、幕末には、高級金魚一匹が三両から五両ほどすることもあったという。

狆は、犬とは見なされず、特別な種類のものとして扱われ、大名やその子女、豪商などによって屋内で大切に飼われていた。天明《てんめい》（１７８１〜８９）から文化末にかけて書かれた根岸鎮衛《ねぎしやすもり》の随筆『耳袋《みみぶくろ》』によれば、天明元年、姫路藩主酒井忠以《さかいただざね》が飼っていた狆は、忠誠心が強いということで、天皇より六位の位を授けられている。

ペットの墓もあり、高輪《たかなわ》では「染」（天保乙未〈１８３５〉）、という名の狆の墓石が発見されている。

【習い事】

庶民の間では、女子の教養として、あるいは成人の楽しみとして、歌舞伎や人形浄瑠璃《じょうるり》で上演される踊りや、演奏される唄を習得することが流行していた。三《しゃ》味《み》線《せん》や琴などに合わせて語るものを音曲《おんぎょく》というが、その代表的なものは浄瑠璃である。

浄瑠璃には常磐《ときわ》津《づ》節《ぶし》・富本《とみもと》節・清元《きよもと》節など、さまざまな流派があった。常磐津節は、宮古《みやこ》路《じ》（のち常磐津）文字《もじ》太《た》夫《ゆう》が延享《えんきょう》4年（1747）に始めた流派で、劇的であるといわれ、歌舞伎の所作事に強く結びついている。富本節は、富本豊前掾《ぶぜんのじょう》が寛延元年に始めた流派で、繊細とされる。安永から天明期には常磐津節をしのぐ人気があった。清元節は清元延寿太《えんじゅだ》夫《ゆう》が文化11年、富本節から独立して始めたもので、歌舞伎・舞踊などに多く用いられている。

庶民は浄瑠璃の本文を記した正本《しょうほん》を購入し、稽古《けいこ》所《じょ》に通い、時にはおさらい会を開いて、習得していった。正本にも全編を収めた丸本《まるほん》と、愛好者向けに名場面を抜き出した廉価版の抜本《ぬきほん》があった。浄瑠璃に関していえば、とくに文化・文政ごろには、江戸の町中に女性の師匠が多く現われたのも特徴である。

また、弘化4年（1847）、歌舞伎の舞踊のなかで披露された「とてつるけん」という名の拳が一時的に大流行した。このときは、「とてつるけん」の唄の文句と踊りの所作を順に図示した浮世絵や冊子が多数つくられ、人々が流行に乗り遅れたくないという理由からも、唄や踊りの習得に夢中になっていた様子がよくわかる。

安政2年（1855）の大地震の際には、常磐津節の「老松《おいまつ》」をもじった「おいなまず」や、「積恋雪関扉《つもるこいゆきのせきのと》」をもじった「新吉原こわひ関の戸」などの絵が出まわり、慶応《けいおう》年間（1865〜68）にも、「端《は》唄《うた》の替え唄」や「どどいつ文句」のように、端唄やどどいつの節回しで、武士の抗争を語る絵も多く出版された。それだけ、人々が元唄をよく習得していたのである。

江戸時代に流行したおもな植物

椿《つばき》	徳川秀忠が愛好したといわれ、寛永年間に流行した。江戸後期には葉の変化が好まれ、葉が金魚の形のキンギョツバキもつくられた
躑躅《つつじ》	染井の植木屋がキリシマツツジを中心に売り出して、屋号も「霧島屋」とした。元禄期にブームとなり、庶民層まで人気が広がった
楓《かえで》	元禄から享保期に流行。徳川吉宗が好んだ。葉の色や形がめずらしいもの、斑入りのものなどがもてはやされた
菊《きく》	正徳期に京都で「菊あわせ」が流行、芽挿し用の一芽に1〜3両3分の値がついた。文化期の江戸では菊の造り物（菊人形）が人気
金生樹《かねのなるき》	橘（正しくはカラタチバナ）・万年青（おもと）・松葉蘭・福寿草・石斛（せっこく）・蘇鉄などで、投機の対象であった。文化・文政期の大坂で、2300両の橘の例がある
花菖蒲《はなしょうぶ》	堀切村で品種改良が行なわれて、「菖蒲園」が開放された。徳川家斉が見物したこともあり、弘化ごろから、江戸の名所となった

青木宏一郎『江戸のガーデニング』より作成。

細見

武術稽古所
武士だけでなく町人も通っていた

尾張徳川《おわりとくがわ》家の家臣朝日《あさひ》文左衛門《ぶんざえもん》重章《しげあき》の日記『鸚鵡籠《おうむろう》中記《ちゅうき》』の巻之一は、「時維、元禄《げんろく》四辛未六月十三日、予、佐分《さわけ》氏へ鑓稽古《やりげいこ》に行く」という記述から始まる。

『鸚鵡籠中記』には、文左衛門がこの年の9月には弓術稽古《けいこ》にも行きはじめ、元禄5年（１６９２）には据物《すえもの》斬《ぎ》り（剣を使って罪人の死体などを斬ること）と柔術、6年には居合《いあい》、8年には鉄砲、9年には剣術の稽古所にと、つぎつぎに通っていたことが記されている。元禄4年時、文左衛門は18歳であったが、尾張には元禄ごろにすでに、さまざまな武術の稽古所（道場）があり、若い武士たちがそこへ通っていたことがわかる。

さらに『鸚鵡籠中記』には、柔術の猪飼忠四郎《いのかいちゅうしろう》に入門するとき、神文《しんもん》誓紙を書いたこと、柔術と居合については、入門から一年も経《た》たないうちに免許を与えられたことも記されている。稽古所への入門方法は神に誓約するという厳粛なものであったが、免許はすぐにもらえる形式的なものであったようだ。

文左衛門は、実際に死体の足を斬り落としたとき気分が悪くなり、据物斬りはやめてしまったような武士であった。元禄ごろにもなると、そのような武士は、なかば資格を取るようなつもりで稽古所に通い、師範のほうも簡単に免許を与えていたように思える。

しかし本来稽古所は、たんに資格を取る場ではない。文政《ぶんせい》（１８１８～３０）ごろの随筆『我衣《わがころも》』には「正保《しょうほう》、慶安《けいあん》の頃、江戸中に、武家は不及申《もうすにおよばず》、町人ともに、剣術、柔術の類、大《おお》いに流行す、依《よっ》て男伊達《おとこだて》と云事はつかう（発行）せり」という記述が見られる。江戸では、町々に数多くの稽古所があったと思われるが、17世紀前半の江戸町人たちは、技を磨き、男伊達としてふるまう能力を得るために武術を稽古していたのである。

時代は二〇〇年ほど下るが、神田《かんだ》お玉ヶ池《たまがいけ》にあった千《ち》葉《ば》周作《しゅうさく》の北辰一刀流玄武館《ほくしんいっとうりゅうげんぶかん》、麹町《こうじまち》三番町にあった斎《さい》藤弥《とうや》九《く》郎《ろう》の神道無念流《しんとうむねんりゅう》練兵館《れんぺいかん》、京橋鯏河岸《きょうばしあさりがし》にあった桃井春蔵《もものいしゅんぞう》の鏡新明智流士学館《きょうしんめいちりゅうしがくかん》などは、幕末の剣術の稽古所として有名で、多くの剣客が輩出した。これらは江戸の町の稽古所であるが、武士に限らずさまざまな身分の人間が入門することができた。町の稽古所は、厳しい稽古で剣術を磨くだけではなく、政治に関するものも含め、情報や意見を交換する場でもあったという。幕末の志士として活躍する坂本龍馬《さかもとりょうま》や桂小五郎《かつらこごろう》は、このような稽古所の門人であった。

江戸時代
ファッション図鑑

小袖の変遷

小袖《こそで》は、初期には大胆な意匠で、金糸の刺《し》繍《しゅう》・疋田《ひった》絞り・型染《かたぞめ》などの染織技法を駆使したものがつくられ、やがて裾《すそ》模様・縞模様・小紋染めなど時代の流行に応じて変化した。

寛文《かんぶん》小袖　波頭に大きな菊花文をかぶせ、うねる流水に小菊を散らした大胆な文様。文様を半身に寄せた意匠が寛文小袖の特徴①

裾《すそ》模様　幅広帯の流行と奢《しゃ》侈《し》禁止令によって生まれた小袖模様のひとつ。裾まわりに文様を散らしたもので、18世紀中ごろから流行②

友禅《ゆうぜん》　元禄《げんろく》のころ、京の宮崎友禅斎に由来する色挿しの染色。この描絵《かきえ》小袖は、鬱金《うこん》地の雲形の間に東山《ひがしやま》名所と花宴を染めたもの③

① 菊水模様小袖　国立歴史民俗博物館
② 御簾檜扇桜模様小袖　国立歴史民俗博物館
③ 京名所模様小袖　国立歴史民俗博物館

武家の服飾

武家は、通例は小袖《こそで》に裃《かみしも》姿で出仕した。日常の外出は羽織袴《はおりはかま》・羽織着流し姿の略服、儀式時は身分・格式に応じて束帯《そくたい》・大紋《だいもん》・素襖《すおう》などと、TPOに即した服装であった。

熨斗目《のしめ》 裃の下に着用する礼服で、腰下に太い幅の縞などを織り出した紋付きの小袖。夏は帷子《かたびら》にかわる②

裃《かみしも》 武家の礼服で、紋付き小紋柄。上下の裂《きれ》が違うものを継《つぎ》裃という。礼装は麻地で半裃と長裃がある③

印籠《いんろう》 携帯用の印鑑や薬入れ。武家の装身具として、帯に提げるための根付《ねつけ》ともども、精細な意匠が競われた④

外出時の羽織袴姿。鳥居清長《とりいきよなが》『恵美須屋見世先図《えびすやみせさきず》』より①

定小紋《さだめこもん》 大名家ごとに裃の小紋の柄を定めたもの。留柄《とめがら》とも。一般の使用は禁止。

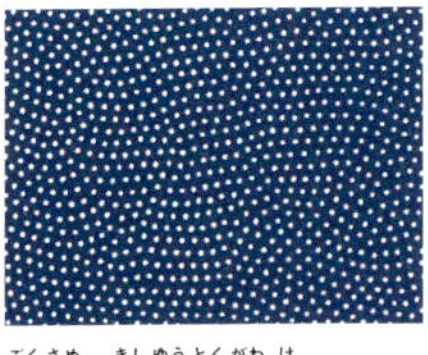

極鮫《ごくさめ》（紀州徳川家《きしゅうとくがわけ》）

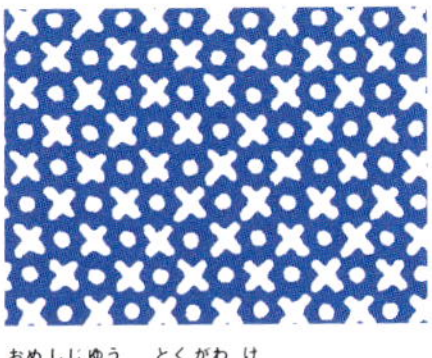

御召十《おめしじゅう》（徳川家《とくがわけ》）

胡摩《ごま》（肥前鍋島家《ひぜんなべしまけ》）

菊菱《きくびし》（加賀前田家《かがまえだけ》）

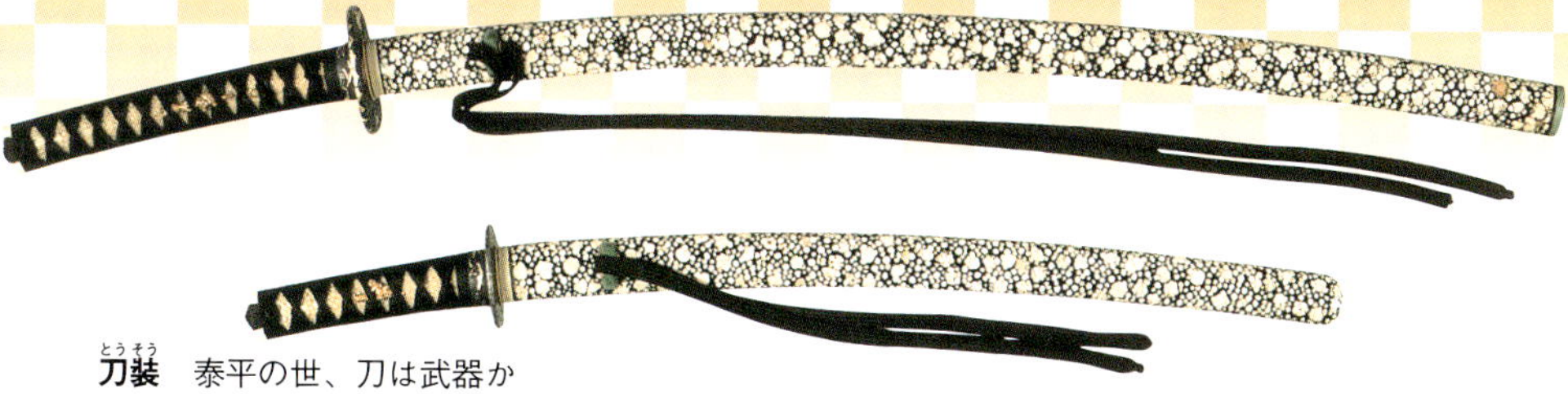

刀装《とうそう》　泰平の世、刀は武器から武家の象徴となった。とくに私的な場で用いる刀の拵《こしら》えには美麗をきわめるものも⑤

三所物《みところもの》　刀の拵えのうち、小柄《こづか》・笄《こうがい》・目貫《めぬき》の3点。これは後藤一乗《ごとういちじょう》作、赤銅《しゃくどう》魚子《ななこ》地に草花虫図を彫金したもの⑥

目貫

小柄（柄のみ）

笄

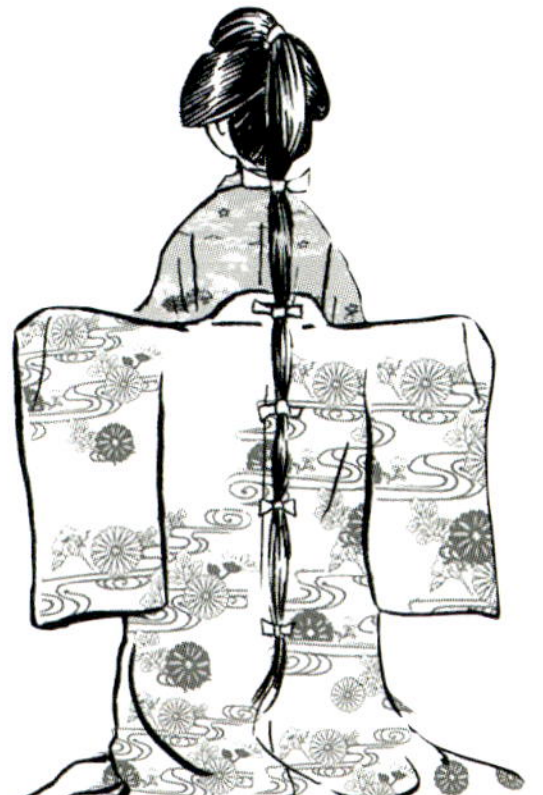

提帯《さげおび》（付帯《つけおび》）　武家女性の夏季礼装用の帯。幅10㎝ほどの筒状のもので、なかに芯を入れて左右に張り出させた⑦

提帯着装姿　張り出した提帯に、腰巻という小袖の袖を通した。

箱迫《はこせこ》　武家女性が、正装のときに懐に入れて用いた箱形の懐紙入れ。びらびら簪《かんざし》を飾りとすることもあった⑧

① 江戸東京博物館
② 熨斗目小袖　東京、文化学園服飾博物館
③ 裃　東京国立博物館
④ 紫陽花蒔絵螺鈿印籠と見立て小野道風根付　江戸東京博物館
⑤ 梅花皮鮫黒研出鞘大小拵　滋賀、彦根城博物館
⑥ 夏花に虫図三所物　東京国立博物館
⑦ 提帯　東京国立博物館
⑧ 紅呉呂地牡丹文様繡箱迫　京都国立博物館

町人の服飾

身分制社会の江戸時代、職種の多い町人は、服装から生業がひと目でわかった。また素材も絹物は贅沢《ぜいたく》品とされ、染め色も藍や茶などが中心で、そこに意匠の工夫が凝らされた。

看板《かんばん》　武家奉公の中間《ちゅうげん》などのお仕着せの法被《はっぴ》。主家の紋を背に表わしたための名称で、袖の形が独特。これは駕籠《かご》かきの六尺《ろくしゃく》看板①

革羽織《かわばおり》　背に「権」、腰まわりに「鍛」の字がデザインされ、襟にも「鍛冶権」と入る。鍛冶職の親方が着用②

火事羽織《かじばおり》　火消の羽織った刺子《さしこ》半纏には、裏地に凝った儀礼用のものも。これは浮世絵師の武者絵を意匠化③

町火消を務める鳶の者。釘抜《くぎぬき》文様の股引《ももひき》姿。『江戸職人歌合』より。

半合羽《はんがっぱ》　合羽は南蛮からの伝来品が源。襟の付いた道中着。長合羽は武家、半合羽は商人や武家の従者などが着用⑤

煙草入れ《たばこいれ》　凝った趣向を好む者の自慢競《くら》べの持ち物であった。印《いん》伝《でん》・更紗《さらさ》などがあったが、これは金唐革《きんからかわ》④

お守り　懸け守り（左）は鳶《とび》職や粋筋の人が好み、右肩から斜めに掛けた。右は筒守り。中には護符などが入る⑥

長襦袢《ながじゅばん》　江戸後期には、町方の女性が礼装や外出時に用いた。更紗の襦袢は文政・天保期に流行⑦

半襦袢《はんじゅばん》　江戸後期には、男性や武家の女性がおもに用いた。女性の外出時には、裾避《すそよ》け（蹴出《けだ》し）をつけた⑧

① 紺木綿地蛸文様陸尺看板　京都国立博物館
② 革羽織　江戸東京博物館
③ 火事羽織　東京国立博物館
④ 金唐革腰差したばこ入れ　江戸東京博物館
⑤ 半合羽　東京、文化学園服飾博物館
⑥ 筒守・懸守　其角堂コレクション
⑦ 白木綿地小花文様印度更紗下着　江戸東京博物館
⑧ 藍鼠縮緬地寄せ裂半襦袢　京都、壬生寺

髪型

江戸時代の髪型は、時代による流行を見せながら、一方で身分や職業、年齢を表わすものだった。また、櫛《くし》・笄《こうがい》・簪《かんざし》は実用のための髪留めから、装飾品へと発達していった。

おまた返《がえ》し（江戸後期）
将軍の御台所《みだいどころ》が、妊娠5か月目の御着帯の儀以前に結う髪型。櫛・笄とも鼈甲《べっこう》②

吹輪《ふきわ》（江戸後期） 武家の姫の髪型。前髪には姫挿しという大きな髪飾りをつけ、髷《まげ》にも前髪にも簪を挿した③

つぶいち（江戸後期）
公家の姫の髪型。髷は島田、髱《たぼ》は薄く固めた椎茸《しいたけ》髱。髪飾りは銀の平打《ひらうち》簪以外は鼈甲④

片《かた》はずし（江戸後期）
御殿女中などのふだんの髪型。正式の場では垂髪であったが、笄1本で仮結いしたもの⑤

両輪《りょうわ》（江戸末期） おもに京や大坂の既婚女性が、子どもができてから結った髪型。それまでは先笄を結った⑥

横兵庫《よこひょうご》（文化・文政）
吉原の太夫などの上級遊女の髪型。兵庫髷の変形で、後ろから蝶の羽のように見える⑦

灯籠鬢の芸者。鳥居清長《とりいきよなが》『当世遊《とうせいゆう》里美人合《りびじんあわせ》 たち花』より①

初期～前期

若衆髷《わかしゆまげ》（江戸初期）　中剃りの若衆が結った髷。前髪は男色の証とされて禁令も出た⑩

兵庫髷《ひようごまげ》（寛永～元禄）　初めは遊女の髪型だったが、のちに一般の女性にも広がった⑨

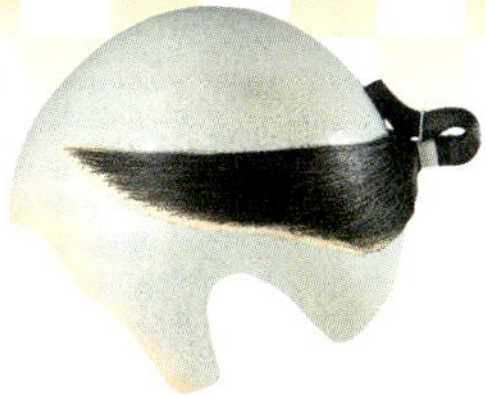

糸鬢《いとびん》（元和～寛永）　月代を広く剃り、鬢を細く残す。中間や小者などの髪型⑧

元禄島田《げんろくしまだ》（元禄）　東海道島田宿の遊女が始めたとされる。未婚女性の一般的な髪型⑬

野郎髷《やろうまげ》（承応～　）　若衆髷の前髪を落とした形。髷は前期に全盛の「二つ折」⑫

勝山《かつやま》（承応～明暦）　吉原の遊女勝山が始めたとされる。既婚女性の結う丸髷の原形⑪

中期～後期

灯籠鬢《とうろうびん》・勝山髷《かつやままげ》（安永～寛政）　灯籠鬢は左右に張り出した鬢。髷は丸髷風に変化した⑯

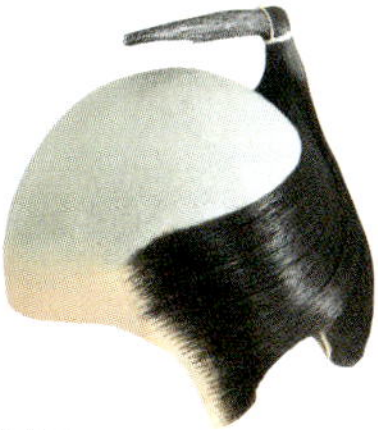

疫病本多《やくびようほんだ》（明和～　）　本多髷の一種。髪を減らして髷を細くし、病み上がりに見せた⑮

先笄《さきこうがい》（正徳）　御殿女中から民間に広まり、富裕な町人女性に好まれた。髱《たぼ》は鶺鴒髱《せきれい》⑭

銀杏返し《いちようがえ》（江戸末期）　若い一般女性の髪型。明治以降、芸人などに広がる⑲

姨子《おばこ》（江戸後期）　町方の既婚女性の髪型。丸髷に次ぐ髷姿で、喪にも用いられた⑱

櫛巻《くしまき》（宝暦～安永）　元結を使わず、櫛に髪を巻きつけて髷とした、簡略な髪型⑰

①江戸東京博物館　③⑦⑱林照乃　そのほかは ポーラ文化研究所

帯結び

小袖の発達とともに、名護屋《なごや》帯といわれた紐状のものから幅広の帯へと大きく変化した。とくに女性の帯は、歌舞伎女形などの結び方が流行り、柄や布地の種類も多様となった。

吉弥《きちや》結び（初期）　歌舞伎女形の上村吉弥が結んで流行。元禄ごろは両端を垂らし、中に重しをつけていた。

カルタ結び　結び目がカルタのように見えることからの名称。初期の結び方で帯幅が広くなるとすたれた。

水木《みずき》結び　元禄期の女形役者水木辰之助《みずきたつのすけ》が、背の高さに合うように始めたとされる。若い女性に好まれた。

小《こ》まん結び（初期）　歌舞伎の登場人物「奴の小万」に由来。小万は男勝りで知られた実在の女性がモデル。

太鼓《たいこ》結び（後期）　文化年間に再建された亀戸天神《かめいどてんじん》の太鼓橋に似た形といわれる。帯締《おびじめ》を使う結び方。

路考《ろこう》結び（後期）　女形役者二代目瀬川菊之丞《せがわきくのじょう》の俳名の路考から。舞台上でとっさに結んだ形が評判となった。

写真提供／（株）百日草

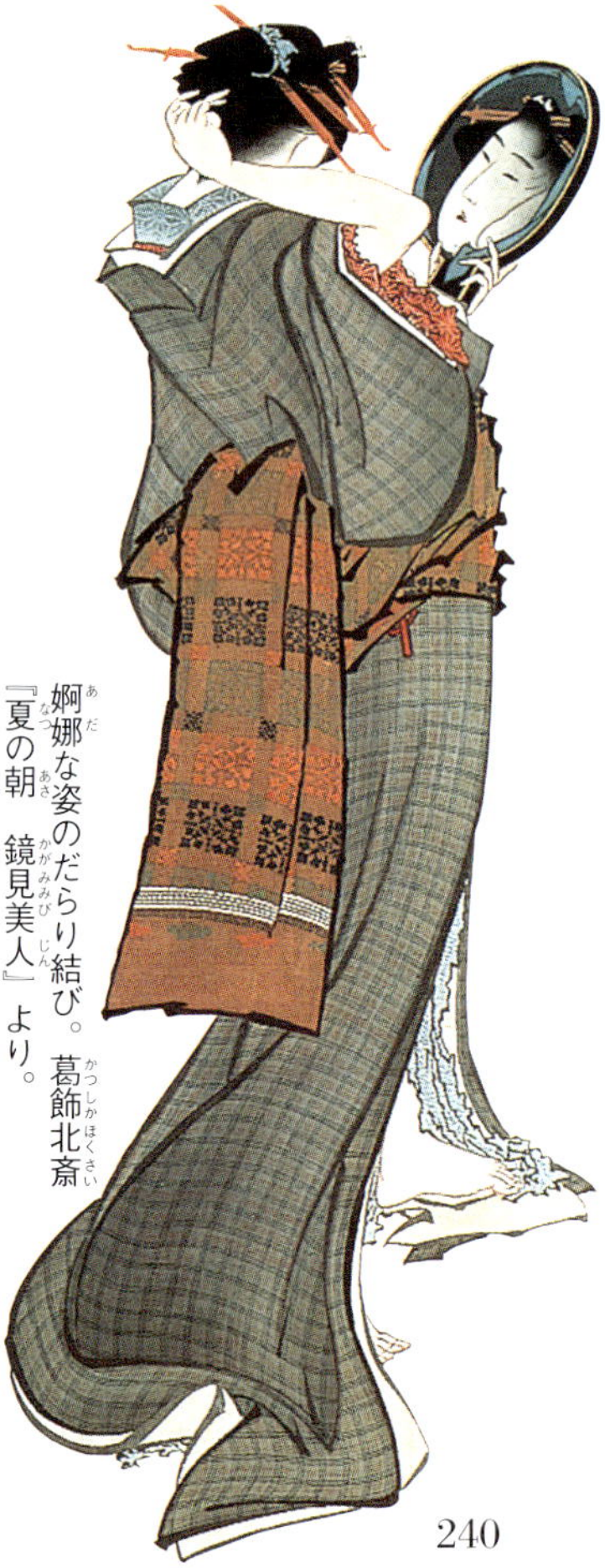

婀娜《あだ》な姿のだらり結び。葛飾北斎《かつしかほくさい》『夏《なつ》の朝《あさ》　鏡見美人《かがみみびじん》』より。

被り物

外出のときに用いた被《かぶ》り物《もの》は、頭巾《ずきん》・帽子《ぼうし》・手拭《てぬぐい》などさまざま。覆面も流行したが、治安のため禁止された。

揚帽子《あげぼうし》　武家や上流の町人の女性が塵よけにかぶった。花嫁の「角隠し」の原型。

綿帽子《わたぼうし》　真綿を伸ばしたもの。女性の塵《ちり》よけ・風よけ、防寒用。白以外もある。

輪帽子《わぼうし》　18世紀初めごろから女性の外出に用いられた。前髪を覆い、顎《あご》で留める。

丸頭巾《まるずきん》　富裕な老人や剃髪《ていはつ》した人が用い、高級な布地も使われた。大黒《だいこく》頭巾とも呼ばれた。

御高祖頭巾《おこそずきん》　髪を壊さないので、とくに女性の防寒用として愛用された。袖《そで》頭巾の一種。

宗十郎頭巾《そうじゅうろうずきん》　歌舞伎役者の初代沢村宗十郎が始めた。武家の男性が用いることが多かった。

米《こめ》屋《や》被《かぶ》り　米屋が埃よけに始めたという。片側から頭に巻いて、もう一方の端を額に挟む。

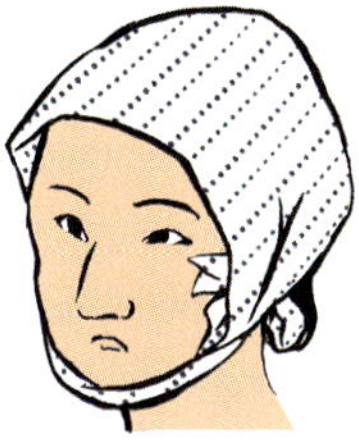

頬《ほお》かむり　手拭の両端をひねって挟む。歌舞伎の道行《みちゆき》の場面では白い手拭が使われる。

ふきながし　手拭を、かぶっただけで、両端を左右に垂らしたもの。口で端をかむことも。

あねさん被《かぶ》り　女性が働くときの手拭のかぶり方。端の重ね方などはさまざまだった。

文様

江戸時代は、さまざまな型染《かたぞめ》が発展した。小紋の文様は遊び心のある豊かなもの。中形《ちゅうがた》染も役者が特色ある文様を流行させた。また奢《しゃ》侈《し》禁止令が、縞や格子を多様化させた。

小紋

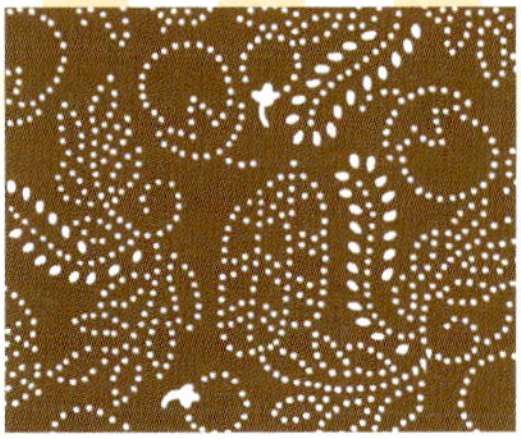

初夢《はつゆめ》　一富士二鷹三なすび。富士山を藤の花にかえ、鷹は羽で表わしている。

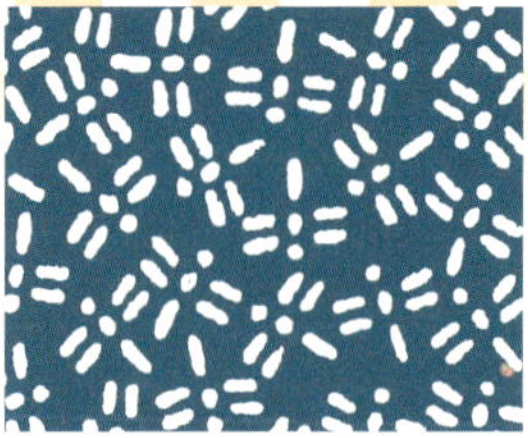

勝虫《かつむし》　勝虫はトンボの異称。武士に好まれた文様で、武具などに用いられた。

南天《なんてん》　南天の葉と実の文様。「難を転ずる」の語呂合わせで、縁起がよいとされた。

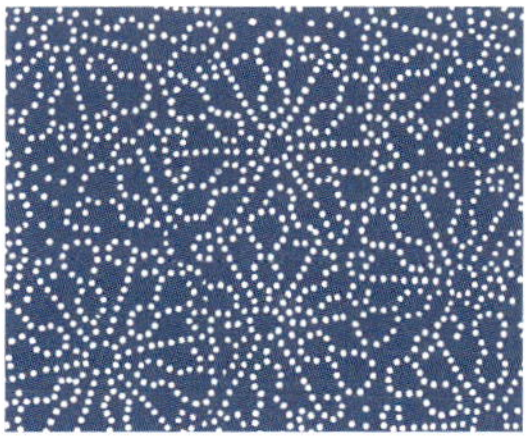

六ひょうたん　ひょうたんが6つずつで、むびょうたん。無病息災の意味。

役者の模様

三《み》つ大縞《だいじま》　三代目坂東三津《ばんどうみつ》五郎《ごろう》が始めた。三つ大の家紋にちなむもの。

市村格子《いちむらごうし》　一二代目市村羽《う》左衛門《ざえもん》が創始。横一筋、縦六筋の格子に「ら」。

仲蔵縞《なかぞうじま》　初代中村仲蔵が、天明年間に毛剃九右衛門《けぞりくえもん》の扮装で用いたのがはじめ。

六弥太格子《ろくやたごうし》　八代目市川団《いちかわだん》十郎《じゅうろう》が、岡部六弥太の舞台衣裳に用いて流行した。

観世水《かんぜみず》　能楽の観世家の紋だが、四代目沢村宗十郎《さわむらそうじゅうろう》が源之助時代に流行させた。

斧琴菊《よきこときく》　三代目尾上菊五郎《おのえきくごろう》が始めた、「よきこと聞く」の判じ物。琴は琴柱《ことじ》で示す。

吉原《よしわら》繋《つな》ぎ

算盤縞《そろばんじま》

立涌《たてわく》

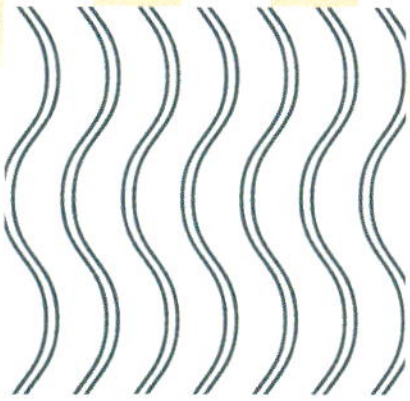

蹌踉縞《よろけじま》

三筋立《みすじたて》

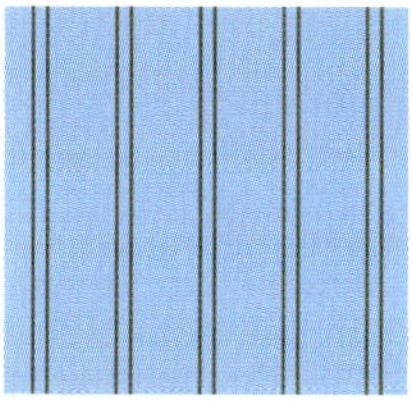

金通《きんつう》

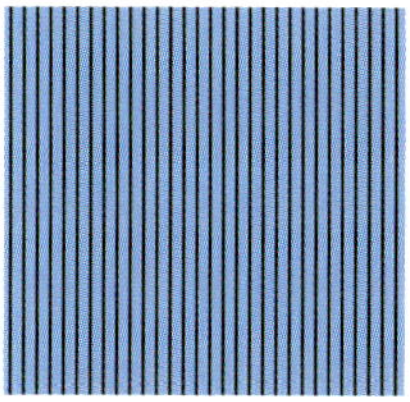

万筋《まんすじ》

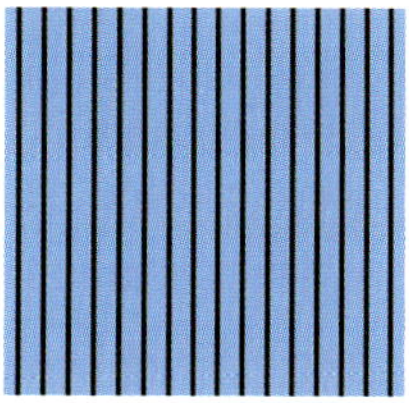

千筋《せんすじ》

片《かた》子《こ》持縞《もちじま》

矢《や》鱈縞《たらじま》

滝縞《たきじま》

棒縞《ぼうじま》

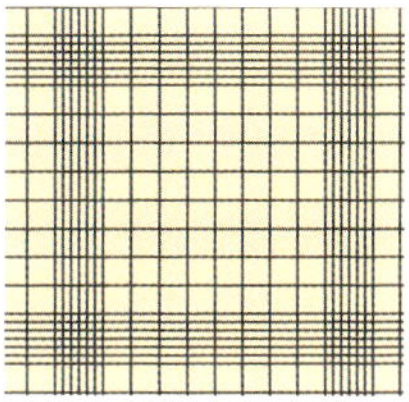

味《み》噌《そ》漉《こ》し格子《ごうし》

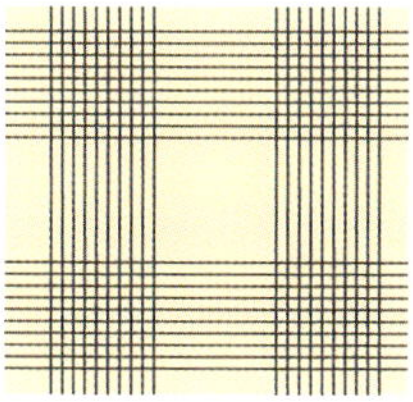

弁慶縞《べんけいじま》

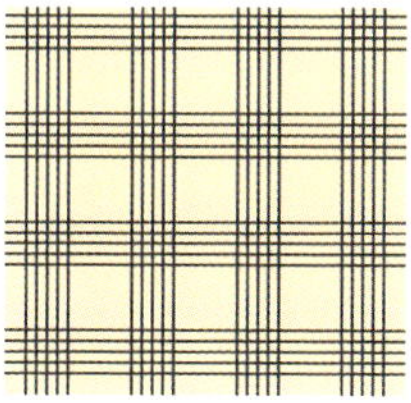

小《こ》格子《ごうし》

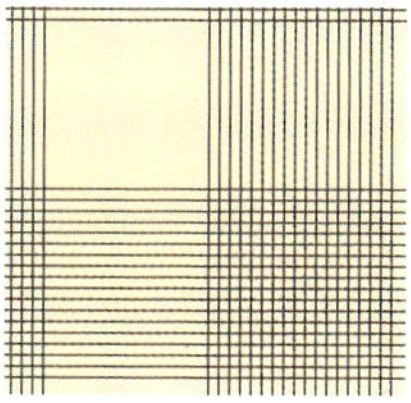

大《おお》格子《ごうし》

三崩《さんくず》し

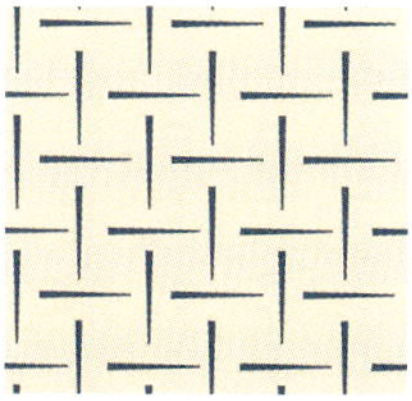

一崩《ひとくず》し

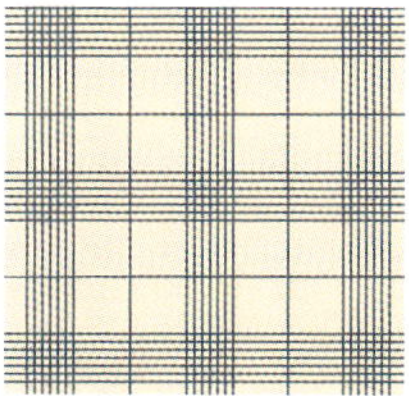

童《どう》子《じ》格子《ごうし》

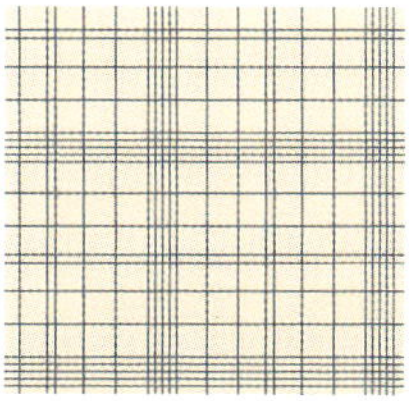

翁格子《おきなごうし》

江戸時代 美術と出版

武士と上層町人の美術

開幕当初、武家の権威を表象する障壁《しょうへき》画は、桃山様の華麗な金碧《きんぺき》によって彩られた。やがて町人のなかにも琳派《りんぱ》や文人画が生まれ、豊かな美術が展開した。

狩野探幽《かのうたんゆう》『二条城障壁画《にじようじようしようへきが》』 二条城は、寛永3年（1626）の後水尾《ごみずのお》天皇行幸に際し、将軍家の威光を示すため、御用絵師探幽ら狩野家一門により金碧画で装飾された。

野々村仁清《ののむらにんせい》『色絵雉子香炉《いろえきじこうろ》』 京焼の大成者といわれた仁清の色絵陶器の代表作。加《か》賀前田《がまえだ》家伝来品②

岩佐又兵衛《いわさまたべえ》『浄瑠璃物語絵巻《じようるりものがたりえまき》』 戦国武将荒木村重の末子の又兵衛は、一族を信長に滅ぼされ、のち福井の松平忠直に絵師として仕えた。豊頬長頤《ほうきようちようい》の独特な人物表現がみられる③

酒井抱一《さかいほういつ》『夏秋草図屏風《なつあきくさずびょうぶ》』　姫路藩酒井家の次男として江戸に生まれた抱一は、諸画派を学んだが、とくに光琳に私淑し、光琳筆『風神雷神図屏風』の裏面にこの図を描いた④

池大雅《いけのたいが》『十便十宜図《じゅうべんじゅうぎず》／釣便《ちょうべん》』　文人画の双璧、大雅と与謝蕪村《よさぶそん》の競作の一図。心のおもむくままに、自然と人間の営みを水墨画で表現⑤

伊藤若冲《いとうじゃくちゅう》『動植綵絵《どうしょくさいえ》／南天《なんてん》雄鶏図《ゆうけいず》』　若冲は、斬新な色彩と画題に特異な才能を発揮、世間を驚かせた。相国寺寄進30幅の一図⑥

円山応挙《まるやまおうきよ》『郭子儀図《かくしぎず》』　写実を重んじた写生画を創造し、その後の日本画に新しい方向を示した応挙の代表作⑦

尾形光琳《おがたこうりん》『八橋蒔絵硯箱《やつはしまきえすずりばこ》』『伊勢《いせ》物語』「東下《あずまくだ》り」の八橋にちなむ、燕子花《かきつばた》の光琳意匠⑧

①重文　京都、二条城　②国宝　石川県立美術館　③静岡、MOA美術館
④重文　東京国立博物館　⑤国宝　神奈川、川端康成記念会
⑥宮内庁三の丸尚蔵館　⑦重文　兵庫、大乗寺　⑧国宝　東京国立博物館

庶民生活のなかの絵画

江戸時代には、出版メディアが大きく発展した。浮世絵をはじめ、瓦版《かわらばん》などの絵画と文字の情報が一枚摺りとして安価に流布し、庶民生活をいきいきしたものにした。

『麻疹退治《はしかたいじ》』 麻疹などの流行《はや》り病に無力な庶民は、悪疫を払うことを神仏に祈ったり、まじないに頼った①

『絵暦《えごよみ》（犬張子《いぬはりこ》）』 月の大小を判じ絵で表わした、天保9年（1838）の絵暦。錦絵の考案は、絵暦の交換会から始まった②

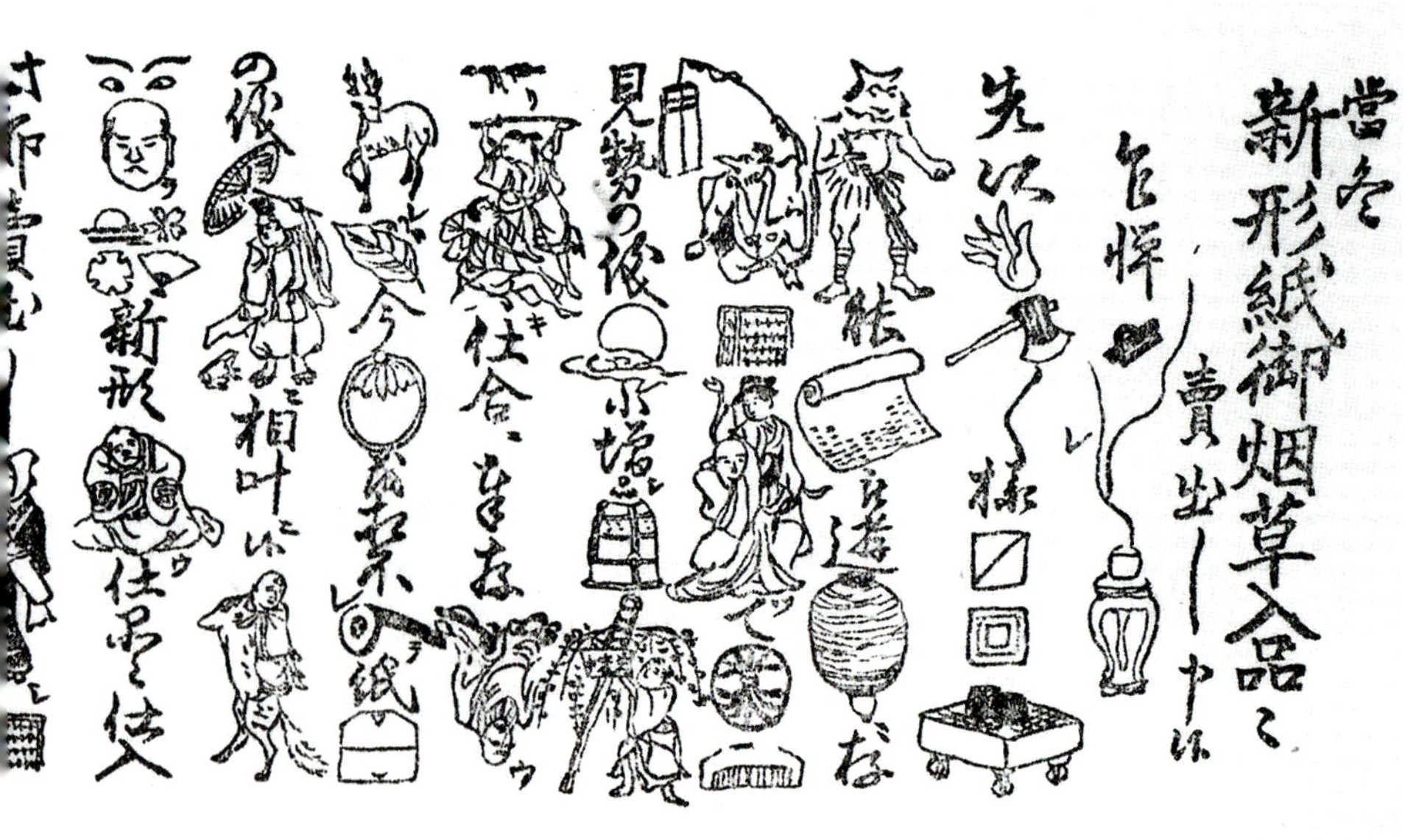

①②⑥ 江戸東京博物館　③ 現存せず（写真／東京、たばこと塩の博物館）
④ 山口県立萩美術館・浦上記念館　⑤ メ～テレ

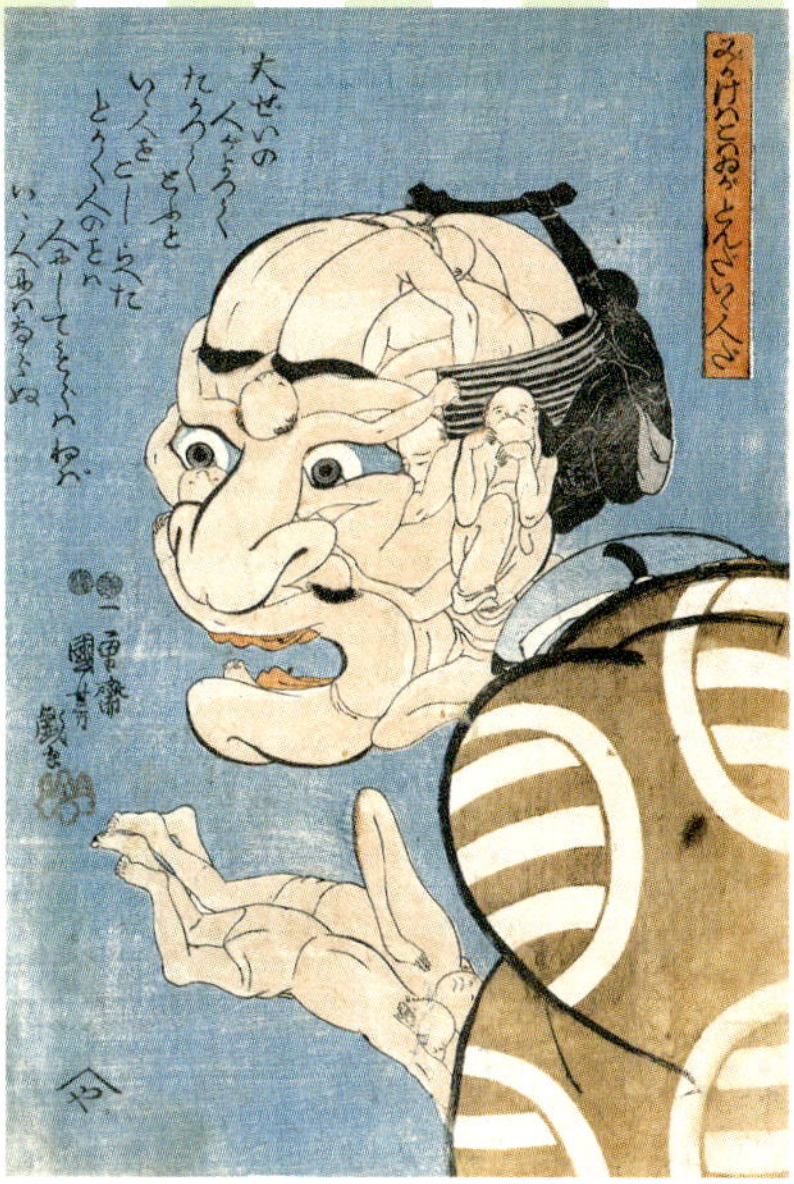

歌川国芳《うたがわくによし》『みかけはこはゐがとんだいい人だ』 顔も手も裸の人で構成された遊び絵。イタリア人の画家、アルチンボルドの上をいく④

葛飾北斎《かつしかほくさい》『新板七へんけ　三階伊達《だて》の姿見　市川八百蔵《いちかわやおぞう》』　大衆娯楽の歌舞伎、そのスター八百蔵の七変化を着せ替え絵としたもの⑤

『世《よ》は安政民之賑《あんせいたみのにぎわい》』　浅草寺《せんそうじ》の塔が曲がり、大きな被害が出た安政の大地震（１８５５）の鯰絵《なまずえ》。鯰が金持ちから小判を出させている⑥

山東京伝自作の引札《ひきふだ》　判じ絵の包装紙を広告とした。「当冬、新形紙御煙草入品々、売出し申候。乍憚、口上。先以ておのおの様、ますます御機嫌よく御座被遊、珍重ニ存奉候。従ってわたくし見勢の儀、日に増し繁盛つかまつり有り難キ仕合ニ奉存候ウ。然レば今年茂相不変紙煙草入の儀、当風ニ相叶ニ（ヒ）候。古今にめずラしき新形工夫ウ仕、品々仕入此節売出し申シ候。多少に不限御用おうセ被附下さるべくひとえにこい奉願上候」③

江戸時代の出版

江戸時代は、文字や絵も板木に彫る木版印刷が主流となった。各地の和紙生産の増大とともに出版物が大量につくられ、情報文化の大衆化を促した。

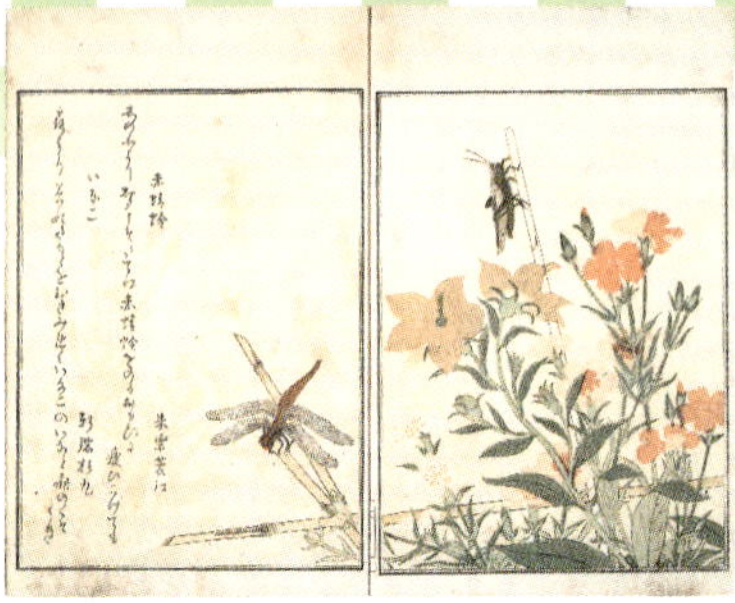

絵入り狂歌本《きょうかぼん》　明和期に多色摺り出版の時代が到来。流行の狂歌の挿絵に錦絵の妙味が発揮される（喜多川歌麿《きたがわうたまろ》『画本虫撰《えほんむしえらみ》』）①

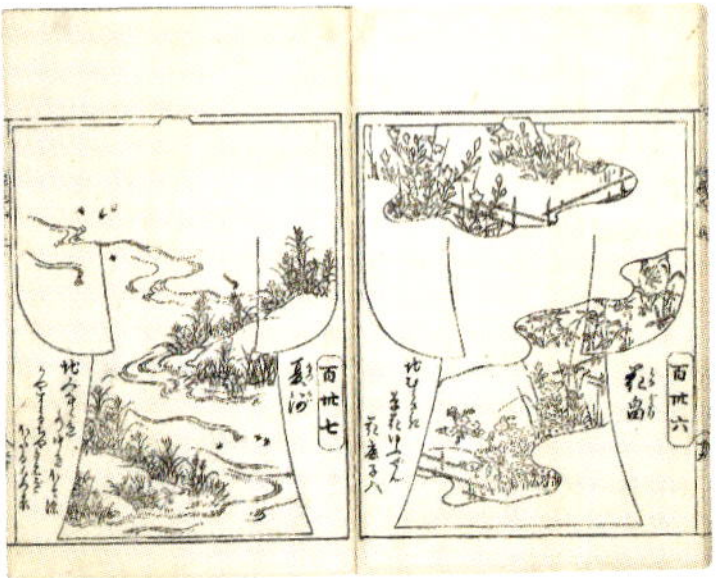

雛形本《ひいながたぼん》　小袖などの模様見本帖。とくに最新流行の柄を示して注文をとるための呉服商必携本（『雛形染色山《ひいながたそめいろのやま》　当流光琳新模様《とうりゅうこうりんしんもよう》』）③

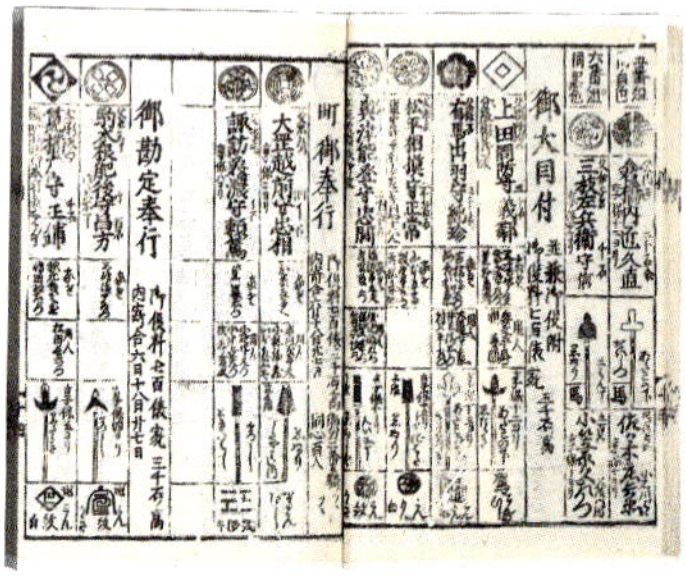

武鑑《ぶかん》　大名などの家紋・領地・石高・官位・旗指物《はたさしもの》・屋敷などの一覧。武家のみならず、御用の商人や職人の必携本（『享保武鑑《きょうほうぶかん》』）②

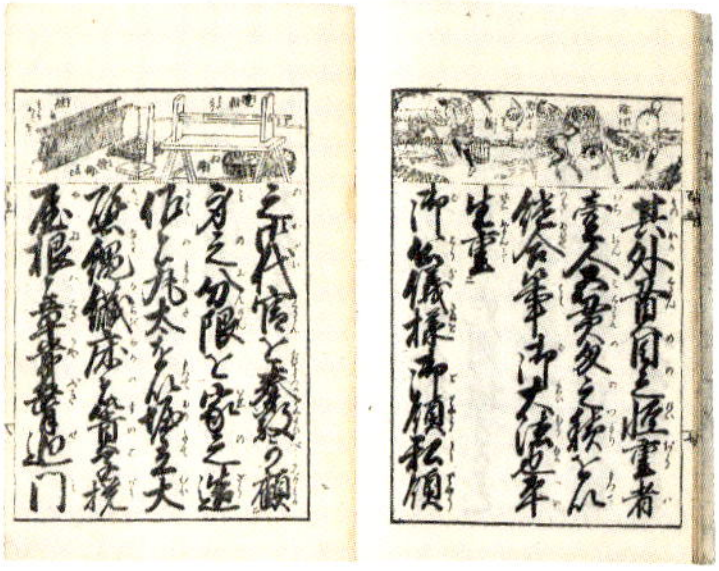

往来物《おうらいもの》　寺子屋などの教育の場で使われる教科書。往来とは往復書簡のことで、手紙の例文や用語集（『百性往来《ひゃくしょうおうらい》』）⑤

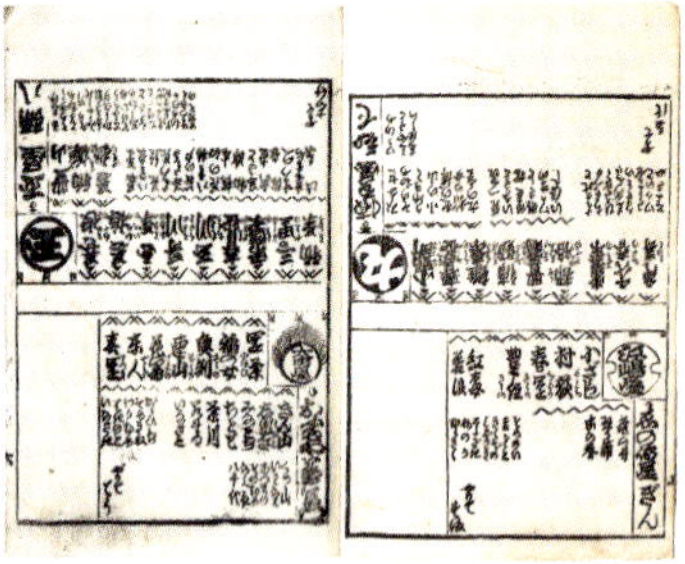

『吉原細見《よしわらさいけん》』　江戸の遊里吉原の案内書。吉原の地図や、揚屋ごとに花魁《おいらん》など遊女の名前や格付けなどが載る④

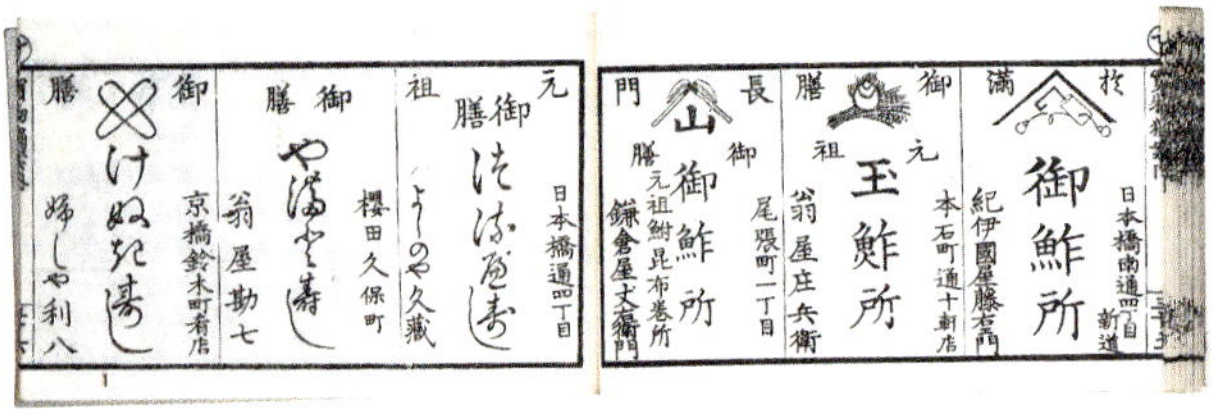

『江戸買物独案内《えどかいものひとりあんない》』　江戸の店約3000軒を業種ごとに屋号や商標、住所などを掲げた広告案内書。文政7年（1824）、上方で出版⑥

①～⑥ 江戸東京博物館

第六章 文化と芸能

人の顔は、皆一様ならぬものにて、千万人みな悉《ことごと》くに変わりあるものなれば、その人、その面《かお》の恰好《かっこう》によりて、化粧《けわい》をなすべし。およそを以《も》っていわば、丸顔に化粧するには、かわゆらしき方《かた》に作るをよしとす。髪の結様《ゆいよう》、何髷《なにわげ》にても少ししなやかなるように結うが、よく似合うなり。紅の付けようも、黒く光らせたるは宜《よろ》しからず。少し薄きかたがおだやかに見ゆるなり。目、口も愛らしく作りてよし。長き顔、或は目のつりたる顔は、すこししゃんとしたる化粧のかたが似合うものなり。髪の結いよう、勝山《かつやま》、嶋田《しまだ》、その外《ほか》いかようの結様にても、しゃんとりりしき結いようがよし。紅も少し濃く付けたる方《かた》がよき也《なり》。

佐山半七丸『都風俗化粧伝』より

史料を愉しむ 6

江戸現在名家書画唐紙半切謝義

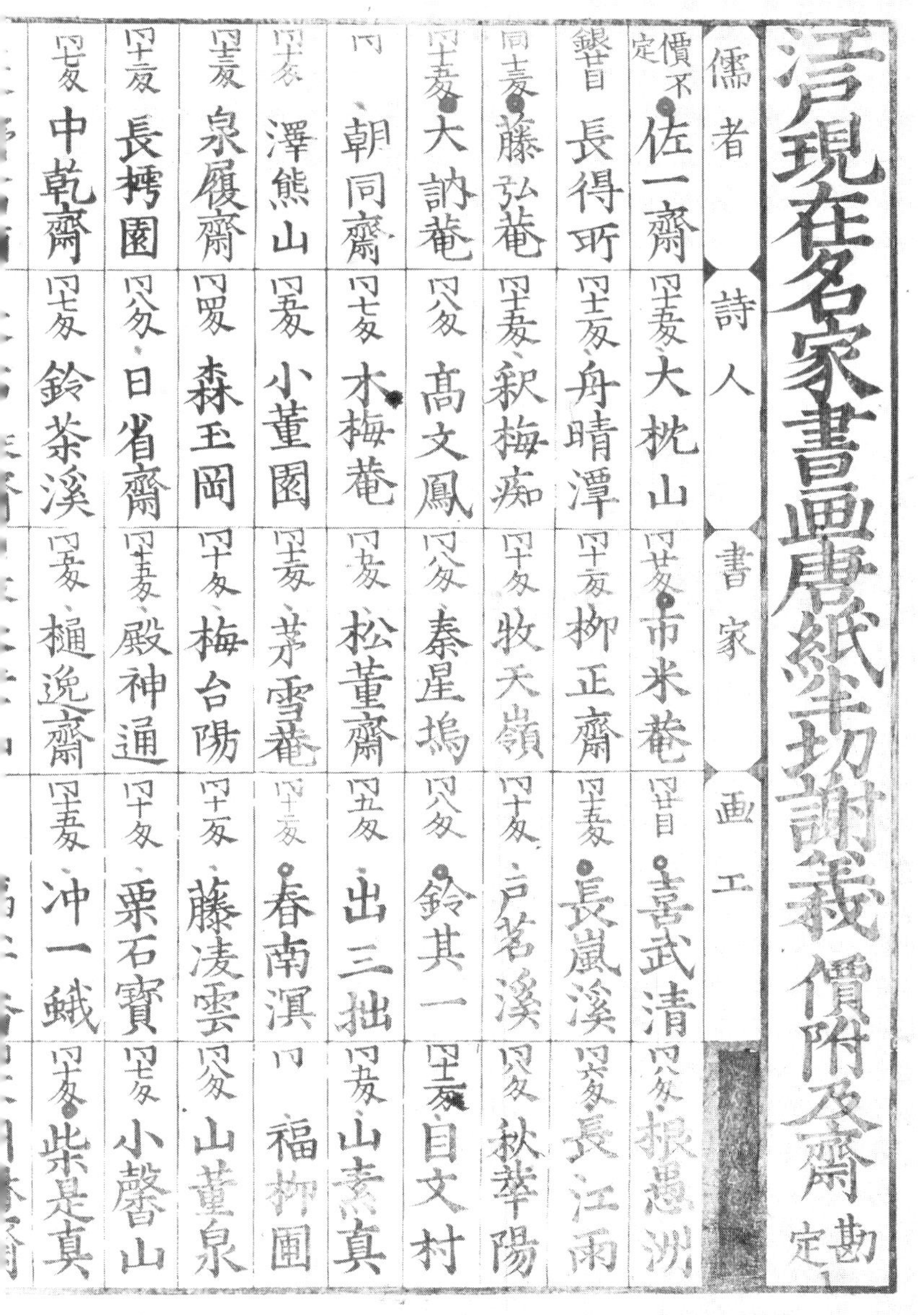

江戸現在名家書画唐紙半切謝義 價附及齋 勘定

儒者	詩人	書家	画工	
價不定 佐一齋	大枕山	市米菴	喜武清	根遠洲
長得所	舟晴潭	柳正齋	長嵐溪	長江南
藤弘菴	釈梅痴	牧天嶺	戸茗溪	秋莘陽
大訥菴	高文鳳	秦星鳩	鈴其一	白文村
朝同齋	木梅菴	松董齋	出三拙	山素真
澤熊山	小董園	芽雪菴	春南溟	福柳圃
泉履齋	森玉岡	梅台陽	藤凌雲	山董泉
長摶園	日省齋	殿神通	栗石寶	小馨山
中乾齋	鈴荼溪	樋逸齋	冲一鍼	柴是真

一流文化人の書画や揮毫《きごう》の謝礼金がいくらかを記した一覧表。上段から順に、儒者・漢詩人・書家・画工の順。昌平黌《しょうへいこう》の教官を勤めた佐藤一斎、花鳥画を得意とした鈴木其一《きいつ》などの名が見える。江戸東京博物館蔵。

1 文化

絵画

【狩野派】

狩野《かのう》派は、室町時代後期の狩野正信《まさのぶ》を祖とする和漢折衷の日本画の流派である。徳川家と深い関係を築き、江戸狩野を確立したのは、狩野探幽《たんゆう》であった。探幽は慶長《けいちょう》17年（1612）、11歳のとき駿府《すんぷ》で家康《いえやす》に拝謁し、元和《げんな》3年（1617）に江戸幕府の御用絵師《ごようえし》となる。同7年には江戸鍛冶橋《かじばし》門外に一〇三三坪《つぼ》余の屋敷を拝領し、のちに家禄二一五石《こく》余を与えられている。

探幽の活躍期、江戸では江戸城内の整備と城下町の建設が盛んで、城内の殿舎や武家屋敷の装飾に数多くの絵画が必要とされた。そのため探幽は、京にいた弟たちを江戸に呼び寄せたが、彼らも相次いで幕府の御用絵師となった。これらの狩野家は、与えられた屋敷地を冠称して、木挽町《こびきちょう》狩野家・中橋《なかはし》狩野家・浜町《はまちょう》狩野家と呼ばれた。探幽の系統である鍛冶橋狩野家と合わせた四家が、御用絵師のなかでもっとも家格が高い奥《おく》絵師《えし》で、御目見《おめみえ》以上同朋頭《どうぼうがしら》と同格であった。

奥絵師は若年寄《わかどしより》支配で、正月の書き初めや初午《はつうま》の絵馬など年中行事に関連した絵の制作、婚礼調度とする屏風《びょうぶ》や朝廷への献上画の制作、名画の模写、将軍の子女などへの手本の制作、調度品のデザインなど、さまざまな御用を勤めるための御定日があり、月に一二日ほど江戸城本丸《ほんまる》の御絵部屋に出仕した。

また、この狩野四家以外にも、御用絵師を勤めた狩野家が一五家ほどあったが、家格は奥絵師より低く、御家人《ごけにん》格で出仕義務もない表絵師《おもてえし》であった。狩野家の分家筋だけではなく、血縁関係がかなり遠い家や、狩野を名のることが許された門人の家もあった。

そのほか、多くの藩が狩野派の絵師を抱えており、民間にも狩野派門人の町狩野と呼ばれる絵師がいて、全国に狩野派の絵画が浸透していた。

【伝統絵画から町人の美術へ】

元禄《げんろく》から享保《きょうほう》（１６８８～１７３６）にかけての時期、美術をつくりだす主体は、支配者層から町人へと変化したとされる。そのころ狩野派は、御用絵師としての水準と権威を保つために、古画の模写という方法で技術を磨き、探幽以来の伝統を重んじていた。

また、中世以来のやまと絵の伝統を受け継ぐ土佐派《とさは》も、承応《じょうおう》3年（１６５４）、光起《みつおき》が京の宮廷絵所預《えどころあずかり》職となり、分家筋の住吉《すみよし》家では、具慶《ぐけい》が貞享《じょうきょう》2年（１６８５）、幕府の奥絵師となって、画風の継承という意味でも、やはり伝統を重視していた。

それに対し、町人が中心となり創造した新しい様式の美術が琳派《りんぱ》である。もとは、書家・工芸家として著名な本阿弥光悦《ほんあみこうえつ》と、絵屋の俵屋宗達《たわらやそうたつ》が創始した造形の流派のひとつであるが、大胆で華麗、装飾的といわれる尾形光琳《おがたこうりん》の作風が支持を受けたため、琳派と呼ばれている。絵画・書・陶芸・漆芸・染織と、分野を超えた作品を製作したことが特徴のひとつである。

【光琳・乾山と江戸琳派】

尾形光琳は、本阿弥光悦と血縁関係のある、京の呉服商雁金屋《かりがねや》尾形宗謙《そうけん》の次男である。乾山窯《けんざんよう》を興《おこ》した尾形乾山は弟で、当初、弟が始めた乾山焼の絵付けやデザインを行ない、染織や蒔絵《まきえ》などの意匠も手がけた。絵は、はじめ狩野派の絵師に学んだが、宗達の画風を踏襲《とうしゅう》するようになり、のちに独自の様式を築いた。光琳は、宝永《ほうえい》元年（１７０４）に江戸へ下り、以後も数回江戸へ向かうが、移住はせず、京に戻って創作を続けた。作品としては、『燕子花図《かきつばたず》屏風』『紅白梅図《こうはくばいず》屏風』などが有名である。

なお、光琳にはパトロンがおり、江戸では上野国《こうずけ》厩橋《うまやばし》（前橋）藩主酒井雅楽頭忠挙《さかいうたのかみただたか》から扶持《ふち》を給せられ、深川《ふかがわ》の豪商冬木《ふゆき》家に寄寓した。また京では、銀座役人の中村内蔵助《くらのすけ》の庇護《ひご》を受けていた。

乾山は、京の陶工の野々村仁清《ののむらにんせい》から学んだが、陶器に絵画性を与える斬新な絵付けを行ない、のちに懐石道具などを量産して、京での人気を高めた。享保ごろに江戸へ向かい、入谷《いりや》で窯を開き、のちに下野国《しもつけ》佐野《さの》にも招かれた。江戸や佐野での乾山は、作陶だけではなく、絵画制作も行なっている。

光琳・乾山には、それぞれの画風を継承した弟子たちがいたが、寛政《かんせい》（１７８９～１８０１）ごろには、直接の弟子ではないものの光琳に傾倒した酒井抱一《さかいほういつ》が、洗練された画風で人気を得た。さらに文化《ぶんか》年間（１８

04～18）、抱一が『光琳百図』などの絵本や『尾形流略印譜』を出版して光琳を顕彰したこともあり、琳派の中心は京から江戸へ移った。抱一の弟子には鈴《すず》木其一《ききいつ》らがいるが、光琳や乾山のころに比べると、このころの琳派は、工芸作品の制作点数は減少している。

【円山派と四条派】

円山《まるやま》派の祖、円山応挙《おうきよ》は、はじめ京の狩野派に学んだが、宝暦《ほうれき》（1751～64）ごろからは眼鏡絵《めがねえ》（覗《のぞ》き眼鏡などを通して見るために制作された絵）の制作を通じて西洋画の遠近法や陰影法を習得した。さらに明《みん》・清《しん》の写実的な作品からも影響を受け、それらを日本の装飾画の画風と融合させ、明和《めいわ》（1764～72）ごろに新しい様式を確立させた。

四条《しじよう》派の祖呉春《ごしゆん》（松村月渓《まつむらげつけい》）は、与謝蕪村《よさぶそん》に画と俳《はい》諧《かい》を学んだ。蕪村の没後、天明《てんめい》3年（1783）頃から円山応挙と交流を深めて、円山派の作品の制作にかかわるようになり、寛政ごろには、蕪村の画風と写実的な円山派の画風を合わせた画風を確立した。呉春が居を京の四条に構えたため、四条派の名で呼ばれる。その後、四条派は京都画壇の中心的な存在となった。

そのほか、18世紀後半の京都画壇には、写実的で装飾的な動植物の絵に特徴のある伊藤若冲《いとうじやくちゆう》や、自由奔放と評される画風で知られる曾我蕭白《そがしようはく》らもいた。

【文人画】

18世紀、地方の文化人の間で支持されていたのは文人画であった。文人画は、中国の明・清の時代に発達、南宗画《なんしゆうが》と呼ばれ、日本では南画と略して文人画と同義に用いている。本来、文人と呼ばれる知識階級の人たちが余技として制作した絵であるが、日本の場合は、職業絵師たちも制作しているのが特徴である。

享保ごろより、紀州《きしゆう》藩藩校で儒学の指導にあたった祇《ぎ》園南海《おんなんかい》や大和《やまと》国郡山《こおりやま》藩の家老の家に生まれた柳沢淇《やなぎさわき》園《えん》らが中国の文人画を学び、これを町人身分の彭城百《さかきひやく》川《せん》、池大雅《いけのたいが》、与謝蕪村らが受け継ぎ、日本の伝統的な画風をも取り入れていった。とくに大雅や蕪村は大成者として位置づけられている。

その後、上方には浦上玉堂《うらがみぎよくどう》・春琴《しゆんきん》父子、田能村竹田《たのむらちくでん》ら、関東では、松平定信《まつだいらさだのぶ》に寵用《ちようよう》された谷文晁《たにぶんちよう》、三《み》河《かわ》国田《た》原《はら》藩の家老渡辺崋《わたなべか》山《ざん》、崋山に学んだ幕府の鑓組《やりぐみ》同心の椿椿山《つばきちんざん》らが現われ、写実的な描写や西洋の画法も取り入れた独特の文人画を築いた。

【西洋の影響】

八代将軍吉宗《よしむね》は殖産興業の方針を打ち出し、キリスト教関係書以外の書物の輸入を解禁した。そのため外国の学問や研究を学び、吸収しようとする動きが高まり、西洋画の画法、すなわち遠近法や陰影法に対しても関心が寄せられるようになった。

西洋画法を本格的に学習し、実践しようとした最初の人は平賀源内《ひらがげんない》である。源内は、安永《あんえい》2年（1773）、銅山開発技術指導者として秋田に招かれたが、その際、藩主の佐竹義敦《さたけよしあつ》（曙山《しょざん》）や藩士の小田野直武《おだのなおたけ》に西洋画法を教授し、秋田蘭画《らんが》が始まった。また司馬江漢《しばこうかん》は、源内、曙山、直武と交流をもったことにより西洋画に

おもな画家

名前・生没年	事績
岩佐又兵衛《いわさまたべえ》 1578〜1650	織田信長のもと重臣、荒木村重の子。母の姓を名のり絵師となった。極彩色の絵巻『山中常盤物語絵巻』などを描いたほか、やまと絵などをもとに独自の作風を開いた
狩野探幽《かのうたんゆう》 1602〜74	京に生まれる。江戸城・二条城・名古屋城・日光東照宮の障壁画を制作。余白を生かした端正で瀟洒な江戸狩野様式を開いた。弟の尚信が木挽町家、安信が中橋家の祖
菱川師宣《ひしかわもろのぶ》 ？〜1694	安房国の縫箔師の子。同時代の芝居町や遊里、行楽地を行き交う人々の風俗を、色彩豊かにいきいきと描き、浮世絵の始祖といわれる。代表作は『見返り美人図』など
俵屋宗達《たわらやそうたつ》 17世紀前半	京の上層町衆の出身といわれる。本阿弥光悦と親交があり、装飾的な色紙絵や扇面画などを制作、のち『風神雷神図屛風』など屛風絵の傑作を多数残す。水墨画にも優れる
英一蝶《はなぶさいっちょう》 1652〜1724	京に生まれる。江戸に下り、都市風俗画の新生面を切り開く。幕府の怒りにふれ、一時三宅島に流された。配流時代の作品は「島一蝶」と呼ばれ、『吉原風俗図巻』などが有名
与謝蕪村《よさぶそん》 1716〜83	摂津国に生まれる。江戸で、書画・漢詩・俳諧を学んだが、宝暦以後、京を中心に俳諧・絵画の両面で活躍した。代表作は、大雅との合作『十便十宜図』など
伊藤若冲《いとうじゃくちゅう》 1716〜1800	京の青物問屋に生まれる。40歳で隠居し、中国絵画の模写や写生を行なうなかで、独自の画風を生み出した。とくに鶏の絵を得意とする。代表作は『動植綵絵』など
池大雅《いけのたいが》 1723〜76	京の町衆に生まれる。中国の南宗画に傾倒、柳沢淇園らと交わるかたわら、各地を旅するなかで文人画を大成した。代表作は『楼閣山水図屛風』など。書にも優れる
円山応挙《まるやまおうきょ》 1733〜95	丹波国に生まれる。写実的な新しい画風が、豪商たちからの支持を受けた。寺院の障屛画にも力を発揮。代表作は『雪松図屛風』、兵庫県香美町の大乗寺襖絵など
浦上玉堂《うらがみぎょくどう》 1745〜1820	備中国岡山新田藩士。50歳のとき、春琴・秋琴の2人の子どもを連れて脱藩した。各地を放浪、晩年京に落ち着くまで琴と筆で世を渡った。代表作は『東雲篩雪図』など
司馬江漢《しばこうかん》 1747〜1818	江戸に生まれる。鈴木春信に入門、鈴木春重の名で浮世絵師となる。のち写生体の漢画・美人画なども手がけたが洋風画に転向。地動説など西洋自然科学の紹介にも努めた
酒井抱一《さかいほういつ》 1761〜1828	姫路城主酒井忠以の弟として江戸に生まれる。尾形光琳の作品に深く傾倒、装飾性と繊細さを併せもつ作品を描いた。代表作は『夏秋草図屛風』。俳諧にも優れる
谷文晁《たにぶんちょう》 1763〜1840	田安家の家臣の子として江戸に生まれる。江戸文人画の中心的人物。松平定信の視察に同行して描いた『公余探勝図巻』には、西洋画の遠近・陰影法が用いられている
渡辺崋山《わたなべかざん》 1793〜1841	江戸に生まれる。三河国田原藩家老・海防掛を勤めた。谷文晁に学び西洋画にも接近、写実的な画風を確立した。代表作は『鷹見泉石像』など。蛮社の獄に連なり自刃した

目覚め、蘭語の事典から研究し、天明3年（1783）にエッチングによる腐蝕《ふしょく》銅版画の制作に成功した。

亜欧堂田善《あおうどうでんぜん》も西洋画の画家である。松平定信に見いだされて谷文晁に学び、定信の庇護のもとで銅版画を研究し、漆《うるし》の一種を防蝕剤とする銅版画を制作した。おもに文化年間に、銅版画や油絵の風景画を多く残し、また、地図や版本の挿絵を銅版で制作している。

そのほか、浮世絵や版本にも西洋画の遠近法（浮《う》き絵《え》）や陰影をまねたものがみられ、写生的な解剖図や肖像画も残っている。大槻玄沢《おおつきげんたく》の蘭学塾芝蘭堂《しらんどう》に関係する蘭学者や好事家《こうずか》をはじめ、江戸には阿蘭陀《おらんだ》趣味の人々がおり、西洋の影響を受けた絵も好まれていた。

【閨秀画家】

江戸時代には各流派のプロの絵師たちが活躍していたが、女性の絵師たちも存在していた。天保《てんぽう》3年（1832）刊の画人伝『画乗要略《がじょうようりゃく》』には、二八〇名の絵師の名があげられ、そのなかに二二名の女性絵師の名が確認できるという。決して多いとはいえないが、なかには当時評判になった女性絵師たちもいた。

浮世絵師山崎龍女《やまざきりゅうじょ》は、享保ごろに活躍していた。下《した》谷《や》長者町御旗同心山崎文右衛門《ぶんえもん》の娘で、芝《しば》神明前の境内へ出て絵を描いたといわれる。浮世絵版画の下絵は描かず、美人を描いた肉筆浮世絵を多く残し、「おりう絵」と呼ばれて人気があった。菱川師宣《ひしかわもろのぶ》に学んだとも、独学ともいわれている。

葛飾応為《かつしかおうい》も浮世絵の女流絵師である。応為は葛飾北《ほく》斎《さい》の娘で、文政《ぶんせい》から嘉永《かえい》（1818〜54）ごろに活躍し、版本の挿絵や肉筆浮世絵を残した。父北斎に学び、つねにかたわらで作画を手伝い、画風は父によく似ていた。応為という画号は、父の「オーイ、オーイ」という呼びかけによるといわれる。

文人画の大成者のひとり、池大雅の妻玉瀾《ぎょくらん》も絵師で、18世紀なかばから後半にかけて活躍した。玉瀾は京の人で、柳沢淇園や大雅に画を学び、その作品は、大雅の様式を守りながら女性らしさを表現している。

また、地方においても女流絵師たちが活躍し、とくに19世紀に活躍した尾道《おのみち》の平田玉蘊《ひらたぎょくうん》や大垣《おおがき》の江馬細香《えまさいこう》が知られている。平田玉蘊は、木綿《もめん》問屋の娘として生まれたものの、絵筆で身を立てるようになる。教養高く、江戸を代表する漢詩人である菅茶山《かんちゃざん》に称《たた》えられるほどの美貌で、若いころの頼山陽《らいさんよう》との恋愛も伝わっている。江馬細香は大垣藩医の娘で、頼山陽に師事し、浦上春琴に画法を学んだ。竹を多く描き、墨竹画にみずから賛を寄せた作品もある。細香も頼山陽の恋人として知られる。

工芸

【陶磁器】

江戸初期、中国から大量の陶磁器が輸入され、とくに茶人に愛好されていたが、そこから強い影響を受け、国内でも色絵《いろえ》磁器の技法が開発されていった。正保《しょうほう》（1644～48）ごろには、初代酒井田柿右衛門《さかいだかきえもん》が、明《みん》の五彩《ごさい》の技法を習得したといわれる。これに刺激を受けて、肥前《ひぜん》の有田《ありた》や、鍋島《なべしま》藩の藩窯《はんよう》でも優美な色絵磁器が焼かれ、柿右衛門様式・古九谷《こくたに》様式などが確立されていく。

同じく正保ごろ、瀬戸《せと》や美濃《みの》で陶法を学んだ野々村《ののむら》仁清《にんせい》が京の御室仁和寺《おむろにんなじ》門前で御室焼を始め、茶器や花器を制作した。とくに赤・緑・青・黄に金銀彩を加えた色絵陶器は名高く、京焼色絵陶器は、仁清によって広くその存在を知られるようになった。美しく良質のやきものが広まり、以後、日本の陶磁器は、色絵のものが主流となっていく。また、絵画的な絵付けで人気を得た尾形乾山《おがたけんざん》も名高い（→p253）。

有田を中心とする肥前の磁器は、国内に広まっただけではなく、オランダ東インド会社や中国人の商人たちによって、海外へ輸出されるようになり、寛文《かんぶん》から元禄《げんろく》期（1661～1704）にかけて全盛期を迎えた。海外への輸出は、伊万里《いまり》港を通して行なわれたため、肥前の色絵磁器は伊万里焼の名で世界的に著名になっていった。

しかし、18世紀前期には、ドイツのマイセン窯などで、伊万里焼を模した色絵磁器が生産されるようになり、さらに中国でも模倣されてヨーロッパへ輸出されたため、その後の輸出量は減少している。

【蒔絵】

江戸時代の蒔絵《まきえ》の大きな流れとしては、室町時代以来の伝統的な蒔絵、桃山時代に始まる高台寺《こうだいじ》蒔絵、本《ほん》阿弥光悦《あみこうえつ》・尾形光琳《おがたこうりん》を中心とする蒔絵、破笠《はりつ》細工と呼ばれる蒔絵がある。

室町以来の伝統を受け継いだのは、幕府御用となった蒔絵師の幸阿弥《こうあみ》家・古満《こま》家・梶川《かじかわ》家などである。17世紀末には、極込《きめこみ》（漆で肉盛りしてできた凹みに金銀錫《すず》などを貼る）、形部梨地《ぎょうぶなしじ》（金箔《きんぱく》を置いて漆を塗り、上から大粒の金銀粉末をすき間なく置いて梨地漆をかけて研ぎ出す）、形部平目《ひらめ》（金箔を置いて梨地漆を塗り、金銀を伸ばして刻んだ平目粉を置き、透漆《すきうるし》を塗って研ぎ出す）などの技法が編み出され、発展した。元禄期には、「常憲院《じょうけんいん》（綱吉《つなよし》）時代もの」と呼ばれる金銀を多用した豪奢《ごうしゃ》な様式も登場し、町人の富裕層の人気を得ていた。

　高台寺蒔絵は、平蒔絵に秋草・桐・菊などを描くという特徴がある。日本人好みの意匠と、伝統的な様式の蒔絵と比べて、すっきりとした魅力があることから、江戸時代を通して、人気を集めていた。名称は、豊臣《とよとみ》秀吉《ひでよし》の菩提《ぼだい》を弔うため建立された高台寺に由来する。

　光悦・光琳蒔絵の特徴は、物語や和歌など、日本の古典から広く取材していること、蒔絵に貝・鉛・銀・錫などの加飾材料を大胆に用いていることである。光悦が始め、光琳によって受け継がれ、その後は、琳派と呼ばれる工人に継承されていった。

　破笠細工は、17世紀後半、小川破笠の創案によるもので、蒔絵に貝殻や石、楽焼などの陶片・角《つの》・堆朱《ついしゅ》・ガラスなどをあしらった細工である。琳派の蒔絵が受け入れられる一方で、破笠細工の独特さも人気を呼び、多くの追随者を得た。小川破笠は、伊勢から江戸に出て、俳諧《はいかい》を芭蕉《ばしょう》などに学び、画を英一蝶《はなぶさいっちょう》のもとで習得した人物で、陶芸などの作品も残している。

【友禅染と型染】

江戸時代には、染め模様による絵画的な意匠の小袖《こそで》が流行したが、友禅染《ゆうぜんぞめ》（↓口絵ｐ２３３）はその代表である。扇絵で人気のあった京の絵師宮崎友禅斎《みやざきゆうぜんさい》が小袖のデザインを手がけ好評を得たことに始まり、『源氏ひいなかた』など貞享《じょうきょう》（１６８４～８８）ごろの出版物には、すでに友禅染の名が見える。友禅染は、繊細な糊《のり》置きの技法と華麗な多色の絵模様に特徴があり、その色は、一度染め上がると水に入れても落ちなかった。友禅染が行なわれるようになると、一時期女性たちの間で大流行したという。その後もめまぐるしく変化する流行のなかで友禅染は続けられ、各種雛形本《ひいながたぼん》において、新しいデザインが紹介されつづけた。

　小紋《こもん》や中形《ちゅうがた》という型染も行なわれ、武士の正装である裃《かみしも》（上下）は麻の小紋であった。各家では、徳川将軍家の御召十《おめしじゅう》、紀州《きしゅう》徳川家の極鮫《ごくさめ》、島津《しまづ》家の大小霰《だいしょうあられ》というように、特定の文様（定小紋《さだめこもん》）を定めていた（↓口絵ｐ２３４）。小紋は享保《きょうほう》（１７１６～３６）ごろから町人の間でも流行した。

【織物と刺繡】

　織りとしては西陣織《にしじんおり》が知られる。西陣は、室町末期から行なわれていたが、江戸時代初期、明《みん》の織物の影響下に、金襴《きんらん》・唐織《からおり》・繻珍《しゅちん》などの新しい織法が導入され、高級化した。将軍御用達《ごようたし》の呉服所が七軒、各大名家御用達の呉服所が一六七軒あり、輸入糸も優先的に割り当てられていた。

しかし、享保15年（１７３０）の火事で一帯が焼け、熟練工が桐生《きりゅう》（現在の群馬県）などの地方に流出するなどして、衰退はまぬがれえなかった。とはいえ、延享《えんきょう》2年（１７４５）には高機織屋《たかはたおりや》仲間が結成され、また、たび重なる倹約令を背景とした高級絹織物の需用の減少などにも持ちこたえて、西陣織は、長く権威と格式を保ちつづけた。

高級な西陣が武家を中心に用いられる一方で、庶民には縞《しま》や格子縞《こうしじま》、絣《かすり》などの織りが普及していった。黄八丈《きはちじょう》など、18世紀後半に江戸町人の間で流行したものもある。

布に文様を出す方法としては刺繍《ししゅう》もある。元禄3年刊の『人倫訓蒙図彙《じんりんきんもうずい》』には、「縫物師《ぬいもの》」が載り、「諸の衣装其外《そのほか》織物に、さまざまの糸をもて、模様を縫《ぬい》あらはす、縫に色々の名有、暖簾《のれん》に松をゑかきて印とす」と記されている。縫箔《ぬいはく》は、刺繍と摺箔《すりはく》を併用したもので、最盛期は慶長《けいちょう》期（１５９６〜１６１５）であったが、文化《ぶんか》年間（１８０４〜１８）に制作された『近世職人尽絵詞《しょくにんづくしえことば》』にも、松の看板を掲げた「ぬひはく所」が描かれている。絵画的、写実的な衣装がこの技法で制作されたが、この技法は、おもに女役の能装束に用いられるようになっていた。

【彫金】

日本の彫金技術は、武具・仏具・刀装を中心に発達してきたが、とくに、江戸時代には刀装が装飾的になり、技術の進歩もみられた。天明《てんめい》元年（１７８１）には、刀装のデザインや有名な彫金師の名、輸入物の皮革や印籠《いんろう》・根付《ねつけ》を図示した『装剣奇賞《そうけんきしょう》』という本も出版されている。

江戸時代を通して、装剣金工の中心は後藤《ごとう》家であった。後藤家は、室町幕府八代将軍足利義政《あしかがよしまさ》に仕えた祐乗《ゆうじょう》を祖とし、足利・豊臣・徳川の各政権と強く結びついて幕末まで連綿と続いた。宗家は、寛文2年（１６６２）、京都から江戸に移っている。後藤家の彫金は、よい地金、豊富に使用される金銀、祐乗以来の伝統と格式を重んじる作風という特徴があったが、装剣金具のうちでも、小柄《こづか》・笄《こうがい》・目貫《めぬき》の三所物《みところもの》（↓口絵ｐ２３５）を多く制作していた。将軍家や各大名家が裃を着用するときの刀装のうち、とくに重要な三所物は後藤家の作のものを用いた。なお、小判や一分判の検定極印《ごくいん》や包封を行なう、御金改役《おかねあらためやく》筆頭を代々世襲した後藤家も、金工の後藤家の一族である。

後藤家の彫金は家彫《いえぼり》と呼ばれたが、それに対し、在野の装剣金工の彫金は町彫《まちぼり》と呼ばれていた。在野の装剣金工には、横谷宗珉《よこやそうみん》をはじめとする横谷家の一門や、18世紀に活躍した奈良利寿《ならとしなが》・土屋安親《つちややすちか》・杉浦乗意《すぎうらじょうい》らがいる。家彫の作品が意匠も技巧も保守的であったのに対し、町彫の作品は自由な意匠で、絵画風の構図を用いたり、新しい彫法を創案して受け入れられた。

横谷宗珉は、後藤家の下職から出発し、17世紀後半に江戸で町彫を大成した。英一蝶の下絵に基づく作品を制作したり、切り口の片側を斜めに彫って文様の輪郭線を表わす片切彫《かたきりぼり》という彫法も始めている。

刀装の彫金技術は、小さく細かいものの制作にも生かされた。刀装の金具を煙草《たばこ》入れの金具に用いた例や、逆に葛飾北斎《かつしかほくさい》画の『櫛搤《せっきん》雛形』から、煙管《キセル》向きのデザインを鍔《つば》の図案として用いた例もみられる。

【金唐革と擬革紙】

オランダとの貿易の脇荷《わきに》という形でもたらされる数数の文物のなかに、銀箔《ぎんぱく》を貼って上からワニスを塗り、凹凸の文様が出るようにプレス加工をし、さらに絵具で彩色したオランダ産の革があった。オランダでは壁の装飾に用いるこの革には、天使、チューリップや百合などの花、鳥ほか、さまざまな文様が見られた。日本ではこの革は金唐革《きんからかわ》と呼ばれ、とくに18世紀なかば、通人たちに珍重された。

日本人は、金唐革を煙草入れや巾着《きんちゃく》をはじめとする袋物の素材や、馬具や箪笥《たんす》などの飾りとして用いた。安永《あんえい》7年（1778）頃、平賀源内《ひらがげんない》は、和紙を利用して金唐革の模造品を製造しようとするが、紙の乾燥がうまくいかず失敗してしまう。その後は、紙で金唐革の模造品をつくろうと試みる者は現われなかった。

一方、そのころ、柿渋《かきしぶ》や桐油《とうゆ》で防水し、燻《いぶ》し加工で厚みや皺《しわ》をつけて強度を高めた紙で煙草入れがつくられており、18世紀末ごろには、紙煙草入れの人気がひじょうに高かった。お伊勢参りの土産《みやげ》物として壺屋《つぼや》の紙煙草入れも、よく知られていた。それに目をつけた戯作者《げさくしゃ》の山東京伝《さんとうきょうでん》は、寛政《かんせい》5年（1793）秋、京橋に紙煙草入れの店を出しているが、じつは、このころから、革に似せた紙、「革まがい紙」の加工技術が向上し、羊羹《ようかん》紙と呼ばれる品質のよいものが生まれていた。

天保《てんぽう》2年（1831）、江戸四日《よっか》市《いち》の竹屋清蔵《たけやせいぞう》という紙煙草入れ屋が、より強靭《きょうじん》な擬《ぎ》革紙《かくし》の製造に成功し、江戸では、竹屋絞りなどと呼ばれて評判になった。この紙は、煙草入れ用の革の代用品で、黒や茶など、革に似せた色合いが多かった。技術的にはひじょうに高度なものとなっており、この技術の応用で明治以降の金唐紙《きんからかみ》が誕生する。

文芸

【俳諧】

「俳諧《はいかい》の連歌」は、連歌の座興として行なわれていたが、江戸時代になると、俳諧と連歌を別のものと意識する動きが出てくる。俳諧の連歌の第一句を発句というが、元禄《げんろく》（１６８８〜１７０４）ごろには、この発句を競い合わせて優劣を定める、発句合《ほっくあわせ》が流行した。

松永貞徳《まつながていとく》は、慶長《けいちょう》（１５９６〜１６１５）中期ごろから俳諧の連歌の名人として知られていたというが、和歌や連歌の美を前提とし、寛永《かんえい》5年（１６２８）には俳諧用語（式目《しきもく》）を定め、貞門と呼ばれる流派の俳諧が広がっていった。さらに寛永10年、貞徳の門人の手により俳諧の発句を国々から集めた『犬子集《えのこしゅう》』が編まれ、俳諧書の出版も始まった。

寛文《かんぶん》（１６６１〜７３）末ごろには、連歌所宗匠から俳諧に転じた西山宗因《にしやまそういん》を中心とした宗因流（後世、談林《だんりん》と呼ばれるようになる一派）が誕生し、自由奔放な流儀で延宝《えんぽう》（１６７３〜８１）ごろの主流となった。矢数《やかず》俳諧という、聴衆を集めて制限時間内に独吟で句数を競う、競技的な俳諧の興行も行なわれた。

このような変化を見てきた松尾芭蕉《まつおばしょう》は、江戸に拠点を置きながらも畿内や奥州をはじめ各地を旅し、精進を重ねて俳諧を文学的に高めていった。芭蕉の確立した「さび」「しおり」「ほそみ」などを基本理念とした俳諧の流儀は蕉風《しょうふう》と呼ばれ、元禄期の主流になった。

芭蕉には、宝井其角《たからいきかく》・服部嵐雪《はっとりらんせつ》・向井去来《むかいきょらい》・杉山杉《すぎやまさん》風《ぷう》など蕉門十哲といわれる門人たちがいた。しかし、芭蕉没後は方向性も統一的ではなくなり、芭蕉の俳諧の本質は理解されなくなっていったという。天明《てんめい》期（１７８１〜８９）には、与謝蕪村《よさぶそん》らが蕉風俳諧を復興しようとする動きを見せたが、それも、厳密には蕉風そのものではない。

俳諧は、各地での愛好者の増加とともに趣味的な作品が多くなったとされる。しかし、そのなかからも個性的な句を詠んだ小林一茶《こばやしいっさ》などが出た。

【川柳】

俳諧人口が増加するにつれ、雑俳《ざっぱい》と総称される遊戯的な俳諧文芸も登場した。川柳はそのひとつで、五・七・五からなるが、俳諧の発句に必要な季語や切字《きれじ》を必要とはせず、おもに人事・人情・世相を詠む。川柳としての形式が確立したのは宝暦《ほうれき》〜明和《めいわ》（１７５１〜７２）ごろで、江戸を中心に地方まで普及した。

雑俳に親しむ人口が増加すると、さまざまな興行が行なわれた。たとえば元禄ごろからは、七・七音などからなる題（前句）に対して付句《つけく》をし、その点を競うという前句付《まえくづけ》興行が行なわれていた。投句者は付句に点料を添えて提出し、点者が句に点を付け、点の高い順に景品を与えた。点料収入から景品その他の諸経費を引いたぶんが、句の選者の収入となった。

宝暦7年、浅草《あさくさ》龍宝寺門前町の名主《なぬし》、柄井《からい》八右衛門《はちえもん》（俳号川柳《せんりゅう》）が、点料一句一二文で「川柳評万句合」という前句付興行を開始した。このときは、二〇三句の投句であったが、回を重ねるごとに投句数は増え、宝暦12年には約一万五〇〇〇句に達した。明和2年（1765）、有力な投句者呉陵軒可有《ごりょうけんあるべし》が、柄井川柳の興行の入選句のなかから、前句をとってもわかりやすい句を集めて付句だけで一冊とした『誹風柳多留《はいふうやなぎだる》』を出版した。選者柄井川柳は卓越した選句眼で人気を博し、また、『誹風柳多留』も評判となり、さらに投句者が増加していった。現在の川柳という呼称は、第一人者として君臨した柄井川柳の名に由来している。

【狂歌】

狂歌《きょうか》は、和歌の形式をもちながら、通俗的な言葉を用いて諧謔《かいぎゃく》や滑稽《こっけい》を盛り込もうとした短歌である。江戸中期以降、まず上方で盛んになり、江戸では、明和6年、四谷《よつや》の唐衣橘洲《からころもきっしゅう》（幕臣の小島謙之）宅で開かれた狂歌会をきっかけに流行しはじめ、天明期に最盛期を迎えた。江戸で狂歌が流行しはじめたころは、狂歌の作者は教養豊かな下級武士や裕福な町人が中心であった。その後、天明狂歌隆盛のころには、歌舞伎《かぶき》役者や遊女をはじめ、さまざまな階層の人々が狂歌を楽しむようになり、「天明ぶり」「天明調」と呼ばれる自由な作風の狂歌が詠まれた。

狂歌を詠む人々は、趣向や主義によって「組」や「連」を結成していき、唐衣橘洲の四谷連、元木網《もとのもくあみ》（湯屋大野屋の経営者喜三郎）の落栗《おちぐり》連、朱楽菅江《あけらかんこう》（幕臣の山崎景貫）の朱楽連、四方赤良《よものあから》（幕臣・戯作者の大田南畝《おおたなんぽ》）の四方側《よもがわ》をはじめ、十数を超える「組」「連」が存在していた時期もあった。

「組」「連」では狂歌書の出版を行ない、新興の版元蔦屋重三郎《つたやじゅうざぶろう》は豪華な絵入り狂歌本をつぎつぎと出版した。狂歌師の肖像を合わせた『吾妻曲狂歌文庫《あずまぶりきょうかぶんこ》』や、喜多川歌麿《きたがわうたまろ》の絵を挿入した『普賢像《ふげんぞう》』などがある。

狂歌は、寛政《かんせい》の改革によって武士の作者が筆を折り、一時期グループの活動も控えられたが、文化《ぶんか》・文政《ぶんせい》（1804～30）ごろ、ふたたび町人や職業狂歌師を中心に行なわれた。このころの狂歌界の中心は、天明のころにも活躍し、狂歌の点料で生計を立てた最初の職業狂歌師といわれる鹿都部真顔《しかつべのまがお》（汁粉屋を営んでいた江戸の町人）と、寛政の改革時に江戸払いとなり復帰した宿屋飯盛《やどやのめしもり》（国学者・戯作者の石川雅望《いしかわまさもち》）である。真顔は高尚で上品な狂歌を指導し、一方、飯盛は天明の自由な狂歌に還《かえ》るべきとし、二人は狂歌に対する考え方を対立させながらも狂歌界を牽引《けんいん》した。また、文化から天保期《てんぽう》（1830〜44）にかけては、趣向を凝らした贅沢《ぜいたく》な色摺りの狂歌入り摺物《すりもの》を制作し、交換し合うことが、狂歌に親しむ人々の間で流行した。

おもな文芸作者

名前・生没年	事績
井原西鶴《いはらさいかく》 1642〜93	大坂に生まれる。矢数俳諧を得意とし、貞享元年、摂津住吉社で、一日一夜で2万3500句の独吟を行なった。のち、浮世草子『好色一代男』で成功、流行作家となった
松尾芭蕉《まつおばしょう》 1644〜94	伊賀上野に生まれる。芭蕉は俳号。別号に桃青など。京で北村季吟に学び、のち江戸・深川に芭蕉庵を結んだ。紀行に『笈の小文』『奥の細道』など。句は『冬の日』『猿蓑』など「俳諧七部集」にまとめられている
上田秋成《うえだあきなり》 1734〜1809	大坂に生まれる。医者として開業するかたわら、中国の怪異小説に題材をとった読本『雨月物語』を発表。また、国学者としては本居宣長を批判して、論争も行なった
朋誠堂喜三二《ほうせいどうきさんじ》 1735〜1813	秋田藩士の平沢常富。手柄岡持(てがらのおかもち)の名で狂歌でも活躍した。作品に黄表紙『見徳一炊夢』『文武二道万石通』など
恋川春町《こいかわはるまち》 1744〜89	駿河国小島藩士の倉橋格。狂歌師としての名は酒上不埒(さけのうえのふらち)。黄表紙の祖とされ、挿絵も描いた。寛政の改革を茶化した『鸚鵡返文武二道』の作で松平定信に召喚され、自殺したとされる
大田南畝《おおたなんぽ》 1749〜1823	江戸に生まれる。四方赤良の名で狂歌に才能を発揮、『万載狂歌集』で天明狂歌の中心的存在となる。洒落本や黄表紙も多い。晩年の号は蜀山人。幕臣で支配勘定などを勤めた
山東京伝《さんとうきょうでん》 1761〜1816	江戸に生まれる。浮世絵師としては北尾政演を名のる。寛政の改革の筆禍で手鎖50日の刑を受け、以後読本の作も始めた。作品は洒落本『通言総籬』、黄表紙『江戸生艶気樺焼』『心学早染草』ほか
小林一茶《こばやしいっさ》 1763〜1827	信濃国に生まれる。一茶は俳号。15歳で江戸に出て俳諧を学ぶ。諸国を行脚し、晩年は生地に戻った。俗語や方言を交えた独特の句を残した。句文集『おらが春』など
十返舎一九《じっぺんしゃいっく》 1765〜1831	駿河国出身。大坂で浄瑠璃作者となり、のち江戸に出る。滑稽本「膝栗毛」シリーズが人気を得、東海道編以後、金毘羅・宮島・善光寺などを旅する続編が21年間続いた
曲亭馬琴《きょくていばきん》 1767〜1848	江戸に生まれる。姓は滝沢。黄表紙を書いたのち『椿説弓張月』など読本を多作。晩年はほとんど失明し、『南総里見八犬伝』も嫁のみちに口述して完成させた
式亭三馬《しきていさんば》 1776〜1822	江戸に生まれる。書肆で働いたのち、19歳でデビュー。日本橋に売薬・化粧品の店も開いていた。滑稽本の『浮世風呂』『浮世床』では、会話を主体に庶民の生活を活写した
柳亭種彦《りゅうていたねひこ》 1783〜1842	江戸生まれの旗本。読本から合巻に転じ、『源氏物語』を翻案した『偐紫田舎源氏』が評判になるが、大奥を描いたとの嫌疑で天保の改革で絶版処分を受けた
為永春水《ためながしゅんすい》 1790〜1843	江戸に生まれる。式亭三馬に入門。本屋・講釈師を経て、『春色梅児誉美』で人情本の形式を確立。天保の改革で手鎖50日の刑に処され、翌年没した

【草双紙】

草双紙《くさぞうし》は江戸で誕生した庶民向け小説のひとつで、延宝ごろからある赤本《あかほん》、延享《えんきょう》（1744〜48）ごろからの青本《あおほん》とその後摺《あとず》りといわれる黒本《くろほん》、安永《あんえい》4年から文化3年（1775〜1806）までの黄表紙《きびょうし》、文化4年以降明治初年までの合巻《ごうかん》という区分がある。これらには、サイズは中本《ちゅうほん》と呼ばれる大きさ、一冊五丁（現在でいう一〇ページ分）を最小単位として成り立つ、挿絵が版面の大部分を占め物語を進めるのにたいへん重要な役割を果たしている、という共通点がある。

赤本時代は、内容も子ども向けで、おとぎ話、新春の祝儀《しゅうぎ》ものなどが主流であったが、青本・黒本時代には、浄瑠璃《じょうるり》や歌舞伎、巷《ちまた》のうわさなどに取材したものが登場する。黄表紙は、恋川春町《こいかわはるまち》の『金々先生栄花《きんきんせんせいえいが》夢《ゆめ》』以降の呼称であるが、当世風の描写が増え、時事的な出来事に取材し、滑稽性や諧謔性が盛り込まれた。しかし、寛政の改革時に改革を茶化した作品がつくられ、一部の作品が処罰の対象となったため、内容も教訓的なものや敵討ちを描いたものに変化していった。

文化3年、式亭三馬《しきていさんば》の『雷太郎強悪物語《いかずちたろうごうあくものがたり》』が出版されたが、これは前編・後編各五冊を合綴《がってつ》したもので、以降、話の筋が複雑化して長編となるに従い、合巻と呼ばれるこの形式が踏襲されていった。長編化した合巻のなかには、作者や絵師が交代しながらも嘉永《かえい》2年から明治18年（1849〜85）まで書きつづけられた『白縫譚《しらぬいものがたり》』などもある。

赤本や青本・黒本の時代には、草双紙の作者名はあまり出されることはなかったが、近藤清春《こんどうきよはる》や奥村政信《おくむらまさのぶ》、鳥居《とりい》派の浮世絵師たちが絵師としてかかわった。黄表紙時代の作者としては、恋川春町や朋誠堂喜三二《ほうせいどうきさんじ》などの江戸留守居役の武士たちや、山東京伝《さんとうきょうでん》、十返舎一九《じっぺんしゃいっく》、式亭三馬、曲亭馬琴《きょくていばきん》などの町人たちが著名である。合巻の作者としては、黄表紙とも重なるが、京伝、一九、馬琴がおり、そのほか、柳亭種彦が著名であった。

【滑稽本・洒落本・人情本・読本】

庶民向け小説としては、十返舎一九の『東海道中膝《とうかいどうちゅうひざ》栗毛《くりげ》』とその続編、式亭三馬の『浮世風呂《うきよぶろ》』や『浮世《うきよ》床《どこ》』をはじめとした滑稽本がある。滑稽本は文字どおりおかしさを追求したもので、享和《きょうわ》（1801〜04）から幕末にかけて流行した。とくに、弥次郎兵衛《やじろべえ》と喜多八《きたはち》の旅を綴《つづ》った「膝栗毛」シリーズは流行し、版を重ねて追随作も生んだ。この「膝栗毛」は、江戸の人々の旅に対する関心を高めたという。

また、遊里を主題とし当世風俗をうがつ洒落本《しゃれぼん》が、明和末から、山東京伝が筆禍《ひっか》を受けた寛政の改革まで全盛期を迎えていた。筆禍の原因は『娼妓《しょうぎ》絹《きぬ》籭《ぶるい》』『錦之裏《にしきのうら》』『仕《し》懸《かけ》文庫』の三部作である。洒落本のあとは、人情本《にんじょうぼん》と呼ばれる絵入りの恋愛小説が女性を読者として出版されるようになり、江戸で流行した。とくに、天保3年（1832）から4年に出版された為永《ためなが》春水《しゅんすい》の『春色梅児誉美《しゅんしょくうめごよみ》』は会話形式でストーリーが展開し、若い女性の間でよく読まれたという。

読本《よみほん》は18世紀なかばに上方で生まれ、寛政の改革後に江戸で流行、文化・文政ごろに最盛期を迎えた。中国の『水滸《すいこ》伝《でん》』など、稗史《はいし》小説をその根底としたもので、歌舞伎や巷のうわさにも取材している。江戸での当初の作者は、山東京伝と曲亭馬琴だが、読本作者としては馬琴のほうが人気が高く、馬琴は文化11年から天保12年（1814～41）にかけて『南総里見《なんそうさとみ》八犬《はっけん》伝《でん》』全一〇六冊を書いた。読本読者は、ほかのジャンルの本の読者より知識の高い層であったといわれる。

【随筆】

江戸時代は、木版印刷技術と出版業の発達を背景に、多くの随筆が出版されたが、写本で伝わるものはその数倍と想定され、数千を超える随筆が残されたと考えられている。

江戸時代の随筆には、著名なものも数多くあるが、『枕草子』のような時代の代表作をあげることは難しい。逆にこのことこそが、江戸時代の随筆の特徴であるともいわれる。また、さまざまな身分・職業・階層の人々が記していること、古い時代の随筆や書物を参考にして、時代による物事の変化などを考証する考証随筆が多いのも特徴といえる。

随筆は、その内容によって、学問・思想的な随筆、考証的な随筆、テーマをもって書物の記述や見聞を集めた随筆などに、大きく分けることができる。

学問的な随筆としては、徳川家康《とくがわいえやす》らに仕えた儒者林羅山《はやしらざん》の『梅村載筆《ばいそんさいひつ》』をはじめ、学者たちが残したものがある。考証的な随筆としては、国学者本居宣長《もとおりのりなが》が寛政5年に起稿した『玉勝間《たまかつま》』、曲亭馬琴の『燕石雑《えんせきざっ》志《し》』（文化8年刊）、大田南畝が20代から70代まで書きつづけた『一話《いちわ》一言《いちげん》』などがよく知られている。見聞などを集めた随筆としては、幕府成立期の三浦浄心《みうらじょうしん》の『慶長見聞集』や、平戸藩主松浦《まつら》静山《せいざん》が文政4年11月甲子《かっし》の夜に起稿した『甲子《かっし》夜《や》話《わ》』などがある。

山東京伝の『骨董集《こっとうしゅう》』は考証随筆のひとつだが、数百に及ぶ引用書をあげ、また京伝は浮世絵師（北尾《きたお》政《まさ》演《のぶ》）でもあったことから多くの参考図も入れて、風俗史関係の百科事典のような様相を見せている。

出版

【古活字本】

江戸時代、印刷の技術的な主流は板木《はんぎ》を使った製版印刷であった。しかし、江戸時代直前から活字印刷も行なわれていた。西洋式の活字印刷では、キリシタン版と呼ばれるものがあり、おもにキリスト教関連の書がローマ字や仮名文字で印刷された。また、豊臣秀吉《とよとみひでよし》の朝鮮出兵の際にもたらされた朝鮮銅活字では、後陽《ごよう》成《ぜい》天皇の勅命によって『古文孝経《こぶんこうきょう》』が印刷されたという記録がある。

その後およそ慶安《けいあん》（１６４８〜５２）ごろまで、活字を用いた印刷が行なわれた。後陽成天皇の勅命による慶長《けいちょう》勅版、後水尾《ごみずのお》天皇の勅命による元和《げんな》勅版、また、徳川家康《とくがわいえやす》の命によって印刷された伏見《ふしみ》版・駿河《するが》版がその代表である。伏見版は円光寺《えんこうじ》版とも呼ばれ、慶長４年（１５９９）から11年にかけて木活字で印刷された『孔子家語《こうしけご》』『吾妻鏡《あずまかがみ》』などがこれにあたる。駿河版は、家康が金地院崇伝《こんちいんすうでん》や林羅山《はやしらざん》に命じ、元和元年（１６１５）から2年に駿河の地で銅活字で印刷された『大蔵《だいぞう》一覧集』と『群書治要《ぐんしょちよう》』である。伏見版・駿河版ともに、当時の活字が一部現存している。

民間でも活字印刷を行なう者が現われ、慶長13年には京の貿易商角倉素庵《すみのくらそあん》や本阿弥光悦《ほんあみこうえつ》により嵯峨本《さがぼん》の『伊勢《いせ》物語』が出版された。嵯峨本は、二文字・三文字と、複数の文字が連続した木活字が用いられ、挿絵入りで、美しい料紙に印刷されていた。それまでは医学や仏典などに限られていた印刷を、古典文学にまで広げたという意味でも画期的であった。

しかし、おもに日本で筆写に使用されていたのは草書体で、印刷するためには活字では不便であった。また、製版印刷で作成された板木は、版元の版権を意味していた。そのため、読者層が広がり、出版業が成立すると、古活字印刷はすたれていった。

【江戸時代初期の出版】

江戸時代初期、出版業は上方のほうがはるかに隆盛であった。上方《かみがた》では元和〜寛永《かんえい》（１６１５〜４４）ごろに出版業者が現われ、写本や漢籍で読まれていた医学書や学問書、仏書や歴史書、『源氏物語《げんじものがたり》』『枕草子《まくらのそうし》』などの日本の古典類、そして啓蒙・教訓的な仮名草子と呼ばれる小説類を出版していった。

天和《てんな》2年（１６８２）に西鶴《さいかく》の『好色一代男《こうしょくいちだいおとこ》』が大坂の荒砥屋《あらとや》孫兵衛可心によって出版されると、その内容が現実的、娯楽的であったため浮世草子と呼ばれるようになり、その後は大坂や京で浮世草子の出版の流行が続いた。

元禄期《げんろく》（1688～1704）には、重宝記《ちょうほうき》という日常生活に役立つ家庭用事典のようなものが、多数出版された。『家内重宝記』『女重宝記』などである。

また出版業の盛んな京や大坂では、横行していた重板《じゅうはん》や類版を防ぐ目的で、はやくも元禄期に、それぞれ私的な同業者仲間を結成していた。

江戸では、上方に比べると遅く、慶安・承応《じょうおう》（1648～55）ごろから出版を行なう本屋が現われる。

【江戸の本屋】

江戸の古い版元としては、鶴屋喜右衛門《つるやきえもん》、出雲寺和《いずもじいずみ》泉掾《のじょう》、松会《まつえ》市郎兵衛《いちろべえ》・三四郎《さんしろう》、鱗形屋三左衛門《うろこがたやさんざえもん》、須原《すはら》屋茂兵衛《やもへえ》などがいる。このうち、出雲寺和泉掾と鶴屋喜右衛門は、ともに京の本屋の江戸出店である。

出雲寺和泉掾は、明暦《めいれき》元年（1655）の出版物が確認されており、元禄ごろには幕府の御書物師となり、享保《きょうほう》（1716～36）ごろには書物に関する御細工師も兼ねた。江戸後期には昌平坂学問所《しょうへいざかがくもんじょ》編纂《へんさん》の刊行物の出版を請け負った名門である。鶴屋は、寛文《かんぶん》期から江戸で出版を行なっており、浄瑠璃《じょうるり》本《ぼん》をはじめ、さまざまなジャンルの本の出版を行ない、その後も長く江戸出版界の中心として活躍した。

それに対し、松会市郎兵衛・三四郎、鱗形屋三左衛門、須原屋茂兵衛は江戸生まれの本屋である。松会市郎兵衛は正保《しょうほう》4年（1647）の出版物が確認されており、武鑑《ぶかん》・古浄瑠璃本・仮名草子などを出版した。元禄9年からは幕府の御書物所となる。鱗形屋三左衛門は、万治《まんじ》年間（1658～61）の出版物が確認でき、浄瑠璃本、菱川師宣《ひしかわもろのぶ》の絵本類なども出版している。のちに三左衛門の後継者として鱗形屋孫兵衛が登場し、延享《えんきょう》から明和《めいわ》（1744～72）にかけての草双紙の出版を多く行ない、名物本屋となっていく。

須原屋茂兵衛は、延宝《えんぽう》2年（1674）の出版物が確認されており、武鑑や江戸絵図のほか、絵本や専門書を出版していた。とくに武鑑については、享保5年以降、その出版をほぼ独占していた。

【出版統制と禁書】

享保7年（1722）11月、出版業の盛行に対し、幕府は五項目からなる出版統制令を出した。第一項は、新版の学問書などで、通説以外に異説などを加えてはいけない。第二項は、既刊の好色本は風俗によくないので、おいおい絶版としていく。第三項は、他者の家系などに異説をとなえ、新版の書物にしてはいけない。子孫より訴えがあれば厳重に吟味する。第四項は、どのような書物にかかわらず、以後、新版の書については、奥書に作者と版元名を記すこと。第五項は、徳川家に関する書物を出版してはいけない。特段の理由があれば、奉行所に願い出ること、となっていた。

享保7年以前にも、出版にかかわる禁令は出されていたが、それ以前の禁令を統合し、以後の出版統制令の基本となったという意味で、この享保の統制令のもつ意義は大きい。なお、享保の統制令以降にも、たとえば、浮世絵の場合であれば一般女性の名を入れてはならない（寛政《かんせい》の改革時）、遊女や役者の絵を描いてはならない（天保《てんぽう》の改革時）など、別の禁止事項も多数加えられている。しかし、このような禁止事項は、一定期間が過ぎるとしだいに緩む傾向があった。

なお、享保初年までに、キリスト教関係の本や科学書四八冊が禁書に指定されていた。このうち八代将軍吉宗《よしむね》は、キリスト教にかかわらない科学書を解禁したが、以後、享保の出版統制令に触れる書として、武家に関係する書や好色本などが絶版扱いとなっていった。明和8年（1771）、京都の本屋仲間はこれらの書名を類別、整理して『禁書目録』を作成している。しかし、キリスト教関係書以外は、本屋による流通は禁じられていても、私蔵することは可能であった。

【版元・本屋の種類】

江戸の出版業は急速に成長、18世紀にはその出版点数は上方を凌駕《りょうが》するようになった。同時に、江戸には出版を行なう版元や本屋が多数存在するようになるが、これらはその業務内容からいくつかに分類できる。

上方からの下り本を取り扱い、専門書や学問書などの出版を行なう、書物問屋（書物屋）。おもに江戸生まれの絵草紙《えぞうし》類の出版を行なう、地本《じほん》問屋（地本屋）。団扇《うちわ》に貼る絵の出版を行なった、団扇問屋（団扇屋）。そのほか、板木を彫る職人の板木屋《はんぎ》（彫師《はりし》・彫工）や貸本屋のなかにも出版を行なう者がいた。

また、出版は行なわないが、地本屋が卸した出版物を販売する絵草紙屋、古本の取り次ぎをし、あるいは露天で本を売ったりした糶本《せりほん》屋などもいた。しかし書物屋と地本屋を兼ねる者は多く、幕末には団扇屋が地本屋として出版を行なうようになる例も少なくない。

書物問屋は享保6年（1721）、地本問屋は寛政2年（1790）、板木屋は寛政3年、団扇問屋は文化以前に、それぞれ同業者組合である問屋仲間が公認された。そして、版権が保護されるとともに、仲間のなかから輪番で出される行事が出版前に改《あらため》（検閲）を行ない、類版・重板、出版統制令に関する違犯事項がないかを調べることとなった。各問屋仲間は、天保の改革期の株仲間廃止によって一時期中断するが、嘉永《かえい》4年（1851）に再結成された。

【地本】

江戸中期以降、江戸では、大衆向けの草双紙《くさぞうし》・浄瑠璃本・浮世絵など一枚摺《ず》りの出版が盛んになる。このような出版物は、下り物ではなく、江戸生まれの地物の出版物という意味で、地本と呼ばれていた。地本問屋の扱う出版物の主力商品である草双紙や浮世絵は、当たりはずれが激しく、版権もないのが特徴であった。

草双紙は、庶民向け小説の総称である。浮世絵は、絵師の肉筆のものもあったが、木版画の浮世絵は、地本問屋の出版物であった。浮世絵版画については、絵師は下絵を描き色の指定を行なうものの、彫りと摺《すり》りの工程は、彫師・摺師《すりし》といった専門の職人に任されていた。はじめから多色摺りであったというわけではなく、墨摺絵《すみずりえ》（墨一色の版画）、漆絵《うるしえ》・丹絵《たんえ》（墨一色の版画に漆や丹を筆彩）、紅摺絵《べにずりえ》（板木による二、三色の色摺版画）、錦絵《にしきえ》（板木による多色摺り版画）と発達した。

錦絵は、板木に見当《けんとう》という、色板を摺り重ねるうえでの目印をつけることで成功した。見当は、最初江戸の版元江見屋《えみや》が工夫したものであったが、明和年間に巨川《きよせん》（旗本の大久保忠舒《おおくぼただのぶ》）らと絵師の鈴木春信《すずきはるのぶ》が、毎年趣向を凝らした大小暦《だいしょうごよみ》の摺物《すりもの》を誂《あつら》え、交換会を催すなかで、より色数の多い豪華な摺物を制作しようとして採用、一般化したものであった。

価格的には、寛政から享和《きょうわ》ごろの草双紙を例にすると、一冊八文、上中下三冊組で二四文ほどという記述がみられ、浮世絵は天保末に一枚一六文が妥当であるとする法令がみられる。ちなみに浮世絵の価格については、「蕎麦《そば》一杯の値段」ととなえることが多い。

本の大きさとジャンル

名称	大きさとジャンル
大本《おおほん》	約27×18cm。美濃半紙を半分に折った寸法。おもに物之本(学術書)に用いられた
中本《ちゅうほん》	大本の半分の大きさ。草双紙のほとんど
特小本《とくしょうほん》	中本の半分の大きさ。袖珍本の類
半紙本《はんしほん》	約22×15cm。半紙判を半分に折った大きさ。通俗的な物之本や絵本に用いられた
小本《こほん》	半紙本の半分の大きさ。洒落本はこの大きさ。蒟蒻(こんにゃく)本ともいう
特大本《とくだいぼん》	大本より大きいもの。特製の献上本など
豆本《まめほん》	小本の半分、またそれ以下の趣味的な本
横本《よこほん》	横長の本。道中案内などの実用書に多い
枡形本《ますがたほん》	ほぼ正方形の本。例外的な判型
縦長本《たてながほん》	縦長の変形判。和刻本の漢籍などに多い

橋口侯之介『和本入門』より作成。

【浮世絵版画の「改」】

浮世絵版画についても、「改」が行なわれ、浮世絵版画の場合は、画中に改済という意味の「極」の字の印が押されることとなった。この印は、寛政3年から天保13年（1842）まで使用され、それ以降は「改」制度の変遷とともに形を変えながら幕末まで押されていった。この改印を見ることで、浮世絵の出版許可年月日などがわかる。

寛政末から、「絵草紙改掛《えぞうしあらためがかり》」と呼ばれるようになる数名の町名主《なぬし》が浮世絵の改にかかわったが、そのなかに、鈴木町の名主和田源七《わだげんしち》がいた。和田源七は、坂本氏製の「仙女香《せんじよこう》」という白粉《おしろい》の商売にかかわっていたことがわかっており、文政《ぶんせい》6年（1823）頃から、「仙女香」の名は、浮世絵や草双紙のなかでさかんに宣伝されていた。天保13年に和田が「押込《おしこめ》」という形で罰せられ、改掛を退くと、「仙女香」の宣伝はみられなくなる。そのためこの宣伝は、和田源七が「改掛」という職権を濫用《らんよう》して、立場の弱い版元たちに無理やり入れさせていたと考えられる。

【幕末の風刺画】

幕末には、ひとつの災害・事件・疫病流行・政変などに対し、改の手間を省いて出版し、短期間に売り抜けることがたびたび行なわれた。これらの絵は、一部改印があるものも存在するが、「改」のないもののほうが圧倒的に多い。

安政《あんせい》2年（1855）10月、江戸は直下型の地震に見舞われた。その直後から鯰《なまず》などを描いた絵が大量に出版され、大流行した。当時の記録では、その数四〇〇種とも記されている（→口絵p247）。これらの絵は現在では鯰絵といわれているが、地震を引き起こした鯰を罰する絵だけではなく、地震後の復興で儲けた建築関係の職人たちが鯰を接待しているものなど多様である。鯰絵は「改」を受けずに出版されたため、何度も注意を受けていたが、結局は、二か月後に数名の版元が捕まるまで、出版が続けられた。

この一件以降も、文久《ぶんきゆう》2年（1862）の麻疹《はしか》流行時には、麻疹よけの呪《まじな》いや、飲食に対する注意などを描いたものが多く出された（→口絵p246）。また、翌3年にイギリス軍艦による江戸襲撃のうわさが流れたときは、江戸から避難する人と江戸に居残る人を茶化したものなどが出版された。そして、慶応《けいおう》4年（1868）の戊辰《ぼしん》戦争時にも、旧幕府軍と新政府軍の戦いを、子どもの喧嘩《けんか》や遊び、大人の寄り合いなどとして描いた絵が、やはり大量に出されていた。

細見

江戸時代名数辞典⑤

"六"から"八"までの巻

【六等】六正刑のなかの六種類の追放のこと。所払《ところばらい》・江戸払・江戸十里四方払・軽追放・中追放・重追放。

【六所遠流《おんる》】罪人の流刑地と定められていた伊豆七島・薩摩五島・天草《あまくさ》・隠岐《おき》・壱岐《いき》・佐渡の六島。

【六段目】浄瑠璃の第六段目、とくに『仮名手本忠臣蔵《かなでほんちゅうしんぐら》』の勘平《かんぺい》腹切の段をいう。六段目で終わることが多いため、転じて終末・これっきりの意味でも使われた。

【お六】木曾街道藪原宿の名産だった黄楊櫛《つげぐし》。妻籠《つまご》宿のお六なる女がつくりはじめたといわれる。

【六奉行】幕府の役職で、軍三奉行の大目付・旗奉行・鑓奉行に、陣場（普請）奉行・小屋（作事）奉行・小荷駄（勘定）奉行を加えた六つ。

【贅六《ぜいろく》】贅はあて字。青二才を蔑《さげす》んでいう毛才六《けざいろく》・下才六を略した才六が江戸風に訛《なま》ったとされ、江戸人が上方の人を罵《ののし》るときに使う。

【七変化《しちへんげ》】七役の早変わりをすること。元禄《げんろく》10年、水木辰之助が京都の都万太夫座《みやこまんだゆうざ》『七化狂詩《ななばけきょうし》』で、犬・業《なり》平《ひら》・老人・小童・六方・藤壺《ふじつぼ》・猩々《しょうじょう》を演じたのが最初。

【吉原の七不思議】大門《おおもん》あれど内に玄関なし・河岸といえど舟をつなぐなし・角町《すみちょう》とて隅にあらず・茶屋の名あって茶を売らず・新造にも婆あり・若い者にも禿げ頭あり・やり手といえど取るばかり。

【八州】関八州のこと。坂東八州ともいう。相模《さがみ》・武《む》蔵・安房《あわ》・上総《かずさ》・下総《しもうさ》・常陸《ひたち》・上野《こうずけ》・下野《しもつけ》の八か国。家康関東入部時には、常陸のかわりに伊豆だった。

【八丁河岸《がし》】江戸の米河岸があった八町。本船町・伊勢町・小網町・小舟町・八間町・堀留町・堀江町・堀江六間町。米の集荷と搬出でにぎわった。

【権八《ごんぱち》】居候《いそうろう》のことで、天明8年初演の歌舞伎『傾情《けいせい》吾嬬鑑《あずまかがみ》』に登場する白井権八が、幡随院長兵衛《ばんずいいんちょうべえ》の食客だったところから出た。

【忘八《ぼうはち》】仁・義・礼・智・忠・信・孝・悌の八つの徳を失った者、または失わせるほどおもしろいところの意味。転じて遊女屋またはその主人、さらに遊蕩《ゆうとう》児《じ》を指す言葉となった。亡八とも書く。

【八箇所惣入用《はちかしょそうにゅうよう》】将軍家の日常生活に関係する幕府八部署の諸経費のこと。御納戸《おなんど》・西丸・御作事方・小普請方・御賄方《おまかないがた》・御細工方・御畳方・御材木方。

【八犬士】曲亭馬琴《ばきん》作の読本『南総里見八犬伝《なんそうさとみはっけんでん》』の主人公。犬山道節《どうせつ》・犬塚信乃《しの》・犬田小文吾《こぶんご》・犬坂毛《け》野《の》・犬飼現八《げんぱち》・犬川荘助《そうすけ》・犬江新兵衛・犬村大学。

2 芸能

芝居

【人形浄瑠璃】

　語り物の伝統と人形操《あやつ》りが結びついて成立したのが「人形浄瑠璃《にんぎょうじょうるり》」、今日の「文楽《ぶんらく》」である。歌舞伎《かぶき》と並んで、江戸時代を代表する芸能といっていい。

　貞享《じょうきょう》元年（１６８４）、竹本義太夫《たけもとぎだゆう》が大坂道頓堀《どうとんぼり》に竹本座を創設、翌年には近松門左衛門《ちかまつもんざえもん》の新作『出世景《しゅつせかげ》清《きよ》』を上演した。この成功以後、義太夫の語る「義太夫節」が上方《かみがた》の浄瑠璃界を席巻し、義太夫以前の語り物は一括して「古浄瑠璃」と呼ばれることとなった。

　近松が、浄瑠璃作者に専念するため大坂へ移住したのは50歳過ぎで、それまでは京都で歌舞伎の作者をおもにしていた。その経験を生かして、市井《しせい》の事件を脚色した「世話《せわ》浄瑠璃」を、新しいジャンルとして確立した。元禄《げんろく》16年（１７０３）の『曾根崎心中《そねざきしんじゅう》』を第一作として、近松は生涯に二四編の世話浄瑠璃を残したが、歴史や伝説に取材した時代浄瑠璃の作品のほうが多く、約九〇を数える。近松は、雄大な構想とリアルな視点を兼備し、豊かな語彙《ごい》による名文を綴《つづ》った。

　宝永《ほうえい》5年（１７０８）頃から、義太夫門下の豊竹若《とよたけわか》太夫《だゆう》が豊竹座を創設して、竹本座と並立した。両座は太夫の語り口の面でも、質実剛健な竹本座の西風、華やかで艶麗《えんれい》な豊竹座の東風と対照的だった。

　人形の遣い方に革命が起きたのは、近松が没した一〇年後である。ひとりで遣っていた人形を三人で遣う「三人遣い」が、享保《きょうほう》19年（１７３４）の『蘆屋道満《あしやどうまん》大内鑑《おおうちかがみ》』ではじめて試みられてから、人形の目や眉、指の動きなどが工夫され、写実化を進めた。

　さらに延享《えんきょう》・寛延《かんえん》期（１７４４～５１）には、『菅《すが》原伝授手習鑑《わらでんじゅてならいかがみ》』『義経千本桜《よしつねせんぼんざくら》』『仮名《かな》手本忠臣蔵《でほんちゅうしんぐら》』などの名作が続々と書き下ろされ、ほぼ同時に歌舞伎にも脚色された。近松没後の並木《なみき》宗輔《そうすけ》や近松半二《ちかまつはんじ》らの作品は、文楽や歌舞伎の主要レパートリーとして舞台の上に生命を保っている点で、近松作品以上に日本の長編戯曲を代表する存在となっている。

【芝居小屋】

常設の芝居小屋での興行という形で、芸能が一般庶民を対象として経済的に成り立つようになったのは、江戸時代の特徴である。それは、特別なハレの場所で行なわれるべき芸能を、日常的に存続させることでもあった。そのため芝居小屋は、いやがうえにも華やかに飾り立てる「風流《ふりゅう》」の精神に満ちていた。

歌舞伎の劇場の正面には、さまざまな種類の看板がすき間なく飾られた。もっとも重要なものは、題名を記す「大名題看板《おおなだいかんばん》」で、文字は勘亭《かんてい》流という書体で太々と記された。ほかに各幕の内容を示す「小名題看板」や、配役を記す「役割看板」があり、これらの情報は、場内で売られる役割番付にも載せられた。

各場面を紹介する「絵看板」も飾られ、江戸では浮世絵の鳥居《とりい》派がこれを担当するのを伝統とした。式三《しきさん》番叟《ばそう》が上演される際には、「翁《おきな》看板」といって、切り出しの立体的な看板が飾られることもあった。さらに贔屓《ひいき》から贈られた酒樽や米俵、炭俵や蒸籠《せいろ》が山のように積まれ、これらは「積物《つみもの》」と呼ばれた。

正面には平土間《ひらどま》などの一般席へ通る鼠木戸《ねずみきど》があり、その前で木戸芸者が声色《こわいろ》を使いながら、呼び込みを行なう。開演中にも木戸番が「呼物《よびもの》」といって、「いまは道成寺《どうじょうじ》じゃ道成寺じゃ」などと呼び知らせた。

江戸の芝居小屋は、享保年間（１７１６～３６）以降、幕府の指示によって、海鼠壁《なまこかべ》の塗屋造《ぬりやづくり》、瓦葺《かわらぶき》屋根の防火構造を採用し、舞台と客席をすべて大屋根で覆う、歌舞伎の劇場様式も整備されてゆく。しかし、たび重なる江戸の大火は防ぎようもなく、たとえば寛政《かんせい》から文化《ぶんか》・文政《ぶんせい》年間（１７８９～１８３０）までの四十数年間に、中村座は七回も焼け落ちている。江戸三座がそろって浅草《あさくさ》の猿若町《さるわかまち》へ移転させられたのも、天《てん》保《ぽう》12年（１８４１）の大火がきっかけであった。三座移転は天保の改革の一環で、老中水野《みずの》忠邦《ただくに》は三座を取り潰《つぶ》す方針であったが、町奉行遠山左衛門尉景元《とおやまさえもんのじょうかげもと》の進言によってまぬがれた。

【芝居見物】

江戸時代の芝居は、明け方ごろから始まり、夕方ごろに終わるのが通例で、夜芝居は原則として禁止されていた。一日中開演していても、今日の相撲見物が、ふつうは中入り以後であるように、江戸の芝居も朝一番からすべてを見物するものではなかった。

芝居見物に関しては、隅田川《すみだがわ》を船で来る客への出迎え、客席への案内、幕間の休憩場所の提供など、上席の世話は芝居茶屋が取り仕切った。観客の側でも、幕間ごとに着物を着替えたり、場内で飲食することもめずらしくなかった。幕間に場内へ、弁当や茶・菓子のほか、絵本番付や浄瑠璃の正本《しょうほん》などを売りにきた。

観客席は二階まであって、二階の上桟敷《うえさじき》が最上等席とされた。一階の桟敷は、鶉籠《うずらかご》に似ているところから「鶉桟敷」と称した。一階中央の枡席《ますせき》が平土間《ひらどま》、さらに安い「切落し《きりおとし》」があった時期もある。大入りになると、舞台の上に客をあげることもあり、舞台と客席が混然となったところが、大きな特色であった。

入場料は一定しないが、六人詰めの桟敷の上等席が銀三〇匁《もんめ》から三五匁で、ひとり一三二文《もん》の大衆席と比べると約一八倍。料金の幅は観客層の多様さの反映でもあった。大名の姫君が駕籠《かご》の中からのぞくため正面の木戸を開けさせたという話もあれば、隠居後の柳沢信鴻《のぶとき》（もと大和郡山《やまとこおりやま》藩主）のように、百数十回の観劇記録をつけた芝居好きもあった。京都では初日から数日は、桟敷に芸子《げいこ》たちを見ない日はなかったともいう。

大坂には、「贔屓連中《ひいきれんじゅう》」という富裕な町人層を中心とする団体があり、役者を後援するだけでなく、新参役者を紹介する「座付引合《ざつきひきあわせ》」の儀式に参加した。贔屓連中が揃《そろ》いの頭巾《ずきん》と衣裳《いしょう》で居並び、拍子《ひょうし》木を打ちながら、褒め言葉や口上を述べて進物をしたのである。贔屓連中のなかには、特定の役者の資料をスクラップする者あり、役者のための出版活動に努める者あり、役者と一緒に錦絵《にしきえ》に描いてもらう者まであった。

【興行の実際】

江戸の芝居の年度は11月から始まった。役者の契約は一年単位が原則で、11月に初日を開ける顔見世《かおみせ》興行が、新しい一座のお披露目《ひろめ》となったのである。その顔ぶれを告知する「顔見世番付」は、一枚一分《ぶ》の高値で売られたが、情報が行き渡ると一二文に下落した。

この11月の顔見世を皮切りに、正月の初春狂言、弥生《やよい》狂言、皐月《さつき》狂言、7月の盆狂言、9月のお名残《なごり》狂言というのが一年間の目安だった。当たればロングランとなり、はずれたときには、つなぎの興行を挟んだ。

江戸では顔見世興行をもっとも重視して、作品世界を決める「世界定め」という儀式もあった。初春狂言は、曾我《そが》兄弟の仇討《あだう》ちを扱った「曾我物」と決まっており、弥生狂言は、奥女中たちの宿下がり期間を当て込んで、ちょうど季節にあわせた花見の場や、大奥を思わせる華やかな御家《おいえ》騒動物などが人気を得た。夏は、上級の役者は休みをとるので安値の土用興行となり、のちには怪談狂言などが上演された。

　江戸では、劇場の所有者が興行権を握って「太夫《たゆう》元《もと》」と称し、絶大な権力を誇った。その下で「帳元《ちょうもと》」が実際の運営を行なうが、太夫元に次ぐ権威をもったのは、出資する「金主《きんしゅ》」であった。文化・文政期の中村座を牛耳《ぎゅうじ》った金主大久保今助《おおくぼいますけ》は、芝居知らずで有名だったが、その多忙さから、鰻《うなぎ》の蒲焼《かばやき》を丼飯にのせて冷めるのを防ぐ鰻丼《うなどん》の発明伝説も残している。

　京坂では、興行権をもつ「名代《なだい》」、劇場をもつ「小《こ》屋主《やぬし》」、興行の名義を握る「座本《ざもと》」が、それぞれ別で、江戸のような太夫元の権威はなかった。役者が一年丸抱えとなる制度も、崩れはじめるのは上方からで、18世紀後期の名優初代嵐雛助《あらしひなすけ》は、「鯨《くじら》と俺は丸ごと買えない」と豪語して、興行ごとの契約を認めさせた。

　一年契約の場合でも、給金は何度かに分割して支払

おもな浄瑠璃・歌舞伎作者

名前・生没年	事績
近松門左衛門《ちかまつもんざえもん》 1653〜1724	歌舞伎・浄瑠璃作者。越前国吉江藩士の次男として生まれる。京都で公家に仕えたのち、劇作の世界に入る。時代物の代表作『国性爺合戦』は17か月の連続上演となった
竹田出雲《たけだいずも》（初代） ？〜1747	浄瑠璃作者。竹本義太夫の跡をついで竹本座の座元となった。作品に『蘆屋道満大内鑑』などがある
竹田出雲《たけだいずも》（二代目） 1691〜1756	浄瑠璃作者。初代竹田出雲の子。座元として手腕をふるい、浄瑠璃の最盛期をつくりだした。作品は『義経千本桜』（並木千柳らと合作）など
並木宗輔《なみきそうすけ》 1695〜1751	浄瑠璃・歌舞伎作者。僧であったが30歳ごろ還俗、豊竹座の作者となった。歌舞伎作者に転じ、のち並木千柳の名で竹本座の作者となる。作品は『菅原伝授手習鑑』『仮名手本忠臣蔵』（竹田出雲らと合作）など
近松半二《ちかまつはんじ》 1725〜83	浄瑠璃作者。大坂の儒者の子。二代竹田出雲に入門、近松門左衛門に私淑し姓を名のる。浄瑠璃が衰退に向かうなか『妹背山婦女庭訓』（三好松洛らと合作）など多くの傑作を残す
並木正三《なみきしょうざ》（初代） 1730〜73	歌舞伎作者。大坂道頓堀の芝居茶屋泉屋の子。並木宗輔に入門し、のち歌舞伎作者に転じた。舞台機構の革新に功績を残し、スケール豊かな作品で歌舞伎の隆盛を導いた
並木五瓶《なみきごへい》（初代） 1747〜1808	歌舞伎作者。初代並木正三の弟子。大坂で人気を博し、寛政6年に300両の契約金で江戸に下った。代表作は『五大力恋緘』など
鶴屋南北《つるやなんぼく》（四代目） 1755〜1829	歌舞伎作者。江戸日本橋の紺屋に生まれる。庶民生活をリアルに描く生世話物を確立、世相を反映した殺し場や濡れ場、またはブラックユーモアで観客を魅了した。代表作は『東海道四谷怪談』など
瀬川如皐《せがわじょこう》（三代目） 1806〜81	歌舞伎作者。五代目鶴屋南北の弟子。「切られ与三」として知られる『与話情浮名横櫛』などが代表作
河竹黙阿弥《かわたけもくあみ》 1816〜93	歌舞伎作者。江戸日本橋の商家に生まれる。五代目鶴屋南北に入門、安政以降、白浪物（盗賊物）で地位を確立。生涯に残した作品は360以上。代表作は『三人吉三廓初買』、『白浪五人男』とも呼ばれる『青砥稿花紅彩画』など

われた。各座の競争は役者の給金の高騰を招き、各座を苦労させる原因となったのである。

【歌舞伎の演出】

歌舞伎の劇場機構は、18世紀なかばに一応の完成をみた。客席を貫通する「花道《はなみち》」とともに、芝居小屋全体を表現の空間として用いるのが、歌舞伎の特徴であるが、上方の狂言作者並木正三《なみきしょうざ》の主導によって、「セリ上げ」「廻《まわ》り舞台」「がんどう返し」などの舞台機構が開発され、さらに多彩な舞台演出が可能となった。

のちの文化・文政年間に、怪談や早替わりを売りものにした作品が盛んになると、江戸の大道具師長谷川《はせがわ》勘兵衛《かんべえ》がさらに工夫を加え、廻り舞台の盆が二重になって、逆方向に回転できる「蛇《じゃ》の目《め》廻し」なども考案された。客席の頭上をゆく宙乗りや、本水《ほんみず》を使った立ち回りとともに、めまぐるしい場面転換が見せ場となり、いわば大道具の早替わりを見せたのである。

ケレンを見せる芝居は、扮装《ふんそう》にも多くの工夫をもたらした。鬘《かつら》では、羽《は》二重《ぶたえ》の生え際が開発され、リアルな女形《おんながた》（女方）の鬘を可能にする一方、怪談ものでは、毛の抜けた跡から血が滴る仕掛けなどを生んだ。

歌舞伎の扮装のなかで、役者たちがもっとも意を用いたのは、衣裳である。下回《したまわ》りの役者は劇場が所有する蔵《くら》衣裳を着たが、名題《なだい》になると自前で調達したので、衣裳は、その役者の個性と勢力を誇示する指標になった。あまりの贅沢《ぜいたく》に幕府はたびたび干渉したが、役者同士の競い合いがやむはずもなかった。

七代目市川団十郎《だんじゅうろう》は天保の改革に際して、あまりの贅沢を咎《とが》められて江戸から追放されたが、舞台で本物の鎧《よろい》を着用したというのも理由のひとつだった。また、団十郎は博多《はかた》の海賊毛剃《けぞり》九右衛門《くえもん》を演じるにあたっても、九州巡業で買い込んだギヤマンの盃《さかずき》をはじめとする長崎土産の数々を小道具に用いたともいう。

【歌舞伎の役者】

歌舞伎の役者は、「役柄」によってそのタイプが分類された。男の役では「立役《たちやく》」「敵役《かたきやく》」「若衆方《わかしゅかた》」「道《どう》化方《けかた》」「親仁方《おやじがた》」など、女の役には「若女方《わかおんながた》」「花《か》車方《しゃがた》（年増《としま》・老女）」などがあげられた。役柄の分化は、戯曲内容の複雑化に伴って進み、のちには多くの役柄を兼ねる役者を賞美する傾向も生まれるが、まず類型によって人物を把握するのが江戸時代の人間観であった。

役柄の違いは、看板や番付の位置に反映されるだけでなく、楽屋の場所もそれによって決まった。表向き三階建ては禁じられていたので、実質的な二階を中二階《ちゅうにかい》と呼んで、中二階は女形、その上の三階を立役が占めた。一階には稲荷《いなり》を祀《まつ》り、その前に「稲荷町《いなりまち》」と呼ぶ部屋があり、最下級の立役が入った。向かいは「囃子《はやし》町《まち》」と名付けて、囃子方が入った。

役柄とは別に役者間の階級も厳しく、「立者《たてもの》（名題役者）」「間中《あいちゅう》」「中通《ちゅうどお》り」「稲荷町」「色子《いろこ》」の区別があった。「色子」は、下級の女形で、芝居町近辺の陰《かげ》間《ま》茶屋などとも縁が深かった。

明け方、まだお客も来ないような時間帯の「序開《じょびら》き」が稲荷町による寸劇で、続く「二立目《ふたたてめ》」が間中の持ち場、「三立目《みたてめ》」からようやく実質的な序幕が始まるというのが、江戸の芝居のつくりであった。

序幕から始まる一連の物語が「一番目」で、続いて「二番目」。全部で「四番続」という立て前であったが、実際には「二番目」までしかなく、時間切れを意味する「まず本日はこれ切り」という「切口上《きりこうじょう》」で終幕とする習慣には、はっきりとした結末を求めない気質が現われている。

【芝居の広がり】

大都市に常設された「大芝居」のほかに、「宮地《みやち》芝居」と呼ばれる寺社境内に仮設された下級劇場があった。仮設とはいえ、期限が切れるとふたたび願いを出すので事実上は常設に近かったが、大芝居との階級差は厳しかった。こうした点、江戸はきわめて保守的である。

大坂にも「中芝居《ちゅうしばい》」という中級劇場や「ちんこ芝居（子供芝居）」などがあった。これらは大芝居よりも安い大衆劇場で、大坂では大芝居の役者の修業階梯《かいてい》と位置づけられ、中芝居で初演された作品が大芝居のレパートリーになるなどの交流があった。

歌舞伎は大都市だけのものではなく、たとえば文政8年（１８２５）の「諸国芝居《しょこくしばい》繁栄数《はんえいず》望《もう》」という番付には、全国の一四〇近い芝居が列挙されている。さらに農村での村芝居のための舞台が、昭和30年代の調査で約一五〇〇棟報告されており、日本全国の隅々にまで歌舞伎文化の行き渡っていたことが想像される。

江戸・大坂・京の三都に続く芝居としては、名古屋・伊勢・金沢・宮島などが、とくに知られた。こうした地方には、三都から地方巡業に出ることもあれば、土地に根づいた役者もあり、なかには地方回りを専門とする役者を輩出する「役者村」が、播州《ばんしゅう》や周防《すおう》、豊《ぶ》前《ぜん》・豊後《ぶんご》などにあったことが知られている。

農村での芝居は、農閑期に行なわれる素人芝居のほかに、村への経済効果を見込んで劇団を呼ぶ「買芝居」もあった。興行に介在する若者組や、土地に顔のきく侠客《きょうかく》的存在など、芝居の存在は社会全体に深く根を下ろしていたのである。

演芸

【江戸落語の始祖】

江戸落語の、いわば始祖といえるのが、天和《てんな》・貞《じょう》享《きょう》から元禄《げんろく》（1681〜1704）にかけて活躍した鹿野武左衛門《しかのぶざえもん》である。相前後して京都に露《つゆ》の五郎兵衛《ごろべえ》、大坂に米沢彦八《よねざわひこはち》という、やはり落語の祖と称される人物が出ているが、彼らが街頭で演じる「辻噺《つじばなし》」中心の活動を行なったのに対し、武左衛門は富裕な町家や武家の座敷で活発に活動した点に特色がある。当時の江戸名物案内書にも「座敷仕方噺《ざしきしかたばなし》」の肩書きで見える。

武左衛門は『鹿野武左衛門口伝《くでん》ばなし』『鹿の巻筆』といった噺本《はなしぼん》（小咄《こばなし》を集めた出版物）の出版も活発に行なった。ところが元禄6年頃、馬が「今年は疫病が流行する」としゃべったというデマが広がり、それに乗じてひと儲《もう》けを企んだ浪人と八百屋《やおや》が首謀者として逮捕される事件が起きた。二人が、馬が口をきくというのは武左衛門の噺本から着想したと述べたため、武左衛門は巻き添えとなり、咎《とが》めを受けた。一説には、武左衛門の口演した噺に、将軍綱吉《つなよし》を諷《ふう》したものがあったためともいわれる。具体的な罪状などは結局のところ不明だが（従来八丈島《はちじょうじま》へ遠島《えんとう》、本の板木は焼却といわれたが、現在では否定）、以後約一〇〇年の間、江戸の落語は歴史の表から姿を消してしまう。

【江戸落語の展開】

天明《てんめい》（1781〜89）ごろ、落語復活の機縁をつくったのが、「落語中興の祖」と呼ばれた烏亭《うてい》（立川《たちかわ》）焉馬《えんば》であった。焉馬はもと大工の棟梁《とうりょう》で、狂歌師・戯《げ》作者《さくしゃ》としても活躍した。彼が主催した「咄《はなし》の会」（教養ある趣味人たちを中心に、新作小咄を披露しあう会）が大ブームを巻き起こしたのである。「咄の会」には式亭三馬《しきていさんば》・山東京伝《さんとうきょうでん》といった戯作者も多く出席し、披露された作を集めた噺本も活発に出版された。

名跡《みょうせき》や、江戸落語の様式といった意味で、現在に続く落語家の第一号は三笑亭可楽《さんしょうていからく》といえるだろう。本名を京屋又五郎《きょうやまたごろう》（又三郎とも）といい、もと櫛《くし》職人だった。大坂下りの岡本万作《おかもとまんさく》が江戸で「軽口頓作《かるくちとんさく》」の興行を成功させたのに刺激を受け、山生亭花楽《さんしょうていからく》の名で「寛《かん》政《せい》十年下谷柳《したややなぎ》の稲荷《いなり》社内」興行を行なったが、わずか五日でネタ切れになったという。その後は地方回りでネタを蓄え、焉馬主催の咄の会とも交流し、寛政12年（1800）、三笑亭可楽と改名してはじめての自分の会を開催、文化《ぶんか》元年（1804）には「三題噺」を演じはじめ、職業落語家としての地位を確立した。

可楽とほぼ同時期に三遊亭円生《さんゆうていえんしょう》、可楽の弟子の朝寝《あさね》房《ぼう》むらく・林家正蔵《はやしやしょうぞう》らが落語家として出発した。むらくは人物の感情を描き分ける人情噺《にんじょうばなし》、円生は歌舞伎《かぶき》の演出を取り入れる芝居噺《しばいばなし》、正蔵は道具や人形を応用する怪談噺《かいだんばなし》の、それぞれ元祖とされる。演目が整備されるのもこのころで、彼らの残した噺本のなかには現行の『金明竹《きんめいちく》』『七段目《しちだんめ》』『猫忠《ねこただ》』などの演目が見える。

上方《かみがた》でも、文化・文政《ぶんせい》期（1804〜30）に入ると職業落語家の活動が明確になる。それまでも五郎兵衛や彦八の系譜を引く芸人が活躍を続けていたが、いわゆる身ぶり物真似《ものまね》や声色《こわいろ》といった芸と混交した形で展開した。しかし先にあげた万作と前後して松田弥助《まつだやすけ》、桂文治《かつらぶんじ》（初代）が出て、その門葉が栄えるにつれ、現在の上方落語につながる様式が洗練されていった。

文政ごろには東西交流も進み、正蔵の弟子林家正三《しょうざ》は上方に腰を据え、上方林家派の祖となる。一方で文治の名前も三代目からは江戸の名跡として引き継がれることになり、門下から多くの名手を出した。

【講談の流れ】

笑いを重視する落語に対し、講談は知識や物語内容を重視する芸といえよう。落語が「話す」ものであるの対し、講談は「読む」という。演目もまた、落語に一席物が多いのに対し、完結まで何日もかけて演じる連続物が基本であった。元来「講釈」と呼ばれていたように、『太平記《たいへいき》』などの古典や軍記物語などの書物を、解釈などを交えながら平易に読み聞かせるところから出発し、元禄前後には江戸に赤松青龍軒《あかまつせいりゅうけん》、京都に原栄宅《はらえいたく》、大坂に赤松梅龍《あかまつばいりゅう》といった有名人が出た。

18世紀頃からは大名家の御家騒動物、仇討《あだう》ち物などが重要な演目に加わり、娯楽面が重要視されてくる。実録（体小説）と呼ばれる、事実をもとにした小説と緊密な関係をもつようになるのもこのころで、以後、写本で流布する実録と表裏をなす形で、演目の多様化、長編化が進んでいく。

こうしたなか、世話《せわ》物・侠客《きょうかく》物の始祖といわれる馬《ば》場《ば》文耕《ぶんこう》は時事問題を積極的に取り上げたが、郡上一揆《ぐじょういっき》を口演し、大名家を悪《あ》しざまに批判したために宝暦《ほうれき》8年（1758）に逮捕、死罪になった。この文耕の弟子といわれる森川馬谷《もりかわばこく》は娯楽化を大幅に推し進めた。演目を修羅場《しゅらば》（合戦《かっせん》物）、評定《ひょうじょう》物（御家騒動や政談）、世話物と区別し、また看板やビラの書き方など近代まで踏襲された興行形式の基礎を固めたとされる。

その後、19世紀頃からは世話物を中心に女性客にも受けるおもしろい講談を心がけた桃林亭東玉《とうりんていとうぎょく》、人物の声音《こわね》を使い分け、とりわけ職人に人気のあった東流斎《とうりゅうさい》（宝井《たからい》）馬琴《ばきん》が現われ、娯楽化がいっそう進んでいく。その一方、あくまで「御記録読《ごきろくよみ》」の態度を貫き、威儀を正して軍記物や『三国志《さんごくし》』などを読んだ伊東燕晋《いとうえんしん》は、時の将軍家斉《いえなり》に召されるなど、講談のもうひとつの面を後世に伝えた。

また、南鶴《なんかく》を始祖とする田辺《たなべ》派は無本（テキストを暗記して口演する）を特色とし、門下からは南龍《なんりゅう》、南《なん》窓《そう》などの名手を輩出した。田辺派と同じ流れを汲《く》み、伯龍《はくりゅう》を祖とする神田派からは初代神田伯山が出て『天《てん》一坊《いちぼう》』で大人気を取った。

【寄席芸の繁栄】

19世紀初頭には、寄席《よせ》は歌舞伎《かぶき》や人形浄瑠璃《にんぎょうじょうるり》といった芸と並ぶ重要な娯楽となっていた。その後、安政《あんせい》2年（1855）の大地震後は大工・左官の手当が増えたためもあり、職人を中心に観客層が広く厚くなり、席の規模も数十人程度の小さなものから、二〇〇人前後も入る大きなものまでできるようになった。幕末には各町内に必ず一～二軒の寄席があったという。

寄席は釈場《しゃくば》と呼ばれる講釈専門の席、のちに色物《いろもの》席と呼ばれる落語中心の席に大別され、合わせて文化12年には七五軒、文政末には一二五軒（『嬉遊笑覧《きゆうしょうらん》』）を数えた。天保《てんぽう》の改革でいったんは市街地一五軒、寺社地九軒に制限されたものの、改革崩壊後は講釈場二二〇軒、落語席一七二軒にものぼった（『大江戸都会荒増日勘定』）という。

興行期間は講釈場で一か月単位、落語席は当初は七日単位だったが、のちに落語席はおおむね一五日ずつの上席《かみせき》・下席《しもせき》単位で区切る形になった。木戸《きど》銭《せん》は安くて一二文、高いと五六文の場合もあったが、多くは三六～四八文程度。座布団代を別に取る席もあった。そのほか下足札《げそくふだ》が四文、中入りには一五文程度の籤《くじ》を前座が売りにきた。通常、午《うま》の刻半から七つ（午後1時～4時頃）の昼席、六つ半から四つ（午後7時～10時頃）の夜席の一日二回興行だったが、夜のみ・昼のみの興行を行なう席もあった。とくに講談では昼席が重視され、夜興行の「小夜講《こやこう》」は一格下の存在とされた。

【諸芸の交流】

文政から天保にかけて（1818～44）は、義太《ぎだ》夫《ゆう》節や各種の音曲《おんぎょく》、声色《こわいろ》や手品などもさかんに上演され、なかでも娘義太夫は専門の寄席もできた。

嘉永《かえい》（1848～54）ごろにはトリ（興行の最後）に出演する、あるいはその資格のある真打《しんうち》や前座といった階級もほぼ固まり、トリの落語家は人情噺

（長編の続き物）を演じるという慣習が定着した。講談席でも演者が前座・中座《ちゅうざ》・真打に分かれ、真打は前後二席を演じる形が固まった。講釈師と落語家の演目が接近するのもこのころで、落語家から講釈師へ、また逆に講釈師から落語家へ転身する例が目立ってくる。

また、歌舞伎や小説など他ジャンルとの題材の相互影響は18世紀頃からみられるが、19世紀以降になると、題材だけでなく芸そのものの交流が顕著にみられる。たとえば『勧進帳《かんじんちょう》』（天保11年初演）が、能『安宅《あたか》』を原拠とするのは有名だが、能にはない「山伏《やまぶし》問答」の場面は講談を取り込んだものである。小説では人情本の祖為永春水《ためながしゅんすい》が、一時期為永正輔《しょうすけ》の名で講談を演じていた例が有名で、その作品にも講談からの影響が指摘されている。

さらに最幕末の文久期《ぶんきゅう》（1861〜64）には当時の趣味人・戯作者・歌舞伎作者・落語家が一堂に会する「三題噺の会」が流行し、そのなかからいくつもの演芸・小説・歌舞伎の新作が生み出された。

文化・文政期以降のおもな寄席芸人

名称	生没年・事績
船遊亭扇橋《せんゆうていせんきょう》	？〜1829。初代可楽門下。噺に音曲を入れる「音曲噺」の祖といわれる
翁屋《おきなや》さん馬《ば》	？〜1847。初代可楽門下。芸名は能狂言の『翁・三番叟』から。二代目可楽を継ぐ
三笑亭可上《さんしょうていかじょう》	初代可楽門下。文化ごろ、目の部分に穴を空け顔の上半分を覆う「目かつら」を用いた演出を工夫し、「百眼」と称した
都々一坊扇歌《どどいつぼうせんか》	1804〜52。初代扇橋門下。都々逸節などの音曲で活躍、謎かけを得意にした
古今亭《ここんてい》志《し》ん生《しょう》	1809〜56。初代円生門下。長編人情噺を得意とし、名人といわれた
金原亭馬生《きんげんていばしょう》	？〜1838。初代円生門下。怪談噺、人情噺を得意とした
麗々亭柳橋《れいれいていりゅうきょう》	？〜1840。初代扇橋門下。続き物の人情噺が得意で、その元祖ともいわれる
三遊亭円朝《さんゆうていえんちょう》	1839〜1900。二代目円生門下。『真景累ヶ淵』ほか数多くの創作を残し、近代落語の祖とされる名人
乾坤坊良斎《けんこうぼうりょうさい》	1769〜1860。初代可楽門下から講釈師に。創作力に富み多数の演目を残した
一龍斎貞山《いちりゅうさいていざん》	1799〜1855。初代典山門下。『義士銘々伝』（赤穂浪士）を得意とし、多くの門弟を育てた
小金井芦洲《こがねいろしゅう》	1799〜1863。初代東玉門下。博識で多くの演目を創作した
伊東燕凌《いとうえんりょう》（二代）	1801〜55。燕晋門下。軍談を得意とし、「山伏問答」は歌舞伎の『勧進帳』に取り込まれた
石川一夢《いしかわいちむ》	1804〜54。世話物の名手。『佐倉義民伝』を得意とし、落語家と共演もした
松林亭伯円《しょうりんていはくえん》	1812〜55。初代伯龍門下。世話物の名手として知られた。松林派の祖
錦城斎典山《きんじょうさいてんざん》	天保ごろ活躍。時代物・世話物ともによくこなし、『伊賀越の仇討ち』で一世を風靡した
松林伯円《しょうりんはくえん》（二代）	1832〜1905。白浪（泥棒）物の名手。創作も多く、落語の円朝、歌舞伎の団十郎と並び称された

細見

曾我物の世界
江戸の新年は曾我狂言で始まった

新興都市であった江戸は、物語の舞台となったり、文学的な記憶の源泉となるという点においても、上方《かみがた》に大きく差をつけられていた。そうしたなかで、江戸の庶民にとって、関東で旗揚げした平将門《たいらのまさかど》と、富士の裾野《すその》で親の敵を討った曾我《そが》兄弟とは、特別な存在だったといえよう。

とりわけ曾我十郎と五郎の兄弟は、元禄《げんろく》年間（1688～1704）以降に、江戸の劇場の初春興行は曾我兄弟を題材とするという習慣が定まったため、江戸庶民にとって年中行事さながらの身近な存在となった。

毎年正月に新作された曾我物では、兄弟が敵の工藤《くどう》祐経《すけつね》にはじめて出会う『曾我の対面《たいめん》』や、神社の石段で立ち回りを見せる『曾我の石段《いしだん》』など、定番の場面が吉例とされた。五郎が敵工藤祐経との初対面を喜ぶ、「今日は、いかなる吉日にて」という台詞《せりふ》は、鶯《うぐいす》の初音「ホーホケキョ」に聞こえるように抑揚をつける、などという口伝があるように、めでたさが工夫された江戸随一の祝祭劇であった。

源頼朝《みなもとのよりとも》の重臣工藤祐経を親の敵とめざし、一八年かけて本懐を遂げた曾我兄弟の事跡は、『吾妻鏡《あずまかがみ》』や『曾我物語』に説かれている。芸能としても中世の能楽をはじめ、各種の語り物の題材となり、浄瑠璃《じょうるり》でも語られていた。

歌舞伎では、元禄以降の宝永《ほうえい》・正徳《しょうとく》年間（1704～16）ごろには、冷静な兄十郎を柔和な二枚目にあたる「和事《わごと》」で、血気盛んな弟五郎を荒々しい力の表現をもっぱらとする「荒事《あらごと》」の演技様式で演じるようになる。小袖《こそで》の模様も『曾我物語』の記述から、十郎が千鳥、五郎が蝶の模様に決まっていた。敵の工藤も、覚悟のうえで討たれてやる器量人と設定したことで、座頭《ざがしら》役者にふさわしい役どころとなり、老若の女形や道化方、渋い実事《じつごと》師など、一座の役者を網羅できるような役々が定型化されていった。

定型化された物語とキャラクターからなる作品世界を、歌舞伎では「世界」という。その「世界」に新たな「趣向」を施して、新しい作品をつくりあげてゆくのが常である。曾我の世界でも、さまざまな趣向が凝らされ、ここから花川戸《はなかわど》の助六《すけろく》（じつは曾我五郎）や「矢の根」の五郎など、のちに「歌舞伎十八番」に数えあげられる、江戸歌舞伎にとって重要な役が誕生していったのである。

第七章 学びと学問

武士たらんものは、正月元日の朝、雑煮の餅を祝うとて箸を取初るより、其《その》年の大晦日の夕に至る迄《まで》、日々夜々死を常に心にあつるを以《もつて》、本意の第一とは仕《つかまつ》るにて候。死をさえ常に心にあて候えば、忠孝の二つの道にも相叶い、萬《よろず》の悪事災難をも遁《のが》れ、其身無病息災にして寿命長久に、剰《あまつさ》え其人がら迄も宜《よろし》く罷成《まかりなり》、其徳多き事に候。其子細を申《もうす》に、惣而《そうじて》人間の命をば夕べの露あしたの霜になぞらえ、随分はかなき物に致し置候中にも、殊更《ことさら》危きは武士の身命にて候を、人々己が心すましに、いつ迄も長生を仕る了簡なるに依《より》て、主君へも末長き御奉公、親々への孝養も末久き義也と在るから、事起りて主君へも不奉公を仕り、親々への孝行も疎略には罷成にて候。

大道寺友山『武家初心集』より

史料を愉しむ 7

三井親《しん》和《な》筆屏風

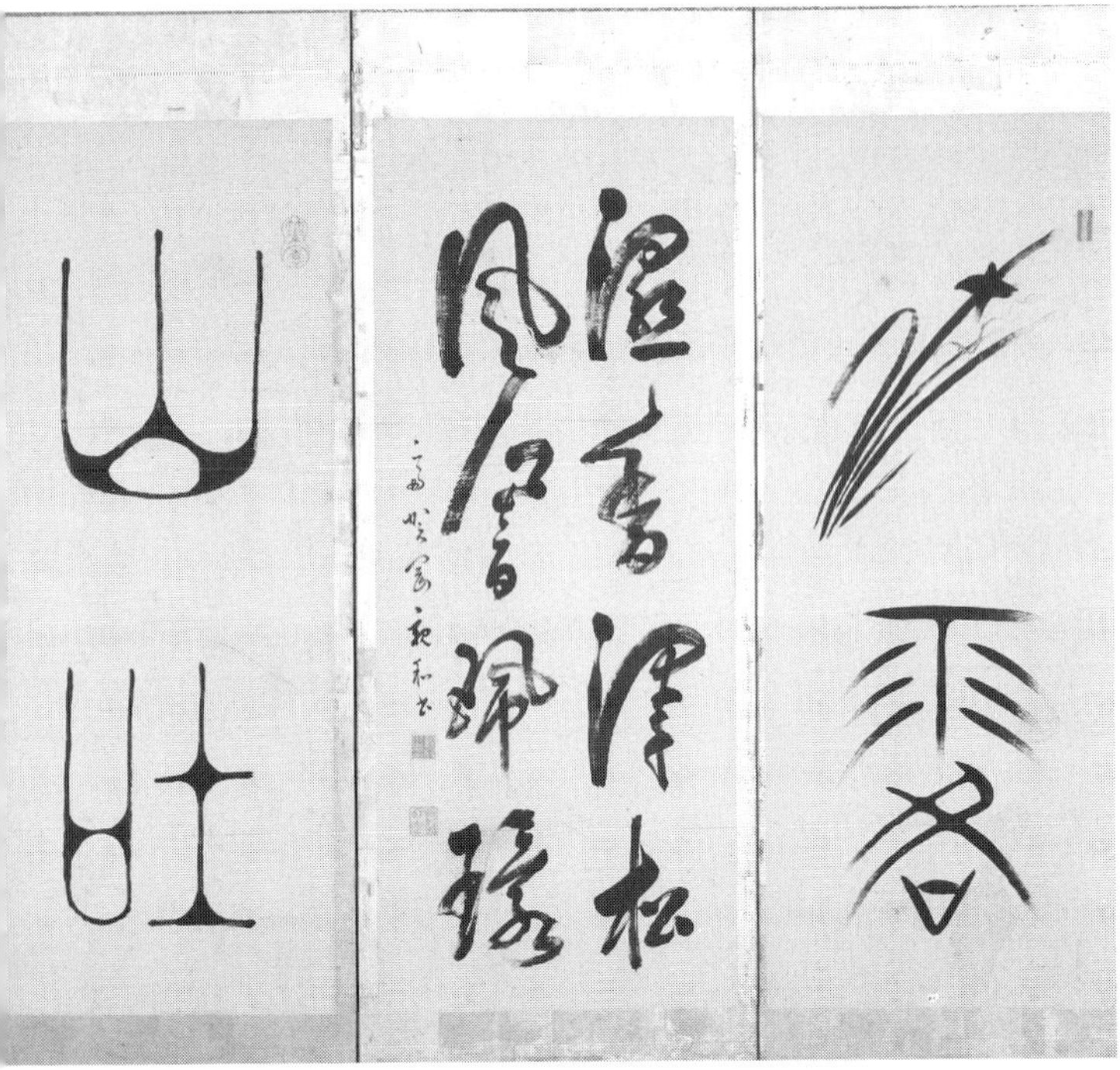

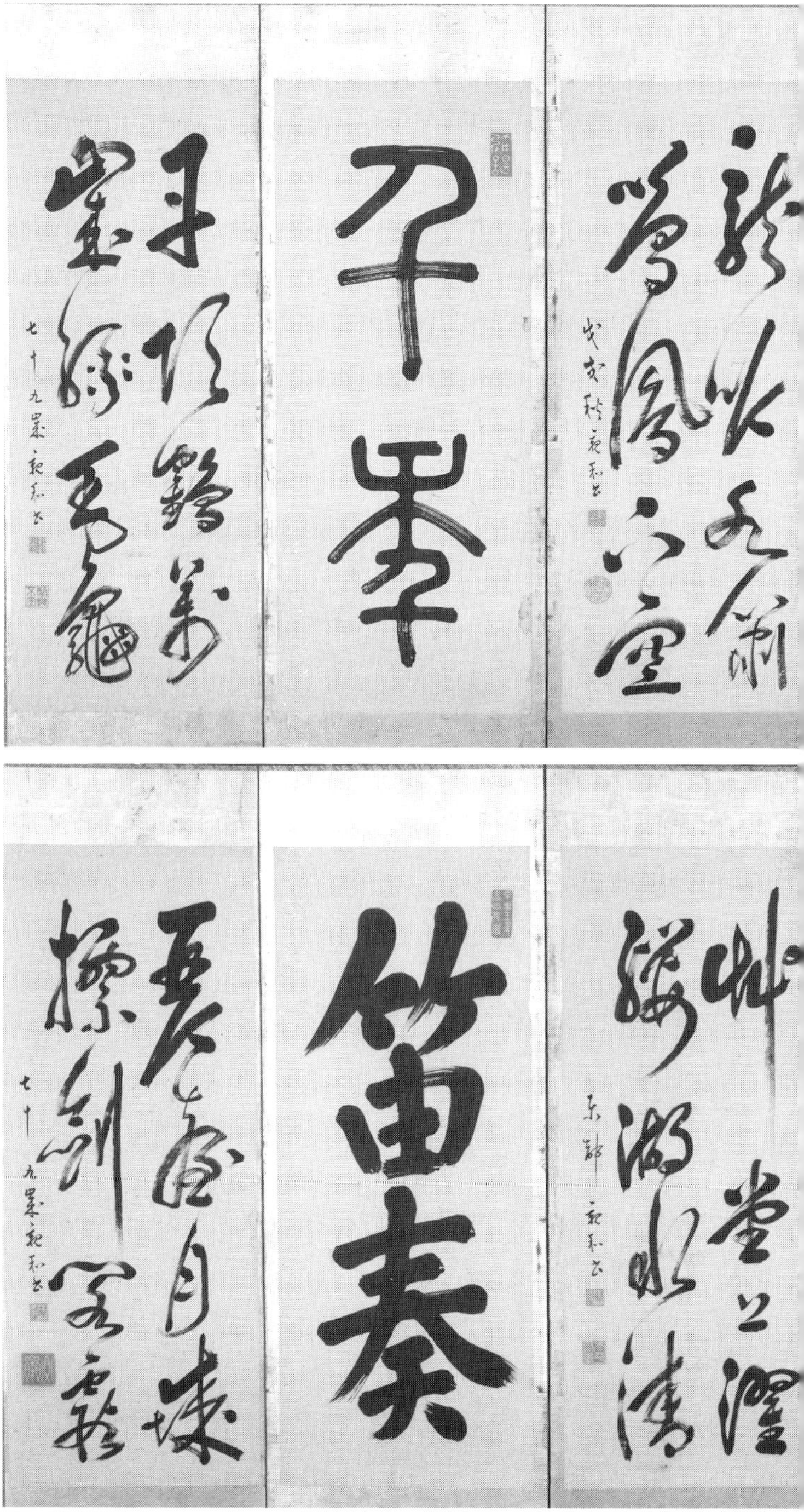

江戸時代中期に活躍した書家三井親和《しんな》によるさまざまな書法を仕立てた、六曲一双の屏風。親和は篆書《てんしょ》では東都随一と称賛され、「親和染め」として浴衣《ゆかた》などの染め柄に用いられた。安永《あんえい》8年（1779）。江戸東京博物館。

1 学びの場

官学

【湯島聖堂と昌平坂学問所】

儒学（朱子《しゅし》学《がく》）が幕府の学問「官学」とされた契機は、慶長《けいちょう》10年（1605）に、儒学者藤原惺窩《ふじわらせいか》の推挙により徳川家康《いえやす》が林羅山《はやしらざん》を召し抱えたことであった。羅山は、明経博士《みょうきょうはかせ》（儒教の経典を教える職）の舟橋秀《ふなはしひで》賢《かた》、相国寺《しょうこくじ》の僧西笑承兌《せいしょうじょうたい》、円光寺《えんこうじ》の僧三要元佶《さんようげんきつ》らと並んで、文辞《ぶんじ》や故実《こじつ》などに関する家康の諮問《しもん》に答えた。以後、家康・秀忠《ひでただ》・家光《いえみつ》・家綱《いえつな》と四代の将軍に仕え、寛永《かんえい》7年（1630）には家光の寄付金により、上野忍岡《しのぶがおか》に家塾（弘文館《こうぶんかん》）が設立された。

儒学を重んじた五代将軍綱吉《つなよし》の治世になると、元禄《げんろく》3年（1690）に湯島に聖堂が建設され、林家《りんけ》の家塾もそこに移った。孔子《こうし》を祀《まつ》る儀式である釈奠《せきてん》の費用として、幕府から祀田《しでん》一〇〇〇石が寄進され、幕府の厚い保護のもと聖堂は公的な性格を強めた。また、元禄4年には聖堂内の仰高門《ぎょうこうもん》東舎で、一般の人々へ経書の講釈も行なわれた。享保《きょうほう》2年（1717）、八代将軍吉宗《よしむね》の学問奨励《しょうれい》により、聖堂の仰高門東舎で林家の門下生に四書の講釈《こうしゃく》が毎日行なわれ（仰高門日講）、武士のみならず町人にも聴講が許された。聖堂内の饗応座敷では、幕臣に対して聖堂の儒員（朱子学を教える講師）による講釈が行なわれた（御座敷講釈）。

老中松平定信《まつだいらさだのぶ》の主導による寛政《かんせい》の改革を受けて、寛政2年（1790）に朱子学を正学《せいがく》とする寛政異学《いがく》の禁《きん》が発せられ、ここではじめて朱子学が官学となった。寛政5年には美濃《みの》国岩村《いわむら》藩主松平乗蘊《のりもり》の子、衡《たいら》（林述斎《じゅつさい》）が林家の相続人となり、大学頭《だいがくのかみ》就任とともに学問所を取り仕切ることとなる。

寛政9年に聖堂および林家の家塾は幕府に収公され、幕府直轄の教育施設として昌平坂《しょうへいざか》学問所が新設された。

正式には「学問所」または「昌平黌《しょうへいこう》」とも呼ばれ、寛政11年には大成殿《たいせいでん》も落成し、敷地の総面積は一万一六〇〇余坪（約三万八三〇〇㎡）となり、杏壇門《きょうだんもん》、入徳門《にゅうとくもん》、仰高門《ぎょうこうもん》の三門をはじめ、多くの施設が建設された（現在の遺構は入徳門のみ）。

学問所は、儒者五～六人のほかに教授方出役頭取《きょうじゅかたしゅつやくとうどり》三名、教授方出役一〇～一二名、勤番頭二名、勤番二〇名、下番《かばん》が三〇名などで維持運営した。聖堂付きの儒者には、「寛政の三博士」といわれる柴野《しばの》栗山《りつざん》・岡《おか》田《だ》寒泉《かんせん》（のち古賀《こが》精里《せいり》にかわる）・尾《び》藤二洲《とうじしゅう》が登用され、ほかに幕末期に佐《さ》藤一斎《とういっさい》、安《あ》積艮斎《さかごんさい》、河田《かわだ》迪斎《てきさい》らの儒者を採用して名声を高めた。

学問所では人材登用策として、「素《そ》読吟味《どくぎんみ》」と「学問吟味」という試験制度があった。素読吟味は口頭試験で、四《し》書五経《しょごきょう》の一節を暗唱した。旗本・御家人の年少者が対象で、合格者は学問所の寄宿稽古《げいこ》の入学試験を免除された。学問吟味は筆記試験で、四書五経などの一節が出題され、内容の解釈、使用語句の説明、書籍の引用を交えた考察などを行なう。合格者には、御《お》徒《かち》から支配勘定《かんじょう》となった大田《おおた》南畝《なんぽ》（蜀山人《しょくさんじん》）、のちに勘定奉行となった遠山景晋《とおやまかげみち》などが知られる。立身出世を望む下級武士層にとり、学問所での研鑽《けんさん》は数少ないチャンスであった。

【和学講談所と塙保己一】

寛政5年、国学者の塙保己一《はなわほきいち》は幕府に願い出て、和学を講究する施設、和《わ》学講談所《がくこうだんしょ》を開設した。文献の調査、幕府の依頼による史料調査や出版物の検閲、講談所独自の出版事業などを行なった。文化《ぶんか》2年（1805）、江戸麹町《こうじまち》から表六番町《おもてろくばんちょう》へ移転。寺社奉行の支配下から、寛政7年林大学頭《はやしだいがくのかみ》の支配となり、運営費が支給されて官立に準じる機関となった。

講談所は会頭四名をはじめ、頭取・出役《しゅつやく》・稽古人《けいこにん》世話役心得・稽古人などが運営し、慶応《けいおう》4年（1868）には総員四一名。会頭の屋代弘賢《やしろひろかた》を中心に『群書《ぐんしょ》類従《るいじゅう》』『史料』『武《ぶ》家《け》名目抄《めいもくしょう》』『続群書類従』などの編《へん》纂《さん》が行なわれ、『日本後紀』『令義解《りょうのぎげ》』『百練抄《ひやくれんしょう》』などを出版した。文久《ぶんきゅう》2年（1862）、後継者の塙忠宝《ただとみ》が暗殺されると経営は悪化し、慶応4年に廃止された。

【医学館と医学所】

医学館は幕府直轄の医学の教育機関で、幕府奥医師の多《た》紀《き》元孝《もとたか》が経営していた私塾、躋寿館《せいじゅかん》を前身とする。躋寿館は明和《めいわ》2年（1765）に神田佐久間町に建てられ、漢方医学を江戸の町人・武士の子弟に教授した。明和9年に江戸の火事で類焼し、翌安永《あんえい》2年に町医師の寄付金で再建された。
寛政3年、元孝の孫、元簡《もとやす》の代に幕府直轄となり「医学館」と改称、官立の医学校となった。多紀氏を会頭としたが、官立のため陪臣医《ばいしんい》（藩医）や町医師への講義は行なわれず、入学も禁じられた。入学試験の優秀者は官医へ昇進した。天保《てんぽう》14年（1843）には、町医師の聴講も許された。維新後の明治2年（1869）に医学所の所管となり、種痘館《しゅとうかん》と改称した。

医学所は幕府直轄の西洋医学の教育機関で、その前身は安政《あんせい》5年（1858）設立の神田《かんだ》お玉《たまが》ケ池《いけ》の種痘所《しゅとうじょ》である。種痘所の運営は蘭学者たちの寄付によったが、万延《まんえん》元年（1860）に幕府直轄となり、種痘以外にも蘭方医学を教授した。初代頭取は大槻俊斎《おおつきしゅんさい》で、文久《ぶんきゅう》元年（1861）に西洋医学所と改称。種痘・解剖・教育の三分科により西洋医学を教える教育機関となったが、翌年俊斎が死亡し、後任は大坂より適塾《てきじゅく》の緒方洪庵《おがたこうあん》が招聘《しょうへい》され、名称も医学所と改められた。洪庵も就任一〇か月の文久3年に急死し、長崎でオランダ海軍軍医のポンペから医術を学んだ松本良順《まつもとりょうじゅん》が迎えられた。究理（物理）・舎密《セイミ》（化学）・薬剤・解剖《かいぼう》・生理・病理・療養・内科に分けて講義が行なわれた。明治2年（1869）2月には医学校兼病院と改称し、以後は大学東校・東京医学校などを経て、東京大学医学部となった。

【講武所】

開国に際して西洋式の近代的軍隊に刺激された幕府は、旗本・御家人層に剣・鑓《やり》・砲術などを講習させる必要性を痛感し、教育・演習施設である講武所《こうぶしょ》を開設した。安政《あんせい》元年（1854）江戸築地の下総《しもうさ》国佐《さ》倉《くら》藩堀田正篤《ほったまさあつ》中屋敷を上知《あげち》して講武場とし、筋違《すじかい》門外・四谷門外・神田橋門外・深川越中島《えっちゅうじま》に分置場を設けることを決定。同2年に留《る》守《す》居《い》・大番頭《おおばんがしら》・書院番頭・小姓《こしょう》組《ぐみ》番頭などを講武場総裁兼勤に命じた。同3年には講武所と改称し、一〇名の総裁職を廃止して久貝正典《くがいまさのり》・池田長顕《いけだながあき》の二名を講武所主役とした。安政2年4月には築地に講武所が竣工、同4年4月に軍艦教授所（のちの軍艦操練所）、同5年正月に越中島に講武所附《づき》銃隊調練場が設置された。同7年正月、講武所は神田小《お》川町《がわまち》へ移転し、講武所奉行（二名）が新設された。

講武所は軍制改革により幕府士官養成所として体裁を整えたが、長州戦争後の慶応2年（1866）陸軍所と改称し、砲術訓練場となった。最後の講武所奉行遠藤胤城《えんどうたねき》・石川総管《いしかわふさかね》は陸軍奉行並《なみ》となり、主要幹部は遊撃隊頭取に編成された。講武所教授方には、男谷精《おだにせい》一郎《いちろう》・高島秋帆《たかしましゅうはん》・勝海舟《かつかいしゅう》らが就任していたことがある。

藩校と私塾

【岡山　花畠教場と閑谷学校】

江戸時代、各藩の城下には藩校が設けられ、藩士の子弟は儒学をはじめ、医学・武術などを学習した。儒学の教義には、領内の統治や、武士として人間形成の根幹となすべき事柄が多く含まれていた。

寛政《かんせい》期（１７８９〜１８０１）以降は、全国的な規模で藩校の開設が増加する。寛政の改革を受けて朱子《しゅし》学《がく》が幕府の正学となると、各藩で「寛政異学の禁」により朱子学を採用した。子弟の入学年齢は各藩によって違うが、数えの7、8歳ごろから学びはじめ、ほとんどの藩校は強制的に藩士の子弟を入学させた。

初期の藩校では、寛永《かんえい》18年（１６４１）に建設された岡山《おかやま》藩の花畠教場《はなばたけきょうじょう》が知られ、藩主の池田光政《いけだみつまさ》は儒教を通じて領内を治めようと努めた。開設二五年後の寛文《かんぶん》6年、花畠教場を廃し、石山仮学館《いしやまかりがくかん》を設置して生徒を移した。同9年には城内三の外曲輪《そとぐるわ》内に岡山藩校を竣工し、儒学者熊沢蕃山《くまざわばんざん》を招いて漢学・習字・礼式・武芸などを教えた。この花畠教場を先駆として、明治4年（１８７１）までに二五五校の藩校が開設されている。

また岡山藩は、寛文8年、庶民教育のための手習《てならい》所を、和気郡《わけぐん》木谷《きや》村《むら》をはじめ一二三か所に設置した。しかし、藩の財政上の理由から削減され、郷学《ごうがく》（藩校と寺子屋の中間的な学校で、庶民と藩士を教えたところもあった）として統合された。そのひとつが庶民子弟を教育する閑谷《しずたに》学校の前身となった。閑谷学校では、初・中級程度の朱子学・習字・算術などを教えた。

岡山藩校の運営費には、学田《まなびた》二〇〇〇石（宝暦《ほうれき》年間〔１７５１〜６４〕より一〇〇〇石）が与えられていたが、閑谷学校の運営費は、木谷村の一部を学校領（二七九石あまり）にし、また領内で働く農民を木谷村に移住させて維持・運営を図った。

【徂徠学から朱子学に移った萩明倫館】

萩《はぎ》藩の明倫館《めいりんかん》は享保《きょうほう》4年（１７１９）に、六代藩主毛利吉元《もうりよしもと》により、文武奨励を目的に設立された。藩から年間経費として五〇〇石が支給され、文学・兵学・武術・書道・天文・礼式などを教えた。明倫館の二代目学頭《がくとう》の山県周南《やまがたしゅうなん》は荻生徂徠《おぎゅうそらい》の門下生で、これ以降萩藩は徂徠学の影響が強くなる。嘉永《かえい》2年（１８４９）に一四代藩主の毛利敬親《たかちか》が、藩政改革の一環として明倫館を敷地一万五〇〇〇坪以上の江向《えむかい》村に移転し、藩士の教育制度を一新した。敷地内には孔子廟《こうしびょう》・水練池・馬場・講堂・練兵場を設けた。学科は、経学（儒教の経典の研究）・歴史・制度・兵学・博学・文学の六科とし、藩全体の学問統一を図るため従来の徂徠学から朱子学へと学風を変更した。藩内の郷学にも朱子学を採用させた。

藩校に通う子弟は、年齢によって小学（8～14歳）と大学（15歳以上）に分けられ、小学を修了すると大学へ進学した。大学では選抜試験により進級が行なわれ、成績優秀者は、学力に応じて修業年数を短縮できた。萩藩では明倫館のほかに、医学教育を行なった好《こう》生館《せいかん》、文久《ぶんきゅう》3年（1863）に山口講習館から拡充された山口明倫館があり、幕末維新期に多くの有能な人材を輩出した。

【福岡修猷館と水戸弘道館】

福岡《ふくおか》藩の藩校は天明《てんめい》4年（1784）、幼少の九代藩主黒田斉隆《なりたか》の治世に、七代藩主治之《はるゆき》の遺言により東西の学問所に分けて開校された。東学問所修猷館《しゅうゆうかん》は、代々藩主に仕えた儒学者の竹田定良《さだよし》を館長とし、西学問所甘棠館《かんとうかん》は、『半夜話《はんやばなし》』や『肥後《ひご》物語』の著書で藩政改革を主張する儒医亀井南冥《かめいなんめい》を館長とした。竹田が朱子学派であるのに対し、亀井は徂徠学派であった。同一藩校内で異なる学派を採用し、藩士の子弟の自由選択に任せた事例はめずらしい。とくに南冥は「肥《ひ》に椿寿《ちんじゅ》あり、筑《ちく》に南冥あり」と呼ばれ、医学者吉益東洞《よしますとうどう》の高弟たる肥後の村井琴山《きんざん》（椿寿）と並ぶ学者であり、「学問則政治」論は多くの藩士に受容された。南冥は蘭学にも興味をもち、福岡藩の蘭学受容の契機となった。寛政10年（1798）校舎の焼失により甘棠館は廃校となり、藩校は修猷館ひとつに統一された。

水戸の弘道館《こうどうかん》は天保《てんぽう》12年（1841）、九代藩主徳川斉昭《なりあき》が城内三の丸に開設した。初代頭取は儒学者の青山延于《のぶゆき》と会沢正志《あいざわせいし》斎《さい》。神儒一致・忠孝一致・文武一致・学問事業一致・治教一致などを教育方針とし、水戸学の尊王攘夷《そんのうじょうい》思想をはじめ、西洋医学など実用的な知識も教えた。入学年齢は15歳以上で、40歳以上は入学を免除された。敷地には、孔子廟《こうしびょう》のほか天文台・医学館・馬場・調練場、さらに鹿島《かしま》神社もあった。天保14年に、江戸小石川《こいしかわ》藩邸にも弘道館を設け、在府の藩士とその子弟が学んだ。

【藤樹書院と古義堂】

日本陽明学《ようめいがく》の祖で「近江聖人《おうみせいじん》」とも称された中江《なかえ》藤《とう》樹《じゅ》が開いた私塾を藤樹書院という。祖父の跡を継いで、伊予《いよ》国大洲《おおす》藩の郡奉行を勤めたが、寛永11年（163

4）、退官の願いが許されず脱藩、生地近江に帰郷して塾を開いたとされる。藤樹は当初朱子学を信奉したが、やがて観念的な朱子学に反発し、『王陽明《おうようめい》全書』に影響を受けた陽明学による実践重視の教えを主張した。藤樹の高弟熊沢蕃山《くまざわばんざん》は、藤樹書院で学んだのち岡山藩の池田光政に仕え、藩校の花畠教場で活躍した。幕府の採用する朱子学を批判した蕃山は処罰されたが、幕末には儒学者の藤田東湖《ふじたとうこ》や長州藩の吉田松陰《よしだしょういん》などに再評価された。

京都の儒者伊藤仁斎《いとうじんさい》が、寛文2年（1662）に近《この》衛《え》堀川《ほりかわ》の自宅を塾としたのが古義堂《こぎどう》である。塾名のとおり、孔子・孟子《もうし》の古義にさかのぼって儒学を解釈する実証主義的な方法を特徴とし、古義学派と呼ばれた。仁斎は生涯を通じてどの藩にも仕えず、また代々の子孫も堀川で塾を経営したため、古義堂は堀川学校とも呼ばれている。公家・在京の武士・町人・上京した農民など、さまざまな階層が受講した。

【広瀬淡窓と咸宜園】

咸宜園《かんぎえん》は、文化《ぶんか》2年（1805）、豊後《ぶんご》国日田《ひた》の御

江戸時代のおもな藩校・郷学・私塾など

設立年	設立地	藩校名	設立者
藩校			
寛永18	岡山	花畠教場【はなばたけきょうじょう】	池田光政
享保4	萩	明倫館【めいりんかん】	毛利吉元
元文2	仙台	養賢堂【ようけんどう】	伊達吉村
宝暦5	熊本	時習館【じしゅうかん】	細川重賢
宝暦10	高知	教授館【こうじゅかん】	山内豊敷
安永2	鹿児島	造士館【ぞうしかん】	島津重豪
安永5	米沢	興譲館【こうじょうかん】	上杉治憲
天明1	佐賀	弘道館【こうどうかん】	鍋島治茂
天明2	広島	修道館【しゅうどうかん】	浅野吉長
天明3	名古屋	明倫堂【めいりんどう】	徳川義直
天明4	福岡	修猷館【しゅうゆうかん】	黒田斉隆
天明6	福山	弘道館【こうどうかん】	阿部正倫
寛政1	秋田	明徳館【めいとくかん】	佐竹義和
寛政3	和歌山	学習館【がくしゅうかん】	徳川治宝
寛政4	金沢	明倫堂【めいりんどう】	前田治脩
寛政9	江戸	昌平坂学問所【しょうへいざかがくもんじょ】	徳川家斉
寛政11	会津	日新館【にっしんかん】	松平容頌
文化1	庄内	致道館【ちどうかん】	酒井忠徳
天保1	彦根	弘道館【こうどうかん】	井伊直中
天保11	盛岡	明義堂【めいぎどう】	南部利済
天保12	水戸	弘道館【こうどうかん】	徳川斉昭
安政3	徳島	長久館【ちょうきゅうかん】	蜂須賀斉裕
郷学			
寛文8	岡山	閑谷学校【しずたにがっこう】	池田光政
享保2	大坂	含翠堂【がんすいどう】(老松堂【ろうしょうどう】)	土橋友直

設立年	設立地	私塾名	設立者	学問
寛永11	青柳	藤樹書院【とうじゅしょいん】	中江藤樹	漢学
寛文2	京都	古義堂【こぎどう】	伊藤仁斎	漢学
宝永6	江戸	蘐園塾【けんえんじゅく】	荻生徂徠	漢学
享保9	大坂	懐徳堂【かいとくどう】	中井甃庵	漢学
宝暦8	松坂	鈴の屋【すずのや】	本居宣長	国学
天明6	江戸	芝蘭堂【しらんどう】	大槻玄沢	蘭学・洋学
寛政8	神辺	廉塾【れんじゅく】	菅 茶山	漢学
文化14	日田	咸宜園【かんぎえん】	広瀬淡窓	漢学
文政7	長崎	鳴滝塾【なるたきじゅく】	フィリップ・シーボルト	蘭学・洋学
天保1頃	大坂	洗心洞【せんしんどう】	大塩中斎	漢学
天保9	大坂	適塾【てきじゅく】	緒方洪庵	蘭学・洋学
天保13	韮山	韮山塾【にらやまじゅく】	江川担庵	蘭学・洋学
天保13	萩	松下村塾【しょうかそんじゅく】	玉木文之進	漢学
弘化4	宿南	青谿書院【せいけいしょいん】	池田草庵	漢学

辻本雅史「藩学と儒学」『週刊朝日百科日本の歴史91　江戸の学問』、石川謙『石門心学史』などより作成。

用商人であった広瀬《ひろせ》淡窓《たんそう》が、家業を弟に譲って開いた私塾である。当初桂林荘《けいりんそう》といったが、文化14年、門人の増加とともに塾を新築移転して咸宜園と称した。淡窓は福岡の亀井《かめい》南冥《なんめい》に師事したが、病気療養のため退塾。肥前《ひぜん》国大村《おおむら》藩、豊後《ぶんご》国府内《ふない》藩に招かれたほかは、京都・大坂・江戸の地を踏んでいない。折衷学を基本とし、新古の学問にとらわれず四書《しょ》五経《ごきょう》の実証的な解釈をもって門下の指導にあたった。咸宜園は、身分・学歴・年齢を問わず実力本位で評価する「三奪法《さんだつほう》」で知られる。毎月の定期試験で、一級から九級までの成績を発表する「月旦評《げったんひょう》」も行なわれ、門下生を平等に評価することを特徴とした。

淡窓の死後も塾は明治30年（1897）まで存続し、全国各地からの入門者は四五〇〇人を超え、近世最大規模の私塾である。門人には、蘭学者高野長英《たかのちょうえい》、兵学者大村益次郎《おおむらますじろう》、儒学者羽倉簡堂《はぐらかんどう》などがいる。

【芝蘭堂と鳴滝塾】

杉田《すぎた》玄白《げんぱく》と前野良沢《まえのりょうたく》に蘭学を学んだ大槻玄沢《おおつきげんたく》が、天《てん》明《めい》6年（1786）江戸京橋に開設した塾が芝蘭堂《しらんどう》である。通称の「玄沢」は両師匠から一字をもらったもの。同年仙台藩の侍医となった玄沢は、玄白の興《おこ》した天真楼《てんしんろう》を引き継ぐ形で塾を開いて蘭学を教授し、蘭書の翻訳なども行なった。弟子には、宇田川玄真《うだがわげんしん》（榛《しん》斎《さい》）・稲村三伯《いなむらさんぱく》・橋本宗吉《はしもとそうきち》・山村才助《やまむらさいすけ》などがいる。入門帳には九四名の門弟が記され、また長男玄幹《げんかん》著『先《せん》考行実《こうこうじつ》』には門弟数百人とあり、蘭学普及の中心的存在であった。

芝蘭堂では寛政6年閏《うるう》11月11日（1795年1月1日）「オランダ正月」と呼ばれる西洋暦（太陽暦）に合わせた新年会を開いた。門下生市川岳山《いちかわがくざん》の「芝蘭堂新元会図」によると、洋式の酒宴に杉田玄白、宇田川玄随、大槻玄沢、大黒屋光太夫《だいこくやこうだゆう》らが参加している。新年会は玄沢没後の天保《てんぽう》8年まで続けられた。

文政《ぶんせい》6年（1823）、オランダ商館付医員として来日したドイツ人医師のシーボルトが、翌7年に長崎郊外に開設したのが鳴滝塾《なるたきじゅく》である。塾は診療所を兼ね、幕府の許可を得て多くの日本人に医学や自然科学を教授した。門下生には蘭学者の高野長英・伊東玄朴《いとうげんぼく》・小《こ》関三英《せきさんえい》・二宮敬作《にのみやけいさく》など五〇名以上がおり、日本の科学発展に寄与した。シーボルトはオランダ商館長の江戸参府にも同行し、幕府天文方《てんもんかた》の高橋景保《たかはしかげやす》とも親交を深めた。シーボルトは文政11年に帰国する際、景保から譲り受けた国禁の地図（大日本沿海輿地《よち》全図）の海外持ち出しが発覚し、翌年国外追放となり、景保は入牢した（のち獄死）。これをシーボルト事件と呼ぶ。

寺子屋

【寺子屋の普及】

江戸時代には、庶民にまで教育が普及した。庶民の教育機関である寺子屋《てらこや》は、室町時代末に寺院で武士の子弟を中心に教えたのが始まりである。

「寺子屋」という呼称は、当時は一般的ではなく、「手習《てならい》」「手跡指南《しゅせきしなん》」「筆道稽古《ひつどうけいこ》（所）」などと呼ばれたようである。

明治16年（１８８３）文部省編纂《へんさん》の『日本教育史資料』によれば、寺子屋は江戸時代を通じて一万六五六〇軒あった。しかし、これは明治期の調査で、あまり正確なものではない。たとえば、同資料では千葉県で一一三名の手習い師匠が確認されるが、近年、同県内の手習い師匠の墓石や顕彰碑などを調査した結果、三三〇〇名余を数え、従来の数値の約三〇倍となった。

【師匠・生徒数・謝礼】

寺子屋は、師匠がひとりで経営する零細《れいさい》なものが多く、教える子どもの数も二〇～三〇人程度が多かったが、都市部では一〇〇名を超えるところもあった。

江戸時代の初めは、手習い師匠となる者は、当時の知識人層である僧侶が中心であった。都市部では下級武士や浪人などが師匠となる場合もあったが、元禄《げんろく》期（１６８８～１７０４）には、庶民教育の普及を背景に、しだいに町人が中心となって寺子屋を営むようになっていった。商品経済の発達した農村部では、村役人層を中心に寺子屋を営むようになり、江戸時代後期には僧侶の数をしのいだ。

授業の謝礼は、都市部では「手習い」の技術習得に対する代価として、金銭が支払われた。入学金にあたる束脩《そくしゅう》や、月謝にあたる月並銭《つきなみせん》などのほかに、正月や盆暮れ・節句などに、金銭や酒・魚などを師匠に贈った。束脩は江戸では銭二、三〇〇文～銀一朱程度、月並銭は一〇〇～二〇〇文程度（幕末）であったといわれる。農村部では、都市部のように束脩や月並銭を取らずに、正月や盆暮れなどに米や野菜などを師匠へ贈る場合が多かった。

【寺子屋で使われた教科書「往来物」】

手本である教科書は、一般に「往来物《おうらいもの》」と呼ばれた。往来物とは、往復一対の書状、つまり進状（往状）と返状（来状）の形式であることから名付けられた。往来物の起源は、平安時代後期（11世紀中ごろ）の貴族・僧侶などの手習本『明衡往来《めいごうおうらい》』とされる。江戸時代に入ると出版技術の発達に伴って多種多様な往来物が刊行され、広く町人・農民層に普及した。その数は現在確認されているだけでも、約七〇〇〇種以上にも及んでいる。

往来物は必ずしも書状形式だけでなく、人の苗字《みようじ》に使用する漢字を収録した『名頭《ながしら》』や、近隣の村名を収録した『村名尽《むらなづくし》』なども多かった。なかには身分や職業にふさわしい単語や短句などを収録する往来物も現われ、そのひとつ『商売往来』は江戸時代に広く流布した。

元禄7年（1694）に大坂ではじめて刊行された『商売往来』は、商業活動に必要な文字、貨幣の単位や商品名などを収録する。江戸では俗に「名頭《ながしら》と江戸方角《ほうがく》と村の名と商売往来これでたくさん」と詠まれ、必要最小限の知識は、人の名前と江戸の地理、さらに商売に欠かせない文字を勉強するくらいでちょうどよいという認識があった。

農業を対象とした往来物『田舎《いなか》往来』は、『商売往来』に五〇年以上も遅れて宝暦《ほうれき》5年（1755）に刊行された。都市では学びへの要求がいかに強かったかがわかる。往来物の出現は、庶民を教えた寺子屋が商業活動の発達とともに展開したことを物語っている。

往来物を使った学習は、「いろは」の仮名から始まり、単漢字・熟語や地名などを経て、農業や商業に必要な短文・短句、証文類へと進むのが一般的であり、実用的な学習を基本とした。

【授業風景】

正月や盆暮れなどを除いて、授業はほぼ毎日行なわれた。授業日数の決まりはなく、子どもは家の都合で行かない日もあった。授業時間にも決まりはないが、朝方6時〜8時前頃に始まり、午後3時くらいには終えた。手習いに必要な道具は、机・筆・墨《すみ》・硯《すずり》・文鎮《ぶんちん》・練習帳である草紙《そうし》（双紙）・水を入れる水滴などがあり、机以外の道具一式は「文庫」と呼ばれる木箱に収納した。子どもたちは机（天神机《てんじんづくえ》ともいう）と文庫を持参して師匠のところへ入門する。寺子屋を辞めるまで道具は置いたままで、ふだんは練習帳である草紙を持って通った。

寺子屋ではおもに、生活に必要な文字の「読み」「書き」を教えた。師匠から与えられた手本をもとに、草紙に薄墨から書きはじめて、墨を濃くしながら何度も文字の練習を行なう。草紙が真っ黒になるまで練習をするが、紙が貴重であった当時はこれを水洗いして、干してからもう一度使用することも通常であった。

往来物一覧

分類	内容	往来物
古往来	平安後期〜室町時代に成立したもの	『明衡往来』『釈氏往来』『庭訓往来』など
教訓科	徳育やしつけ・礼儀作法に関するもの	『いろは四十八文字』『仮名手本』『実語教』『童子教』など
社会科	社会生活に必要な知識・教養・趣味に関するもの	『慶安御触書』『御高札写』 など
語彙科	単語や短句などの語彙を集めたもの	『小野篁歌字尽』『名頭字尽』『村名尽』『国尽』『近道子宝』など
消息科	手紙に使用される語句や例文を集めたもの	『消息文例』『消息詞』『新消息』『消息往来』『文林節用筆海往来』など
地理科	日本各地あるいは全国・世界の地名や地理に関するもの	『泰平江戸往来』『都路往来』『都名所往来』『浪花往来』『妙義詣』など
歴史科	歴史的人物や事件に関する記事で構成したもの	『古状揃』『武家往来』 など
産業科	農・工・商の諸職に必要な知識に関するもの	『商売往来』『問屋往来』『舟方往来』『百姓往来』『農業往来』『田舎往来』など
理数科	算法書(和算・洋算)や暦法・身体.近代以降の「窮理学(生物・物理・化学・地学など)」など自然科学に関するもの	『塵却記』『身体往来』 など
合本科	上記の各分野の往来を複数合本したもの	『〈堀氏〉寺子往来』『太平節用福寿往来』 など
女子用	女性用に編まれた往来や「百人一首」「重宝記」などの類	『国尽女文章』『女今川』『女大学』 など

石川松太郎編・小泉吉永編著『往来物解題辞典』より作成。

学習課程にも、とくに決まりはない。寺子屋では個別教授が基本であり、師匠が教え子一人ひとりの学習進度に合わせて往来物を与えた。また、ひとりの師匠が大勢の子どもたちと対面式で授業を行なうのではなく、個人指導のもと、子どもたちがそれぞれ自分の好きな場所に机を置いて、各自が文字の練習を行なった。

寺子屋への入学は随時認めていたが、江戸では二月の最初の「午《うま》の日」に入学する習慣があった。一室で学ぶ子どもたちの年齢層も異なっていた。したがって、教場では先生にかわって、年長者が年下の子どもを指導することもあった。入学年齢にも決まりはなく、学ばせたいときが入学年齢となる。しかし、江戸では、ほとんどの子どもが数えの7、8歳で学びにきたようである。学習期間には個人差があるが、三〜四年間も学べばひととおりの文字の「読み」「書き」ができたとされる。

寺子屋での罰としては、湯飲みと線香を持ち、机の上に立たされる捧満《ほうまん》がある。また、留置《とめおき》と呼ぶ居残りもあった。しかし、寺子屋では原則的に、体罰によって勉強を強《し》いることはあまりなかったとされている。

【寺子屋の評価法】

「読み」「書き」の評価としては、「浚《さら》い」や「席書《せきがき》」

といった試験のようなものがあった。浚いとは、師匠が定期的に学習進度を確認するため、子どもたちに暗唱・暗書（手本を見ないで書く）させることである。評価の仕方は、今日のように成績順位を決める評価法ではない。子どもが誤った文字を書いた場合、師匠はその文字に○や□の印をつける。文字の評点も、三本・二本・一本の縦線や天・地・人、松・竹・梅の三段階にしたりする（場合によっては桃・栗を入れて五段階）。つまり学習の達成度を評価するだけであった。優秀な子どもたちには「清風明月《せいふうめいげつ》」「温厚和平《おんこうわへい》」といった評語を添削《てんさく》用紙に書き加えたりもした。子ども一人ひとりを個別に評価する方法がとられたのである。

席書とは、「席」すなわち会場を設けて、子どもたちの「書」の上達を披露することである。子どもたちの書いた文字は壁や柱などに貼られ、人々に披露される。会場は師匠の自宅が多かったが、江戸の大規模な寺子屋では、料亭なども借りた。席書は子どもたちの日ごろの成果の発表会にとどまらず、師匠の書いた作品も掲げられた。親や近隣の人々に対して、手習い師匠の実力を披露する場でもあったのである。

会場である師匠の家では門戸や障子などを開放し、子どもたちの書は通行人にも鑑賞され、公開性の強いイベントとなった。席書は寺子屋の年中行事のなかでも、もっとも華やかな行事のひとつで、師匠は上下《かみしも》（裃）を着用し、子どもたちも晴れ着で参加した。地域によっても違うが、春・秋の二度行なうところが多かった。

【書き初めと七夕】

年頭の「書き初め」も、寺子屋の重要な年中行事で、一年の始まりに際して、子どもたちが日ごろの成果を披露する。同じく正月（地域によっては二月も）の25日には「天神講《てんじんこう》」が行なわれた。これは学問の神様である菅原道真《すがわらのみちざね》（天神様）を祀《まつ》る行事である。師匠の家では天神様を描いた絵が掲げられ、餅《もち》や菓子などのお供えをして、手習いの上達を祈った。

7月には七夕《たなばた》の行事がある。芋《いも》の葉の露を硯に入れて墨をすり、和歌や願い事を書いた五色の短冊を笹《ささ》の葉へかけ、書の上達を祈った。短冊ではなく梶《かじ》の葉にも書いたが、これは織姫《おりひめ》が梶の葉姫とも呼ばれていたためである。短冊のほかにも、硯・筆・算盤《そろばん》、吹流しや西瓜《すいか》など、手習いや七夕伝説に関するものを色紙でつくり、同じ笹の枝にかけて屋根の上に立てた。広重の『名所江戸百景《めいしょえどひゃっけい》』でもおなじみの光景だが、高台から見た七夕の江戸市中は、風に揺れる多くの笹竹で覆われていた。

細見

幕末革命の実態
革命は現実的な駆け引きの連続

明治維新をめぐる歴史像には、さまざまな思惑が絡んでいる。明治の新政府は、その誕生物語として、維新の元勲たちの英雄譚《たん》を正史とし、巷間《こうかん》では坂本龍馬《さかもとりょうま》をはじめ革命家のドラマがもてはやされてきた。

革命物語のハイライトは、慶応《けいおう》2年（1866）1月21日に結ばれた薩長同盟であろう。討幕のためには、仇敵《きゅうてき》の間柄にある薩摩《さつま》藩と長州《ちょうしゅう》藩を和解させ、協力体制をつくらねばと考えた坂本龍馬が、西郷隆盛《さいごうたかもり》と木《き》戸《ど》孝允《たかよし》を説得して同盟を締結させ、武力討幕をめざした、明治維新の原点とされる出来事である。

しかし、実際の同盟の内容は、存亡の危機にあった長州藩に対して、薩摩藩が、冤罪《えんざい》を晴らし、政治的復権に向けて協力を申し出たもので、そのため軍事的圧力を用いることが記されているのみである。また、戦闘の対象とされたのは、一会桑《いちかいそう》（一橋《ひとつばし》・会津《あいづ》・桑名《くわな》）であり、幕府ではない。

結果的に幕府側が大敗したため、この時点から薩長が討幕に邁進《まいしん》したという物語が成立してしまう。しかし、幕府が全国の藩を結集して攻め入ろうとしているとき、当の長州藩が幕府を倒そうとするのは現実的ではない。仇敵の薩摩藩がそれにつきあって滅びるリスクを負うのは、さらに現実的ではない。

幕末政治は英雄的なドラマの連続ではなく、実際は現実的な政治的駆け引きの積み重ねであり、藩の意思として討幕をめざした藩はひとつもなかった。大政奉《たいせいほう》還《かん》―王政復古《おうせいふっこ》―鳥羽《とば》・伏見《ふしみ》の戦いへと至るつぎのハイライトも、従来とは異なる実情が明らかとなっている。

平和的な王政復古と、新政権での中心的な位置をめざした徳川慶喜《とくがわよしのぶ》の最大の問題点は、抗戦を主張する会津藩であった。慶喜は、前日に王政復古のクーデターの情報を得ていたが黙認し、暴発を避けるため大坂へ下る。一方、大久保利通《おおくぼとしみち》らも、幕府との交戦を避け、天下人心を一新するため、慶喜に反省の意を表させ、旧勢力の象徴として会津藩打倒をめざす。王政復古後は、圧倒的な軍事力と、幕府軍との交戦を望まない新政権内の世論を背景に、政権への参加を要求する慶喜の圧勝に終わろうとしていた。鳥羽・伏見の戦いは、追いつめられた大久保・西郷らの「暴発」の結果だった。

幕府の完敗という結果からさかのぼり、新政府によってつくられた維新期のイメージは、必ずしも実態を反映したものではないのである。

2 学問と思想

儒学と国学

【儒学と朱子学】

儒学は、幕府や藩の教学として重んじられ、名分・礼節・秩序などをおもな教義とするため、将軍・大名などの封建君主によって大いに採用された。なかでも中世に禅宗とともに伝わった朱子学は、慶長《けいちょう》12年（1607）、徳川家康《いえやす》が林羅山《はやしらざん》を登用することにより、従来以上に重用された。しかし、幕府が朱子学を正式な教学として採用した事実はなく、儒者も政策への提言はほとんどしなかった。

将軍家は羅山以降も、鵞峰《がほう》・信篤《のぶあつ》（鳳岡《ほうこう》）と林家《りんけ》を重用した。一方、同じ朱子学の一派で、土佐の南村梅軒《みなみむらばいけん》が創始し、谷時中《たにじちゅう》らにより継承された南学《なんがく》（海南《かいなん》学派）が発展し、それを受け継ぐ土佐の野中兼山《のなかけんざん》や京都の山崎闇斎《やまざきあんさい》など著名な学者が輩出された。闇斎は、常陸《ひたち》国笠間《かさま》藩主の井上正利《まさとし》、伊予《いよ》国大洲《おおず》藩主の加藤泰《やす》義《よし》・会津《あいづ》藩主の保科正之らの知遇を得て全国に知られ、「崎門《きもん》学派」と呼ばれる一派をなした。

闇斎によって説かれた垂加神道《すいかしんとう》は、吉田《よしだ》神道を学んだ吉川惟足《きっかわこれたり》から影響を受け、神道を儒教（朱子学）流に解釈する儒家神道のなかでは、もっとも完成されたものであった。垂加神道は、神の道（神意）と、君主である天皇の徳（儒教でいう道徳）が一体であるとし、国学の発達とともに尊王論の根拠ともなった。

【新井白石の幕政参加】

儒者は、将軍や大名などの権力者に諮問《しもん》を受けることはあったが、幕府や藩の施策に直接関与はしなかった。ほぼ唯一の例外として新井白石《あらいはくせき》が知られる。五代将軍綱吉《つなよし》の死後、六代将軍家宣《いえのぶ》の治世になると、側用人《そばようにん》の柳沢吉保《やなぎさわよしやす》は政治の表舞台から退場を余儀なくされ、信任の厚い侍講《じこう》（君主に学問を講義する人）の新井白石と側用人の間部詮房《まなべあきふさ》が重用されるようになった。

正徳《しょうとく》2年（1712）家宣が在位わずか三年で没し、七代将軍家継《いえつぐ》が3歳で就任したこともあり、幕府政治は新井白石らに多く依存することとなった。白石の行なった政策は、閑院宮家《かんいんのみやけ》を創出して天皇家との結びつきを強め、朝鮮通信使に対する待遇を簡素化し、朝鮮から日本宛の国書に、将軍を「日本国大君殿下《にほんこくたいくんでんか》」と記したのを「日本国王」と改めさせるなど、将軍の権威や権力者としての地位を明確にした。

白石は幕政に参画すると同時に、歴史・地理・国語など多くの著作を残した。将軍家宣への国史の進講をまとめた『藩翰譜《はんかんふ》』『読史余論《とくしよろん》』のほかに、歴史書『古史通』『史疑』では六国史《りっこくし》の文献批判も行なった。『古史通』では「神は人なり」として、神代・古代史の合理的な解釈も試みている。『本朝宝貨通用事略《ほんちょうほうかつうようじりゃく》』は金銀貨幣の歴史書で、貿易による海外への金銀流失にも触れており、正徳5年の長崎貿易制限令につながる著作である。『武家官位装束考《ぶけかんいしょうぞくこう》』は制度史や有職故《ゆうそくこ》実《じつ》に関する著作で、白石は、実際に衣服により家格や身分などがわかるよう、儀式・典礼の制度を整えた。

地理分野では、日本に密航して捕らえられたローマ人宣教師シドッチを尋問して得た知識をもとに、『西《せい》洋紀聞《ようきぶん》』『采覧異言《さいらんいげん》』を著わした。ほかに琉球や蝦夷地に関する『蝦夷志』『南島志《なんとうし》』『琉球国事略』がある。言語分野では、『東雅《とうが》』『東音譜《とうおんふ》』があり、名詞の語源考証や、五十音を表わす漢字と中国語の比較をして、言語学の発達に大きく寄与している。ほかに、自身の生い立ちから家継没後の引退までを記した自伝『折《おり》たく柴《しば》の記』もよく知られている。

【荻生徂徠と古文辞学】

五代綱吉・六代家宣の治世では、儒者が幕政に参加するなど新たな局面がみられたが、その影響力は一時的なものであった。享保《きょうほう》元年（1716）八代将軍吉《よし》宗《むね》の治世になると、新井白石は政治上の地位を失い、古文辞《こぶんじ》学派の荻生徂徠《おぎゅうそらい》が信頼を得た。朱子学では、万人による道徳的修養が世の中の安定をもたらすとされたのに対し、古文辞学派（蘐園《けんえん》学派）では道徳と政治を楽観的に結びつけず、人々の善悪を含めた個性（気質）の多様さを肯定しながらも「天下太平」（社会全体の統制）を実現する政治や社会を究明しようとした。

徂徠の代表作『政談《せいだん》』では、社会の問題点として「旅宿の境界」「セワシナキ風俗」「制度ナキ」の三点をあげている。「旅宿の境界」とは武士が領地を離れて城下町に居住し、人々の支配がままならないこと、

「セワシナキ風俗」とは商品経済が進展して農村が困窮した落ち着きのない風潮、「制度ナキ」とは右記二点の悪弊をなくすための、戸籍の整備・旅行の制限・人返し（都市の下層民の帰農）の制度がないことである。徂徠はこうした制度の確立が急務であると述べている。

この制度は厳格な取り締まりだが、古代中国の農村型社会を理想とする「先王（聖人）の道」（天下太平）の実現をめざす徂徠にとっては、人間の内在的な価値よりは、政治的有用性を重視したのである。

徂徠は享保6年（１７２１）に吉宗の諮問を受けるが、最初の命は中国で出版された民衆の道徳教化の書物『六論衍義《りくゆえんぎ》』の訓読であった。これは中国の俗語で書かれており、幕府儒官の室鳩巣《むろきゅうそう》に翻訳を命じたが、正確な解釈を徂徠に要求したのである。翌7年に翻訳刊行された『六論衍義大意』は全国の村々に広く頒布された。

享保元年から延享《えんきょう》2年（１７１６〜４５）の享保の改革で行なわれた「足高《たしだか》の制」は、徂徠が諮問を受けた際に建議した制度であった。有能な家臣を家柄に関係なく役職に採用して相当の俸禄を与えるこの制度は、人間の個性（気質）は多様であるとし、政治的に有用な人材を重視した徂徠の説くところと一致した。

【中江藤樹と陽明学】

朱子学は、教義どおりの解釈では不具合が生じ、また実践上でも疑問があるとして、儒学の一流派の陽明学《ようめいがく》に転向した学者が、「近江聖人《おうみせいじん》」といわれた中江藤樹《なかえとうじゅ》である。藤樹は正保《しょうほう》元年（１６４４）頃に陽明学に転向し、個人の心の主体性を重視した行動主義ともいえる思想を説いた。道徳修養に関しても、朱子学の場合は読書による形而上の認識から道徳の実践へ向かうが、陽明学ではみずからの行動や体験に密着した認識を重視し、なお実践を行なって真の知的認識を得るとされる。これはのちに「知行合一《ちこうごういつ》」といわれた。

藤樹の思想は、身分差を超えた人間の内面的平等性を強調して、武士から農民にまで浸透した。また、行動を重視する倫理学として影響を受けた人物は多く、熊沢蕃山《くまざわばんざん》のほか、幕府の儒官となった佐藤一斎《さとういっさい》、幕末期の吉田松陰《よしだしょういん》・西郷隆盛《さいごうたかもり》・河井継之助《かわいつぐのすけ》などがいる。天保《てんぽう》8年（１８３７）に大坂町奉行所のもと与力《よりき》で陽明学を学んだ大塩平八郎《おおしおへいはちろう》が起こした反乱は、天保の飢饉に際して窮民救済をする「知行合一」の実践であった。

【山鹿素行と伊藤仁斎】

儒学者・兵学者の山鹿素行《やまがそこう》も、朱子学に疑問を抱いたひとりであり、新たな学問体系を生み出した。素行は幼少時に林羅山に入門して朱子学を学んだが、やがて禅宗に接近し、現実生活に役立つ学問を求めた。寛《かん》文《ぶん》2年（1662）頃に孔子の原典に依拠する学問を構想し、寛文5年、『聖教要録《せいきょうようろく》』を著わした。この著作が原因で延宝《えんぽう》3年（1675）までの九年間、播磨《はりま》国赤穂《あこう》藩浅野家に預けとなる。素行はこの間、『四書《ししょ》句読《くとう》大全』『謫居童問《たつきょどうもん》』『中朝事実《ちゅうちょうじじつ》』『武家事紀《ぶけじき》』などの代表作を著わした。赦免《しゃめん》後は江戸の浅草田原町《あさくさたわらまち》に住み、「積徳堂《せきとくどう》」と号して晩年を過ごした。

素行の学問は聖人孔子の著作の解釈から出発したため、聖学《せいがく》（聖教）と呼ばれた。社会事象に対する客観

江戸時代のおもな儒学者

学者	業績・著作
藤原惺窩（1561〜1619）	朱子学の祖。林羅山の師。『寸鉄録』
林羅山（道春）（1583〜1657）	林家の祖。弘文館を設立。『羅山文集』
松永尺五（1592〜1657）	藤原惺窩に学ぶ。講習堂を設立。『尺五先生全集』
林鵞峰（1618〜80）	羅山の子。『本朝通鑑』（羅山との共編）
木下順庵（1621〜98）	松永尺五に学ぶ。木門を設立。『錦里文集』
林信篤（鳳岡）（1644〜1732）	鵞峰の子。大学頭。『鳳岡林先生全集』
新井白石（1657〜1725）	木下順庵に学ぶ。『読史余論』『西洋紀聞』
室鳩巣（1658〜1734）	木下順庵に学ぶ。『六諭衍義大意』
柴野栗山（1736〜1807）	林家の門弟。『栗山文集』『栗山堂詩集』
尾藤二洲（1747〜1813）	『素餐録』『正学指掌』『称謂私言』
谷時中（1598?〜1649）	海南学派を確立。『素有文集』『素有語録』
野中兼山（1615〜63）	土佐藩家老。谷時中に学ぶ。『自省録』
山崎闇斎（1618〜82）	谷時中に学ぶ。「崎門学派」の祖。『文会筆録』
浅見絅斎（1652〜1711）	山崎闇斎に学ぶ。『靖献遺言』
岡田寒泉（1740〜1816）	崎門学を学ぶ。『幼学指要』
古賀精里（1750〜1817）	『孝義録』『精里文集』『四書集釈』
中江藤樹（1608〜48）	陽明学の祖。藤樹書院を設立。『翁問答』
熊沢蕃山（了介）（1619〜91）	中江藤樹に学ぶ。『大学或問』『集義和書』
中井甃庵（1693〜1758）	懐徳堂を設立。『五孝子伝』
中井竹山（1730〜1804）	中井甃庵の子。懐徳堂学主。『草茅危言』
山片蟠桃（1748〜1821）	懐徳堂に学ぶ。唯物論を説く。『夢の代』
佐藤一斎（1772〜1859）	林家に学ぶ。『言志四録』『愛日楼文詩』
山鹿素行（1622〜85）	兵学者。聖学を提唱。『聖教要録』『中朝事実』
伊藤仁斎（1627〜1705）	古義学を提唱。『論語古義』『孟子古義』『童子問』
伊藤東涯（1670〜1736）	仁斎の子。古義学を継承。『制度通』
荻生徂徠（1666〜1728）	古文辞学を提唱。『政談』『弁道』
太宰春台（1680〜1747）	荻生徂徠に学ぶ。『経済録』『聖学問答』

江戸時代のおもな国学者

学者	業績・著作
北村季吟（1624〜1705）	歌人・俳人。貞門俳諧を学ぶ。『源氏物語湖月抄』
下河辺長流（1627〜86）	歌人。元禄期の歌学革命の先駆。『万葉集管見』
戸田茂睡（1629〜1706）	歌人・歌学者。『紫の一本』『梨本集』
契沖（1640〜1701）	僧侶。古典の注釈研究。『万葉代匠記』『和字正濫鈔』
荷田春満（1669〜1736）	歌学・古典学を教える。『創学校啓』『古事記劄記』
賀茂真淵（1697〜1769）	荷田春満に学ぶ。『国意考』『万葉考』『祝詞考』
荷田在満（1706〜51）	春満の甥・養子。有職故実を研究。『国歌八論』
田安宗武（1715〜71）	徳川吉宗の次男。荷田在満・賀茂真淵に学ぶ
本居宣長（1730〜1801）	賀茂真淵に学ぶ。『古事記伝』『玉くしげ』
塙保己一（1746〜1821）	賀茂真淵に学ぶ。和学講談所を設立。『群書類従』
伴信友（1773〜1846）	本居宣長没後の門人。『比古婆衣』『長等の山風』
平田篤胤（1776〜1843）	本居宣長没後の門人。『古史伝』『古史徴』『霊能真柱』
生田万（1801〜37）	平田篤胤に学ぶ。大塩の乱に呼応して生田万の乱を起こす

的な知識を得ることにより、人としての生き方（道徳）を見いだすところに新しさがあったが、古典の解釈では朱子学に依存していた。また兵学者としての評価も高く、肥前《ひぜん》国平戸《ひらど》藩主松浦《まつら》鎮信《しげのぶ》、陸奥《むつ》国弘前《ひろさき》藩主津軽信政《つがるのぶまさ》などは素行の子息を登用した。

伊《い》藤仁斎《とうじんさい》の古義学《こぎがく》派は堀川《ほりかわ》学派とも呼ばれ、朱子学の形而上学的な理論に対し、日常生活の実践倫理を重んじた。当時支配的であった朱子学を批判的に検証し、『論語《ろんご》古義《こぎ》』や『孟子《もうし》古義』などの著作を編纂したが、生前には刊行されていない。長男の伊藤東涯《とうがい》は父の学問を継承し、制度史の研究書『制度《せいど》通《つう》』など多くの著書を残し、堀川学派を盛んにした。仁斎をはじめ宗家は大名に出仕しなかったが、仁斎の次男梅宇《ばいう》が備後《びんご》国福山《ふくやま》藩、三男介亭《かいてい》が摂津《せっつ》国高槻《たかつき》藩、四男竹里《ちくり》が筑前《ちくぜん》国久留米《くるめ》藩、五男蘭嵎《らんぐう》が和歌山《わかやま》藩の、それぞれ藩儒（藩主に儒学を講じる学者）となり古義学が普及した。門人に甘藷《かんしょ》先生で知られる蘭学者青木《あおき》昆陽《こんよう》がいる。

【日本独自の思想、国学】

国学《こくがく》とは、儒教・仏教が伝来する以前の古道《こどう》（日本独自の思想）を古典から究明する学問で、貞享《じょうきょう》から元《げん》禄《ろく》年間（１６８４～１７０４）に研究目的が明確になった。先駆者には僧侶の契沖《けいちゅう》、神官の荷田春満《かだのあずままろ》がいる。

契沖は『万葉集』を中心に和歌の注釈を行ない、代表作『万葉代匠記《まんようだいしょうき》』を著わした。また、歴史的仮名遣いの基礎を築いた国語学史上の重要著作に『和字正濫《わじしょうらん》鈔《しょう》』『和字正濫通妨抄《つうぼうしょう》』がある。後年、本居宣長《もとおりのりなが》に大きな影響を与え、近世国学の発展に大きく寄与した。

荷田春満は京都伏見《ふしみ》稲荷《いなり》社の子息として生まれ、幼いころから家学の神道と歌学を学ぶが、伊藤仁斎の古義学や崎門《きもん》学派からも影響された。元禄《げんろく》13年（１７００）以降三度江戸に出て、家学の興隆のため門人を指導する。享保8年（１７２３）八代将軍吉宗《よしむね》から下問を受けるなど、評価が高まった。春満は契沖の学問をさらに発展させて多くの著作を残した。神道では『日本書紀神代巻抄《じんだいかんしょう》』『神代巻剳記《とうき》』『古事記剳記』など、歌学では『万葉僻案抄《へきあんしょう》』『万葉集童子問《どうじもん》』『伊勢物語童子問』、律令格式の研究では『類聚三代格考《るいじゅさんだいきゃくこう》』『令義解《りょうのぎげ》剳記《とうき》』などがある。春満は江戸在住中、吉良《きら》邸の茶会の日程を知らせて赤穂《あこう》浪士の討ち入りを助力した羽倉《はぐらい》斎《つき》としても知られている。

春満に師事した賀茂真淵《かものまぶち》は御三卿《ごさんきょう》の祖、田安宗武《たやすむねたけ》に仕え、国学の隆盛の礎《いしずえ》を築いた。真淵は春満に学ぶとともに契沖にも私淑し、両者の学風を合わせた独自の学問を構築した。平安時代の和歌や物語から、しだいに『古事記』『万葉集』などの古典研究に移っている。

『古今和歌集』以後の技巧的な和歌を評価せず、古代の力強い「いにしへぶり」の万葉調の歌を尊んだ。万葉調の特色を「まこと」「しらべ」「ますらをぶり」とし、著書『国意考《こくいこう》』『歌意考《かいこう》』『文意考《ぶんいこう》』『語意考《ごいこう》』『書意考《しょいこう》』の五意考にみずからの思想をまとめた。万葉集の研究には『万葉考』があるが、古事記の研究は未完に終わり、本居宣長《もとおりのりなが》に引き継がれた。

真淵は日本固有の思想である古意・古道を説き、国学の発展に大きく寄与したが、尚古《しょうこ》思想（古い時代の文物・思想・制度を尊ぶ思想）に偏る側面もあったとされる。多くの門人のなかには田安宗武・本居宣長・加藤千蔭《かとうちかげ》・村田春海《むらたはるみ》などがいる。千蔭や春海は江戸派の歌人としても活躍し、多数の女流歌人が門下に連なった。平賀源内《ひらがげんない》も一時、真淵の門下となっている。

【本居宣長と平田篤胤】

江戸時代後期に国学をさらに発展させたのが、伊勢《いせ》国松坂《まつざか》の商人出身の本居宣長である。京都遊学中に契沖の斬新《ざんしん》な古典研究に影響を受け、ほぼ独学で和歌・物語の研究に打ち込んだ。賀茂真淵とは松坂で一度対面しており、文通で教えを請うて研究に励んだ。古語の実証的な研究『古事記伝《こじきでん》』は、真淵との対面後三五年をかけて寛政《かんせい》10年（1798）に完成する。文学論の『紫文要領《しぶんようりょう》』と『石上私淑言《いそのかみのささめごと》』で「もののあはれ」の説を述べた。「もののあはれ」とは、儒教や仏教が説く道徳によらない、ありのままの感情をいい、宣長は和歌や物語の研究を通じて、そうした実直な心を養うことを提唱した。また、この思想を日本固有の「道」すなわち古道とし、『古事記』にみえる神々の事績を「神ながらの道」として畏《おそ》れ敬い、神道として規範化した。伊勢をはじめ諸国からの門人は五〇〇名を超え、古道説は復古神道として平田国学《ひらたこくがく》へと継承される。

秋田藩士出身の平田篤胤《あつたね》は、脱藩して江戸に出て独学で国学を学び、古道学を提唱し、宣長没後の門人となった。宣長が古道を古代の事実と見なすのに対し、篤胤は現実の規範とし、宗教としての神道理論（復古神道）に精力を注いだ。文化《ぶんか》9年（1812）に起稿した未完の代表作『古史伝《こしでん》』は、門弟の矢野玄道《やのげんどう》が完成させた。『霊能真柱《たまのみはしら》』では死後の世界や幽界にも研究を進め、「霊の行方の安定」を説いて独自の思想を展開している。『仙境異聞《せんきょういぶん》』は、死後の世界を体験した人々の聞き書きをもとに執筆された。佐藤信淵《さとうのぶひろ》・大国隆正《おおくにたかまさ》らをはじめとする門人は、神官から豪農・下級武士層まで五五三人に達し、篤胤没後も含めると一三三〇人を数えた。また、篤胤の学問は、「草莽《そうもう》の国学」として幕末期の尊王攘夷《そんのうじょうい》運動にも大きな影響を与えた。

蘭学と科学

【青木昆陽と野呂元丈】

江戸時代の日本はいわゆる「鎖国《さこく》」政策をとり、西洋からの学術・文化・技術などは交易国であるオランダ（阿蘭陀・和蘭）から長崎経由で伝えられた。オランダ語やオランダ人により伝えられた西洋の学問を総称して「蘭学」という。西洋の学問は「鎖国」以前にもポルトガルやスペインから入っていたので、日蘭交渉以前の学問を、「蘭学」に対して「南蛮学（蛮学）」と呼んだ。幕末の開港以降は、イギリス・フランス・ドイツなど諸外国の学問を習得する必要も生じ、これは「洋学」と呼ばれた。

蘭学の本格的な興隆は、享保《きょうほう》から元文《げんぶん》期（1716〜41）の八代将軍徳川吉宗《よしむね》の政策に始まる。それまでにもオランダ通詞《つうじ》による翻訳書などがあったが、貿易に関する実用的な域を出なかった。また、オランダ医学を理解できる者も少なく、蘭学の講究・発達にはつながらなかった。

吉宗は従来の禁書制度を緩め、オランダや中国の科学・技術といった実用的な漢訳洋書の輸入を認めた。蘭学の実学重視の傾向は、この時期の農業生産の高まりや商品経済の進展を背景に、甘藷《かんしょ》・サトウキビ・朝鮮人参などの栽培を奨励する殖産興業政策とともに発達していった。

「甘藷先生」として知られる青木昆陽《こんよう》は、医師の野呂《のろ》元丈《げんじょう》とともにオランダ語の習得を吉宗に命じられた。彼らは江戸参府のオランダ人が滞在する本石町《ほんごくちょう》三丁目の長崎屋へ毎年訪れ、文字・文章の読解や翻訳などを学んだ。昆陽の著書『和蘭貨幣考《オランダかへいこう》』『和蘭話訳《オランダわやく》』『和蘭文訳《ぶんやく》』は、その成果である。元丈は『阿蘭陀禽獣虫魚《きんじゅうちゅうぎょ》図和解《ずわげ》』『阿蘭陀本草和解《ほんぞうわげ》』など西洋植物学・薬物学研究を紹介した最初の人物である。近世蘭学は両者に始まり、昆陽の成果は次世代の前野良沢《りょうたく》に継承された。

【杉田玄白と前野良沢】

吉宗に続く田沼《たぬま》時代にも殖産興業政策は推進され、西洋の文物に対する関心が高まった。青木昆陽に学んだ前野良沢は、明和《めいわ》7年（1770）長崎に遊学し、オランダ語の解剖《かいぼう》書『ターヘル・アナトミア』を入手した。翌年3月4日、江戸千住小塚原《せんじゅこづかはら》の刑場で行なわれた死刑囚の腑分《ふわ》け（解剖）を、杉田玄白《すぎたげんぱく》・中川淳庵《なかがわじゅんあん》らと実見した。その際、『ターヘル・アナトミア』の正確な人体図に驚嘆した彼らは翻訳を決意し、四年間の研鑽《けんさん》ののち安永《あんえい》3年（1774）に『解体新書《かいたいしんしょ》』五巻を刊行したのである。この成果は本格的な蘭医書翻訳事業の最初で、蘭学の発展に大いに寄与した。

日本で最初の人体解剖書は、宝暦《ほうれき》9年（1759）刊行の山脇東洋《やまわきとうよう》の『臓志《ぞうし》』である。西洋の医学書に比べて稚《ち》拙《せつ》かつ簡粗だが、実証精神に基づいた彼の活動は新しい医学研究への道を開いた。

玄白が著わした『蘭学事始《らんがくことはじめ》』には、『解体新書』の翻訳・刊行の苦心談として、当初オランダ語を理解したのは良沢のみで、翻訳は語学の習得と同時作業であったことが記されている。良沢には『蘭語《らんご》随筆《ずいひつ》』『和蘭訳文略《オランダやくぶんりやく》』のほか、地理の本などの翻訳書がある。

玄白は家塾の天真楼《てんしんろう》を経営し、大槻玄沢《おおつきげんたく》・杉田伯《はく》元《げん》・宇田川玄随《うだがわげんずい》・玄真《げんしん》（榛斎《しんさい》）など多くの蘭学者を育成した。医学書のほか『後見草《のちみぐさ》』『野叟独語《やそうどくご》』『耄耋独《ぼうてつどく》語《ご》』など政治・社会問題を評した著作もある。

杉田家の子孫は立卿《りゅうけい》・伯元など、有能な蘭方医・蘭学者として幕末維新期に活躍している。次男立卿は西洋眼科をもって若狭《わかさ》国小浜《おばま》藩医となり、オーストリアのプレンキの眼科書の翻訳『眼科新書』を刊行した。係累《けいるい》の成卿《せいけい》・玄瑞《げんずい》は幕末から明治期の蘭学者として活躍した。伯元は一関《いちのせき》藩医建部清庵《たけべせいあん》の第五子で、玄白の養子となり家業を継いだ。

【大槻玄沢・稲村三伯・宇田川玄随】

玄白の弟子中、翻訳事業をもっとも発展させたのは大槻玄沢である。陸奥《むつ》国一関《いちのせき》藩医の父をもつ玄沢は、安永7年（1778）に江戸の玄白に入門し、オランダ語を前野良沢から学んだ。玄沢には数多くの翻訳書があり、天明《てんめい》8年（1788）刊行の蘭学入門書『蘭学階梯《らんがくかいてい》』は彼の名声を高めた。また、玄白から『解体新書』の改訂を命ぜられ、二〇年の歳月をかけて文政9年（1826）に完成させた『重訂解体新書』は、単なる重訂版を超えて翻訳も正確で、江戸時代の重要な解剖書となる。医書のほかにショメルの百科事典の翻訳『厚生新編《こうせいしんぺん》』や、仙台藩領石巻《いしのまき》の廻船若宮丸の漂流者津太夫《つだゆう》らの聞書き記録『環海異聞《かんかいいぶん》』も著わしている。

玄沢の門人、稲村三伯《いなむらさんぱく》が編纂《へんさん》した日本最初の蘭日《らんにち》辞書『ハルマ和解《わげ》』により、蘭学はいっそうの隆盛を迎えた。鳥取の町医出身の三伯は、鳥取藩医の稲村三《いなむらさん》杏《きょう》の養子となり、藩校の尚徳館《しょうとくかん》や福岡《ふくおか》の亀井《かめい》南冥《なんめい》の医学館に学んだ。大槻玄沢の『蘭学階梯』に感銘を受け、寛政4年（1792）江戸に遊学、芝蘭堂《しらんどう》に入門する。『ハルマ和解』はオランダの書籍商のフランソワ・ハルマが出版した『蘭仏辞典』を底本とし、三伯のほか宇田川玄随《うだがわげんずい》・岡田《おかだ》甫《ほ》説《せつ》らが編纂に協力した。完成は寛政8年、訳出した語句は六万語以上となり、蘭学発展に大いに寄与した。

ハルマの『蘭仏辞典』をもとに編纂された蘭和辞書にはもうひとつ、長崎のオランダ商館長ヘンデレキ・ドゥーフが文化13年（１８１６）に完成させ、幕府に献上した『ドゥーフ・ハルマ』がある。三伯らの辞書は「江戸ハルマ」と呼ばれ、ドゥーフの辞書は「長崎ハルマ」と呼ばれた。後者はのちに七代桂川甫周《かつらがわほしゅう》が改訂して『和蘭字彙《オランダじい》』として出版されている。

晩年の三伯は実弟越前屋《えちぜんや》大吉《だいきち》の負債事件に関連して下総《しもうさ》国稲毛《いなげ》に隠棲し、名も海上随鷗《うみがみずいおう》と改めたが、のちに京都に移って蘭学の教授を開始し、関西で蘭学の普及に努めた。

美作《みまさか》国津山《つやま》藩医の宇田川玄随は、家業の漢方医学を学んでいたが、大槻玄沢や幕府の医師、四代桂川甫周らと親交を結んで西洋医学の必要性を感じ、甫周に蘭学、大槻玄沢にオランダ語を学んだ。オランダ人ヨハネス・デ・ゴルテルの内科書を翻訳し、寛政5年日本ではじめてヨーロッパの内科医学を紹介した『西説内科撰要《せいせつないかせんよう》』を出版した。嗣子《しし》の玄真は跡を継いで津山藩医となり、『西説内科撰要《せいせつないかせんよう》』の増訂、『和蘭局方《オランダきょくほう》』などの翻訳書がある。『和蘭薬鏡《オランダやっきょう》』と『遠西医方名物考《えんせいいほうめいぶつこう》』は本邦初の薬学書として高く評価されている。

【天文学と暦】

蘭学の発達により、医学のほか天文学・博物学・物理学・科学・暦法・測量術・航海術・砲術など、多くの科学技術が伝えられた。天文学・暦法では、貞享《じょうきょう》元年（１６８４）渋川春海《しぶかわはるみ》（安井算哲《やすいさんてつ》）が貞享暦を作成し（宝暦《ほうれき》4年〔１７５４〕まで施行）、幕府の初代天文方《てんもんかた》に任じられた。天文方は渋川のほか、西川家や高橋家など八家が世襲で勤めている。編暦・改暦・観測・地誌編纂がおもな仕事で、西洋天文学に興味のあった八代将軍吉宗《よしむね》は、貞享暦にかわる新しい暦の作成を、天文方の渋川則休《のりよし》や西川正休《にしかわまさやす》らに命じた。正休は享保《きょうほう》15年（１７３０）に『天経或問《てんけいわくもん》』『大略天学名目鈔《たいりゃくてんがくめいもくしょう》』を上梓し、中国・西洋の天文学を紹介した。正休の改暦・天文観測は六年にも及んだが、京都の陰陽頭《おんみょうのかみ》の土御門泰邦《つちみかどやすくに》と対立し、また吉宗や則休の死もあって、宝暦《ほうれき》4年の改暦事業は、貞享暦のわずかな修正に終わった（寛政9年〔１７９７〕まで施行）。

幕府の天文方には天体観測用の天文台が設置され、「司天台《してんだい》」と表記された。江戸では、時期により移転しており、貞享《じょうきょう》2年に牛込藁店《うしごめわらだな》、元禄《げんろく》2年（１６８９）に本所《ほんじょ》、同14年には駿河台《するがだい》にあった。さらに、延享《えんきょう》3年から宝暦7年（１７４６～５７）は神田佐久間《かんださくま》町《ちょう》にあり、西川正休が暦法調査の観測をしたのはこの天文台である。明和《めいわ》2年から天明《てんめい》2年（１７６５〜８２）は牛込に、その後は浅草福富町《あさくさふくとみちょう》に移った。ほかに天保《てんぽう》13年（１８４２）に九段坂上《くだんさかうえ》にも設置された。

宝暦の改暦は挫折したが、幕府はふたたび西洋天文学を取り入れた暦法に改めるため、寛政7年（１７９５）高橋至時《たかはしよしとき》を天文方に採用し、同9年に寛政暦を完成させた（天保13年まで施行）。大坂の医者・天文学者であった麻田剛立《あさだごうりゅう》に学んだ至時は、同門の間重富《はざましげとみ》とともに幕府に登用され、西洋天文学を紹介する中国の『暦象考成後編《れきしょうこうせいこうへん》』を参考に改暦事業に尽力した。

【伊能忠敬・蛮書和解御用】

高橋至時は測量法や惑星の運動理論などの研究も行ない、門人の伊能忠敬《いのうただたか》を幕府の全国測量事業に推挙した。忠敬は寛政12年の蝦夷地《えぞち》測量を皮切りに、以後一七年間にわたり全国の測量に従事したのち、『大日本沿海輿地《よち》全図』の作成にあたった。この地図は「伊能図」とも呼ばれ、日本で最初の全国を網羅した本格的な実測図で驚異的な正確さを誇る。忠敬の没後三年の文政4年、孫の伊能忠誨《ただのり》らが完成させた。

ちなみに忠敬は、本人の遺言により江戸浅草の源空《げんくう》寺《じ》（現在の台東区東上野六丁目）に葬られた。師である高橋至時の墓と並んで建てられており、現在でも訪れることができる。

幕府の天文方では、文化《ぶんか》8年（１８１１）に高橋至時の息子景保《かげやす》の建議によって、蘭書の翻訳や外交文書の調査・翻訳に従事する機関である蛮書和解御用《ばんしょわげごよう》が設置された。この役職には世界地図の翻訳刊行にあたった阿蘭陀《オランダ》通詞の馬場佐十郎《ばばさじゅうろう》（貞由《さだよし》）、参与として蘭学者の大槻玄沢《おおつきげんたく》らが従事した。ショメルの家庭用百科事典の翻訳事業を行ない、未完ながら『厚生新編《こうせいしんぺん》』と題した訳稿が伝わっている。蛮書和解御用では、宇田川《うだがわ》玄真《げんしん》・宇田川榕庵《ようあん》・小関三英《こせきさんえい》・杉田立卿《すぎたりゅうけい》ら、当時一流の蘭学者・阿蘭陀通詞などが翻訳事業を命じられた。杉田立卿らによる『海上砲術全書《かいじょうほうじゅつぜんしょ》』など多くの翻訳が行なわれ、洋学における翻訳自体が「公学」となり、しだいに軍事科学的要素も加わっていった。

高橋景保は、文政11年のシーボルト事件に連座して獄死したことでも知られる。

【物理学と地理学】

物理学では、蘭学者の志筑忠雄《しづきただお》が享和《きょうわ》2年（１８０２）の代表作『暦象新書《れきしょうしんしょ》』で、ニュートンの万有引力説やケプラーの楕円《だえん》軌道の法則などを紹介した。物理学用語の「弾力」「重力」「遠心力」「加速」などは忠雄の訳出したものである。コペルニクスの地動説も翻訳書で紹介し、オランダ商館医のドイツ人ケンペルがロンドンで出版した『日本誌』の抄訳も行なった。享和元年の翻訳書『鎖国論』は鎖国是認論で、志筑の造語「鎖国」を、はじめて使用した書籍である。

鎖国下の日本ではあったが、大槻玄沢らの西洋の学芸事典の翻訳作業などにより、哲学・経済・法律・宗教・教育関連や、西洋史・世界地理など人文学的知識も多く伝えられていたのである。

その先駆けが、天文学者の西川如見《にしかわじょけん》の業績である。彼は中国の天文学説をとなえつつも、ヨーロッパの天文学の知識を十分にもち、享保《きょうほう》4年（1719）に将軍吉宗の諮問《しもん》に応じている。元禄《げんろく》4年（1691）刊の代表作『華夷《かい》通商考』は、中国・朝鮮・琉球《りゅうきゅう》・台湾・東南アジア・南アジア・西洋諸国に関する地理書である。また、宝永《ほうえい》5年（1708）刊の『増補華夷通商考』は、中国のより詳細な地誌や「地球万国一覧之図」などを収めている。儒者の新井《あらい》白石《はくせき》にも地理書の著作があり、宝永5年に屋久島《やくしま》に潜入したローマ人宣教師のシドッチを尋問して得た知識をもとに、『西洋紀聞』『采覧異言《さいらんいげん》』など地理学の先駆けとなる業績を残した。

蘭学は医学とともに発達したが、文化・文政期（1804〜30）から幕末期に軍事科学・技術の分野で評価され、国家と施政者に有用な学問となった。西洋文物の知識や興味・関心は、鎖国制度や幕府の政治体制批判に向かうかに見えたが、反体制的な思想は生み出さず、天保10年（1839）の蛮社《ばんしゃ》の獄《ごく》を受けて、実学としての性格をいっそう強めていった。

【本草学と平賀源内】

西洋学問とは別に、日本独自の展開を見せた学問に、本草《ほんぞう》学・和算《わさん》があった。本草学とは、近代以前の薬物学や博物学のことをいう。動物・植物・鉱物などの自然物を調査・研究して記載する学問だが、本来の目的は生活に必要な薬物・食物を総合的に把握することであり、中国医学とともに発達した。

飛鳥《あすか》時代から中国より本草学の書物が伝えられているが、江戸時代には知識の吸収ばかりでなく、みずから本草学を研究する者も現われた。宝永6年に刊行された貝原益軒《かいばらえきけん》著『大和本草《やまとほんぞう》』は、江戸時代前期に明《みん》の李時珍《りじちん》が著わした『本草綱目《ほんぞうこうもく》』をもとに、みずから観察・検証を行ない編纂《へんさん》したものである。これには、『本草綱目』にない品目や、薬用とは限らない植物も多く収録して図版も多用し、日本独自の本草学の先駆となった。

江戸中期以降、幕府諸藩の殖産興業政策の影響もあり、有用な自然物の採取・栽培の知識が必要とされた。日本の本草学は益軒にみる博物学的研究と、従来の薬物学的研究の二大潮流を生み出して発達した。本草学者小野《おの》蘭山《らんざん》は、集大成的な業績を残している。

享和《きょうわ》3年から文化《ぶんか》3年（1803〜06）に刊行された主著『本草綱目啓蒙《けいもう》』は、中国の『本草綱目』により分類・配列し、名称・異名・産地・形状・利用などを記載している。解説には方言なども取り上げ、四八巻二七冊にわたる大著は国語学・民俗学の重要な資料

江戸時代のおもな蘭学者・洋学者

学者	業績・著作
渋川春海(1639〜1715)	天文学者。初代天文方。貞享暦を作成。『日本長暦』
西川如見(1648〜1724)	天文学者。地理・経済にも通じる。『華夷通商考』
野呂元丈(1693〜1761)	医師・本草学者。『阿蘭陀本草和解』
西川正休(1693〜1756)	幕府天文方。『天経或問』で中国・西洋の天文学を紹介
青木昆陽(1698〜1769)	儒者・蘭学者。サツマイモを普及。『蕃藷考』『和蘭文訳』
山脇東洋(1705〜62)	医師。日本最初の人体解剖図録『臓志』を刊行
渋川則休(1717〜50)	幕府天文方。西川正休とともに改暦の準備を進めた
前野良沢(1723〜1803)	医師。青木昆陽に学ぶ。『解体新書』『蘭語随筆』
平賀源内(1728〜79)	本草学者・科学者。寒暖計・エレキテルなどを製作
杉田玄白(1733〜1817)	医師。前野良沢らと『解体新書』を訳出。『蘭学事始』
麻田剛立(1734〜99)	天文学者。高橋至時・山片蟠桃の師。『実験録推歩法』
中川淳庵(1739〜86)	医師。平賀源内を指導。『解体新書』『和蘭薬譜』
伊能忠敬(1745〜1818)	地理学者。高橋至時に学ぶ。『大日本沿海輿地全図』
四代桂川甫周(1751〜1809)	幕府奥医師。『解体新書』訳述に参加。『北槎聞略』
宇田川玄随(1755〜97)	医師。杉田玄白・大槻玄沢らに学ぶ。『西説内科撰要』
大槻玄沢(1757〜1827)	医師。杉田玄白らに学び芝蘭堂を設立。『蘭学階梯』
稲村三伯(1758〜1811)	医師。大槻玄沢に学ぶ。日本初の蘭日辞書『ハルマ和解』
志筑忠雄(1760〜1806)	蘭学者・オランダ通詞。『暦象新書』『鎖国論』
高橋至時(1764〜1804)	天文学者。麻田剛立に学ぶ。天文方となり寛政暦を完成
宇田川玄真(1769〜1834)	医師。大槻玄沢らに学ぶ。玄随の養子。『西説内科撰要』
高橋景保(1785〜1829)	天文学者。高橋至時の子で天文方。『新訂万国全図』
小関三英(1787〜1839)	医師。高野長英・渡辺崋山らと親交。『泰西内科集成』
渡辺崋山(1793〜1841)	蘭学者・画家。高野長英らと尚歯会を結成。『慎機論』
宇田川榕庵(1798〜1846)	医師・科学者。玄真の養子。『植学啓原』『舎密開宗』
伊東玄朴(1800〜71)	医師。シーボルトに学ぶ。牛種痘法に成功、種痘所開設
高野長英(1804〜50)	医師。シーボルトに学ぶ。蛮社の獄に連座
大槻俊斎(1806〜62)	医師。伊東玄朴らと種痘所を開設、初代頭取就任
緒方洪庵(1810〜63)	医師。大坂で適塾を設立。『扶氏経験遺訓』『病学痛論』
大村益次郎(1824〜69)	兵学者。適塾に学ぶ。近代軍制を創始
松本良順(1832〜1907)	医師。緒方洪庵の後任として医学所の頭取に就任

江戸時代のおもな学者・社会思想家

石田梅岩(1685〜1744)	石門心学の祖。神道・仏教・儒教を学ぶ。『都鄙問答』
手島堵庵(1718〜86)	石田梅岩に学ぶ。明倫舎などを設立。『男子女子前訓』
中沢道二(1725〜1803)	手島堵庵に学ぶ。江戸に参前舎を設立し、広く心学を普及
大原幽学(1797〜1858)	農民指導者。下総に住み農村復興を指導。『微味幽玄考』
貝原益軒(1630〜1714)	儒学者・博物学者。『大和本草』『和俗童子訓』『慎思録』
小野蘭山(1729〜1810)	本草学者。医学館で教える。『本草綱目啓蒙』
吉田光由(1598〜1672)	数学家。和算を普及させる。日本初の数学書『塵劫記』
関孝和(1640?〜1708)	数学家。関流和算の創始者。『発微算法』『括要算法』
本多利明(1743〜1820)	経世思想家。数学・天文学を学ぶ。『西域物語』『経世秘策』
海保青陵(1755〜1817)	経世思想家。藩専売を軸にした重商主義を説く。『稽古談』
佐藤信淵(1769〜1850)	経世思想家。『農政本論』『経済要録』『(宇内)混同秘策』
山県大弐(1725〜67)	尊王兵学家。『柳子新論』で尊王論を展開
会沢正志斎(1782〜1863)	水戸学者。尊王攘夷思想を体系化。彰考館総裁。『新論』
藤田東湖(1806〜55)	水戸学者。弘道館を設立。尊王攘夷思想を説く
工藤平助(1734〜1800)	仙台藩医。海防・開港を提唱。『赤蝦夷風説考』
安藤昌益(1707?〜62)	医師・思想家。封建社会を批判。『自然真営道』
吉田松陰(1830〜59)	佐久間象山に学ぶ。松下村塾で尊攘討幕派を育成

となっている。蘭山の弟子岩崎灌園《いわさきかんえん》は『本草図譜《ずふ》』を著わした。約二〇〇〇種の植物を収録した九六巻の本邦初の彩色植物図譜で、文政《ぶんせい》13年から弘化《こうか》元年（1830〜44）に刊行された。分類は『本草綱目』に従うが、国産種のみならず、洋学者の宇田川榕庵《うだがわようあん》から借用したワインマン著の『顕花植物《けんかしょくぶつ》図譜』の模写もあり、観察体験に基づく植物の彩色図を多数収録する。

　奇才の博物学者として知られる平賀源内《ひらがげんない》も、日本の本草学の発達とともに活躍した人物である。高松《たかまつ》藩の足軽出身の源内は、藩命で長崎で蘭学を学び、江戸の医者・本草学者の田村元雄《たむらもとお》（藍水《らんすい》）に入門。藍水は、八代将軍徳川吉宗《よしむね》の命により朝鮮人参の国産化に尽力した人物として知られている。

　源内は、宝暦7年（1757）、藍水に進言して、湯島《ゆしま》で日本最初の物産会「薬品会」を開催し、注目を浴びた。江戸で中川淳庵《なかがわじゅんあん》・杉田玄白《すぎたげんぱく》らと親交をもち、老中田沼意次《たぬまおきつぐ》にも知られた。本草学の研究として、宝暦13年薬品会出品物の解説書『物類品隲《ぶつるいひんしつ》』を刊行。また火浣布《かかんぷ》（石綿布）・タルモメイトル（寒暖計）・エレキテル（摩擦起電機）を製作し、西洋文明を紹介するとともに人々の耳目を集めた。源内は博物学のほか、戯作《げさく》・俳諧《はいかい》・浄瑠璃《じょうるり》・絵画や物理学など、多くの領域で活躍した。

【和算】

和算も日本独自の展開を見せた学問である。寛永《かんえい》4年（1627）、中国の『算法統宗《さんぽうとうそう》』を手本とする本邦初の数学書『塵劫記《じんこうき》』が、吉田光由《よしだみつよし》により刊行された。物の売買・土地の面積・金銭の貸借など実用的な計算が伝えられ、計算具は算木《さんぎ》からそろばんに変わった。和算はやがて数学遊戯の流行を生み出した。全国各地の神社には、みずから解いた数学の難問や、数学者に挑戦する問題などを記した絵馬「算額」が掲げられ、地域の和算家と問題を出し合っては修業する遊歴《ゆうれき》算家《さんか》なども現われた。越後《えちご》国の山口和《やまぐちかず》、安芸《あき》国の法道《ほうどう》寺《じ》善《ぜん》らは自身の遊歴記録を残し、当時の和算の内容や普及状況を今に伝えている。

　和算には、関孝和《せきたかかず》が始めた関流や、会田安明《あいだやすあき》による最上流《さいじょうりゅう》など、諸流派があった。独学で数学を修めたといわれる孝和は、点竄《てんざん》術と呼ばれる縦書きの筆算式代数学を創始し、円弧の長さや円の面積を求める円理《えんり》も確立して、和算の大成者となった。没後に『括要算《かつようさん》法《ぽう》』が刊行されている。安明は文化7年（1810）に『算法天生法指南《さんぽうてんせいほうしなん》』を刊行し、点竄術を詳説した。和算の流行に伴い、全国各地に和算塾が開かれ、また出題と解答を往復書簡で行なう、通信教育も登場した。

江戸時代の諸思想

【経世思想家たち】

江戸時代には、儒学、なかでも朱子学は、武士層を中心として名分・礼節・秩序といったみずからの身分とかかわらせて学ぶべき教養とされた。しかし、江戸後期には、商品経済の展開・農村の疲弊・対ロシアの北方問題などの社会的動揺に伴い、観念的な朱子学より実学的な経世思想（世を治め民を救う政治経済論）を主張する者が現われた。そのひとり海保青陵《かいほせいりょう》は、流通経済の様子を記述した自著『稽古談《けいこだん》』で、「学問ト云《いう》ハ、古《いにし》ヘノコトニクハシキバカリノコトニテハナキ也《ナリ》。今日唯今《ただいま》ノコトニクハシキガヨキ学問トイフモノ也」とし、現実的、実利的な立場で学問を展開した。ほぼ同時期に活躍した本多利明《ほんだとしあき》も、主著『経世秘策』『西域《せいいき》物語』で、開国交易論・蝦夷《えぞ》地開発など「重商主義」的思想を展開した。『経世秘策』では富国策の基本として、陥硝《かんしょう》（爆薬による国土開発）・諸金（金銀発掘などの鉱業）・船舶（貿易船）・属島（周辺諸島の開発）といった「四大急務」を主張した。

やや時代は下るが、同様な主張を説いた学者に佐藤《さとう》信淵《のぶひろ》がいる。彼は儒学のみならず蘭学・国学も学び、『農政本論《のうせいほんろん》』をはじめ農業・農政に関する著作を多く残した。さらに、国家統制による殖産興業といった多面的な施策で重商主義的な主張を展開した。おもな著書に文政期（1818〜30）の『経済要録』『（宇《う》内《だい》）混同秘《こんどうひ》策《さく》』などがある。

【安藤昌益と石田梅岩】

封建社会の維持を前提としつつ、新たな方向性を探る思想が主張される一方で、安藤昌益《あんどうしょうえき》のように、封建社会そのものを批判する思想家も現われた。昌益に関しては、生年・出生地をはじめ不明な点が多く、延享《えんきょう》元年（1744）から二年間、陸奥《むつ》国八戸《はちのへ》の城下町で医業を営んだことが知られている。主著の『自然真営道《しぜんしんえいどう》』が宝暦《ほうれき》3年（1753）京都で出版されたが、当時の批判や反響などはほとんどなかったといわれる。

昌益は、封建社会を強く批判し、すべての人々は農業に従事し、自給自足の生活を理想とする徹底した平等主義を説いた。農業従事者ではない武士や僧侶などの支配者や、その追随者の存在は差別すべき者として批判した。昌益の説く理想社会では貨幣・宗教は不要で、貧富や上下の支配関係、争い事がないとされるが、その実現方法は著作中に語られていない。

江戸中期以降、商業の展開とともに体制のさまざまな矛盾が湧出《ゆうしゅつ》する一方、庶民、なかでも都市部の町人層では、農業を尊び商業・商人を蔑視《べっし》する思想に対して、商業行為の正当性を主張する思想が生まれた。

石田梅岩《いしだばいがん》は丹波《たんば》国の農家出身で、京都の商家へ奉公に出たが、神道を学び読書や各地の講釈で研鑽《けんさん》を積んだ。享保14年（１７２９）45歳で自宅で講釈を行ない、みずからの思想を教授した。梅岩の思想の特色は、商人が社会に必要不可欠な存在であることを説明したことである。神儒仏の三教から倹約・堪忍《かんにん》・正直といった商人に必要な倫理を教え、わかりやすいたとえ話（のちの「道話《どうわ》」）により、人の「心」に訴えて実践を教化するもので、京都・大坂をはじめ全国各地に普及した。この思想および普及活動を「石門心学《せきもんしんがく》」と呼ぶ。門弟の手島堵庵《てじまとあん》は教化活動で明倫舎《めいりんしゃ》など「講舎」を設立し、心学の組織的な活動や制度化に努めた。同じく中沢道二《なかざわどうに》は江戸に参前舎《さんぜんしゃ》を設立して、農民はもとより大名・旗本などにも広く心学を浸透させた。

【水戸学と尊王攘夷思想】

幕府をはじめ全国の諸藩の多くは儒学、なかでも朱子学を学んで治世の教養としたが、水戸藩は儒学を中心としつつも国学・神道をも統合して「水戸学《みとがく》」という独特の学問体系をつくった。水戸学は九代水戸藩主徳川斉昭《とくがわなりあき》が藩政改革を断行した際、「内憂外患」の政治的課題や尊王攘夷《そんのうじょうい》思想の高まりとともに注目を浴びた。その源は、二代藩主徳川光圀《みつくに》の代に彰考館《しょうこうかん》で編纂《へんさん》された『大日本史』の大義名分論にみられる尊王思想である。「尊王攘夷」の言葉も、水戸藩の藩校弘道館《こうどうかん》で最初に使われている。徳川斉昭の意をくんで弘道館設立にかかわった藤田東湖《ふじたとうこ》は、尊王攘夷思想を説いて水戸学の中心となった。

全三九七巻の『大日本史』の「本紀《ほんぎ》」「列伝《れつでん》」は歴代天皇の伝記形式をとり、君主である天皇の地位を強調している。天明《てんめい》年間（１７８１～８９）から『大日本史』編纂にあたった立原翠軒《たちはらすいけん》らは、制度史として「志《し》」「表《ひょう》」を編集するとともに、日本の固有の制度や他民族に対する優越性などを主張し、「国体」論の根拠となった。やがて、この思想が攘夷論と結びつき、討幕運動の基盤ともなった。

【『女大学』と女子教育】

江戸時代における女性のたしなみ・知識・教養を知る書物としては、教訓書の『女大学《おんなだいがく》』『女今川《おんないまがわ》』『女実《おんなじつ》語教《ごきょう》』などがよく知られ、江戸中期から明治期に至るまで流布した。『女大学』は、貝原益軒《かいばらえきけん》が宝永《ほうえい》7年

（1710）に刊行した『和俗童子訓《わぞくどうじくん》』巻五の「女子を教ゆる法」を改めて編集し、享保元年（1716）に『女大学宝箱《たからばこ》』として刊行したもので、作者は不明とされる。一九か条の箇条書により、女は容貌よりも心が勝っているほうがよい、舅《しゅうと》・姑《しゅうとめ》に尽くすこと、夫を主君として仕えること、など、女子教育の必要、婚家での心得などを説いている。

『女大学』には、のちに本文とは別に編集された「女職人之図」「女商人之図」といった挿絵や、「百人一首」「婦人《ふじん》世継草《つぎぐさ》」「婦人産前之次第《ふじんさんぜんのしだい》」「小児《しょうに》やしなひ草《ぐさ》」「小児急病妙薬」などの付録が加わり、教訓書としてよりは、武家・町家・農家を問わず、女性の教養書もしくは百科事典として版を重ね、広く普及した。

【武士道と士道】

「武士道」という言葉は、元禄《げんろく》から享保《きょうほう》期（1688～1736）ごろから現われはじめた。「武士道と云《い》ふは、死ぬ事と見付《みつけ》たり」で有名な『葉隠《はがくれ》』一一巻は、宝《ほう》永《えい》7年（1710）から佐賀《さが》藩士山本常朝《つねとも》が同藩の田《た》代陣基《しろつらもと》に語り継いで、享保《きょうほう》元年（1716）に成立した。泰平《たいへい》となった世の中で、死を眼前にしつつ生きた戦国期の武士たちをしのび、その死生観を伝えている。

儒学者荻生徂徠《おぎゅうそらい》は、出羽国鶴岡藩家老の水野元朗《みずのもとあきら》らの問いに答えた書簡集『徂徠先生問答書《もんどうしょ》』（享保10年成立）のなかで、「世上に武士道と申習《もうしならい》し申し候《そうろう》一筋」と記し、武士道を戦国時代の遺風として紹介している。

江戸時代に入ると、武士は戦闘者・武篇者《ぶへんしゃ》（勇敢な武士）よりも、儒教の普及とともに為政者・君主に仕える奉公人的な側面が強調されてきた。こうした道徳を、武士道に対して「士道《しどう》」と呼ぶ。礼儀・秩序を重んじる士道では、武士は農・工・商三民を指導し、毅《き》然《ぜん》とした内面性を確立しなければならない。一方、武士道では、殉死《じゅんし》・捨身《すてみ》・「常住死身《じょうじゅうしにみ》」（つねに死する身でいる）など、主従関係を軸に善悪を超えた一体感をもつ思想が強調される。しかし、武士の名（名誉）を失うことを嫌い、恥を知ることを自覚する自律的な精神は両者に通底している。幕末にはこの自律精神の高揚がいっそう顕著となり、儒学者佐藤一斎《さとういっさい》の『言志四《げんしし》録《ろく》』に「士は独立自信を貴ぶ」と書かれるように、一個の武士としての自覚が強調された。

【殉死】

江戸時代初期には、死を恐れず、主君に対する捨身を体現した行為が称賛され、主君の死を追う殉死（追《おい》腹《ばら》）も美徳とされた。江戸時代の最初の殉死は、慶《けい》長《ちょう》12年（1607）に尾張《おわり》国清洲《きよす》城主の松平忠吉《まつだいらただよし》の死に

江戸時代のおもな殉死

主君	藩名	死亡年代	殉死者
松平忠吉	清洲藩	慶長12年（1607）	4名（石川主馬ほか）
松平秀康	福井藩	慶長12年（1607）	4名（土屋左馬助・永見右衛門ほか）
徳川秀忠	幕府	寛永9年（1632）	西丸年寄森川重俊
徳川家光	幕府	慶安4年（1651）	5名（もと老中堀田正盛・老中阿部重次ほか）
細川忠利	熊本藩	寛永18年（1641）	19名（阿部弥一右衛門ほか）
細川忠興	熊本藩	正保2年（1645）	5名
細川光尚	熊本藩	慶安2年（1649）	11名
伊達政宗	仙台藩	寛永13年（1636）	殉死者15名、又殉死者*5名
鍋島直茂	佐賀藩	元和4年（1618）	12名
鍋島忠直	佐賀藩	寛永12年（1635）	5名
鍋島勝茂	佐賀藩	明暦3年（1657）	26名
鍋島茂賢	佐賀藩	正保2年（1645）	22名
松浦隆信	平戸藩	寛永14年（1637）	5名、又殉死者*2名

＊又殉死者＝殉死者に対する殉死者。　『明良洪範』などより作成。

対する、近臣の石川主馬《しゅめ》ら四人によるものとされる。

殉死者には主君のそばに墓を建てたり、その子孫が優遇されるなどの措置もあった。殉死には、忠義のための「義腹《ぎふく》」、周囲への体面上の「論腹《ろんぷく》」、子孫のため打算的な「商腹《あきないばら》」の三種があったとされるが、実際はほとんどが「情実」によるものだともいわれる。

殉死者の数は増加していったが、四代将軍徳川家綱《いえつな》、五代綱吉《つなよし》の治世には、武断政治から文治政治へ移行し、寛文《かんぶん》3年（1663）殉死の禁が公布され、天和《てんな》3年（1683）には武家《ぶけ》諸法度《しょはっと》を改訂し、末期《まつご》養子禁止の緩和とともに殉死の禁が追加された。これは優秀な人材の確保とともに、武士の務めは主君個人ではなく、「藩」や「家」に仕えるものであるという、儒教の影響を受けた「士道」的道徳が強調されたためでもある。


【敵討ち】


武士は「恥」や「名」を重んじた。主君や近親者、家臣などが殺された場合、その報復として敵討《かたきう》ち・仇《あだ》討《う》ちを行ない、殺害者を討つことを誉《ほま》れとした。封建主従制に基づく倫理観から、敵討ちは推奨され大いに行なわれた。原則として、敵討ちは幕府や藩の許可を得たが、無許可の場合もあり、どちらも殺人罪には問われなかった。ただし、敵討ちに対する重《かさね》敵討ちは禁止されていた。

江戸中期以降は庶民にまで敵討ちの思想が普及し、武士よりも農工商層による例が多くなった。敵討ちは多くの文学・戯曲に登場し、建久《けんきゅう》4年（1193）の曾我《そが》兄弟の敵討ち『曾我物語』は、謡曲・舞・浄瑠璃などさまざまなかたちで普及した。歌舞伎の江戸《えど》三座《さんざ》（中村《なかむら》座・市村《いちむら》座・森田《もりた》座）では、正月狂言で必ず曾我狂言が取り上げられた。『仮名《かな》手本忠臣蔵《でほんちゅうしんぐら》』も仇討ちの話で、「独参湯《どくじんとう》」（必ず当たる演目）とも呼ばれて重宝された。

寛政の改革（1787〜93）で人々の精神を涵養する教化策として幕府が出版した『孝義録』五〇巻では、全国から八六〇〇人を超える忠臣・孝子が表彰され、敵討ちを行なった者も多く含まれた。幕府は敵討ちが封建社会を支える重要な思想・実践であるととらえていたのである。曾我兄弟の仇討ち、渡辺数馬・荒木又右衛門の伊賀越の敵討ち（鍵屋の辻の決闘）、赤穂浪士による赤穂事件は「日本三大敵討ち」と呼ばれる。明治6年（1873）2月の太政官布告によって敵討ちは禁止された。

江戸時代のおもな敵討ち・仇討ち

年月日	場所	討手（助太刀）	討手の出身地（身分）	敵・仇（助太刀）	敵・仇の出身地（身分）	理由	事件から敵討ちまでの
寛永11年（1634）11月7日	伊賀国阿拝郡上野の辻	渡辺数馬（荒木又右衛門）	岡山藩（士）	河合又五郎（河合甚右衛門・桜井半兵衛）	岡山藩（士）	弟殺害のため	5年
寛文12年（1672）2月2日	江戸市谷浄瑠璃坂	奥平源八（夏目外記ら）	宇都宮藩（士）	奥平隼人（奥平大学ら）	宇都宮藩（士）	自害させられた父のため	3年
元禄14年（1701）5月9日	伊勢国鈴鹿郡亀山城内	石井源蔵・石井半蔵（兄弟）	小諸藩（士）	赤堀源五右衛門	不明（のち亀山藩士）	父・兄殺害のため	21年
元禄15年（1702）12月14日	江戸本所両国吉良邸	大石内蔵助ら47人	赤穂藩（士）	吉良上野介義央	江戸（士）	自害させられた主君のため	2年
正徳5年（1715）11月4日	摂津国西成郡浜村崇禅寺松原	遠城治左衛門・安藤喜八郎（兄弟）	大和国郡山藩（士）	生田伝八郎	大和国郡山藩（士）	弟殺害のため	1年（返り討ち）
享保7年（1722）4月2日	江戸新吉原	大森たか（松葉屋瀬川）	奈良（元武士の妻・のち遊女）	源八	不明（下僕）	夫殺害のため	5年
天明3年（1783）10月8日	江戸牛込行元寺	富吉	下総国相馬郡早尾村（農）	甚内	下総国目相馬郡早尾村（農）	父殺害のため	17年
文政10年（1827）閏6月12日	讃岐国阿野郡南羽床村	平井外記・平井九市（兄弟）（虚無僧雲竜）	近江国膳所藩（士）	与之助（辰蔵とも）	近江国膳所藩（研師）	兄殺害のため	5年
嘉永6年（1853）7月14日	陸奥国行方郡鹿島村陽山寺	とませ・宥憲（母子）	陸奥国伊具郡大蔵村（山伏の妻子）	源八郎	不明（農）	母（祖母）殺害のため	53年

平出鏗二郎『敵討』より作成。

細見

幕末の志士たち

新選組はロビー活動をしていた

幕末の志士は、個人の偉業や先見の明など、その英雄性によって語られる場合が多い。しかし、幕末という時代から考えると、その個性もさることながら、全国諸階層から政治運動を行なう者が現われた点にこそ特徴がある。身分制社会では、百姓・町人が自治を担ったり、武士身分になることはあっても、政治（藩政・国政）はあくまで「士」の領分である。志士についても、下級藩士の場合、藩に所属している以上は、その行動も藩の利害の範囲を出ることは許されなかった。

幕末には、飢饉《ききん》・不況・治安悪化、解決能力を失った政権（藩・幕府）、豪農層を中心とする文化水準の高まりなどが要因となり、地域から国政をめざす志士が多く誕生する。彼らは、みずからの学問や見識、剣術などを頼りに、また、地域の後援者たちの資金援助を元手として、みずから体験した問題を解決するため、国政の場（江戸・京都）に出るのである。

しかし、政治活動の単位はあくまで藩であり、藩の後ろ盾をもたない志士たちは、藩に属するか、それにかわる政治勢力を必要とした。それに成功した代表的な例が、清川八郎《きよかわはちろう》が幕臣松平上総介《まつだいらかずさのすけ》と協力してつくった浪士組《ろうしぐみ》であり、浪士組を脱した近藤勇《こんどういさみ》らの新選組《しんせんぐみ》である。浪士組も新選組も、目的は同じ攘夷《じょうい》であり、その実現方法が違っただけである。維新後の顕彰《けんしょう》運動で、討幕と佐幕に色分けされるが、清川は幕府を攘夷路線に変え、その先兵となることをめざしたのだし、新選組が属したのも一会桑《いちかいそう》（一橋《ひとつばし》・会津《あいづ》・桑名《くわな》）勢力であって、幕府本体ではない。そこで将軍を主体とした攘夷実現のための〝周旋（ロビー活動）〟を行なっていたのである。それが志士たちの政治的行動であった。

近藤勇は、浪士組を脱した直後に、上洛中の老中板《いた》倉勝静《くらかつきよ》の宿所へ建白書《けんぱくしょ》を携えて赴き議論し、諸藩士と交わり周旋を行なっている。そのことを「志大略相《こころざしたいりゃくあい》認書《したためがき》」と題する書簡で郷里武蔵《むさし》国多摩《たま》郡の後援者である佐藤彦五郎《さとうひこごろう》（日野《ひの》宿）や小島鹿之助《こじましかのすけ》（小野路《おのじ》村）ら一七人に報告し、剣術道具などの仕送りを依頼している。近藤は多くの書簡を残しているが、そこには、当時の志士たちの政治文化や、地域とのつながりの様子が詳細に記されている。

幕末英雄伝の陰に隠れて見えなくなっているが、全国各地に、それぞれの課題を背負って地域を飛び出した志士や、それを支える後援者たちがいたのである。

第八章 地方の暮らし

上様の御本意御願は、何もなく候。一天下の民一人もうえこごえ人なく、国富さかえ候様にとの御願の外《ほか》は無㆓他事㆒《たじなく》候。然共《しかれども》、御一人にては不㆑成故《ならざるゆえ》に、国々を御預け、又は小給人も其通に候に、国を亡所に仕《つかまつり》、一国之人民歎申様に仕候ば、其一国之民の歎は皆上様御一人に御かぶり被㆑成《なられ》候えば、上様の御冥加へり申候様に仕候事、第一の不忠無㆓申計㆒《もうすばかりなく》候。又吾等も、一人しては国之事不㆑成故に何もに知行所を預け、此方の本意の如《ごとく》仕置仕候えとの事に候を、皆吾物《わがもの》に仕候故、下民むさぼり、うえ《（飢）》かつえ《（餓）》人出来するも不㆑知《しらざる》様に罷成候事、不忠云べき様なし。

『池田光政日記』より

史料を愉しむ 8

諸国豊作一覧 見立番付

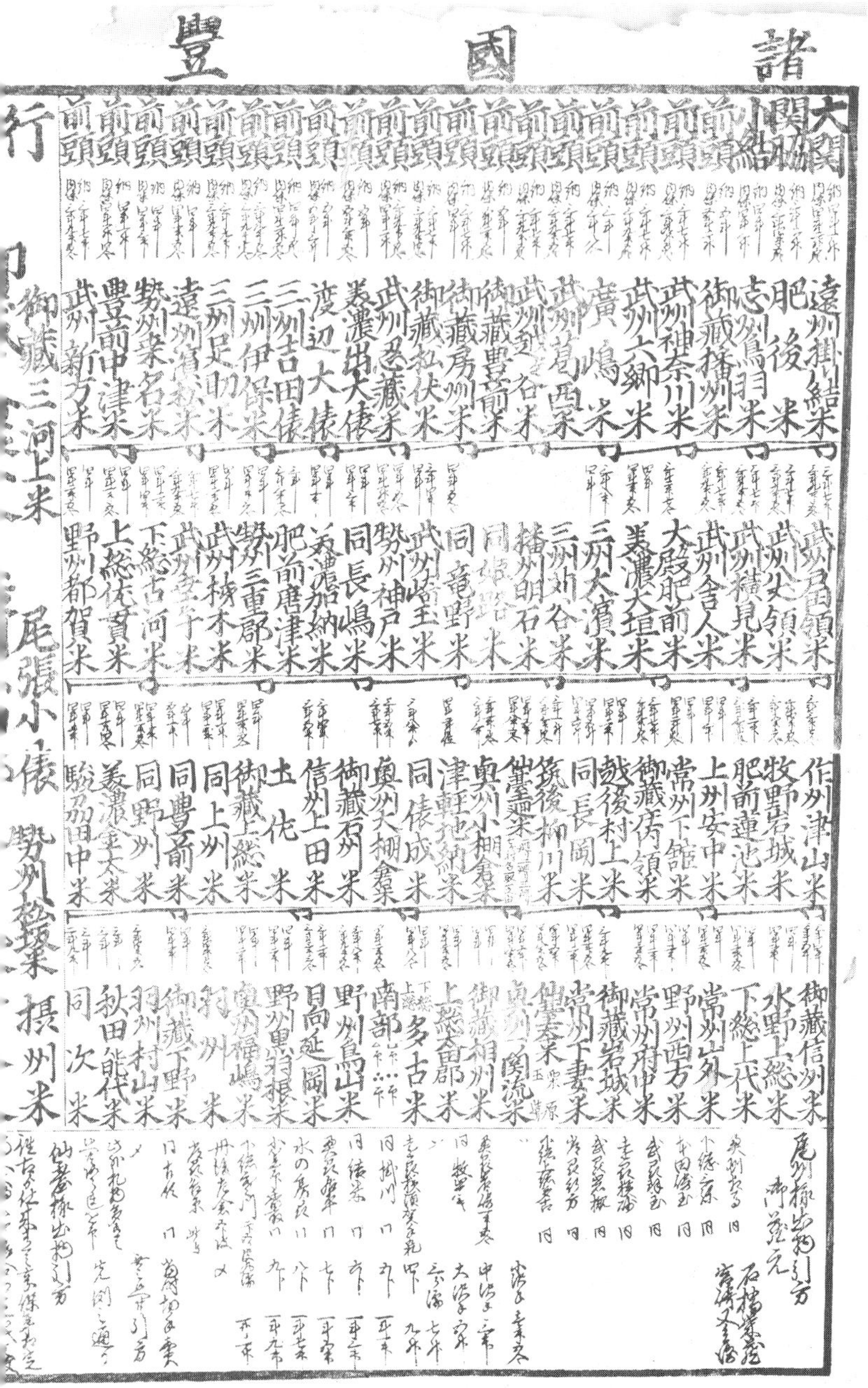

廻米として江戸に入ってくる米の産地を、その生産量を基準に記した番付表。立行司《たてぎょうじ》として御蔵美濃上米、東西大関には遠州掛川結米・三州岡崎米があげられており、関東・東海地方が目立つ。江戸東京博物館蔵。

1 藩の経営

藩の財政

【藩の収支】

江戸時代の大名は、徳川将軍から与えられた領知《りょうち》状《じょう》・知行状《ちぎょうじょう》に定める村々から年貢を徴収し、家政や領地の経費をまかなった。行政活動に必要な経費調達のための課税・収税と支払いを総称して、藩財政という。

松江《まつえ》藩では、収支決算を示す「出入捷覧《でいりしょうらん》」が明和《めいわ》5年から天保《てんぽう》12年（1768～1841）の期間に作成され現存する。これは年度ごとに元方《もとかた》（収入）と払方《はらいかた》（支出）を記し、収支を差し引いて過不足を算出し、御《ご》金蔵《きんぞう》有金《ありがね》の蓄積額を示すもので、財政立て直しの状況を把握するためであった。七四年間で返済した借金は総額四九万二〇九五両で、借金を国許《くにもと》での長期低利に切り替えて立て直しを実施した。

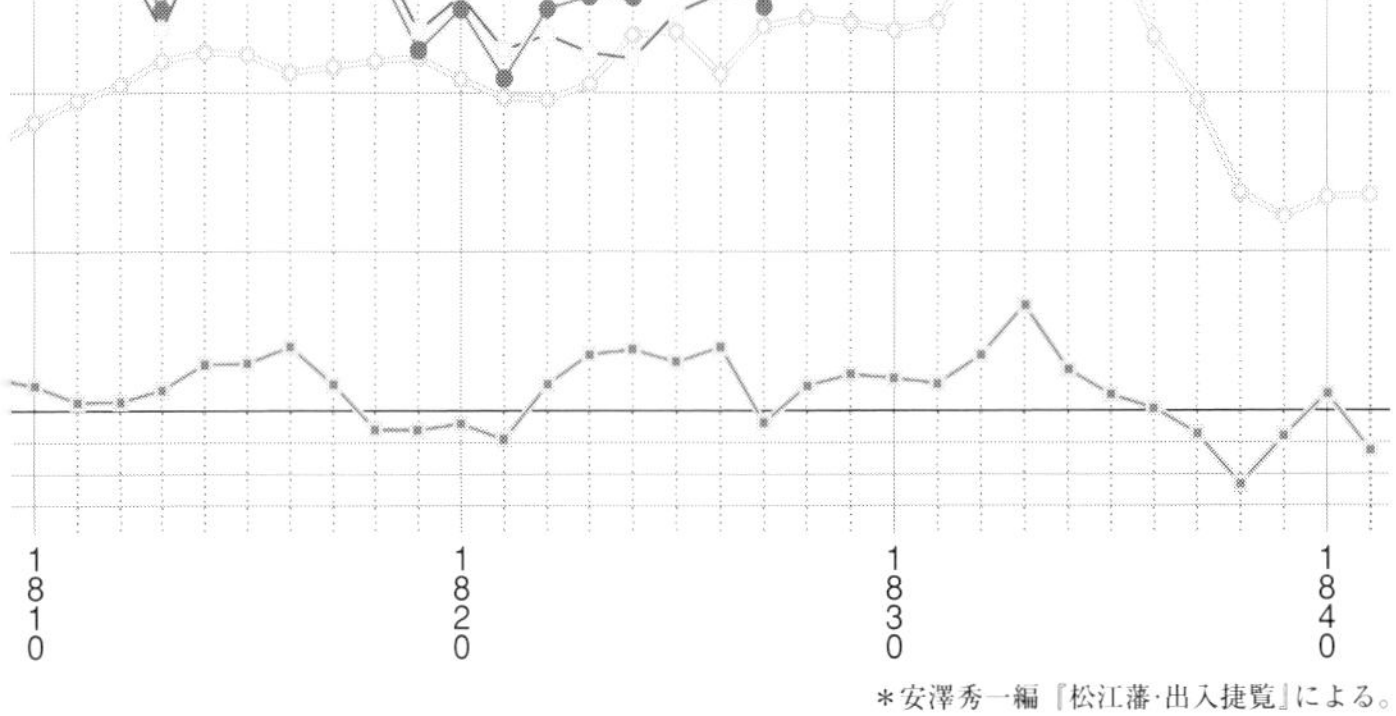

＊安澤秀一編『松江藩・出入捷覧』による。

藩の職制 信濃国松代藩真田家　慶応年間(1865～68)

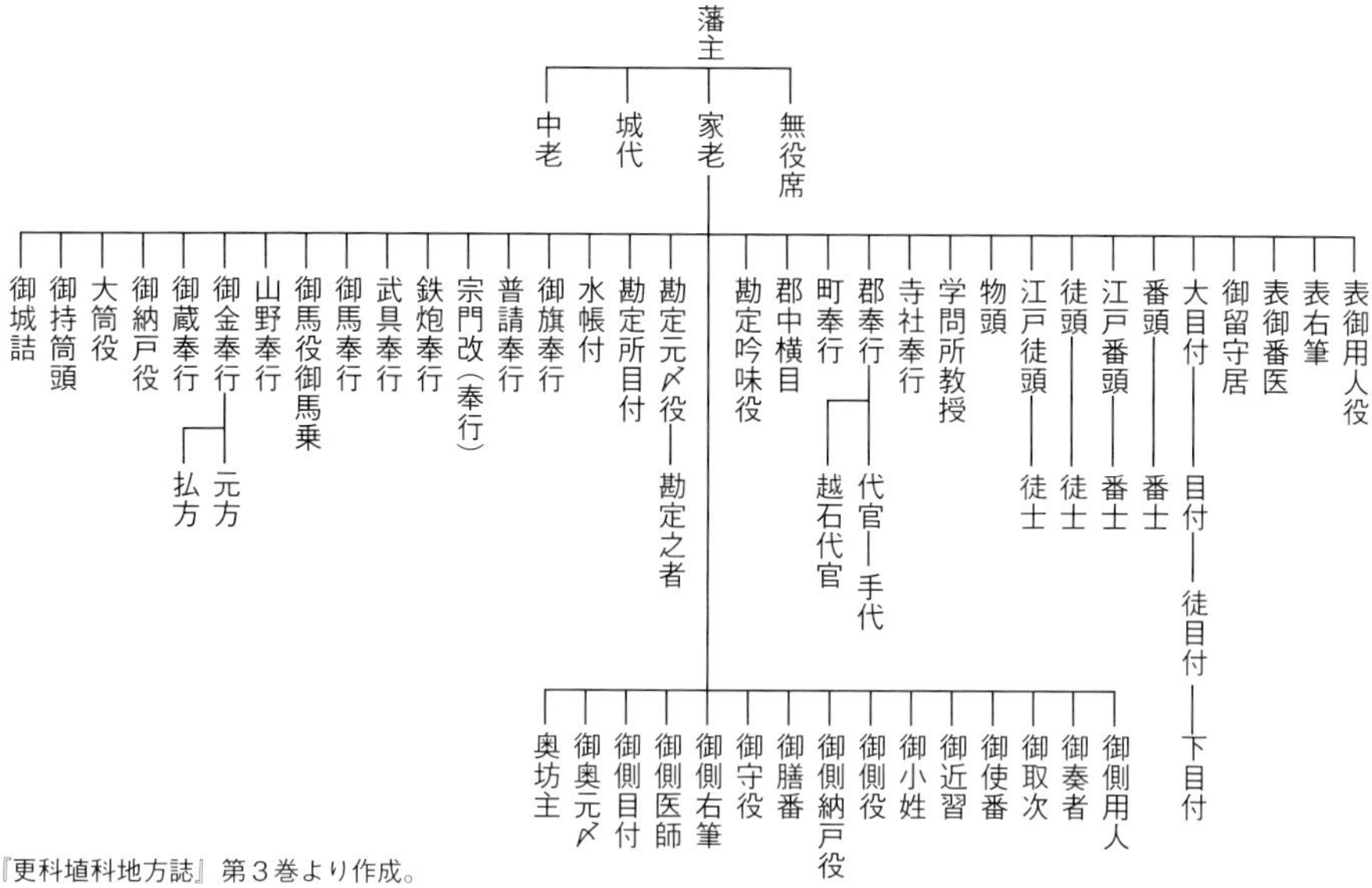

『更科埴科地方誌』第３巻より作成。

松江藩の財政の推移

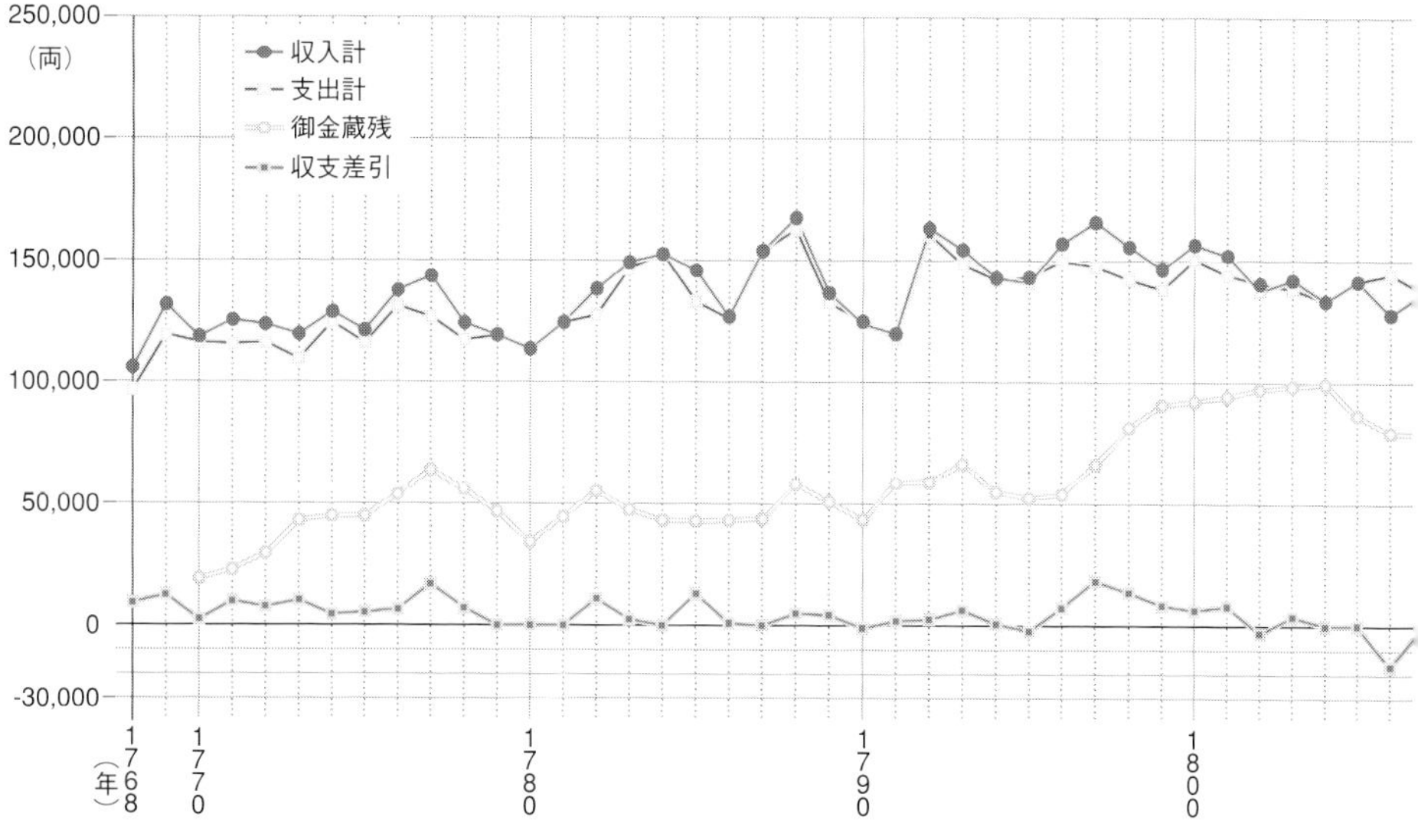

しかし実際には、藩札発行で得られる実通貨を藩に納めて財政難を解消するのが目的であった。

　藩札の発行は、経済活動の盛んな近畿以西の諸藩に多かった。明治4年（1871）9月に明治政府が調査したところによると、藩札を発行した藩は全国の約八割にあたる二四四に達し、藩札初発年度のわかる一七七藩では、西日本諸藩が全体の約60%を占めていた。藩当局は藩内の特産物を専売品に指定し、藩札を専売品の買い上げ資金として使用したのである。

現在保存されているおもな城下町など

都道府県	市町村	藩名	保存地区	地区種別	選定年
青森県	弘前市	弘前藩	仲町《なかちょう》	武家町	1978年
岩手県	金ヶ崎町	仙台藩	諏訪小路《すわこうじ》	武家町	2001年
秋田県	仙北市	秋田藩	角館《かくのだて》	武家町	1978年
埼玉県	川越市	川越藩	川越	商家町	1999年
岐阜県	美濃市	高山藩	美濃町	商家町	1999年
岐阜県	恵那《えな》市	岩村藩	岩村町本通り	商家町	1998年
兵庫県	篠山《ささやま》市	篠山藩	城下町地区	城下町	2004年
山口県	萩市	萩藩	堀内地区・平安古地区	武家町	1976年
福岡県	朝倉市	秋月藩	秋月	城下町	1998年
福岡県	八女《やめ》市	久留米藩	八女《やめ》福島	商家町	2002年
長崎県	雲仙市	佐賀藩	神代小路《こうじろくうじ》	武家町	2005年
宮崎県	日南《にちなん》市	飫肥藩	飫肥《おび》	武家町	1977年

文化庁編『集落町並みガイド』より作成。

【城下町】

　城下町とは、門前町、港町などとともに、前近代の日本が生み出した代表的な都市形態のひとつで、領主の居城を中心とし、これに家臣団、寺院・神社、職人・町人などの居住地域を含んだものである。

　大坂の陣後、元和《げんな》元年（1615）の一国一城令《いっこくいちじょうれい》により、本城以外の城は壊され、本城を中心に城下町の建設が進んだ。

　城下町には都市を防衛する工夫が随所に凝らされていた。敵の侵攻を防ぐため川などの地形を巧みに利用して町をつくり、城下では主要道路の両わきに家屋をすき間なく配置し、道を鍵《かぎ》形に曲げたり袋小路を設けるなど、敵が容易に城に到達するのを防げるよう考案された。

　町は、本丸御殿を中心とした郭内と大身《たいしん》（高位の武士）の居住地、中級・下級武士の居住地、寺社、町屋（商人・職人）地域とに区画され、それぞれの地区ごとに柵《さく》や門を設けて不審者の侵入を防いだ。城下町の外周部には広い寺院が立ち並んで町の防衛を強化していた。

初期の城下町は、武士の需要に応じる鐙《あぶみ》師・鉄砲鍛《てっぽうか》治《じ》・利屋《とぎや》や、城下町建設に関係した職人たちが多く住んだ。そこへ、しだいに筆《ふで》師・下駄《げた》師・合羽《かっぱ》屋・鏡師などの職種が現われ、鍛冶屋町・大工町・紺屋町など初期にみえた同職町は、享保《きょうほう》期（１７１６〜３６）以降は町名を残したまま住民が変わっていった。

城下町の行政組織は、藩の町奉行の下に町役人が置かれた。町方自治は慣習により行なわれたが、五人組《ごにんぐみ》制度のように、藩の町政の下部組織という性格が強い。

複数の名称をもつ藩

国名	藩名	別称・通称
（松前地・蝦夷《えぞ》地）	福山	松前
陸奥《むつ》	弘前	津軽
	盛岡	南部
	仙台	伊達《だて》
	菊多《きくた》	窪田
	中村	相馬
出羽《でわ》	久保田	秋田
	岩崎	久保田新田、岩崎（明治３年改称）
	鶴岡	庄内、大泉（明治２年改称）
上野《こうずけ》	前橋	厩橋《うまやばし》
常陸《ひたち》	松岡	手綱《てづな》（明治元年改称）
	府中	石岡（明治２年改称）
下総《しもうさ》	舟戸《ふなと》	藤心《ふじこころ》
上総《かずさ》	柴山	松尾（明治４年改称）
安房《あわ》	勝山	加知山《かちやま》（明治２年改称）
武蔵《むさし》	私市《きさい》	騎西《きさい》
	金沢	六浦《むつら》（明治２年改称）
相模《さがみ》	甘縄《あまなわ》	玉縄《たまなわ》
甲斐《かい》	谷村《やむら》	郡内
信濃《しなの》	高島	諏訪
	田野口《たのくち》	竜岡《たつおか》（明治元年改称）
駿河《するが》	小島《おじま》	滝脇《たきわき》（明治元年改称）
	駿府《すんぷ》	静岡（明治２年改称）
三河《みかわ》	吉田	豊橋（明治２年改称）
尾張《おわり》	名古屋	尾張
美濃《みの》	十七条《じゅうしちじょう》	本江《もとえ》
	八幡《はちまん》	郡上《ぐじょう》
越後《えちご》	村上	本庄《ほんじょう》、村上（元和４年改称）

国名	藩名	別称・通称
加賀《かが》	金沢	加賀
越前《えちぜん》	福井	北庄《きたのしょう》、福井（寛永元年改称）
	鞠山《まりやま》	敦賀《つるが》、鞠山（明治３年改称）
伊勢《いせ》	津	藤堂《とうどう》・安濃津《あのつ》
伊賀《いが》	上野《うえの》	伊賀
紀伊《きい》	和歌山	紀州
丹波《たんば》	亀山	亀岡（明治２年改称）
丹後《たんご》	田辺	舞鶴（明治２年改称）
因幡《いなば》	若桜《わかさ》	鳥取新田
	鳥取	因州《いんしゅう》
	鹿野《しかの》	鳥取新田、鹿奴《しかの》新田（明治元年改称）
出雲《いずも》	松江	富田
備中《びっちゅう》	松山	高梁《たかはし》（明治２年改称）
長門《ながと》	萩	長州
	府中	長府、豊浦（明治２年改称）
阿波《あわ》	阿波	徳島
土佐《とさ》	高知	土佐
豊前《ぶぜん》	小倉《こくら》新田	篠崎
豊後《ぶんご》	岡	竹田
日向《ひゅうが》	高鍋	秋月
肥前《ひぜん》	佐賀	肥前・鍋島
	福江	五島
肥後《ひご》	熊本	肥後
	高瀬	細川新田、高瀬（明治元年改称）
	人吉	相良
薩摩《さつま》・大隅《おおすみ》	鹿児島	薩摩
対馬《つしま》	府中	対馬、厳原《いずはら》（明治２年改称）

藩の名称は、正式の藩名のほか、通称や別称で呼ばれる場合もあるため、複数の名称をもつ藩を一覧にした。本テキストの本文・表では、場合に応じていくつかの名称が使用されている。

『日本史辞典』角川書店より作成。

城下町は武士の消費経済に依存し、商業を中心に繁栄した。しかし、18世紀には武士の財政窮乏につれて活況を失い、他領からの商人の進出や、株仲間と新興の商人たちとの対立などで不況が深刻化し、困窮した日傭《ひよう》層による打ちこわしなどの暴動も起きた。城下町は、幕藩体制の崩壊と運命をともにしたが、その多くは明治以降の都市建設でも重要視され、県庁所在地として地方自治の中心となった。

【改易と転封】

改易《かいえき》と転封《てんぽう》は、大名に対する江戸幕府の絶対的優位を具体的に示すものであった。これは将軍が大名との主従関係を解消し、知行・俸禄・拝領屋敷など、主従関係に基づいて与えていた財産を没収するという刑罰である。改易の理由には、関ヶ原の戦いなど戦闘に基づく「軍事的原因」、世嗣《せいし》断絶による「血縁的原因」、武家諸法度《ぶけしょはっと》などの幕法への抵触や不行跡による「法律的原因」の三つに分類できる。

改易のおもな目的は、初期には幕府の権力を確立するため、17世紀なかばには武士身分の内部規律を確立するため、中・後期からは大名の不正に対する罰へと変化した。もっとも多い理由は、大名に嗣子《しし》がなく所領没収となることで、次いで大名の不行跡、軍事違反・法度違反・連座などの政治的理由、御家騒動、相続人が幼少、知行を親族で分割する分知《ぶんち》と続く。ただし、改易は必ずしも永久断絶ではなく、年数をおいて、改易を受けた者やその子孫がより低い地位（旗本など）でふたたび召し出されることもめずらしくない。

たとえば、下総《しもうさ》国佐《さ》倉《くら》藩主の堀田正信《ほったまさのぶ》は万治《まんじ》3年（１６６０）に老中・松平信綱《まつだいらのぶつな》と対立したため改易となった。正信の嫡男《ちゃくなん》・堀田正休《まさやす》は、父の罪を許されて天和《てんな》2年（１６８２）に一万石の大名として復帰を許され、上野《こうずけ》国吉井藩の藩主に封じられた。また、天和《てんな》元年に越後《えちご》騒動によって改易となった高田《たかだ》藩松平家は、元禄11年（１６９８）に美作《みまさか》国津山《つやま》藩松平家として再興された例がある。

転封は、移封《いほう》・国替《くにがえ》ともいい、大名の配置換えを指す。転封は、昇進に合わせた配置替えや、外様《とざま》大名や長崎に対する警固、大坂城の勤番による配置転換など行政的な理由、幕府で失脚した家臣に対する国替・所替という懲罰的な理由、加恩による加増、などの理由から行なわれた。

転封回数の多い藩の実例として、譜代大名の石川家は、天正《てんしょう》18年（１５９０）から延享《えんきょう》元年（１７４４）にかけて、上総《かずさ》国成戸《なりと》（二万石）→美濃《みの》国大垣《おおがき》（五万石）→豊後《ぶんご》国日田《ひた》（六万石）→下総《しもうさ》国佐《さ》倉《くら》（七万石）→近江

おもな改易大名

専売品	大名	国名・藩名	高（万石）	処罰理由
慶長7年（1602）	小早川秀秋【こばやかわひであき】	備前・岡山	57	世嗣断絶
慶長12年（1607）	松平忠吉【まつだいらただよし】	尾張・清洲	52	世嗣断絶
慶長13年（1608）	筒井定次【つついさだつぐ】	伊賀・上野	20	御家騒動
慶長15年（1610）	堀忠俊【ほりただとし】	越後・福島	57	世嗣断絶
元和元年（1615）	豊臣秀頼【とよとみひでより】	大坂	65	大坂の陣の戦後処理
元和2年（1616）	松平忠輝【まつだいらただてる】	越後・高田	45	不行跡
元和6年（1620）	田中忠政【たなかただまさ】	筑後・柳川	32.5	世嗣断絶
元和8年（1622）	本多正純【ほんだまさずみ】	下野・宇都宮	15.5	武家諸法度違反
元和9年（1623）	松平忠直【まつだいらただなお】	越前・北ノ庄	68	乱行
寛永5年（1628）	別所吉治【べつしよよしはる】	丹波・綾部	2	武家諸法度違反
寛永9年（1632）	徳川忠長【とくがわただなが】	駿府・府中	55	不行跡
寛永9年（1632）	加藤忠広【かとうただひろ】	肥後・熊本	52	幕府への謀反の嫌疑
寛永14年（1637）	京極忠高【きょうごくただたか】	出雲・松江	24	世嗣断絶
寛永17年（1640）	生駒高俊【いこまたかとし】	讃岐・高松	17.3	御家騒動
寛文5年（1665）	一柳直興【ひとつやなぎなおおき】	伊予・西条	2.5	武家諸法度違反
寛文8年（1668）	高力隆長【こうりきたかひで】	備前・島原	4	領地の政事の不備
天和元年（1681）	松平光長【まつだいらみつなが】	越後・高田	26	御家騒動
貞享3年（1686）	松平綱昌【まつだいらつなまさ】	越前・福井	47.5	乱心
元禄10年（1697）	森衆利【もりあつとし】	美作・津山	18.6	乱心
元禄14年（1701）	浅野長矩【あさのながのり】	播磨・赤穂	5.3	江戸城内における刃傷

■親藩（一門）　譜代（無色）外様　山本博文「改易と転封」『江戸時代館』より作成。

国膳所《ぜぜ》（七万石）→伊勢《いせ》国亀山《かめやま》（五万石）→山城《やましろ》国淀《よど》（六万石）→備中《びっちゅう》国松山《まつやま》（六万石）→伊勢国亀山（六万石）と、八回も転封している。

しかし、どの場合も、移転先の空き領知を用意しなければ実現できない。そのため多くの場合、国替・所替は第三者の領知没収（改易）や移転とセットであった。もっとも多い場合は、八家の大名が改易・転封によって動いた。

池田輝澄《いけだてるずみ》は、寛永《かんえい》17年（1640）、池田騒動により播磨《はりま》国山崎《やまざき》から因幡《いなば》国鹿野《かの》へ転封となる。すると、同年、山崎へ和泉《いずみ》国岸和田《きしわだ》から松平康映《まつだいらやすてる》が九五〇〇石加増で入部し、岸和田へ摂津《せっつ》国高槻《たかつき》から岡部宣勝《おかべのぶかつ》が八八〇〇石加増で入部する。さらに、高槻へ下総国佐倉から松平康信《やすのぶ》が入部し、寛永19年には、佐倉へ信濃《しなの》国松本《まつもと》から堀田正盛《ほったまさもり》が一万石加増で入部し、松本へ三河《みかわ》国吉田《よしだ》から水野忠清《みずのただきよ》が二万五〇〇〇石加増で、吉田へ駿河《するが》国田中《たなか》から水野忠善《ただよし》が、それぞれ入部し、松平忠《ただ》晴《はる》が田中に立藩した。このように八家の大名が玉突きのように動いた事例もある。

関ヶ原の戦い以降の大名の減封・除封を記載した『廃絶録《はいぜつろく》』が、旗本（持筒同心《つつもちどうしん》）小田又蔵彰信《おだまたぞうあきのぶ》により、文化15年（1818）に著わされた。これは大名の配置・加除・転廃を知るうえで、貴重な史料である。

藩政改革

【藩政改革と「名君」】

江戸時代、内外の危機に直面した諸藩では、危機打開のため藩政改革を実施した。危機とは、家臣団の分裂や対立、支配機構の弛緩《しかん》と動揺、藩財政の窮乏や領民の疲弊《ひへい》、百姓一揆・打ちこわしの高まりなどと多様で、中期以降は国際的危機も強まった。

前期の藩政改革は、儒教に基づいて藩主の権力を強化し、農村支配を固めて藩体制の確立をめざした。岡山藩の池田光政《いけだみつまさ》、会津《あいづ》藩の保科正之《ほしなまさゆき》、水戸《みと》藩の徳川光圀《みつくに》、金沢藩の前田綱紀《まえだつなのり》などは藩政改革を主導して「名君（明君）」と呼ばれた。また、元禄《げんろく》年間（1680〜1709）、美濃国の庄屋出身の財政家、松波勘十郎《まつなみかんじゅうろう》は下総国《しもうさ》高岡《たかおか》、上総国《かずさ》大多喜《おおたき》、大和国《やまと》郡山《こおりやま》、備後国《びんご》三次《みよし》、摂津国《せっつ》高槻《たかつき》、陸奥国《むつ》棚倉《たなぐら》、水戸《みと》など各地の藩で藩政改革を請け負った。

中期の藩政改革には、強力な指導を行なう「名君」（藩主）と「賢相《けんしょう》」（家老）が出現した。熊本《くまもと》藩の細川《ほそかわ》重賢《しげかた》と堀勝名《ほりかつな》、出羽《でわ》国米沢《よねざわ》藩の上杉治憲《うえすぎはるのり》と莅戸太華《のぞきたいか》、信濃《しなの》国松代《まつしろ》藩の真田幸弘《さなだゆきひろ》と恩田杢《おんだもく》など、「名君」が改革の先頭に立ち、人材登用で有能な家臣が結集した。農民の商業経営や出奉公《でぼうこう》の制限、帰農《きのう》奨励などを行ない、殖産興業と専売制による藩の経済的自立をめざす一方、藩校を設立して藩士に藩国家意識を植えつけ、藩主と幕府への忠節を強調して、幕藩体制を強化した。

後期の藩政改革は、国内矛盾の拡大と、欧米列強による外圧の危機に対応した。薩摩《さつま》藩の調所広郷《ずしょひろさと》、長州《ちょうしゅう》藩の村田清風《むらたせいふう》に代表される有能な中下層藩士が主導権を握り、財政再建・農村再建・殖産興業・軍制改革などを進めた。小田原《おだわら》藩大久保《おおくぼ》家では、農民の二宮尊徳《にのみやそんとく》（金次郎）を登用し、飢饉《ききん》対策と農村復興にあたらせた。こうして諸藩は独自の改革を実施して財政の安定化と藩政の自立性を強めたのである。

【藩の専売品】

江戸中期以降には、大坂・江戸などの中央市場で米価の低下が深刻化し、新田開発による耕地増大や年貢増徴による収入増加も頭打ちとなった。そのため藩では、年貢米以外の収入源の開発・育成が急務となり、殖産興業政策を実施し、生産物を専売により独占して利益の獲得をめざした。これを藩専売制という。

藩専売制には、領内で生産された特定産物を藩が商人にかわって独占し、領内に販売・配給して利益を得る場合、また領外から藩が一手に購入して領内に販売する場合、さらに領内の生産物を藩が独占し、大坂など領外市場に送って利益を図る場合があった。

専売の対象となった産物は、塩や紙、漆《うるし》、蠟燭《ろうそく》の原料である櫨《はぜ》、砂糖・紅花《べにばな》・生糸などに至るまで、多様であった。

各種産業の発展と商品流通の進展を背景に、領内で商人の台頭が活発となり、藩はこれら特定商人に産物の集荷・販売の独占権を与えて、専売を実施するようになった。このため商人らを責任者とした国産会所《こくさんかいしょ》や産物会所などの統制機関が各地に設置された。集荷・販売組織の強化は、生産者や仲買商人から販売の自由を奪う結果となり、各地で専売に対する反対運動が起こった。その運営が御用商人の意向に左右されたため、藩自体の主体性が失われることもあった。

【さまざまな藩史編纂事業】

江戸時代には、歴史編纂《へんさん》・史料収集の動きが高まり、19世紀以降は「編纂物の時代」と呼ばれた。

藩政改革では、各藩が行財政の再建のために行なった政治・経済改革のほか、藩校の設立・記録仕法《しほう》改革・修史編纂事業などの文教政策も積極的に行なわれ、系図・系譜・家譜などが多数編纂された。記録仕法改革は、先例を重んじる行政の効率化をめざして記録の整備を進めたものだが、広く藩論統一にも寄与した。

高松《たかまつ》藩の修史事業では、文教政策の正統性を「祖《そ》法《ほう》」（代々伝わる法）に求めた。藩祖をさかのぼって本家水戸家へ、神君家康へと「祖法」を上昇させ、藩内秩序の再編をめざした。

秋田《あきた》藩では、藩政の確立過程で「佐《さ》竹《たけ》系図」「佐竹家譜」の編纂とともに、家臣の系図・古文書を提出させて各家の由緒《ゆいしょ》を確定し、その正当性を示す証文を下《か》付《ふ》するという修史事業を行なった。寛政《かんせい》年間（1789～1801）には藩校明徳館《めいとくかん》が設立され、文化《ぶんか》年間（1804～18）には藩政記録をまとめた『国典類《こくてんるい》抄《しょう》』五〇七冊が編纂された。

弘前《ひろさき》藩では、文化3年に藩祖津軽為信《つがるためのぶ》の二〇〇年忌法要の際に、家臣に由緒書を提出させて「由緒書抜《ゆいしょかきぬき》」を作成した。これは蝦夷《えぞ》地での騒動や異国船の来航などにより、弘前藩に北方警固の任務が与えられるなど、さまざまな内憂外患《ないゆうがいかん》のなかで藩の人心をまとめていく役割を担った。

長州藩では、文化・文政《ぶんせい》期（1804～30）に密《みつ》用方《ようかた》によって毛利《もうり》家三代事績編纂事業が行なわれ、17世紀初期から問題となっていた藩内の本藩と支藩の関係を解決することをめざした。天保《てんぽう》期（1830～4

おもな名君・賢相と藩政改革

藩名	明君	賢相(家老など)	政策
岡山藩	池田光政《いけだみつまさ》 1609～82		陽明学・心学を藩学とし、熊沢蕃山を登用。初の藩校「花畠教場」、最古の郷学「閑谷学校」を開校。教育の充実と質素倹約を旨とし、新田開発・治水・殖産興業を推進。神社合祀・寺院整理も行なう
水戸藩	徳川光圀《とくがわみつくに》 1628～1700		明の朱舜水を招聘。『大日本史』の編纂を開始し、水戸学を興すなど文化事業を推進する。暴利や賄賂を禁じ、徴税法の改正や医療法の普及など民政の安定に努めた
金沢藩	前田綱紀《まえだつなのり》 1643～1724		年寄・家老・若年寄以下の職制を整備し、農地を直接支配する改作法を実施する。さらに切高仕法、盗賊改方・救恤施設の設置なども実施し、古文書の整理・補修も行なった
会津藩	保科正之《ほしなまさゆき》 1611～72		山崎闇斎に師事して朱子学を究めた。米価の変動を抑え、米や金銭を低利で平百姓に貸し付ける「社倉制」を施行。寛文元年殉死を禁ずるなど、職制・地方支配組織を整備。漆・蝋の専売体制を確立した
米沢藩	上杉治憲《うえすぎはるのり》 (鷹山《ようざん》) 1751～1822	①竹俣当綱《たけのまたまさつな》 ②莅戸太華《のぞきたいか》	①漆・楮・桑各100万本植え立て、縮織の導入、藩校「興譲館」の創設など、産業を開発し指導者を育成 ②農村の再編、養蚕・織物を中心に殖産興業を図る。大倹約令で財政を整理。細井平洲を興譲館に招き、藩士・農民を教化した
熊本藩	細川重賢《ほそかわしげかた》 (銀台《ぎんだい》) 1720～85	堀勝名《ほりかつな》	堀勝名を大奉行に登用、質素倹約を命じる。検地により隠し田を摘発し、財政再建に努め、刑法草書を制定するなど宝暦の改革を実施。藩校「時習館」を建て、医学寮「再春館」・薬園「蕃滋園」を設けた
秋田藩	佐竹義和《さたけよしまさ》 1775～1815		郡奉行を設置して郡村支配を再編強化。農業・鉱山・林業を奨励し、織物・製紙・醸造などを育成して領内産業を振興した。藩校「明徳館」を設立し、教学制度の整備を行なった
白河藩	松平定信《まつだいらさだのぶ》 1758～1829		天明の大飢饉で苦しむ領民を救うため、苦しい藩財政のなかで、他藩が凶作に際して穀留(穀物の領外持出禁止)する前に相当量の米を白河藩に蓄えるなど、食料救済措置を迅速に行ない、率先して倹約に努めた
松江藩	松平治郷《まつだいらはるさと》 1751～1818	朝日茂保《あさひしげやす》	茂保は財政再建のため農業を奨励し、治水工事を行ない、木綿・朝鮮人参など特産品の栽培を振興させた。年貢も増徴し、借金の棒引きや厳しい倹約令などにより、藩財政を再建。藩校「名教館」を設立した
薩摩藩		調所広郷《ずしょひろさと》 1776～1848	黒砂糖・薬用植物などの専売体制強化や唐物貿易の拡大などにより収入増を図り、諸役・諸役場の整備を行なった。500万両の負債を250年賦無利子返済を強行して藩財政を立て直した
萩藩		村田清風《むらたせいふう》 1783～1855	貧窮農民の立て直し、越荷方の設置、村落秩序の再編成を行ない、約140万両の負債を37年賦返済として藩財政を再建。洋式兵術も導入した
小田原藩		二宮尊徳《にのみやそんとく》 1787～1856	小田原藩主大久保家の分家宇津家の知行所、下野国桜町領の復興事業を成功させた。勤労・倹約をとなえ、興国安民を実現する「報徳仕法」を体系化。北関東を中心に荒廃農村の復興事業に生涯を捧げた
水戸藩	徳川斉昭《とくがわなりあき》 1800～60		天保の藩政改革を実施。全領の検地、藩校「弘道館」や郷学の開設、大砲鋳造・軍事教練、神道興隆の宗教政策、の四大改革を行なう
土佐藩	山内豊信《やまうちとよしげ》 1827～72		門閥・旧臣を避け、革新派「新おこぜ組」の中心人物・吉田東洋を起用。「仕置役(参政職)」に任じ、家老をのけて藩政改革を断行した
薩摩藩	島津斉彬《しまづなりあきら》 1809～58		西欧列強に危機感を抱き、科学技術を導入。反射炉・溶鉱炉・ガラス工場などの近代的工場群「集成館」を築き、富国強兵・殖産興業政策を推進し、紡績・電信・写真・ガラス・印刷・出版事業などを展開した
佐賀藩	鍋島直正《なべしまなおまさ》 1814～71		藩財政を立て直し、人材登用・土地改革を進めた。日本で最初の反射炉を築造して鉄製大砲の鋳造を開始し、長崎港に大砲を配備。船舶を輸入して強大な海軍を編制した。西洋の理化学の習得にも努めた

4）には、藩主が領内の由緒をすべて掌握するため『国郡志《こくぐんし》』が編纂された。

【御家騒動】

江戸時代、大名家では家督相続をめぐる争いや、家臣相互間の対立などがしばしば起きたが、公儀の介入または世間の注目を集めた事件を、御家騒動《おいえそうどう》という。

藩のおもな専売品

専売品	藩名
紙	萩・岩国・徳山・津和野・浜田・清末・豊浦・広島・水戸・福井・富山・上田・大垣・尼崎・宇和島・高知・松山・徳島・大洲・吉田・西条・今治・福岡・唐津・飫肥・臼杵・延岡・佐土原・高鍋・小城・佐伯など
櫨蠟《はぜろう》	萩・松江・豊浦・津和野・鳥取・岩国・宇和島・鹿児島・熊本・福岡・佐賀・島原・唐津・大村・久留米・対馬田代・高鍋・佐土原など
塩	仙台・金沢・福岡・会津・萩・富山・高松・赤穂・姫路・八戸・盛岡・中村・徳島・岡山・柏原・高田など
藍	徳島・萩・名古屋・会津・鳥取・広島・福井・鹿児島・岡山
寒天	和歌山・高知・鳥羽など
鶏卵	福岡・尼崎など
蚊帳	彦根
明礬《みょうばん》	森
紫根《しこん》	盛岡
菅笠《すげがさ》	守山

吉永昭『近世の専売制度』、荒居英次著『近世の漁村』などより作成。

江戸時代前期では、藩体制確立の過程で権力の集中をめざす藩主および側近らの勢力と、旧来から領内に大きな勢力をもつ譜代《ふだい》門閥の保守勢力との対立が激化して騒動に発展した場合、藩主が若年で、家臣相互間の対立が騒動に発展した場合、自己主張の強い藩主と補佐すべき立場の老臣とが対立した場合などがある。

中期では、藩財政の窮乏《きゅうぼう》による藩政の動揺や矛盾の表面化に伴い、家臣相互・派閥相互の対立に加えて、藩政刷新派と現状維持派との対立や、政策の是非《ぜひ》をめぐる家中相互の対立、下級武士の執行部批判の激化などを原因とした御家騒動が起きた。

後期から幕末にかけては、国際関係の緊張の高まりに対応して国内で尊王攘夷《そんのうじょうい》論が提起され、藩の枠を超えて国全体のあり方が論議された。諸藩ではさまざまな派閥ができ、深刻な騒動が頻発した。

御家騒動については、すでに江戸時代から、実録物や講談・歌舞伎などの好材料として、民衆の関心を集め『伽羅先代萩《めいぼくせんだいはぎ》』（伊達《だて》騒動）、『加賀見山旧錦絵《かがみやまこきょうのにしきえ》』（加賀騒動）、『百猫伝手綱染分《ひゃくみょうでんたづなのそめわけ》』（鍋島《なべしま》騒動）など、御家騒動ものとして脚色された。そのなかで、実録物は作者不明の写本の形で数多く流布し、娯楽読物や御家存続のための教訓書として、当時の社会に広く受け入れられ、読み継がれていったのである。

江戸時代のおもな御家騒動

年代	騒動・藩	経緯
寛永10年 (1633)	黒田《くろだ》騒動 福岡藩	家督を継いだ藩主黒田忠之が出頭人倉八十太夫《くらはちじゆうだゆう》らを重用し、筆頭家老栗山大膳と対立。忠之は大膳の知行を没収したが、豊後国府内藩主竹中重義の仲裁で大膳は筑前を退去。翌年、大膳は陸奥国盛岡藩に預かりとなり、黒田家は改易を免れた
寛永11年 (1634)	鍋島《なべしま》騒動 佐賀藩	龍造寺佐賀藩の重臣鍋島直茂は、龍造寺政家・高房を補佐して龍造寺家の権力を掌握。政家・高房の没後、直茂の嫡子鍋島勝茂が龍造寺家を相続し、鍋島佐賀藩が承認された。これに対して、高房の子伯庵が龍造寺家再興の訴訟を起こすが幕府は無視。その恨みで鍋島家には怪事が続き、「化け猫騒動」として劇化された
寛永12年 (1635)	柳川《やながわ》一件 対馬藩	幕臣化を図る重臣柳川調興は藩主宗義成と対立。双方が幕府に出訴すると、対馬での日朝国書改竄の事実が暴露され、将軍家光の親裁により宗氏側が勝訴し、調興は津軽藩へ預りとなる
寛永17年 (1640)	池田《いけだ》騒動 播磨国 山崎藩	藩主池田輝澄が新参家老小川四郎右衛門を重用したため、家老伊木伊織が目付小寺八郎兵衛らと徒党を組んで対抗、100人余が脱藩。幕府の審理を受け、伊織親子と小寺以下は、死罪または預りとなる。輝澄は因幡国鹿野に配流されて没した。寛文2年嫡子政直が播磨国福本で1万石を給され、家名を復興した
寛永17年 (1640)	生駒《いこま》騒動 高松藩	生駒高俊が幼少で家督相続すると、外祖父の伊勢国津藩主藤堂高虎が後見役となり、前野助左衛門・石崎若狭を江戸家老として、国家老生駒将監、その子帯刀との対立を深めた。帯刀が幕府に不正を訴え出、前野派は死罪、帯刀派は出雲国松江藩預かり、高俊は出羽国矢島で1万石に減封となった
寛文11年 (1671)	伊達《だて》騒動 仙台藩	藩主伊達綱宗の隠居後、2歳の亀千代(綱村)が家督相続し、実権は奉行原田甲斐と結んだ叔父伊達兵部が握った。これにほかの伊達氏一門が対立。伊達安芸と伊達式部の所領境界紛争を安芸が幕府に上訴し、審理の場で甲斐が突然安芸を斬り殺し、甲斐も斬殺され、兵部派は幕府から処罰された
延宝9年 (1681)	越後《えちご》騒動 高田藩	家老小栗美作と反小栗派が対立するなか、藩主松平光長の継嗣が光長の弟永見長頼の子万徳丸と決まる。光長の弟永見大蔵を中心とした反小栗派はこれに納得せず、紛争は激化し、長期化した。5代将軍徳川綱吉の親裁により小栗は切腹、永見大蔵は八丈島へ流刑、光長は改易され、伊予国松山藩松平家預りとなった
宝暦4年 (1754)	加賀《かが》騒動 (大槻騒動) 加賀藩	6代藩主前田吉徳の寵臣大槻伝蔵は財政改革を担当したが、門閥年寄層の前田直躬らはこれに反対し、吉徳が没すると大槻派を弾劾。7代宗辰が相続後1年で急死し、これを疑われた大槻派は越中国五箇山に配流され、一族も弾圧された。次いで8代重煕と宗辰の生母浄珠院の毒殺未遂事件が生じ、これも吉徳の側室真如院と大槻の陰謀とされ、大槻は自殺、真如院は翌年殺害された
明和3年 (1766)	母里《もり》騒動 出雲国 母里藩	藩主松平直道は浪人平山弾右衛門を召し抱え、妻として与えた愛妾に男子が生まれた。弾右衛門は直道の子ととなえ、直道の弟亀之助の廃嫡を策したが、直道の父直員が反対、家老らも本家松江藩に訴えた。直員と亀之助の毒殺に失敗した弾右衛門は斬首、直道は失政の責で隠居、亀之助が新藩主となった
天保6年 (1835)	仙石《せんごく》騒動 但馬国 出石藩	財政立て直しをめぐって、改革派仙石左京と保守派仙石久恒・同主計が対立。藩主仙石政美が無嗣のまま江戸で没し、実弟久利5歳が相続。左京は実子小太郎を擁立し、両者の対立が続いた。反左京派が老中や一族に訴え出たところから、幕府の介入を招き、左京らは処刑、出石領5万8000石余は3万石に減封された
嘉永4年 (1851)	お由羅《ゆら》 騒動 薩摩藩	島津斉興のもとで財政改革に成功した調所広郷ら保守派は、江戸詰の世嗣斉彬の家督相続に反対し、斉興の側室由羅の子久光の擁立を図った。斉彬派は調所を密貿易事件の責で自殺させたが、調所派の反撃にあい、多数が粛清された。脱藩者の訴えにより斉興は隠居、斉彬が藩主となった

年代は騒動が終結した段階

細見

「名君録」と「暗君録」
君主はどのように評価されたか

江戸時代には、藩政改革を通じて多くの「名君」(明君)が誕生した。その背景には、18世紀なかば以降に数多く作成された、名君の逸話を収めた「名君言行録」や藩主の事績を記録した「名君録」が大きく影響している。こうした書物には、史実を改変したり強調したりしてできあがった、いかにも名君といった、時代が待望する為政者のイメージが記されていたのである。そのなかには、諸藩の藩士や儒者の交流によって、藩領を超えて書き写され、武士を読者に他藩にまで出まわるものもあった。

一方、『武家《ぶけ》勧懲記《かんちょうき》』(延宝《えんぽう》3年〔1675〕)や『土《ど》芥寇讎記《かいこうしゅうき》』(元禄《げんろく》3年〔1690〕)、『諫懲記後正《かんちょうきこうせい》』(元禄14年〔1701〕)などといった「大名評判記」と呼べるようなものも、いくつも作成され流布されていた。これは諸大名を俎上《そじょう》に載せて、政策の善《よ》し悪《あ》しから賢愚、はては色欲の程度まで縦横に論評した書物で、寛文《かんぶん》・延宝年間(1661～81)あたりから、各種のものが出まわりはじめていたようである。

その内容は、たとえば、「忠臣蔵」の世界では清廉潔白のイメージで語られる浅野《あさの》内匠頭《たくみのかみ》長矩《ながのり》の場合、「智有って利発なり。家民の仕置きもよろしい故に、士も百姓も豊かなり」と褒める一方で、「女色好むこと、切なり。故に奸曲《かんきょく》のへつらい者、主君の好むところにともなって、色能《よ》き婦人を捜し求めだす輩《やから》、出頭立身す。……昼夜閨《ねや》にあって戯れ、政道は幼少の時より成長の今に至って、家老に任す」(『土芥寇讎記』)などと評され、「此将行末とても覚束《おぼつか》なし」(『諫懲記後正』)と、その後の刃傷《にんじょう》事件をも予感させている。こうした辛口の批評は、「名君録」に対する「暗君録」というべきかもしれない。

こうした「名君録」「大名評判記」のような書物の作者はどんな素性の者なのか、また単独か複数か、公的な作業か私的な作業か、その本来の意図はなんだったのかなど、まだよくわかっていない。ただ、その多くは、旧大名家の蔵書のなかに、自家の部分のみか、他家のものまで所蔵されている。つまり、大名家は他藩や他家の評価も含めて、この書を読んでいたのであろう。とすると、大名たちが、掲載された論評や批評を意識して藩政を行なった可能性すら出てくるだろう。いずれにせよ、そこにはともに、期待される君主像が描かれていたといえよう。

2 村の社会と生活

村のシステム

【村の構成員と宗門人別改帳】

領主は、村という行政単位を通じて村人を支配した。名主《なぬし》・組頭《くみがしら》・百姓代《ひやくしようだい》からなる村役人（村方三役《むらかたさんやく》）が村の代表者であった。村役人を領主側の末端組織に組み込んで村を支配する仕組みを、村請制《むらうけせい》という。

村には、耕作地をもち、一軒前で農家経営しつつ年貢を納める小前《こまえ》（本百姓《ほんびやくしよう》）がいた。村方三役と小前が村の構成員の中心である。名主は東日本の一般的呼称で、西日本では庄屋《しようや》、東北地域では肝煎《きもいり》などと呼ばれた。仕事は年貢の納入や村内の取り締まり、他村との交渉や書類作成など多岐《たき》にわたる。組頭は繁忙《はんぼう》な名主の仕事を補佐した。百姓代は村役人の監視役とされる。

村には小前のほかに小作・水呑《みずのみ》がおり、地主から土地を借り受け、小作料を払って農業を営んだ。彼らは原則として年貢・夫役《ぶやく》などの負担がなく、村政に参加する資格もなかった。ほかに富裕な農家には、世襲的に隷属して小作をする名子《なご》・被官《ひかん》・譜代《ふだい》がおり、時として売買の対象ともなった。

江戸幕府は豊臣政権の政策を引き継いでキリスト教を禁じた。その徹底のため、村人または町人が寺院の檀家《だんか》となるよう強制した。これを寺請制《てらうけせい》という。また、各寺院で個人の宗旨《しゆうし》を証明するため作成された帳簿を宗門人別改帳《しゆうもんにんべつあらためちよう》といい、寛文《かんぶん》年間（１６６１〜７３）ごろに作成されはじめた。帳簿には戸主の名前・宗旨・年齢・家族・奉公人などが記載され、時には牛馬の所持なども記された。宗門人別改帳はしだいに村役人が作成するようになり、戸籍としての役割も果たした。

【検地法と年貢のいろいろ】

領主から領民にもっとも期待されたのは、決められた年貢を必ず納めることであった。領主はその見返りとして彼らの生活維持の責務を負った（百姓成立《なりたち》）。

　幕府や大名などの領主は、農民の田畑の面積および上・中・下などの等級を定め、土地から収穫される米や麦などの生産高を石高《こくだか》（米の生産量）で計上した。畑の生産物も石高に換算された。

　村民の持高《もちだか》の総計が村高《むらだか》となり、領主と村側の台帳にそれぞれ記された。年貢の負担者および耕作者の石高を決めることを検地《けんち》といい、その台帳を検地帳といった。検地は丈量《じょうりょう》（測量）や、反別《たんべつ》（面積）・升《ます》（体積）の統一基準とともに全国的な規模で行なわれた。豊臣秀吉《とよとみひでよし》による太閤《たいこう》検地は著名だが、江戸時代を通じて全国的な検地が何度か行なわれている。

　検地により村の生産高が決まるが、年貢率（税率）は領主により異なる。五公五民（税率50％）・四公六民（同40％）などといわれるが、土地の生産性が高ければ、高率の年貢でも収穫量自体が多いのであまり負担にならない。江戸時代には累進《るいしん》課税がないため、所持地が多い場合、一定の額さえ支払えば生活は比較的楽であるが、所持地の少ない場合は過酷となった。

　年貢の徴収法には検見《けみ》法・定免《じょうめん》法がある。検見法では、一年ごとに領主から派遣される検見役人の実地見分により収穫量を算出し、年貢率を決めるので、年により率が変動する。幕府にとっては収入不安定で手間もかかり、不正も生じやすかった。定免法では、過去五～一〇年間程度の収穫高の平均から固定税率を算出して徴収する。定免法は享保《きょうほう》の改革（１７１６～４５）で採用されて以降、幕府領を中心に広く行なわれた。これにより幕府は安定した年貢を確保できたが、村にとっては厳しい検地のもと、従来の年貢率より上

江戸幕府の代表的な検地

検地	内容
慶長検地	大久保長安・彦坂元正・伊奈忠次ら奉行による検地。間竿《けんざお》（検地用の竿）が6尺3寸から6尺1寸になる
寛永・慶安検地	慶安2年「検地掟二十六か条」の制定。これ以降、小農経営の自立・維持を図るようになる
寛文・延宝検地	関東・畿内幕領の総検地。これ以降、近隣の大名に命じて行なわせる通例となった
元禄検地	元禄3年「検地条目」の制定。検地条目のうちでもっとも整備されたものとなった
享保検地	享保11年「新田検地条目」の制定。大規模な町人請負による新田開発が行なわれる

乗せで計上される場合が多く、実際は検見法以上の年貢増徴策であった。

年貢には田畑にかかる本途《ほんと》物成《ものなり》と、山林河海《さんりんかかい》などの産物にかかる小物成《こものなり》とがある。本途物成のうち、米の場合は現物納が原則だが、畑の場合は小物成と同様に貨幣納であった。ほかに運上《うんじょう》・冥加《みょうが》といった商・工・漁業者などに課す年貢もあった。

幕府の直轄地では、伝馬宿入用《てんましゅくにゅうよう》・蔵前《くらまえ》入用・六尺給米《ろくしゃくきゅうまい》などの付加税があり、これを高掛物三役《たかがかりものさんやく》といった。いずれも貨幣納で村高に応じて徴収された。伝馬宿入用は宿場の維持運営費、蔵前入用は全国からの年貢米が集まる浅草御蔵《あさくさおくら》の維持費、六尺給米は江戸城内で掃除や賄いをする人夫の給米である。

【村の運営費、村入用】

村を維持・運営する諸費用を村入用《むらにゅうよう》といい、農家一軒ずつから徴収した。費用の内訳は村の川浚《かわさら》いや道普請《みちぶしん》など共同利用の施設維持費、祭礼の費用、村役人の給料、寄合などの会合費、文書作成に必要な筆・墨《すみ》・紙代など多岐にわたる。村入用は時代とともに多種多様となり、負担する金額は増加した。費用は村の軒数で割るところもあったが、経済格差を考慮して、各家の持高に応じて徴収するところが多かった。

村入用は一年ごとに村役人より徴収されたが、不正横領する者もあった。村役人の不正をただすため、18世紀後半には、小前層が村入用帳の公開を要求する騒動が起きた。村役人は村の成立以来の旧家出身の者が多かったが、その特権的地位はしだいに失われ、村人による運営の見直しが行なわれた。

【飢饉対策と貯穀の普及】

江戸時代の大規模な飢饉《ききん》には、つぎの四つが知られる。寛永《かんえい》19年（１６４２）の飢饉は、かなり深刻な被害状況で、幕府は全国に倹約令や酒造制限令、百姓の役負担の軽減などを命じた。享保《きょうほう》17年（１７３２）の飢饉では、米価が高騰《こうとう》し、江戸では最初の大規模な打ちこわしが起きた。天明《てんめい》2年から7年の飢饉では、多くの農民が村を捨てて逃散《ちょうさん》し、各地で打ちこわしが起き、老中の田沼意次《たぬまおきつぐ》の失脚にまで発展した。

こうした事態を受けて松平定信《まつだいらさだのぶ》主導による寛政《かんせい》の改革（１７８７〜９３）が行なわれ、飢饉対策として村々に郷倉《ごうぐら》を設置し、穀物の貯蔵を義務づけた。郷倉は年貢米の一時的保管庫だったが、しだいに困窮時の救済用や貸付用の貯穀《ちょこく》倉となった。

天保《てんぽう》4年から8年（１８３３〜３７）の飢饉も全国的な大被害で、都市部への米の流通が機能せず、米価

おもな飢饉とその被害

飢饉	年代	状況
寛永の飢饉	寛永19年(1642)	西日本一帯の旱魃、北陸を含む東日本の冷害による凶作。飢人・死者の被害の詳細は不明。全国で5万人とも10万人ともいわれる
享保の飢饉	享保17年(1732)	畿内以西を襲った大飢饉。低温・冷雨による作物の被害。虫害による被害も大きく、半作以下の藩は46藩にも及ぶ。餓死者1万2000人。牛馬1万4000匹が死んだといわれる
天明の飢饉	天明2年～7年(1782～87)	北日本を中心に諸国凶作、とくに天明2、3年の奥羽地方は大飢饉。天明3年に浅間山噴火、同6年奥羽・関東大洪水。東北地方では死者約30万人
天保の飢饉	天保4年～8年(1833～37)	天候不順・冷害、東北地方の風水害をはじめ、飢饉は全国的な規模となる。全国の死者は疫病死を含め20万～30万人

の高騰を招いた。江戸では困窮者への米や銭などの施行もあったが、大坂では窮民対策が不十分で、大塩平八郎《おおしおへいはちろう》の乱（天保8年）を引き起こした。

【村掟と五人組】

村の維持・運営は、領主からの法令で決められる場合もあるが、原則として村人同士の取り決めによった。この取り決めを村掟《むらおきて》（惣掟《そうおきて》・村定《むらさだめ》・村極《むらぎめ》）といい、山林の入会《いりあい》や用水など水利関係のものなど、村の生活一般に関するものが多い。掟に背いた者には過料や懲罰《ちょうばつ》が科されたが、村八分《むらはちぶ》といって、罪を犯した家とはいっさいつきあわないという厳罰も課された。

村では五人（五戸）ずつ一組となって、年貢の支払いや犯罪防止などの連帯責任を領主から負わされた。これを五人組《ごにんぐみ》といい、寛永10年（1633）頃から全国で制度化された。その長は五人組頭《がしら》・筆頭《ひっとう》と呼ばれた。構成員の名前を記した帳簿を五人組帳といい、この帳簿のはじめには五人組の取り決めを記した。これを五人組帳前書《ごにんぐみちょうまえがき》といった。村役人が、この前書を年に数回読み聞かせ、周知徹底させた。その内容は、公儀（幕府・藩・旗本など）法度の遵守《じゅんしゅ》、次いでキリシタンの禁制、年貢納入、盗難や殺傷の防止など村の治安、代官の不正防止などについて細かく記されている。

村の生活

【村人の暮らし】

村で農作業をして暮らす人々は、米や麦などの作物の栽培・収穫などを生活の中心として一年を過ごした。地域によって気候や土壌も異なるためすべて同じではないが、村の一年を農事暦を中心に見ると、春は苗代に種籾《たねもみ》をまき、鍬《くわ》や鋤《すき》などで田起こしをした。このとき同時に苅敷《かりしき》（草や木の若芽を土に鋤き込んで肥料とするもの）や草木灰《そうもくばい》などの肥料を施した。

初夏に入ると田植えとなる。これは一定期間に、集中した労働力を必要とするので、一軒の農家では処理できず、結《ゆい》や「もやい」など村人の共同作業によって行なう場合が多い。秋の稲刈りや脱穀なども同様である。

夏の重要な仕事には田畑の草取りがある。草取りは夏草の生い茂る5～9月に何度か行なわれるが、一番草、二番草、三番草と田畑の手入れをしながら刈り取り作業を行ない、とくに三番草は炎天下の作業でかなりの重労働であった。ほかにも村では、鳥獣害対策や害虫駆除なども行ないつつ、収穫の秋を迎える。

秋には収穫物の刈り入れと年貢納入作業などを行なう。収穫後、その年の豊作を祝うため、村の鎮守《ちんじゅ》で祭礼である村祭りが行なわれた。豊作祈願の農耕儀礼としては、一年の間に削《けず》り掛《が》け（豊凶占い）・鳥追い・御《お》田《た》植神事《うえしんじ》・田楽《でんがく》などがあり、ほかにも虫送り・雨乞《あまご》い・風祭りなどを行なう地域もあった。

祭礼日は、原則として農作業を行なわない休み日（遊び日）である。田植えや稲刈りなどの苛酷《かこく》な重労働に対する休養の意味があり、正月三が日・小正月・1月7日（人日《じんじつ》）のほか、3月3日（上巳《じょうし》）・5月5日（端午《たんご》）・7月7日（七夕）・9月9日（重陽《ちょうよう》）などの五節句、お盆なども休み日である。

地域によっても異なるが、村の休み日は一年を通じて二〇～三〇日程度のところが多い。休み日は村側の取り決めによる場合が多く、時代を経るにつれて増加していった。関東の農村では、半日休みなどを含めて休み日が延べ六五日を超えるところもあり、仙台藩領では八〇日もあり、全国で休み日がもっとも多い地域のひとつである。

冬場に農作業のできない地域では、翌年の作業に備えて藁《わら》で縄《なわ》をなったり、筵《むしろ》・草鞋《わらじ》などをつくった。また、近隣の城下町へ奉公に出る者もあった。こうして村人は四季の移り変わりとともに暮らしを立てていたのである。

【農間余業と出稼ぎ】

江戸時代の農民は「農業専一」を基本原則としていたが、江戸後期には、商品経済の浸透とともに農業経営だけでなく、商業活動にも積極的な者が出てくる。

　領主側へ提出した村方の「村明細帳《むらめいさいちょう》」や、関東取締《かんとうとりしまり》出役《しゅつやく》（関東の農村の支配強化のため文化2年〔1805〕に創設された役職）や火付盗賊改《ひつけとうぞくあらため》（江戸の放火や盗賊の取り締まりをする役職）などの調査書には、質屋・旅籠《はたご》・菓子《かし》売《うり》・下駄《げた》足駄《あしだ》・豆腐《とうふ》・酒造《さけづくり》・酒売り・薬種・荒物・茶・太物《ふともの》（綿・麻織物）・水油《みずあぶら》（液状の油）・瀬戸物・足袋《たび》・木綿織り・油手搾《あぶらてしぼり》・紙漉《かみす》き・鮨《すし》売り・饅頭《まんじゅう》売り・果物・薬売り・大工・綿打ち職・畳《たたみ》屋・白米小売り・煮売《にうり》、居酒屋《いざかや》など、じつに多種多彩な商売が記されている。

　これらはあくまで農作業の合間に行なう副業であったため、農間余業《のうかんよぎょう》ともいわれた。前記も当時の生業《なりわい》の一部で、地域により多少の違いがある。海に近い村では、浅蜊《あさり》や蛤《はまぐり》などの採取が余業となり、山間部の村々では薪《まき》拾いや炭焼きなどもあった。江戸近郊農村では、船を使って江戸から下肥《しもごえ》を入手し村々へ売る「船商売」もあった。農間余業には専門性を必要とするものから、小売り・手仕事程度のものまであり、家計補助のために多くの農民が工夫を凝らして生活していた。

【村人の一生】

江戸時代の通過儀礼を手がかりに、村人の一生を見てみよう。村で子どもが生まれると、出産にかかわった人はもとより、親戚や近隣の村人たちから祝いが届く。子どもは村や家の構成員のひとりとして生まれるのである。命名は、生後七日（お七夜《しちや》）にされる地域もあった。

　村の構成員として一人前になるには、多くの通過儀礼を経なければならない。俗に「七歳までは神の子」といわれたように、当時の乳幼児死亡率は高く、「七五三」の祝いなど、子どもが無事に成長したことを祝う習慣が一般的になったのも江戸時代である。地域によって異なるが、7歳の祝いを「帯（紐《ひも》）解《とき》の祝い」といい、女子の祝いだが男子も行なう場合があった。

　7歳を過ぎて無事に成長を遂げた子どもたちは、長男であれば家の相続者となるべく家や村人同士のつきあいのなかで育てられる。相応の年齢（早い例は東北地方の女子15歳・男子20歳、遅い例は近畿・東海の女子18～24歳・男子25～28歳）となれば結婚をし、家督を継いだり、相応の土地をもつ者は分家する場合もあった。また、隠居分家といい、親が分家となって相続者の弟・妹などを引き連れて分家する場合もあった。一方、女子の場合も同様で、原則として婚家に対して適応するよう、家や村による教育・しつけを受けて成長する。

死を迎える場合も、家族やつきあいのある村人に弔われて墓に入る。仏式の葬送儀礼であれば、死者には戒名《かいみょう》が与えられる。供養のために、初七日、四十九日などの行事が行なわれ、死後も命日には墓に供物《くもつ》を供え、旧懐を忘れずに故人をしのぶのは今と変わりない。

【若者組と年寄衆】

村の内部では、年齢階梯《かいてい》や性別に区分されたさまざまな集団がつくられ、それぞれが村社会で決められた役割をもっていた。代表的な集団に若者組《わかものぐみ》がある。若者組は祭礼の準備・運営を行ない、火事や洪水など村の事件にも迅速に対応した。若者組とはいえ、村の中心となって働く男性集団だったので、年齢層は30～40代くらいの構成員が強い影響力をもった。また、村には同じ年齢層による女性集団もあり、こちらは娘組《むすめぐみ》と呼ばれた。娘組では針仕事や糸繰りなど、家事を担うための訓練が中心だったようである。

若者組に入る前の幼年期にも、子供組《こどもぐみ》と呼ばれる集団があった。子どもたちは七夕《たなばた》やお盆、学問の神様である菅原道真《すがわらのみちざね》を祀《まつ》る天神講《てんじんこう》などに参加して、村で取り決められたさまざまな行事の担い手となった。7歳ごろから集団に加わり、13、14歳で若者組や娘組に組み入れられていく。

農家では戸主が高年齢になったり、息子に家督を譲った場合には、原則として村の政治や祭祀《さいし》などへは参加せず、いわゆる隠居として生活する者が多かった。地域によって異なるが、隠居した彼らは年寄《としより》（長老）衆と呼ばれる集団をつくった。女性の集団は婆講《ばばこう》と呼ぶ地域もあり、代表的な行事は念仏講《ねんぶつこう》で、村の寄合所に集まっては念仏を唱え、和歌を詠じたりした。講の終了後には世間話などをして余生を送ったのである。また村落祭祀が重要な位置を占める関西地域などでは、年寄衆が村政の重要な担い手である場合もあった。

【村の知識人と読み書きの普及】

日々の農作業と領主からの年貢徴収のため、村には文化や娯楽は生まれようがないと思われがちだが、当時の人々の暮らしの実態は、こうした想像を裏切ってじつに多種多様な文化が生まれ、それをリードした知識人も多く輩出された。なかでも名主《なぬし》・組頭《くみがしら》といった村役人層《むらやくにん》は、村の文化を支える重要な担い手であった。

江戸時代は兵農分離政策のもと、武士が城下町に居住して村に住む農民を支配した。この支配制度が機能するためには、読み書きができ、領主からの法令を十分理解できる人々が、村にいる必要がある。事実、村には公用・私用の古文書が数多く残されている。古文書には領主からの伝達や、領主へ作成・提出した書類の写し、他地域の村々から送られた書類や手紙、村役人が書いた会計簿や日記なども残っており、村役人たちの読み書き能力は高水準のものだった。

寛政《かんせい》期（1789~1801）以降は庶民の教育機関であった寺子《てらこ》屋《や》が広く普及し、村役人のほかにも読み書きができる者が多く現われた。寺子屋は江戸後期以降、飛躍的に増加するが、さらに四《し》書五経《しょごきょう》といった漢籍や算術などを教える人々も増え、多くの知識人を輩出する土壌を形成した。寺子屋の師匠には僧侶や神《しん》官《かん》なども多く、知識のみならず教義による道徳などを教諭する彼らも、村の知識人のひとりであった。

現在に残る地芝居・人形浄瑠璃

芝居・人形浄瑠璃	地域
檜枝岐《ひのえまた》歌舞伎	福島県南会津郡檜枝岐村
小鹿野《おがの》歌舞伎	埼玉県秩父郡小鹿野町
大鹿《おおしか》歌舞伎	長野県下伊那郡大鹿村
黒森《くろもり》歌舞伎	山形県酒田市
出町《でまち》子供歌舞伎曳山《ひきやま》車	富山県礪波《となみ》市
切山《きりやま》歌舞伎	山口県下松《くだまつ》市
猿倉《さるくら》人形芝居	秋田県本荘市・北秋田郡合川町《あいかわまち》・雄勝郡羽後町《おがちぐんうごまち》
奈佐原《なさはら》文楽	栃木県鹿沼市奈佐原町《かぬましなさはらまち》
八王子車人形	東京都八王子市
相模人形芝居	神奈川県厚木市・小田原市
佐渡の人形芝居	佐渡市
知立山車《ちりゅうだし》文楽	愛知県知立市
真桑《まくわ》人形浄瑠璃	岐阜県本巣《もとす》市上真桑《かみまくわ》
安乗《あのり》人形芝居	三重県志摩市阿児町安乗
淡路人形浄瑠璃	兵庫県南あわじ市福良丙
阿波の人形芝居	徳島市・鳴門市・阿南《あなん》市・勝浦郡勝浦町・名西《みょうざい》郡神山町・那賀《なか》郡那賀川町・板野郡松茂町《まつしげちょう》

教育機関の増大だけでなく、村人みずからが学習意欲旺盛であったことにも注目したい。旧家で、かつて村役人だった家の土蔵には、古文書と一緒に江戸時代の書籍が残されている場合があり、寺子屋の教科書や漢籍・随筆《ずいひつ》・戦記・農書《のうしょ》・俳書《はいしょ》・地誌・浄瑠璃本《じょうるりぼん》・医書・本草書《ほんぞうしょ》など、多彩な書物を利用したことがわかる。これらはみずから読んだり、必要に応じて知人に貸したりして村人たちの共有知識となった。学問を習得した階層も、村役人などの上層農民だけでなく、零細な小前《こまえ》層も多種多様な学問を習得する機会があった。

在村の知識人のほかに、村を訪れる人々によっても知識・教養を得た。伊勢《いせ》神宮の御師《おんし》は、全国の参詣《さんけい》者に向けて暦《こよみ》を頒布《はんぷ》したり、参詣者の勧誘のため毎年のように村々を訪れた。彼らは途中訪れた国々の話を村人に聞かせたであろうし、村人も旅人の情報を好んで受け入れた。同様に寺社の建立《こんりゅう》や修復の寄付金を集めて全国を行脚《あんぎゃ》する御免勧化《ごめんかんげ》の僧侶や神官なども、村人は受け入れた。さらに瞽女《ごぜ》や座頭《ざとう》といった芸能民、全国各地で修行する修験《しゅげん》なども、宿泊と交換に見知らぬ国々の話を村人に聞かせた。

【村の娯楽】

村人の生活は閉鎖的、排他的な側面もあったが、教育や文化などが芽生えて豊かでもあった。村人たちは神仏参詣を理由として、近距離や遠距離の旅行も頻繁に行なった。なかでも伊勢神宮は、全国各地の村人が「一生に一度はお伊勢様に参りたい」と願望したところである。富士山や金毘羅《こんぴら》山《さん》をはじめ、全国各地の参詣地への旅は、娯楽の要素も色濃く含まれ、名所・名物などへの関心が高まっていった。

幕府の法令には、村の祭礼が華美になることや、狂言・人形浄瑠璃・相撲・歌舞伎などの興行を禁じたものがあるように、村では祭りや芝居などの芸能を楽しむ機会も多かった。こうした娯楽には旅芸人を雇った興行もあれば、村人の自主的な催しもあった。

村人の娯楽には、村全体の行事に関するものや、特定の仲間内だけのものもある。後者の代表には俳諧《はいかい》があげられる。江戸後期には、俗に「月並《つきなみ》俳諧」とも呼ばれ、「連《れん》」というサークルを中心に月々の句会を設けて楽しんでいた。村人は、採点者の宗匠《そうしょう》によって評される句の優劣を競いつつ研鑽《けんさん》に励んだが、なかにはこれを賭《か》けの対象とする者もあった。ほかにも和歌・碁《ご》・将棋《しょうぎ》・生け花・作庭・絵画・書画・三味線など、多彩な娯楽があり、村人の趣味も今日同様にひじょうに多様であった。ただし、孤独な娯楽というよりは、相手と一緒に楽しむ娯楽が多かったようである。

農村の知識人

名前	生没年	地域	著書・業績など
大畑才蔵《おおはたさいぞう》	寛永19年～享保５年(1642～1720)	紀伊	農政家。『地方之聞書』
蓑笠之助《みのかさのすけ》	貞享４年～明和８年(1687～1771)	江戸	農政家。『農家貫行』
川崎定孝《かわさきさだたか》	元禄７年～明和４年(1694～1767)	武蔵	農政家。玉川上水・長良川工事
建部清庵《たてべせいあん》	正徳２年～天明２年(1712～82)	陸奥	陸奥国一関藩藩医。『民間備荒録』
三浦梅園《みうらばいえん》	享保８年～寛政元年(1723～89)	豊後	思想家。『玄語』『贅語』『敢語』
菅茶山《かんちゃざん》	延享５年～文政10年(1748～1827)	備後	儒者・漢詩人。『黄葉夕陽村舎詩』
菅江真澄《すがえますみ》	宝暦４年～文政12年(1754～1829)	三河	国学者・紀行家。『真澄遊覧記』
華岡青洲《はなおかせいしゅう》	宝暦10年～天保６年(1760～1835)	紀伊	医師。麻酔薬「麻沸湯」の開発
小林一茶《こばやしいっさ》	宝暦13年～文政10年(1763～1827)	信濃・江戸	俳人。『七番日記』『おらが春』
武元君立《たけもとくんりゅう》	明和７年～文政３年(1770～1820)	備前	岡山藩閑谷学校教授役。『勧農策』
鈴木牧之《すずきぼくし》	明和７年～天保13年(1770～1842)	越後	商人・随筆家。『北越雪譜』
渡辺政香《わたなべまさか》	安永５年～天保11年(1776～1840)	三河	国学者・漢学者。『三河志』
二宮尊徳《にのみやそんとく》	天明７年～安政３年(1787～1856)	相模	農政家。農村の復興。『為政鑑』
梁川星巌《やながわせいがん》	寛政元年～安政５年(1789～1858)	美濃	漢詩人。『西征詩』『星巌集』
柴田収蔵《しばたしゅうぞう》	文政３年～安政６年(1820～59)	佐渡・江戸	地理学者。「新訂坤輿《こんよ》略全図」
三浦命助《みうらめいすけ》	文政３年～元治元年(1820～64)	陸奥	一揆指導者。『獄中記』

塚本学『地方文人』などより作成。

【活躍する豪農】

農村に商品経済が浸透していくと、農民のなかには経営に失敗して土地を失う者も出れば、逆に土地を集積して大規模な地主経営を行なう者も出た。とくに19世紀以降、地主化した農家は、農村部の商業や工業の担い手となって、小前・貧農層との対立を深めていった。このように成長を遂げた農家を豪農《ごうのう》と呼ぶ。彼らはたんに地主であるのみならず、田畑の質地《しちち》地主（土地を抵当に金を貸す地主）、地主小作関係における雇用者、金融業、商品作物の販売、酒や醤油《しょうゆ》の醸造業を兼ねるなど、その活動は多岐《たき》にわたっている。

豪農は村役人の場合が多いが、土地の集積は隣村に及ぶこともめずらしくなく、商業上の取り引きもあって交際範囲はひじょうに広い。関東農村の事例では、江戸に進出して町屋敷を経営する者もあった。こうした豪農は時には一揆《いっき》や打ちこわしの対象ともなったが、困窮者への施行や、心学・国学、報徳仕法《ほうとくしほう》（二宮尊徳《にのみやそんとく》が創始した村落復興の事業）などの思想とその実践を通じ、地域のリーダーとして活躍する者も多かった。幕末期では「草莽《そうもう》の志士」として尊王攘夷《そんのうじょうい》運動の高まりとともに村を飛び出して活躍する者もあり、明治期以降も自由民権運動などに参加した者がいた。

豪農の屋敷　吉野家平面図

建設年＝江戸時代後期
旧所在地＝東京都三鷹市《みたかし》野崎《のざき》二丁目
現在地＝江戸東京たてもの園
構造＝木造二階建て（寄棟《よせむね》造り茅葺《かやぶき》）
延べ面積＝一八八・〇九㎡

吉野家は江戸時代に野崎村（現在の三鷹市野崎）の名主を代々務めた家といわれる。吉野家では畑を小作に出して、小作料で生計を立てるほかに、質屋を兼ね、また酒・草鞋・草履《ぞうり》などをつくって江戸に出荷した。吉野家の間取りは通常の農家より部屋数も多く、式台付きの玄関や書院のある奥座敷に、その格式がみられる。主屋のほかに、年貢米や穀物の貯蔵、質草《しちぐさ》や農機具の保管に使用した土蔵3棟、納屋、門などがあり、用水も引き込まれていた。奥書院（別棟）もあり、寺子屋の役割を果たしたといわれる。

①奥座敷は、床の間・違棚・付書院のある書院造りで、②東の間と③中《なか》の間とともに、尾張藩主とその一行が鷹《たか》狩《がり》の折、休泊に使われた。⑤玄関はこうした客があったときのみ使われ、ふだんは入り口から出入りした。その他の部屋は、家族の就寝（④）や、食事・農作業などの日常生活・打ちとけた接客（⑨、⑩）などに使われた。

東京都歴史文化財団・江戸東京たてもの園『江戸東京たてもの園　解説本　収蔵建造物のくらしと建築』より作成。

百姓一揆の作法

百姓は竹槍を振りかざしたか

領主や代官の苛政《かせい》に耐えかねた百姓が、蓆旗《むしろばた》を掲げ、竹槍《たけやり》を携えて武装蜂起《ほうき》する――これが江戸時代の百姓一揆《いっき》のイメージの典型であろう。しかし、近年、全国各地で史料の発掘や事例研究が進んだことにより、百姓一揆には共通の行動様式（作法）があったことなどがわかり、そのなかで「武装蜂起する百姓一揆」像も見直されはじめている。

竹槍は、19世紀以降の一揆でみられるようになるが、武器として意識されるのは、じつは明治初年の新政反対一揆からであると考えられている。江戸時代では、百姓は、年貢諸役などの職分を果たすことで幕藩体制を支えていると自覚しており、領主は百姓の永続を保障すべきだという「御百姓《おひゃくしょう》」意識をもっていた。百姓一揆は、この「百姓成立《なりたち》」を、領主に訴願することを目的とするため、自分たちが百姓であることを強調する鍬《くわ》や鎌《かま》などの農具や、雨具・蓑笠《みのかさ》を身に着けたのである。郷村《ごうそん》の目印である旗・幟《のぼり》には要求・スローガンを記し、法螺貝《ほらがい》・鉦《かね》の合図のもと、百姓たちは統率された行動をとった。

天保《てんぽう》11年（１８４０）の出羽《でわ》国庄内《しょうない》藩で起きた三方《さんぽう》領知替《りょうちがえ》反対一揆の直後にその様子を描いた『夢の浮《うき》橋《はし》』では、蓑笠を着け竹槍らしき棒を持つ多数の百姓たちが、旗・幟が林立するなかで、規律正しく行動する姿が見える。全国の一揆も、おおよそこのようなものであったと考えられる。

こうした一揆の作法は、江戸時代中期ごろに成立したが、天保期（１８３０〜４４）には解体しはじめ、武器を持ち、打ちこわしなどの暴力的行為を行なう逸《いつ》脱《だつ》層が出現する。これは村落内部の経済的格差による富裕層・小前《こまえ》層の対立や、村落間の対立がその要因と考えられる。

すると、逸脱層の直接的被害者ともなりかねない村落支配層や農村知識人により、伝統的な一揆の作法がいっそう自覚されはじめた。『夢の浮橋』の作者である旅籠《はたご》屋主人加茂屋文治《かもやぶんじ》は、一揆に深く関与し、村落支配層とも密接な関係をもっていた。そのため、『夢の浮橋』では、あるべき百姓一揆の姿が重ねられていたとも考えられる。

ともあれ、一揆は非合法的で暴力的、愚民《ぐみん》の暴発という図式ではなく、村役人らの主導のもと、合法的、規律的に行なわれていたのである。

3 村の生業《なりわい》

農村の暮らし

【新田大開発と人口増加】

江戸時代には、大規模な新田開発が二度行なわれている。ひとつは16世紀末から寛文《かんぶん》・延宝《えんぽう》期（１６６１～８１）に行なわれ、年貢増収を見込んだ領主主導型の開発である。多くの村が創出され、耕地面積は飛躍的に増大して全国の総石高は約二五〇〇万石となった。

とくに寛文・延宝期の新田開発は、町人資本を利用した町人請負《ちょうにんうけおい》新田が頻繁に行なわれ、椿湖《つばきのうみ》干拓・手《て》賀沼《がぬま》干拓（下総《しもうさ》）、吉田新田（武蔵《むさし》）、深良《ふから》用水（駿河《するが》）などが知られている。町人には材木商など資本力のある者が多く、開発地から得られる小作料を目当てに投資をしたのである。開発には町人請負新田のほか、土豪開発新田・村請《むらうけ》新田・百姓個人請新田、藩営新田などのかたちがあった。

もうひとつは享保《きょうほう》の改革期（１７１６～４５）の開発である。八代将軍徳川吉宗《よしむね》は幕府の赤字財政再建のため、日本橋に新田開発の高札《こうさつ》を立てて新田開発を奨励し、紫雲寺潟《しうんじがた》新田（越後《えちご》）・飯沼《いいぬま》新田（下総）・見沼《みぬま》新田・武蔵野《むさしの》新田（武蔵）などの開発を進めた。その結果、幕府の領地は約五〇万石の増加をみた。

耕地面積の増加には、上記二つのピークがあったが、この時期には単婚小家族による経営も展開し、併せて全国の人口も増加した。江戸時代前期の人口は、全国の石高（米の生産量）から類推して、一二〇〇～一八〇〇万人といわれる。また享保から弘化《こうか》期（１７１６～１８４８）の人口は、幕府の人口調査などから三一〇〇～三二〇〇万人前後とされ、江戸時代中期以降は停滞するが、前期から中期にかけては人口は二倍強となった。人口増加率は年率1%にも及ぶ高率であった。幕末から明治期にかけては、経済の発達とともに人口は持続的に増加していった。

【農業技術の発達】

江戸時代の農村では、耕地面積の拡大とともに生産力が向上したが、動力機械が導入されたわけではないので、一人あたりの生産性には限界があった。しかし、さまざまな工夫による農業の技術改良も加わって、全国の多大な人口を農業を根幹として維持していくことができた。

田畑の天地《てんち》返《がえ》し（下層と表層の土を入れ替えて土壌を改良すること）には通常、鍬《くわ》を用いるが、土を深く耕やせる備中鍬《びっちゅうぐわ》（先が三～四本に分かれた鍬）が考案され、脱穀用具は扱箸《こきばし》から千歯扱《せんばこき》（後家倒《ごけたお》しとも）に、灌漑《かんがい》用揚水機《ようすいき》は中国伝来の龍骨車《りゅうこつしゃ》から踏車《ふみぐるま》へと変わった。踏車は寛文《かんぶん》年間（１６６１～７３）に大坂の京屋《きょうや》七兵衛《しちべえ》が製作して諸国に売り出された。ほかに牛馬使用の犂《すき》が全国的に普及し、穀粒《こくつぶ》の選別に唐箕《とうみ》や千石簁《せんごくどおし》などが考案された。

肥料にも工夫が加えられ、魚肥《ぎょひ》（鰯《いわし》・鰊《にしん》・数の子などを乾燥させたもの）や油粕・〆粕《しめかす》（油や酒の製造過程で生じたもの）・糠《ぬか》など、金銭で購入する、いわゆる金肥《きんぴ》を用いて生産量を上げる方法も多く行なわれた。

こうした技術の普及は全国一律ではなく、先進地帯の近畿《きんき》の農村部でははやくから普及し、商品経済の浸透が遅く自給度の高い東北部の農村では、自作農ではある程度の技術の伝播《でんぱ》もみられたが、小作農では牛馬はもちろん、備中鍬の使用もあまりみられなかった。

江戸時代の農民は、地域や階層によって異なるが、少ない耕地からより多くの収穫を得るため、作業効率や省力化を重視した集約型農業によって、生産性を高めていったのである。

【農書の普及】

農業技術の進展は、江戸時代に数多く出版された農業技術書である「農書《のうしょ》」の普及によるところが大きい。本格的な農書が生まれたのは江戸時代になってからである。

最古の農書は『清良記《せいりょうき》』巻七「親民鑑月集《しんみんかんげつしゅう》」である。『清良記』は伊予《いよ》国の武将土居《どい》清良《きよよし》の伝記であるが、巻七は農業技術書であり、各地に写本が伝存した。清良の没年寛永《かんえい》6年（１６２９）から、作者土居《どい》真吉《さねよし》の没年承応《じょうおう》3年（１６５４）の間に完成された。内容は、戦国乱世に領地の作物を侵略者から守る対処法で、もっとも安全な方法は作物を他地域よりはやく収穫することで、そのための肥料や植物の栽培法、品種改良などを説明している。『清良記』は戦国時代の小領主の

江戸時代のおもな農書

書名	著者・編者	国名・地域	成立年代
清良記【せいりようき】	土居真吉（神主）	伊予	寛永6年～承応3年（1629～54）
会津農書【あいづのうしよ】	佐瀬与次右衛門（村役人）	会津	貞享元年（1684）
百姓伝記【ひやくしようでんき】	未詳	尾張・三河・遠江	元禄年間（1688～1704）
地方の聞書【じかたのききがき】（才蔵記【さいぞうき】）	大畑才蔵（農政家）	紀伊	元禄年間（1688～1704）
農業全書【のうぎようぜんしよ】	宮崎安貞（農学者）	筑前	元禄10年（1697）
耕稼春秋【こうかしゆんじゆう】	土屋又三郎（大庄屋・農政家）	加賀	宝永4年（1707）
農事遺書【のうじいしよ】	鹿野小四郎（村役人）	加賀	宝永6年（1709）
耕作噺【こうさくばなし】	中村喜時（農民）	陸奥	安永5年（1776）頃
私家農業談【しかのうぎようだん】	宮永正運（農学者）	越中	寛政元年（1789）
農稼業事【のうかぎようじ】	児島如水（農学者）	近江	寛政5年（1793）
村松家訓【むらまつかくん】	村松標左衛門（本草家）	能登	寛政11年～天保12年（1799～1841）
成形図説【せいけいずせつ】	島津重豪（大名）	薩摩	文化2年～3年（1805～06）
農具便利論【のうぐべんりろん】	大蔵永常（農学者）	江戸・大坂	文政5年（1822）
農業要集【のうぎようようしゆう】	宮負定雄（国学者）	下総	文政9年（1826）
除蝗録【じよこうろく】	大蔵永常（農学者）	江戸	文政9年（1826）
農業余話【のうぎようよわ】	小西篤好（篤農家）	摂津	文政11年（1828）
草木六部耕種法【そうもくろくぶこうしゆほう】	佐藤信淵（経世家・農学者）	江戸	天保3年（1832）
耕作仕様書【こうさくしようしよ】	福島貞雄（農政家）	武蔵	天保10年～13年（1839～42）
農業自得【のうぎようじと】	田村仁左衛門（農事改良家）	下野	天保12年（1841）
家業伝【かぎようでん】	木下清左衛門（庄屋）	河内	天保13年（1842）
広益国産考【こうえきこくさんこう】	大蔵永常（農学者）	江戸	弘化元年（1844）

伝記であったこともあり、江戸時代を通じて出版されなかったが、今日では優れた農業技術書として高く評価されている。

元禄《げんろく》年間（1688～1704）になると、こうした農書が各地に誕生するようになる。三河《みかわ》・遠江《とおとうみ》の『百姓伝記《ひやくしようでんき》』全一五巻、会津《あいづ》の『会津農書《あいづのうしよ》』、紀伊《きい》の『地方の聞書《ききがき》』（『才蔵記』とも）などがよく知られている。どれも刊本ではなく、農民の実地経験に基づいて編纂《へんさん》された家伝書である。刊本の最初は、元禄10年、宮崎安貞《みやざきやすさだ》著の『農業全書《のうぎようぜんしよ》』全一〇巻で、中国の農書『農政全書《のうせいぜんしよ》』の強い影響がみられる。農事全般から有用植物の栽培法など網羅的な内容で、全国の農村を対象にしており、元禄版のほかに天明7年（1787）に刊行された『再板農業全書』とともに版を重ねて各地に普及した。江戸後期の農書の多くは『農業全書』を参考にしている。この書籍の出版に際しては、安貞と親交のあった貝原楽軒《かいばららくけん》・益軒《えきけん》兄弟の尽力によるところが大きかった。

『農業全書』以降、文化《ぶんか》・文政《ぶんせい》期（1804～30）から幕末に、学者・農民・農政を扱う幕府や諸藩の役人などによる農書が数多く出版された。なかでも、宮《みや》崎《ざき》安貞《やすさだ》・佐藤信淵《さとうのぶひろ》とともに三大農学者とされる大蔵永《おおくらなが》常《つね》は、『農具便利論』・『除蝗録《じよこうろく》』・『広益国産考《こうえきこくさんこう》』など、多くの農書を世に送り出した。とくに『農具便利論』『広益国産考《こうえきこくさんこう》』は、挿画を交えたわかりやすく実用的な内容で、広く農民に普及した。

【長期にわたった水争い】

農業用水は、河川・湖・池・井戸などから用水路を引き、用水の上流から下流へと流域の田畑に供給された。用水路や堰《せき》（用水の取り入れ口）の建設および維持・管理は手のかかるものであり、多く村同士の組合組織で行なった。村同士の取り決めもめずらしくなく、堀浚《さら》い・蛇籠《じゃかご》や菱牛《ひしうし》など水防施設の設置や、各種の作業で負担する人員数、また水利条件の悪い地域では取水量や取水時間なども取り決めた。村同士で絵図を作成し、用水の利用状況を正確に把握して証拠書類として残す例もあった。

農業用水の利用は農民の死活問題であり、渇水時には用水をめぐってしばしば「水論《すいろん》」と呼ぶ争いが起きた。死者を出すまでの争論に発展することもあり、水論解決後も堰を切って無断使用されないよう、上流の村々では番人や小屋を設置して下流の村々を監視することも、少なくなかった。

小規模なものは村対村で解決するが、大規模なものでは組合対組合となり、広範囲で領主支配を超える問題ともなった。訴訟に発展すると幕府最高の訴訟裁決機関である評定所《ひょうじょうしょ》の決定を仰ぐ場合もあった。しかし、幕府の裁許で争いは収束しても、水の問題は天気次第で状況が変化するので、水論はそのまま継続されることが多かった。そのため幕府は水論ではなるべく内済《ないさい》（和解・示談）を勧めた。

文政《ぶんせい》4年（1821）、関東各地は大干魃《かんばつ》に襲われ、武蔵《むさし》国八条《はちじょう》領（埼玉県八潮《やしお》市）の村々では、利根川《とねがわ》から取水する葛西《かさい》用水の下流の村人が、堰切りにくるという風聞が伝わった。そこで用水元の村や近隣の越ケ《こしが》谷《や》宿（越谷《こしがや》市）の村も加勢して数百人が集合した。下流の蒲生《がもう》村・登戸《のぼりと》村（ともに越谷市）の村人は、渇水状態に耐えきれなくなり、竹槍などを持って用水元に駆けつけ、用水元の村人たちと争って負傷者が出る騒動になった。これが周辺に広がり大騒動となるところを、幕府の普請役の取り扱いとなり和解したが、以後も渇水時には争いが絶えなかった。

また武蔵国北部地域の村々（熊谷《くまがや》市域）では荒川から取水したが、水利が悪いので、わずか五㎞あまりの流域から六か所も堰をつくったため、天保《てんぽう》8年（1837）の渇水時には村々の争いとなった。この争いも何回も繰り返され、大騒動となったが、最終的に幕府の裁許となっている。

漁村の暮らし

【漁村で働く人々】

漁業が産業として発達するのは江戸時代以降のことである。漁村とは、おもに海辺の沿岸漁業を生業とする村々をいい、浦《うら》・浜《はま》・津《つ》とも呼ぶ。漁業のほか立地条件により廻船《かいせん》業・製塩業などを営む場合もある。

漁村とはいえ農業が中心となるもの、半農半漁であるもの、山村の性格を帯びるものなど、一般にさまざまな生業を併せもっている。漁村も幕府や諸藩の行政単位のひとつであり、検地が行なわれる。名主（庄屋）・組頭といった村役人が任命され、別に浦名主《うらなぬし》という漁村の代表者が存在することもある。村役人が兼ねる場合もあり、村内の沿岸部では浦名主が、内陸部には名主が任命される場合もあり、また必ずしも領主が任命しない地域もあった。

漁業には緊密な共同労働が不可欠であるため、漁村の人々にもさまざまな階層があった。漁民（浦百姓《うらひやくしょう》）は、村のなかで漁業権をもつ人々をいう。船舶・網などを所有する層が出るなど漁民にも格差が生じ、江戸中・後期には、農村部の水呑《みずのみ》のように、漁民に雇われて生活する者も各地域に現われた。

越中灘《えっちゅうなだ》や九十九里浜《くじゅうくりはま》など大規模な網漁《あみりょう》が行なわれる地域では、網の所有経営者を網主《あみぬし》・網元《あみもと》・津元《つもと》（旦《だん》那《な》）と呼び、名主を務める者が多い。網主のもとで働く漁民を網子《あみこ》（船子《ふなこ》）と呼んだ。ただし、漁網を共同所有する地域ではこうした呼称はない。九十九里浜の地曳《じびき》網漁の場合、水上で働く人々を船方《ふなかた》と呼び、陸上で網を引く漁民を岡働《おかばたら》き（岡者《おかもの》）と呼んで分業した。船方には漁場を差配する沖合《おきあい》、船を操縦する船頭《ふながしら》、網漁に従事する水主《かこ》（漁夫）などがある。南薩摩《みなみさつま》・土《と》佐《さ》・駿河《するが》など釣り漁が盛んな地域では、船舶の所有経営者を船主《ふなぬし》・親方・船元《ふなもと》などと呼び、釣り方漁民を乗《の》子《こ》と呼んだ。漁村は通常、船だまり・船揚場《ふなあげば》・網干場《あみほしば》などを入り江の奥に設け、その周辺に漁民の居住する家屋が密集して集落をつくっている。

【漁業技術】

漁業の先進地域は関西地方、とくに大坂湾・紀伊《きい》水道に至る摂津《せっつ》・和泉《いずみ》・紀伊の地域がよく知られる。江戸時代の漁業技術のほとんどは、関西漁民の手により発明され、上方《かみがた》漁法と呼ばれて各地に伝播・普及した。

漁業技術は立地条件により各種のものが採用される。砂浜のある地域では地曳網《じびきあみ》漁が盛んで、岩礁《がんしょう》の多い地域では小漁船《しょうぎょせん》による銛《もり》漁や釣り漁など、内湾沿いの遠《とお》浅《あさ》海岸のある村では貝類の採取や海苔《のり》・牡蠣《かき》などの養殖が行なわれた。

もっとも漁獲量の高い沿海漁法は曳網《ひきあみ》漁で、地曳網漁や船曳網漁は広く行なわれた。網の種類も豊富で、抄網《すくいあみ》・掩網《かぶせあみ》・敷網《しきあみ》・刺網《さしあみ》（海中に張って網目に魚を刺

江戸時代のおもな漁獲地域

魚名	漁獲地
鰯《いわし》	下総・上総九十九里浜・常陸鹿島浦・陸奥東海岸（上北郡三沢・百石、三戸郡八戸など）・三河渥美郡南部沿岸・紀伊沿岸・土佐湾・長門豊浦郡・筑前沿岸・肥前天草・丹後與謝郡・加賀河北郡沿岸・越後北蒲原沿岸・西蒲原沿岸・中頸城郡
鰊《にしん》	蝦夷地江差福山沿岸
鰹《かつお》	薩摩・大隅（坊泊・鹿籠・枕崎・内之浦および黒島・屋久島ほか）・土佐沿岸・紀伊（日御崎より潮岬を経て志摩に至る沿岸）・遠江・駿河・伊豆・房総（外房北部の天津村より和田村に至る沿海）
鮪《まぐろ》	長門豊浦郡・肥前五島・越中・能登（富山湾）・陸奥牡鹿半島および陸奥・出羽沿岸
鰤《ぶり》	越中沿岸・丹後伊根・出雲艫島・壱岐・対馬・肥前・筑前
鯛《たい》	駿河奥津・駿河清水・武蔵・上総・若狭鼻折・備後田島・安芸・紀伊・讃岐角島・肥前野茂・肥後・長州
鮭《さけ》	信濃川・三面川・阿賀川・最上川・雄物川・九頭竜川・那珂川・久慈川・中川・利根川・阿武隈川・北上川・気仙川・釜石川・盛川・佳居川・津軽石川
鱒《ます》	近江・越前・飛驒・奥州・越中神通川・日光・蝦夷地
鰈《かれい》・平目《ひらめ》	出雲石見沿岸・瀬戸内海沿岸・蝦夷地・伊勢内湾・相模湾・房総外海・越前
鯖《さば》	能登・加賀・越前・若狭・隠岐・出雲・岩見・長門・肥前・土佐・紀伊
鯔《ぼら》	鳥羽・桑名・肥筑内海・安芸海・備後・志摩海・伊勢内湾・江戸内湾
鱈《たら》	越前・肥後沿岸南部・筑前沿岸南部・奥羽沿岸・蝦夷地
鮫《さめ》	肥前・肥後天草・筑前・豊後佐賀関・紀伊・駿河蒲原・常陸・長門阿武郡（玉の江浦・鶴江浦）・羽前西田川郡沿海
鰆《さわら》	瀬戸内海・江戸湾・相模湾・長門・筑前
秋刀魚《さんま》	紀伊南東部・志摩・伊豆沿岸・外房

し込ませる）・旋網《まきあみ》（幅広の網で魚を取り囲んで裾《すそ》を絞って獲る）・建網《たてあみ》（海中に網を垣根のように張る）などがあり、条件に合わせて使用される。網の材料ははじめ葛《くず》・藤《ふじ》・藁《わら》などが使用されたが、しだいに麻《あさ》が中心となった。

網漁のほかにも、釣竿《つりざお》や銛のような原始的な漁具も、工夫を凝らして使用された。また、遠浅の江戸内湾の漁村では、潮の干満を見計らって浅蜊《あさり》や蛤《はまぐり》などを採取する徒歩《かち》漁があり、熊手《くまで》や貝掻《かいか》きなどが使用された。さらに、簀立《すだて》漁（海中に簀を迷路のように置く）などもみられた。

【養殖業】

江戸時代に入ると、魚介類の養殖技術は飛躍的に進展した。遠浅の海浜のある村々では、海苔や牡蠣などの養殖が広く行なわれた。牡蠣は安芸広島の養殖がはやく、延宝年間（１６７３～８１）には大坂へ出荷している。貞享《じょうきょう》から元禄《げんろく》ごろ（１６８４～１７０４）には養殖を営む仲間《なかま》（同業者の組合）がつくられた。鯉《こい》の養殖は江戸時代中期に会津《あいづ》・信濃《しなの》・常陸《ひたち》で行なわれ、観賞魚の金魚も18世紀に大和郡山《やまとこおりやま》が産地となり全国に広まった。鮒鮨《ふなずし》で有名な琵琶湖《びわこ》のゲンゴロウブナ（ヘラブナ）は、16世紀末に日根野《ひねの》氏が諏訪湖《すわこ》で養殖したのが始まりとされる。ほかに、越後《えちご》国村上藩では寛政《かんせい》4年（１７９４）に三面川《みおもてがわ》に種川《たねかわ》（鮭《さけ》の産卵場所を設置した人工の川）をつくって鮭の養殖を始めた。

【水産加工品】

魚介類を乾燥させた干物《ひもの》や、すり身にした竹輪《ちくわ》や蒲《かま》鉾《ぼこ》などの加工品は室町時代から確認できるが、江戸時代に入ると加工技術が発達して改良され、種類も増えた。鰹節《かつおぶし》は奈良時代からあったが、延宝《えんぽう》2年に、土佐の漁民甚太郎《じんたろう》が鰹をよく煮たのち燻乾《いぶしぼし》し、黴《かび》をつけて長期保存する方法を発明し、土佐の特産物となった。天草《てんぐさ》を煮沸して凍結脱水し固形化させた寒天《かんてん》は、万治《まんじ》年間（１６５８～６１）に京都伏見《ふしみ》の旅館美濃《みの》屋の主人が発明したとされる。

海苔《のり》の養殖は、延宝（１６７３～８１）ごろに品川で始まったといわれる。浅草では享保《きょうほう》（１７１６～３６）ごろに、品川から生海苔を取り寄せて、紙漉《す》きのような方法で干し海苔がつくられるようになった。この製法は品川に伝わり、のちにはすべて品川で製品化されて浅草へ運ばれ、江戸名物「浅草海苔」の名で売られた。ほかに、江戸初期には、昆布を結んで慶事《けいじ》などに利用する細工《さいく》昆布《こんぶ》などもつくられはじめた。俵物《たわらもの》などは外国（清《しん》）にも輸出され、江戸時代を代表する水産加工品であった。

【俵物その専売】

海産物のうち、煎海鼠《いりこ》・干鮑《ほしあわび》・鱶鰭《ふかひれ》などは外国への交易品として重宝された。この三つは俵に詰めて輸送したため「俵物《たわらもの》」（「ひょうもつ」とも）と呼ばれた。俵物のほかに昆布《こんぶ》・するめ・とさか草・天草なども輸出された。俵物は、漁村から全国各地の俵物問屋により集荷され、長崎《ながさき》町人の独占による長崎俵物一手請方問屋に輸送された。江戸後期には俵物の価格高騰《こうとう》で問屋の集荷が減少し、交易に支障をきたしたため、幕府は天明《てんめい》5年（1785）に長崎会所の下に俵物役所を設置して、各地の漁村より直接・独占的に仕入れた。俵物役所は長崎・大坂・箱館《はこだて》に置いた。

これにより、俵物の献上品以外の売買を禁じて値段の固定と流通の安定をねらったが、東北諸藩では流通の統制により漁民との対立が生じ、また西南諸藩では独自の統制に成功して、俵物による利益獲得に成功した。とくに薩摩《さつま》藩では北国筋の俵物を琉球《りゅうきゅう》から清へと密売し、長崎貿易を衰退させる原因ともなった。

【発展する捕鯨技術】

捕鯨《ほげい》業は江戸時代に発達した沿岸漁業で、古代より弓取法《ゆみとりほう》が行なわれたとされるが、有効性からは疑問が残る。江戸時代では唯一、アイヌ民族に弓矢を使用した捕鯨がみられる。鯨《くじら》は食用の肉のほか燃料・灯明《とうみょう》用の油も採取され、ヒゲなどまで無駄なく利用された。

江戸時代の捕鯨法では、銛を鯨に打ち込む突取《つきとり》法が広く伝播《でんぱ》し、元亀《げんき》から延宝《えんぽう》年間（1570～1681）まで多く採用された。三河《みかわ》・尾張《おわり》・伊勢《いせ》の漁民が用いたものが、慶長《けいちょう》11年（1606）に紀州太地浦《きしゅうたいじうら》に伝わって全国に広まり、紀伊・土佐《とさ》・長門《ながと》・肥前《びぜん》が中心地となった。

突取法では何艘《そう》もの勢子船《せこぶね》（一〇人あまりが乗れる捕鯨用の船）と多くの人員によって漁が行なわれ、このころから本格的な捕鯨業が成立する。捕鯨には漁師をはじめ、漁具の修理を行なう鍛冶や、網をつくる職人など多くの人員を必要とした産業であった。つぎに、突取法に網を併用した網取《あみとり》法が発達した。網を張った場所に鯨を追い込み、銛を使用して捕獲《ほかく》するが、これにより捕獲率が上昇し、捕獲困難であった大型のザトウクジラなども獲《と》ることができた。延宝3年に紀州の和田角右衛門《わだすみえもん》が考案し、四国・九州へと伝播した。突取法と網取法の二つはそれぞれ普及し、江戸時代を通じて採用されたが、安房《あわ》国勝山《かつやま》地域では網取法を採用しなかった。

山村の暮らし

【農山村と山村】

山村は、「山稼ぎ」をおもな生業とする村と、「山稼ぎ」と農作業がなかばする村とに大別できる。寛政《かんせい》3~6年（1791~94）に上野《こうずけ》国高崎藩郡《こおり》奉行の大《おお》石久敬《いしひさかた》が著わした地方《じかた》実務の手引き書である地方書『地方凡例録《じかたはんれいろく》』によれば、農山村では土壌がよくないので収穫が少なく、猪《いのしし》や鹿《しか》に田畑も荒らされ、農作業のみでは生活が困難であるため、農業のほか、木材の伐採・加工・販売により生活を立てる、とある。江戸時代初期、素朴な山稼ぎで生計を立てていた山村にも、幕府や藩の林業政策により、幕府や藩の「御林」が増加していった。これに伴って、多くの山村が幕府や藩の建築用材の需要を担う村へと変貌《へんぼう》し、林業の大規模化が進むと、幕府や藩から下げ渡される「下行米《げぎょうまい》」などに依存する村人が増えていった。

こうしたなか、山村の村人の生活も変化し、林業労働も細分化していく。尾張《おわり》藩木曾《きそ》地方の山村の場合、毎年春には木材の伐採・造材を専業とする地元の杣《そま》が藩に雇われて秋まで働くが、杣が下山したあとは木材を運搬する日傭《ひよう》が働きはじめる。地元だけでなく関西地方から数千人もの杣や日傭が雇われた。それぞれ約半年程度の就労期間のため、残りの期間は開墾・焼畑《やきはた》農業、また出稼ぎなどをして生活した。

農山村、山村とも検地があり、相応の年貢負担があったが、金納が多く、また木曾地方では「木年貢《きねんぐ》」といって、米のかわりに材木で年貢を納めた。

【林業技術】

江戸時代には、城郭《じょうかく》・武家屋敷・町屋の建設や交通路・河川の整備など、大量の木材を必要とし、山林経営や木材の加工・流通が主要な産業のひとつであった。良質の木材を伐採するには、苗木《なえぎ》の改良・補植・下刈《したが》り・間伐《かんばつ》・枝打ち・害獣駆除《がいじゅうくじょ》など、長期間の育成作業を必要とした。杉の人工造林の場合、早くて三〇年を要する。吉野《よしの》林業の場合、おもな道具として、播種《はしゅ》・苗木移植などに、鍬《くわ》・目籠《めかご》・鉈《なた》・鎌《かま》・網《あみ》などが使用され、植樹・山林修理には、鳶《とび》・鍬・間差《まさし》（スケール）・大鋸《おが》・鎌《かま》・大綱《おおつな》・鑢《やすり》・鉈《なた》・大斧《よき》などが使用された。

木曾地方では、採木・用材に従事する杣人《そまびと》は、伐採用の斧《よき》のほか、造材用の刃広斧《はびろよき》・背負籠《せおいかご》・山刀《やまがたな》・墨壺《すみつぼ》・サシ（物差し）・刃沓《はぐつ》（刀カバー）などを使用した。

木曾・飛騨《ひだ》で伐採された木材は四つの過程を経て山

中より運び出された。ひとつめは「山落とし」（谷出し）で、桟手《さで》（斜面から木材を落とす装置）や修羅《しゅら》（桟手より勾配《こうばい》のゆるい場所で用いる装置）を使用して木材を谷川筋まで滑降させる。二つめは「小谷狩《こたにがり》」で、山落としした木材を木曾川・飛騨川の本流まで流送する。三つめは「大川狩《おおかわがり》」（一本流しとも）で、木

江戸時代のおもな樹木とその産地

樹木	用途	産地
松	建築・土木・船舶・橋・樽	陸奥・出羽・下野・常陸・甲斐・越後・越中・能登・越前・飛驒・近江・山城・大和・伊賀・伊勢・紀伊・丹波・播磨・淡路・備前・因幡・伯耆・出雲・安芸・長門・阿波・土佐・豊前・豊後・筑後・肥前・肥後・日向・薩摩
杉	建築・船舶・家具・食器	陸奥・出羽・上野・下野・常陸・甲斐・信濃・越後・越中・越前・飛驒・山城・大和・伊賀・伊勢・紀伊・丹波・備前・因幡・伯耆・出雲・安芸・周防・長門・阿波・伊予・土佐・豊前・豊後・筑前・筑後・肥前・肥後・日向・薩摩・大隅・対馬
檜《ひのき》	建築・土木・仏像	出羽・上野・下野・常陸・甲斐・信濃・越中・飛驒・美濃・山城・大和・伊勢・紀伊・丹波・備前・出雲・安芸・周防・長門・阿波・伊予・土佐・豊前・豊後・筑前・筑後・肥前・肥後・薩摩・大隅・対馬
栗	土木・船舶	陸奥・出羽・上野・下野・信濃・越後・越前・近江・山城・丹波・因幡・伯耆・出雲・安芸・豊後・肥前・肥後
樽《なら》	木炭・薪	陸奥・出羽
櫟《くぬぎ》	船舶・木炭	出羽・越前・山城・伊勢・肥前・薩摩
欅《けやき》	建築・船舶・家具	陸奥・出羽・上野・下野・甲斐・信濃・越中・越前・飛驒・美濃・近江・大和・伊賀・伊勢・紀伊・摂津・因幡・伯耆・出雲・安芸・長門・阿波・伊予・土佐・豊前・筑前・肥前・肥後・日向
山桑《やまぐわ》	細工物・紙	陸奥・出羽・紀伊・出雲・安芸・長門・阿波・土佐
桂《かつら》	家具・碁盤・将棋盤・仏像	陸奥・出羽・甲斐・信濃・飛驒・出雲・阿波・土佐・日向
楠《くすのき》	船舶・仏像	紀伊・出雲・安芸・長門・阿波・伊予・土佐・豊前・豊後・筑前・肥前・肥後・薩摩
漆《うるし》	塗料・蠟	陸奥・出羽・下野・越中・越前・大和・伊賀・紀伊・安芸・土佐・日向・薩摩
桐《きり》	家具・箱物・下駄	出羽・上野・越中・越前・長門・阿波・伊予・土佐・豊後・肥後
楮《こうぞ》	紙	陸奥・越前・因幡・伯耆・肥後

『明治前日本林業技術発達史　新訂版』などより作成。

材の一本一本を木曾川・飛騨川の水流に乗せ集積地の綱場《つなば》まで運ぶ。ここまでは日傭が行なった。四つめは「筏流《いかだ》し」で、綱場へ流送された木材を筏に組み、尾《お》張《わり》国熱田白鳥湊《あつたしろとりみなと》（現在の愛知県名古屋市熱田区）まで輸送する。これは筏士の専業であった。林業はこうしたさまざまな技術および専業者を駆使して営まれた。

【炭焼き・木地師・またぎ】

都市の発達とともに、木炭の需要は飛躍的に増大した。江戸へ入荷する炭は享保《きょうほう》11年（1726）で約八一万俵とされ、天保《てんぽう》年間（1830～44）には平均約二五〇万俵になったが、生産量が需要に追いつかず高値を呼んだ。そのため幕府は19世紀初めに炭会所《すみかいしょ》を設けて木炭を安価に買い占め、価格・流通などを統制した。諸藩も前後してこの政策を採用している。

木炭は、穴焼きという技法で生産され、農民の農間《のうかん》余業《よぎょう》として多く行なわれた。低賃金労働のため、幕末には炭会所の抜け売りが横行し、木炭の仲買人の不正もあり、しだいに木炭生産の統制が機能しなくなった。

山中には木具《きぐ》・木地《きじ》（挽物《ひきもの》）をつくる職業集団である木地師（木地屋）がおり、よい木材を求めて山々をめぐりながら生活した。出羽《でわ》国中津川《なかつがわ》地方では、木地師は農業は行なわず、轆轤《ろくろ》を使用して椀《わん》・盆《ぼん》・杯《はい》・玩《がん》具《ぐ》・杓子などを製作・販売した。木地師には9世紀中ごろの文徳《もんとく》天皇第一皇子、惟喬《これたか》親王を祖先とする伝承が流布し、みずからその末裔《まつえい》を任じた。

東北・四国・九州の山村では、狩猟を生業とする専門集団があり、陸奥国津軽《つがる》藩・南部《なんぶ》藩、出羽国秋田《あきた》藩の山中には、冬季狩猟を専業とした「またぎ」がいた。元禄《げんろく》年間にはすでに「またぎ」と呼ばれたが、仙台藩領では「やまだち」と呼んだ。彼らは熊《くま》・猪《いのしし》・鹿《しか》などの肉・毛皮のほか、薬用として内臓や角《つの》なども採取して生業とした。

個人で行なう狩猟のほか、熊のような大型動物は集団で捕獲することが多かった。集団生活のなかで、独特の言葉遣いや厳しい作法（儀礼）などがつくられた。狩猟の際には、山神信仰のためとされる供物《くもつ》や呪文《じゅもん》などの儀礼が行なわれ、また彼らの行動には仏教・修験《しゅげん》道《どう》の影響もみられる。集団儀礼は狩猟の縁起《えんぎ》を伝える巻物などにより受け継がれた。狩猟の縁起は祖先により異なり、それぞれ集団が形成された。

【鉱業の発達】

江戸時代の鉱業は金・銀・銅が中心で、全国各地で専業者による試掘・採掘・選鉱《せんこう》・精錬《せいれん》などが行なわれた。16世紀後半から大量の金銀が産出され、とくに銀は世界の三分の一の産出額であった。

　専業者には鉱山業者である山師《やまし》（山仕・山主とも）や買石《かいいし》などがおり、堀大工（鉱夫）・板取《いたどり》（選鉱工）・吹工《ふきく》（精錬工）・寸甫《すんぽ》（測量技術者）・水替《みずがえ》（排水担当者）などの専門的労働者がいた。また、山師は採鉱を担当し、買石は選鉱・精錬を担当した。

江戸時代のおもな鉱山

鉱山	場所
金山	知内《しりうち》（松前）・大葛（陸奥）・金沢（陸奥）・朴（陸奥）・玉山（陸奥）・高根（出羽）・西三川（佐渡）・松倉（越中）・宝達《ほうだつ》（能登）・金平（加賀）・黒川（甲斐）・金沢（信濃）・保《ほう》（甲斐）・富士（駿河）・土肥《とい》（伊豆）・縄地（伊豆）・梅ヶ島（駿河）・津具《つぐ》（三河）・中瀬（但馬）・馬上《ばじょう》（豊後）・呼野《よぶの》（豊前）・草木（筑後）・大串（肥前）・山ケ野（大隅）・芹ケ野《せりがの》（薩摩）・串木野（薩摩）・鹿籠《かご》（薩摩）
銀山	荒川（出羽）・畑（出羽）・院内（出羽）・延沢（出羽）・半田（陸奥）・上田（陸奥）・相川（佐渡）・亀谷（越中）・和佐保（飛騨）・倉谷（越中）・多田（摂津）・生野（但馬）・大森（石見）・久喜（安芸）・一ノ坂（長門）・佐須（対馬）
銅山	尾太《おつぷ》（陸奥）・尾去沢（陸奥）・小坂（陸奥）・阿仁《あに》（出羽）・永松（出羽）・幸生《さちふ》（出羽）・尿前《しとまえ》（陸奥）・蒲生（陸奥）・足尾（下野）・面谷《おもだに》（越前）・野尻（若狭）・治田《はつた》（伊勢）・熊野（紀伊）・明延《あけのべ》（但馬）・吉岡（備中）・立川（伊予）・別子（伊予）・丸山（石見）・笹ヶ谷（石見）・蔵目喜《ぞうめき》（長門）・長登《ながのぼり》（長門）・日平《ひびら》（日向）・国分（大隅）
鉛山	ユーラップ（蝦夷）・十和田（陸奥）・太良《たいら》（陸奥）・細倉（陸奥）・葡萄（越後）・長棟《ながと》（飛騨）・小泉（備中）
錫山	錫高野《すずこや》（常陸）・尾平（豊後）・見立《みたて》（日向）・土呂久《とろく》（日向）・谷山（薩摩）
鉄山	大野（陸奥）・釜石（陸奥）

葉賀七男「鉱山町」『週刊朝日百科日本の歴史82　本草の世界と鉱山町』、小葉田淳著『日本鉱山史の研究』より作成。


　16世紀中ごろから17世紀初めに鉱業がめざましく発達し、江戸時代には幕府や諸藩による開発が行なわれた。佐渡《さど》・石見《いわみ》・生野《いくの》などの重要な鉱山には多数の山師たちが訪れ、鉱山周辺には鉱山町がつくられた。鉱山の発展とともに町も栄え、日用品を扱う商人・飲食店・湯屋《ゆや》・鍛冶屋《かじや》などができ、遊女を置くところもあった。銅山は金銀山が衰退した17世紀後半から盛んとなり、山師や商人などが一山を請け負う請山法《うけやま》がとられた。当時の産銅高は一年で一〇〇〇万斤《きん》（約六〇〇〇トン）に達し、日本は世界でも有数の産銅国であった。しかし、しだいに銅の産出量も減少し、18世紀に入ると停滞していった。代表的な銅山には伊予《いよ》国別子《べつし》・出羽《でわ》国阿仁《あに》・陸奥《むつ》国尾去沢《おさりざわ》などがある。

　鉄は古代より山陰《さんいん》・山陽《さんよう》地域の砂鉄が知られ、踏鞴《たたら》（高殿）製鉄という技術（鑪《たたら》〔炉〕に砂鉄と木炭を入れて鉄を採る日本独特の技術）が用いられた。江戸時代の鉄の九割以上はこの地域で生産された。陸奥国でも多くの砂鉄が採取され、江戸時代に産出量が増加した。これを保護し直接経営を行なう藩もあった。幕末には陸奥国釜石《かまいし》で鉄鉱石製錬も始まっている。

　筑豊《ちくほう》の石炭も17世紀中ごろより燃料として使用され、18世紀には瀬戸内海の製塩業に用いられたり、幕末には蒸気船の燃料として使用された。

細見

江戸時代の大変
人々の心情が語られた災害の記録

江戸時代の人々は、富士山や浅間《あさま》山《やま》の噴火、大地震や飢饉《ききん》、コレラなどの疫病といった、さまざまな災害に見舞われた。これら災害の詳細は、当時の人々が自由に書き綴《つづ》った私文書に、事実・虚説織り交ぜての情報、経験談、図画などで記されている。

天明《てんめい》3年（1783）の浅間山噴火では、「大地震動浅間山ノ方ハ黒雲天ヲ覆《おお》ヒ、雷霓《(ママ)》やら浅間山ノ焼をとやらなる神の鳴やら、次第ニ強クやけなりひびくなり」（「天明浅間山焼見聞覚書《てんめいあさまやまやけけんぶんおぼえがき》」）とあり、激しい振動や降灰、稲光、土石流や火砕流、民衆の被害状況がなまなましく記されている。草津《くさつ》温泉の湯治《とうじ》客は、まるで江戸両国《りょうごく》の花火を見ているようだ、と語ったそうである。

安政《あんせい》5年（1858）のコレラ大流行では、駿河《するが》国大宮町《おおみやちょう》（現在の静岡県富士宮《ふじのみや》市）の町人横関弥兵衛《よこぜきやへえ》の日記に、「異国ノ狐なるかとも申候《もうしそうろう》、一名ジグマト云《いう》、吉田氏申《もうす》ニハ千年モグラト云ヒ」や、「歯ハなし、只《ただ》新墓ヲアバキ食フ獣」とあるように、狐憑《きつねつ》きなど在来の習俗とともに、開国により異国と習合したアメリカ狐やイギリス疫兎《えきと》などの異獣《いじゅう》によるものであろうとうわさされた。

当時の人知の及ばぬ災害に対し、人々が旧来の呪《じゅ》術《じゅつ》・宗教儀礼に救いを求めたことも記録されている。また、江戸市中のコレラによる死亡者数では、幕府の公式発表が一万三〇〇〇人弱であるのに対し、伊豆《いず》国田方《たがた》郡桑原村《くわばらむら》（現在の静岡県函南町《かんなみちょう》）の村役人森彦左《もりひこざ》衛門《えもん》の記録『森年代記』では三二万余とも記され、情報が錯綜《さくそう》し、人々の動揺を増大させた様子がわかる。

実際に災害を経験した民衆の手になる記録を見ると、悲惨な被害状況だけでなく、人々の心情も深く雄弁に語られている。また、飢饉の記録では、共通して穀物相場や天候に気が配られており、飢饉の本質が、商品経済の浸透と、それを統制できない経済問題にあることを、当時の人々が認識していたことがわかる。

現在、こうした広い地域から収集される多くの記録類は、実際のデータが少ない津波の発生源や浸水域の推定（安政《あんせい》東海地震津波や安政南海地震津波ほか）、災害対策などにも活用されている。

災害関連以外でも全国に数多く残された私文書類は、たんなる過去の記録ではなく、先人の記憶・教訓・データとして生きつづけているのである。

第九章 旅と諸国

音に聞えし大井川、東道一の大内なり。川越《かわごし》の者二、三人来ていいけるは、此川と申すは瀬の遠き川にて水ははやし。しかも下は丸石にて、一ツ蹴飛《けとぶ》や否《いなや》二度《ふたたび》起直る事なし。今日は殊更《ことさら》水増りたり。いずくに瀬のあるとも不レ見《みえず》、不案内にては大事也《なり》。川越《かわごし》を頼まれよという。何程《いかほど》にてこすといえば銭三百文と云《いう》。先銭なし。其上《そのうえ》、我もはや川に馴たり。いで渡りて見しょうというままに、其まま裸になり刀脇指《わきざし》着物をばうなじに結付《むすびつけ》、一町斗《ばかり》水上へのぼり瀬の様子はしらね共《ども》、其儘《そのまま》懸入《かけいり》折違《すじかい》に流れ渡りと云ものに、子細なく向の岸にかけ上りたり。

長屋与四朗『海陸世話日記』より

史料を愉しむ 9

御免琉球人行列附

将軍代替わりの際の慶賀使、琉球国王即位の際の謝恩使は、最大一七〇人に及ぶ行列を組んで江戸参府を行なった。その中国風の服装が人々の興味をひき、沿道は大にぎわいだった。天保《てんぽう》13年（1842）。江戸東京博物館蔵。

1 街道と旅の実際

旅の環境

【五街道と脇街道】

五街道《ごかいどう》の起点として、慶長《けいちょう》9年（1604）に日本《にほん》橋《ばし》が決められて、宿駅の制が整えられはじめた。

五街道とは、東海道《とうかいどう》（寛永《かんえい》元年〔1624〕完成）、中山道《なかせんどう》（元禄《げんろく》7年〔1694〕完成）、日光道中《にっこうどうちゅう》（寛永13年〔1636〕頃完成）、奥州道中《おうしゅう》（正保《しょうほう》3年〔1646〕完成）、甲州道中《こうしゅう》（明和《めいわ》9年〔1772〕完成）のことで、享保《きょうほう》元年（1716）に上記正式名称が定められた。

五街道は、万治《まんじ》2年（1659）に設置された道中奉行の支配下に置かれた。道中奉行支配下の街道は、ほかに五街道の付属街道があった。付属街道は、佐屋《さや》路《じ》（熱田—桑名）・美濃路《みのじ》（宮—垂井《たるい》）・例幣使《れいへいし》街道（倉賀野《くらがの》—楡木《にれぎ》）・壬生通《みぶどお》り（小山《おやま》—今市《いまいち》）・水戸佐倉《みとさくら》道《どう》（千住《せんじゅ》—松戸《まつど》／八幡《やはた》）・本坂通《ほんざかどお》り（見附《みつけ》—御油《ごゆ》）・日光御《お》成道《なりみち》（日本橋《にほんばし》—幸手《さって》）などがある。

道中奉行支配下以外の街道は、脇《わき》街道または脇道などと呼ばれ、勘定奉行の支配下にあった。脇街道が五街道と異なる点は、幕府の支配が、道路付け替え・人馬賃銭額の決定など一部に限られ、街道宿の住民・伝《てん》馬役《まやく》負担者などには直接及ばず、その地の藩などを通して行なわれたことである。代表的な脇街道には、中《ちゅう》国路《ごくじ》とその延長の長崎路《ながさきじ》、伊勢路《いせじ》・仙台松前道《せんだいまつまえどう》などがある。脇街道にも宿場があったが、人馬継立てや休泊の機能が十分でないところも少なくなかった。

【宿場と宿役人】

江戸時代の宿場とは、陸上交通の輸送機能をもち宿泊設備のあったところをいう。幕府は、宿場の設置にあたり、規定の人馬を常備させ、その人馬により幕府の公用貨客などを次宿へ継ぎ送った。この人馬負担を伝馬役、宿場から宿場まで継ぎ送ることを宿継《しゆくつぎ》という。

人馬の常備数は、東海道では一〇〇人・一〇〇疋《ぴき》、中山道・美濃路が五〇人・五〇疋、甲州・日光・奥州道中と例幣使・御成・佐屋の各街道が二五人・二五疋。実際にこの人馬数をそろえていたのではなく、一日にこの数まで提供する義務があるということだった。一疋の伝馬が二度つとめれば二疋と数えた。

この伝馬役などの宿場の業務を行なうのが宿役人で、名主・問屋《といや》・年寄（問屋の補佐）の「宿方三役」があった。この宿役人の下には、帳付《ちようづけ》・馬指《うまさし》・人足指《にんそくさし》などがいる。帳付とは、問屋場で人馬の出入りや賃銭などを記帳するのが本来の仕事だが、実際には人馬の差配や通行人との交渉も行なった。馬指は問屋場で馬の準備などを、人足指は問屋場で人足の準備などをした。

重要な役目を果たした問屋は、一宿に一〜二名がふつうで、二名の場合は半月ずつ交代した。問屋が人馬継立《つぎたて》てを行なう問屋場は、宿場内の中心にあった。

【本陣と旅籠】

宿場には、本陣《ほんじん》・脇本陣《わきほんじん》・旅籠《はたご》などの休泊施設があり、なかでも大名や幕府役人、公家などの支配層が休泊するために設けられたのが本陣である。本陣は、寛永期（１６２４〜４４）に設置されたが、それ以前から御殿《ごてん》・御茶屋《おちやや》・御仮屋《おかりや》・御旅屋《おたや》と呼ばれた大名や将軍の休泊施設があった。

徳川氏は幕府を開く前から、関東領国の府中《ふちゆう》・鴻巣《こうのす》などに御殿・御茶屋を設け、開幕後は将軍上洛の宿舎として美濃《みの》国赤坂《あかさか》・柏原《かしわばら》など関東以外にも御殿を設置した。寛永11年（１６３４）以降、将軍上洛が行なわれなくなると、これらの御殿のほとんどは廃絶された。御殿・御茶屋の歴史的意義には、民情視察の意図や軍事的な目的などの諸説がある。

本陣は幕府によって定められ、大名や幕府役人などの宿として使われた。本陣は、武家建築が許可されて表門と玄関があり、書院《しよいん》造り上段《じようだん》の間《ま》も設置されていた。本陣の経営は楽ではなく、中山道高崎宿のように本陣を廃止してしまう宿もあった。

本陣では宿泊する大名にさまざまな饗応《きようおう》をした。大名たちは献上品への返礼として本陣へ下賜《かし》品を与えなければならず、困窮している大名は返礼ができないため、献上品を受納しない場合もあった。東海道四日市《よつかいち》宿本陣（正保《しようほう》4年〜明治2年〔１６４７〜１８６９〕）の例では、魚介類・果物・野菜・菓子・鳥類・酒・細工物・金銭などを献上し、下賜品としては、衣類・小物・紙類・食品・酒・金銭などがある。

旅籠は食事付きの宿で、薪《まき》代である木賃《きちん》を支払う木賃宿とは区別される。旅籠には伝馬役などの諸負担もあって経営は厳しく、食売女《めしうりおんな》（飯盛女《めしもりおんな》）と呼ばれた遊女を置く食売旅籠もあった。のちには平旅籠《ひらはたご》より食売旅籠が増加して、天保《てんぽう》13年（１８４２）の東海道保《ほ》土ヶ谷《どがや》宿では食売旅籠四九軒・平旅籠二〇軒、中山道倉賀野《くらがの》宿では食売旅籠三三軒・平旅籠三軒であった。江戸の品川・内藤新宿・板橋《いたばし》・千住《せんじゅ》の四宿は、とりわけ食売旅籠が多かった。

　食売旅籠の増加に伴い、平旅籠の適当な宿を確保することが難しくなったため、寺社参詣の大きな講では、講が指定する定宿を確保した。のちには商人なども安心して泊まれるよう講を組織して、宿の確保に努めた。文化《ぶんか》元年（１８０４）設立の浪花講《なにわこう》などがそれで、ほかに三都講《さんとこう》・東講《あずまこう》などつぎつぎに誕生した。

【関所と手形】

　江戸幕府の関所に関する基本的政策は、寛永期には完成していた。関所の大部分は軍事的要請によるが、最終目的は参勤交代の完遂により、幕藩制社会を維持することである。幕府が設置した関所は、五〇か所ほどであった。関東山地の峠には、東海道箱根《はこね》（神奈川県）・甲州道中小仏《こぼとけ》（山梨県）・中山道碓氷《うすい》（群馬県）、日光御成道には利根川《とねがわ》筋の渡船場である川俣《かわまた》（埼玉県）、上方と江戸を結ぶ東海道の新居《あらい》には今切《いまぎれ》（静岡県）などの関所が設けられ、脇道・裏道には小規模な裏関所（口留番所《くちとめばんしょ》）が設けられた。

　関所では、寛永12年頃から、武具類の通行に関しては老中が、女手形に関しては留守居が、関所の普請費などに関しては勘定奉行が管轄する。関所の管理は、幕府領では代官、藩領の場合はその藩に任せることが原則である。例外として、今切関所に幕府が関所奉行を派遣することがあったが、元禄《げんろく》15年（１７０２）以降は、管理を三河《みかわ》国吉田《よしだ》藩に任せた。

　今切は大規模な関所で、平日の勤務体制は関所奉行管理下の与力《よりき》二騎・同心《どうしん》六名と、加番《かばん》（正規の勤番に加えて警備にあたる者）として奉行の家来二名の、計一〇名であった。元禄9年以降は、与力三騎・同心八名として加番を廃止した。関所は、原則として夜間の通行を禁止し、明け六つ（午前6時頃）に開門して、暮れ六つ（午後6時頃）には閉門する。

　関所では、「入《い》り鉄砲《でっぽう》に出女《でおんな》」といわれるように、大名の妻女などの帰国と、大名による鉄砲持ち込みを改めた。これらが通過するためには、関所手形が必要であった。男性の場合には、原則として関所手形は不要だが、取り調べの煩わしさを避けるため、関所手形を携行する場合もあった。この関所手形は、男性の場合のみ、旅の途中の旅籠・茶屋で購入することもできた。慶応《けいおう》元年（１８６５）、信州街道大戸《おおと》宿では二八文で、中山道《なかせんどう》野尻《のじり》宿では三五文で購入できた例がある。

おもな旅籠組合

講名	内容
浪花講	文化元年（1804）に設立。講元は大坂の松屋甚五郎と鍋屋甚八。『浪速講定宿帳』を出版
三都講	天保元年（1830）に設立。講元は大坂の河内屋庄右衛門など。『三都講定宿判取帳』を出版
東講	安政２年（1855）に設立。講元は江戸の大城屋良助
千島講	弘化３年（1846）頃には設立。箱館商人が組織。発起人は敦賀の長岡屋清左衛門。北前船の交易の活発化により、松前・箱館の商人の本州への往来が活発になったために設立
伊勢御師定宿繁栄講	安政２年（1855）に設立。伊勢の宿駅間の宿が組織。東海道から伊勢・大和、中山道・善光寺街道を対象とした講
尾州真菅組	名古屋の問屋商人が江戸後期に組織

児玉幸多編『宿場』、深井甚三『江戸の宿』より作成。

【川渡し】

江戸時代には、軍事的理由や技術的な問題から、特定の河川に橋を架けないことがあった。その場合、旅行者は定められた場所で船や人夫・馬によって川を渡った。船で渡る河川には、東海道の富士川《ふじがわ》・天竜川《てんりゅうがわ》、中山道の柳瀬川《やなせがわ》・太田川《おおたがわ》、日光・奥州道中の房川《ふさがわ》、甲州道中の多摩川《たまがわ》などがある。渡船賃は幕府によって高札に掲げられていた。正徳《しょうとく》元年（１７１１）天竜川では、一人一二文、荷物一駄三〇文、乗掛荷《のりかけに》（人と荷物）一九文。武士や、会符《えふ》（優先的に通行できる札）を立てた商荷などは無料であった。

渡船が許可されていない酒匂川《さかわがわ》・大井川《おおいがわ》などでは、人夫が輦台《れんだい》・駕籠《かご》・肩車・馬などで旅人を渡した。旅人が自分で川を越すことは厳禁で、川会所《かわかいしょ》と呼ばれる川越《かわごし》業務を担う役所から川札を買い、川越人足へ渡した。川札の値段は、川の水位によって決まり、膝《ひざ》・股《また》・帯・乳の高さで区分をした。寛政《かんせい》4年（１７９２）大井川では肩車一人の場合、膝から股まで五六文、股から帯まで六〇～六八文、帯から乳まで七〇～七八文、乳から脇まで八〇～九四文だった。

増水時は渡河が禁止されたため、増水が長引くと近隣の宿駅に多くの旅行者が逗留することになった。

庶民の旅の実際

【旅の手続きと抜参り】

旅に出るためには、まず手形を準備しなければならない。男性は必要のない場合もあったが、女性の旅には手形は必須であった。手形は往来手形と関所手形に分かれる。往来手形は、村役人や檀那《だんな》寺《でら》から発行される身分証明書である。関所手形は女手形とも呼ばれ、女性が関所を通る際に必要なものであった。

手形を持たない旅は、家の当主に無断で、また村役人や檀那寺の許可を得ていない旅であり、抜参り《ぬけまい》と呼ばれる。また、家の当主には了解を得るが、手形なしで旅に出ることもあった。これは、江戸時代後期になると、手形がなくとも道中の旅籠《はたご》で手に入れたり、関所破りをすることが多くなったことに起因する。

伊勢への抜参り（御《お》蔭参《かげまい》り）は、伊勢参宮の普及に伴い、寛文《かんぶん》期から元禄《げんろく》期（１６６１～１７０４）にすでに全国各地で行なわれていた。抜参りは通常、男性の町人が中心となり、中下層の町人の子弟が多くを占めた。信濃《しなの》国上田城下では、参加者の年齢幅は、大人の仲間入りをする15歳ごろから結婚適齢期の25歳ごろまでの青年期であった。元禄15年（１７０２）に、陸《む》奥《つ》国南部《なんぶ》藩では子どもの抜参りにとくに注意を促すため、抜参り統制令が出されている。

しかし、抜参りは一般に通過儀礼的なものと理解されていたので、抜参りから帰ってきても、罰せられることはなかった。

参宮は、農閑期の正月から2月までの間が多かった。伊勢参宮がピークを迎える享保《きょうほう》期（１７１６～３６）には抜参りの数も高まったが、それ以降は漸減《ざんげん》し、一時的に増加した時期もあったが、畿内やその周辺地域を除いて寛政《かんせい》期（１７８９～１８０１）以降は著しく減少した。これは地方の寺社参詣《さんけい》が盛んになり、伊勢への集中的な参宮が減ったためとされる。

旅先で病気になった場合は、幕府が沿道の宿駅や村に対して宿送り・村送りするように命じていた。また寛政8年、加賀《かが》藩士佐野和平《さのわへい》が美濃路《みのじ》起宿《おこしじゅく》の旅籠義《ぎ》左衛門《ざえもん》方で病死した例では、宿内の寺院で葬式を行なって埋葬し、宿場では座敷・夜具などが不浄になったとして、その処置代と死骸取り扱い人雇い代、葬式入用などを国許《くにもと》へ請求している。

【道中でかかる費用】

旅にかかる費用は、その日程や身分などによってさまざまである。文政《ぶんせい》13年（１８３０）会津《あいづ》利田《かがた》村の吉《きち》兵衛《べえ》ら一行九人の、伊勢参宮などを目的とする八八日間の旅では、二両三分二九七文の費用がかかっている。内訳は、宿代、舟・橋渡《はしわたし》代、賽銭、案内料などだが、金銭の出納日記には、昼食代などが記されていないので、実際にはもう少しかかったと推定される。

参詣をおもな目的とする旅の場合、寺社への初穂《はつほ》（奉納する食物や金銭）・賽銭など以外にも、撒《ま》き銭《せん》（銭を撒く儀礼）などでも金を使っている。

武蔵《むさし》国落合《おちあい》村の寺沢家の場合では、伊勢山田の小俣《こまた》宿から御師《おんし》（宿坊を経営し、参詣人を案内する社僧。ふつう「おし」と呼ぶが、伊勢の場合のみ「おんし」と呼んだ）の迎えの駕籠に乗って撒き銭をした。宮川《みやがわ》の川向かいでも伊勢比丘尼《びくに》に一、二文ずつ与えている。翌日も御師方で家内祈禱《きとう》や太々神楽《だいだいかぐら》（伊勢神宮に奉納される神楽）の最初と最後、太鼓の鳴っているときに撒き銭をして、二両も使ったという。参詣者がすべて撒き銭をしたわけではないが、願《がん》をかける主要な参拝神に対しては、撒き銭をする習慣があり、村を出るとき村境を守る神に撒き銭をする習慣もあった。

文久《ぶんきゅう》元年（１８６１）、商いのために江戸へ出立した紀伊《きい》国可賀田《かがた》村の商人濱中仙右衛門《はまなかせんえもん》は、11月23日に岡部《おかべ》宿を発って興津《おきつ》宿で宿泊。その一日にかかった費用は、安倍川《あべかわ》渡し代三一六文、安倍川餅代二五文、昼飯代六四文、酒代二〇文、菓子茶代二九文、賽銭・初穂料三〇文（駿府《すんぷ》で富士山大日如来ご開帳参詣）、按《あん》摩《ま》代四八文、宿代三七二文の計九〇四文であった。

五街道の木賃宿は幕府による公定料金があり、脇街道などの木賃宿も各藩によって料金が決められていた。木賃宿一泊の料金は、慶長《けいちょう》16年（１６１１）では人三文・馬六文、万治《まんじ》元年（１６５８）では人六文・馬一〇文、寛文《かんぶん》5年（１６６５）では主人一六文・下僕《げぼく》六文（馬の記載なし。慶応3年〔１８６７〕主従の区別撤廃）。一方、旅籠の公定料金はなかったが、正徳《しょうとく》2年（１７１２）に幕府は、宿役人などの話し合いにより、宿場間で値段を統一するよう指示を出した。実際は、料理の優劣などで宿代にランクがあった。天保《てんぽう》期（１８３０〜４４）ごろの東海道の旅籠代は一六〇文から二〇〇文、中山道では一四一文から一六九文が相場であった。

旅では、貨幣の両替にも人々は苦労した。幕府の正銭が使えない藩領など、各地方にさまざまな貨幣制度があったためである。幕末期の秋田藩今泉《いまいずみ》宿では、草鞋《わらじ》が秋田藩の銭札では一〇〇文で、幕府の正銭では八文といった違いがあった。福井《ふくい》藩が寛文元年に銀札《ぎんさつ》を発行して以来、通貨の違いは幕末に限らず全国でみ

地理系の往来物

書名	内容
『日本往来《にほんおうらい》』	貞享５年（1688）刊行。大坂の塩屋七郎兵衛が版元。国郡ごとに名所名物をあげて、城下町に郡名をつけたもの。日本全土を対象にした最古の刊本のひとつ。室町時代後期の『新撰類聚往来』下巻中の「国名」をもととし、増補して作成されている
『江戸名所方角《えどめいしよほうがく》』	明和２年（1765）初版。文化４年（1807）再版。江戸城を中心にして、江戸の町を11の方角に分け、地名・町名・寺社・橋などの名所を列記したもの。明和２年、江戸の鱗形屋（うろこがたや）孫兵衛版を原型とし、江戸時代後期に普及した
『新編松島往来《しんぺんまつしまおうらい》』	天明８年（1788）刊行。江戸の花屋久次郎が版元。滕耕徳《とうこうとく》著。江戸から日光・白河・仙台・松島・出羽三山などを経て象潟までの、道中の景趣・名所・旧跡・寺社などについて書いたもの
『諸国名山往来《しよこくめいざんおうらい》』	文政７年（1824）刊行。江戸の岩戸屋喜三郎が版元。十返舎一九著。富士山をはじめ全国の名山の景趣・由来・縁起などについて記したもの。同一版下を用いたものが同年、江戸の森屋治兵衛からも刊行されている
『日光詣結構往来《につこうもうでけつこうおうらい》』	弘化４年（1847）刊行。江戸の森屋治郎兵衛が版元。東里山人（とうりさんじん）著。日光東照宮やその近辺の名所・旧跡・寺社などを記している
『中山道往来《なかせんどうおうらい》』	江戸時代後期刊行。江戸の糸屋庄兵衛が版元。永楽舎著。江戸から京都までの中山道の駅名を七五調の美文体で書いたもの

石川松太郎監修『往来物大系』（51巻・57〜59巻・62巻）より作成。

られた。

【旅の持ち物と旅姿】

文政３年（１８２０）に刊行された『諸国行程大日本道中指南車《しよこくこうていだいにほんどうちゆうしなんぐるま》』によると、旅の道中に所持すべきものとして、つぎのようなものをあげている。

衣類・脇差《わきざし》・三尺手拭《てぬぐい》・頭巾《ずきん》・股引《ももひき》・脚絆《きやはん》・足袋《たび》・甲掛《こうが》け・下帯・扇・矢立《やたて》（筆記用具）・湯手拭・はな紙・小手拭・道中記・心覚手帳・銀袋・大財布・小財布・巾着《きんちやく》（小銭入れ）・指刀《さしがたな》・耳かき・きり・小硯《こすずり》箱《ばこ》・小算盤《こそろばん》・秤《はかり》・大小風呂敷・薬・薬袋・針糸・髪結道具・煙草《たばこ》道具・提灯《ちようちん》・蠟燭《ろうそく》・つけ木・合羽《かつぱ》・菅笠《すげがさ》・手ごり（荷物入れ）・弁当・網三筋。

そのうち薬については、文化7年（１８１０）刊の『旅行用心集《りよこうようじんしゆう》』では、熊胆《くまのい》・奇《き》応丸《おうがん》・反魂丹《はんごんたん》・延齢丹《えんれいたん》など、多くの種類を所持することを勧めている。そのほか、懐中鏡・火打ち道具・銭刀《ぜにかたな》（脇差《わきざし》に見せかけた貨幣入れ）・懐中日時計・携帯用枕などもあった。

江戸時代を通じて、旅の姿は一様ではなく変化している。前期には、まだ室町・戦国時代の遺風が残っており、多くの旅人は青壮年の男性で、刀を持ち、杖《つえ》はいずれも護身用にも使えそうなものであった。巡礼の男性も若干おり、笈摺《おいずり》（巡礼者が羽織る袖のない薄

旅行案内書（道中記・名所図会）

書名	内容
『東海道名所記』	万治3年（1660）頃刊行。浅井了意作。6巻6冊からなり、江戸から京都までの東海道の名所・宿場間の里程・駄賃・風物などが記されている。道中記の先駆的存在
『江戸名所記』	寛文2年（1662）刊行。浅井了意作。80か所の名所を紹介。江戸城・日本橋・神社・仏閣などの景観・沿革・伝記などを列記している
『江戸雀』	延宝4年（1676）刊行。菱川師宣の挿絵入り。江戸の町を大まかに方角別に分けて項目を立て道順を記し、名所旧跡などを紹介している。巻末には、大名屋敷・町・橋・寺社総数や里程表が付されている
『東海道分間絵図』	元禄3年（1690）刊行。絵図形式のもので、宿間の距離・駄賃なども記載
『木曾懐宝道中鑑』	正徳元年（1711）頃刊行。江戸の須原屋久右衛門が版元。石川流宣（とものぶ）画。中山道の道中記であり、里程・駅賃・名所などが記されている。宿の評価についての記述もある
『東海道巡覧記』	延享2年（1745）刊行。蘆橘堂適志（ろきつどうてきし）編纂。東海道以外にも木曾街道・中山道・身延山・日光道中・熱海や箱根の温泉案内などが記載されている。江戸―京都間、大坂―江戸間の飛脚屋の所在地なども載っている
『中国九州西国筋道中記』	寛延元年（1748）刊行。天保9年（1838）再版。版元は大坂秋田屋良介。大坂から中国道を経て長崎までの道中記
『新板東海道分間絵図』	宝暦2年（1752）刊行。携帯可能な小型本で、日本橋から三条大橋までの距離を正確に出したルートマップ。街道を中心にして、左右に景色・町並み・名所旧跡などが立体的に描かれている
『東海岐蘇《きそ》両道中懐宝図鑑』	明和2年（1765）刊行。版元は江戸の須原屋茂兵衛。上段に東海道、下段に木曾街道を配して版を重ねた
『都名所図会』	安永9年（1780）刊行。秋里籬島（あきざとりとう）作。絵図形式のもので、天明7年（1787）に続編の『都名所図会拾遺』が刊行された
『自金沢至江戸道程図』	天明期（1781～89）刊行。森田九右衛門作。里程などが記されている。北国街道・中山道を極彩色で描いたもの
『諸国案内道中独《ひとり》案内図』	寛政4年（1792）刊行。1枚刷りの折りたたみ式の案内図。開くと東海道・木曾街道・中山道・日光道中・京都・大坂・伊勢など、広範囲の街道の里程・駄賃などが地図形式でわかる。文政・天保期にも同様の形式のものが刊行された
『但州湯嶋道中独案内』	文化3年（1806）刊行。大坂の藤屋弥兵衛が版元。城崎温泉の由来や効能が記されている。京都・大坂・兵庫・福知山などからの道順が載っている
『日光諸道行程記』	天保15年（1844）刊行。1枚刷りの小型道中独案内図。江戸を起点に日光に至るまでの諸道の道中記
『江戸名所図会』	天保年間（1830～44）刊行。斎藤幸雄・幸孝・幸成の3代にわたって編まれた。天保5年（1834）に3巻10冊、同7年に4巻10冊を刊行。寺社・名所旧跡を紹介した記事はすべて実地調査に基づいたもの。絵で見る案内書の集大成ともいえる

池上真由美『江戸庶民の信仰と行楽』、林英夫・青木美智男編『番付で読む江戸時代』、神崎宣武『江戸の旅文化』より作成。

衣の姿で、杖を持ち、薦《こも》を背負っていて、室町時代と変わらなかった。しかし、こうした巡礼姿が、旅人全体のなかでは相対的に少数になったのが江戸時代の特徴である。

遅くとも寛政期までには、旅の姿は江戸時代初期のものとは変わっていた。寛政9年（1797）刊行の『伊勢参宮名所図会《いせさんぐうめいしょずえ》』に描かれている女性が持つ杖は、金剛杖のような丈夫な杖ではない。巡礼者も青壮年の男性だけではなく、老人や女性、子連れの者も多くみられるようになる。なお、町人でも旅に出るときは、脇差《わきざし》一本だけは携行が許されていた。

【旅行案内書と人気の名所】

道中記に代表されるように、街道名・里程・宿場・旅籠・関所など旅の情報を提供する書物は、17世紀中ごろから刊行され、元禄期になると多くの種類が出されるようになる。

道中記には、一枚刷りの折りたたみ形式のものや小型の綴本《とじぼん》など携帯できるものもあり、利用機会の多い東海道と中山道のものから出版されはじめた。はじめは簡略な内容であったが、記事を増補し、版を改めるたびに内容が充実していった。

元禄3年（1690）に『東海道分間絵図《とうかいどうぶんけんえず》』が出版されると、以後、絵図形式の多彩な道中記が刊行され、19世紀頃になると図版を重視した『東海道名所図会《とうかいどうめいしょずえ》』『木曾路名所図会《きそじめいしょずえ》』といった名所記も多く刊行された。安永9年（1780）刊の『都名所図会《みやこめいしょずえ》』は、京都の最初の名所図会としてベストセラーとなり、宝暦《ほうれき》2年（1752）刊行の『新板東海道分間絵図《しんばんとうかいどうぶんけんえず》』は安永期ごろまで版を重ねたロングセラーであった。

旅行の案内書ではないが、寺子屋《てらこや》の教科書として使われた地理系の往来物からも、日本各地の様子の知識を得ることができた。

道中記には旅の心得が記されている場合もあった。これをまとめて書物にしたのが『旅行用心集』である。文化7年に八隅蘆庵《やすみろあん》が編纂《へんさん》したもので、基本的な旅の心得とされた道中用心六一か条が記され、ほかにも特別に注意すべきことが別記されている。

用心の例には、つぎのようなものがある。道中道連れになり信用できると思った人物とも薬は交換しないこと。他国の言葉や風俗をおもしろがってはいけないこと。旅籠に着いたら、火事・盗難などの用心に、方角・家作《かさく》・雪隠《せっちん》・裏口の場所などを確認しておくこと。空腹でも食べすぎず、空腹時の飲酒や入浴はしないこと、などである。

江戸時代の名所は、当時多くつくられた番付によって、その人気を知ることができる。番付には、寺社を取り上げた「大日本《だいにほん》神社仏閣《じんじゃぶっかく》参詣所《さんけいどころ》角力《ずもう》」（版行年・版行場所不明）、祭礼・神事を取り上げた「諸国《しょこく》御《ご》祭《さい》礼《れい》番付《ばんづけ》」（版行年不明、江戸）や「大日本《だいにほん》神事《しんじ》見立《みたて》数《す》望《もう》」（版行年不明、大坂）、各温泉の効能が書かれており、実用的な温泉案内の「諸国温泉効能鑑《しょこくおんせんこうのうかがみ》」（版行年・版行場所不明）、繁華な地を並べた「大日本国々《だいにほんくにぐに》繁華《はんか》見立《みたて》相撲《すもう》」（天保11年、大坂）などがある。

番付にみるおもな名所一覧

寺社	祭り	景勝地（山）
摂津住吉大社（大阪府）	京賀茂葵祭（京都府・5月）	紀伊高野山（和歌山県）
出雲大社（島根県）	京安良居《やすらい》祭（京都府・4月）	駿河富士山（静岡県・山梨県）
大坂四天王寺（大阪府）	京祇園会（京都府・7月）	大坂天保山（大阪府）
伊勢神宮（三重県）	大坂天満祭（大阪府・7月）	出羽鳥海山（山形県）
紀伊高野山（和歌山県）	出雲大社祭（島根県・5月）	肥後阿蘇嶽（熊本県）
下野日光山輪王寺（栃木県）	伊勢御斎（三重県・10月）	信濃浅間山（長野県）
信濃善光寺（長野県）	讃岐金刀比羅祭（香川県・10月）	薩摩開聞岳（鹿児島県）
京両本願寺（京都府）	下野権現祭（栃木県・5月）	越中立山（富山県）
安芸宮島社（広島県）	尾張津島天王祭（愛知県・7月）	長門吾磐嶽（山口県）
奈良春日大社（奈良県）	紀伊和歌祭（和歌山県・5月）	甲斐金峰山（山梨県）
京知恩院（京都府）	江戸三社祭（東京都・5月）	肥前雲仙岳（長崎県）

温泉	名木
紀伊龍神の湯（和歌山県）	江戸渋谷鎮座松（東京都）
伊豆熱海の湯（静岡県）	摂津住吉岸姫松（大阪府）
上野さわたりの湯（群馬県）	江戸木下川《きねがわ》龍灯松（東京都）
津軽大鰐《おおわに》の湯（青森県）	山城高雄楓（京都府）
紀伊本宮の湯（和歌山県）	大和吉野桜（奈良県）
紀伊新宮の湯（和歌山県）	山城嵐山桜（京都府）
上野草津湯（群馬県）	大和竜田紅葉（奈良県）
摂津有馬の湯（大阪府）	江戸牛込栄の梅（東京都）
下野那須湯（栃木県）	江戸亀戸大平榎（東京都）
但馬城ノ崎湯（兵庫県）	播磨高砂松（兵庫県）
信濃諏訪湯（長野県）	江戸亀戸臥龍梅（東京都）

林英夫・青木美智男編『番付で読む江戸時代』より作成。

旅の目的

【信仰と遊山の旅】

江戸時代には多くの庶民が、伊勢神宮など寺社への参詣《さんけい》や名所旧跡への旅をした。田中丘隅《たなかきゅうぐ》の『民間省要《みんかんせいよう》』によると、享保《きょうほう》期（1716〜36）ごろまでは、旅はつらいものであり、家職以外に行なわれる旅は巡礼修行の旅であった。

しかし時代が下ると、旅は多くの著名な寺社に参り、途中の名所や芝居小屋をも見物するような物見遊山の要素が多くなった。一生のうちに何度も旅に出ることがかなわなかった庶民にとっては、当然のことであったともいえよう。

寺社参詣の多くは講《こう》を組織して行なわれ、集団で旅に出た。講は村や町を基盤に組織された有志集団であり、講親を中心に運営された。講員が費用を分担し、講の代表者が寺社に参詣するのが一般的である。費用は、講が所有する田の収穫物によってまかなわれることもあった。伊勢講や富士講、御嶽講《おんたけこう》など多くの講が寺社参詣のために組織された。

講の代表者として寺社に参詣する者の宿泊場所である宿坊《しゅくぼう》は、江戸時代に大いに繁栄した。伊勢の御師《おんし》の宿坊もそのひとつである。

御師は、それぞれの信徒の多い地域である檀那場《だんなば》をまわって、札や暦などの配布活動を行ない、檀那場から参宮に出る者に、宿坊を提供してもてなしていた。御師の本来の役割は、伊勢神宮への参詣の取り次ぎや案内をすることであった。江戸時代の代表的な寺社参詣が伊勢参りであったのは、この御師の活躍が大きかったためといわれている。

伊勢の御師の宿坊でのもてなしは、とりわけ巧みで丁寧なものであった。文政《ぶんせい》5年（1822）、上野《こうずけ》国板鼻《いたはな》の宿屋の主人金井忠兵衛《かないちゅうべえ》らが伊勢に参宮した際の夕食を例にとれば、まず菓子から始まり、雑煮《ぞうに》・吸い物・硯蓋《すずりぶた》（鮑《あわび》・鯛《たい》・海老《えび》・昆布《こぶ》・蒲鉾《かまぼこ》など）・引《ひき》さかずき（宴で配られる杯）・大鉢《おおばち》（鯛）・本膳（膾《なます》の皿、飯・汁など）・二の膳（刺身《さしみ》の小皿・酢味噌・魚の椀）、最後に三の膳（鮑・青菜・焼き魚など）という豪華な食事であった。

翌日には、御師の宿坊の神楽殿《かぐらでん》で神楽の奉納も行なわれ、講の一行も参加した。神酒《みき》などを授けられる直会《なおらい》があり、その後ふたたび饗宴《きょうえん》が催された。こうした御師からのもてなしの費用は、金井忠兵衛ら一行の場合は、二〇人で三六両余となった。

【商人の旅と代買宿】

多くの行商人が村や町を訪れて商いを行なっており、文化《ぶんか》15年（1818）の尾道《おのみち》のある町には、呉服行商・煎餅《せんべい》商・小間物商・金物商・植木商・筆墨商・小道具類・小鳥売買・薬入れ替え・練薬《ねりぐすり》小売など、さまざまな行商人が訪れている。薬入れ替えと称されていた富山売薬商は、得意先に薬を預け、使ったぶんだけの薬代をつぎの年に受け取るという商法をとった。「先用後利《せんようこうり》」といわれるこの方法は、各地への販売圏拡張の有効な手段となり、富山売薬は全国に広まった。

しかし、江戸時代中期以降、各藩の財政が苦しくなると、領内の金の流出を防ぐため売薬の売買を禁止する藩も出た。こうした場合、嘉永《かえい》期（1848～54）の薩摩《さつま》藩では、琉球《りゆうきゆう》を通じて中国へ密貿易する商品である蝦夷地《えぞち》産の昆布を、富山売薬商人が調達することによって販売継続の許可を得た例もある。幕末の藩の経済活動を下から支える役目も果たしたのである。

江戸中期に売薬商人に同行した富山藩の村役人、内《うち》山逸峰《やまはやみね》が書き残した旅の記録によると、富山の売薬人は飛騨から信濃《しなの》・越後《えちご》・奥州《おうしゆう》・上野《こうずけ》・武蔵《むさし》の得意先を訪ねて薬を入れ替えた。相当な量になる薬をすべて持ち運びながら旅をすることはできないので、あらかじめ薬を旅先の宿に送っておいたり、得意先へ薬を預けたりした。

このように宿は、商人にとって宿泊以上の役割を担っていた。宝暦《ほうれき》6年（1756）4月の武蔵国秩父《ちちぶ》郡大宮《おおみや》町の宿主粂太郎《くめたろう》の場合、江戸屈指の豪商である三井越後屋に、先年のとおり代買宿《だいがいやど》をつとめられるよう願い出ている。代買宿とはこの場合、三井家の者が泊まるときには購入金と購入した絹の保管を行ない、三井家の者がいないときには、指図どおりに買い付けを代行し、代買口銭と定宿雑用を受ける宿のことである。

ほかにも秩父の絹市では、宿に宿泊した商人たちが座敷で絹の販売などを行なっていたが、こうした市以外での取り引きは、市を衰退させる原因ともなるため、本来は規制されていた。

【御用旅と御用宿】

幕府や藩への公用である「御用《ごよう》」としても、百姓や町人は旅に出た。御用の旅は、年始の挨拶《あいさつ》・公事《くじ》訴訟・届けや願書を、役所に提出するためなどに行なわれた。

安永6年（1777）、甲府城下町の筆頭役人であった甲府町年寄坂田与一左衛門《さかたよいちざえもん》が記した旅日記『酉《とり》年始参上日記《ねんしさんじようにつき》』によれば、将軍に年始の御目見《おめみえ》をするため、前年12月12日に江戸へ向けて甲府を出立した一行は、人足や草履《ぞうり》取《とり》などの従者を含め、一五人であった。12月16日、江戸に到着し、市谷船河原町《いちがやふながわらまち》に宿泊し、甲府町年寄は将軍への献上物の支度などの準備をして正月まで過ごした。元日には江戸城追手門《おうてもん》（大手門）前で、御三家など大名たちが将軍へ年始の挨拶に登城する様子を見物している。

1月3日には、朝五つ半（午前9時頃）に江戸城の白書院《しろしょいん》の帝鑑之間《ていかんのま》と紅葉之間《もみじのま》で、江戸の町年寄や名主、京都・大坂などの町役人、そのほか幕府直轄都市の町役人など総勢一七〇人以上の人々とともに、いっせいに一〇代将軍徳川家治《いえはる》に御目見した。1月9日には御用はすべて終わり、寺社への参詣や、呉服を注文するなどして、19日に江戸を出立、22日に甲府に到着した。この旅の費用二五両は甲府の町入用《まちにゅうよう》から捻出《ねんしゅつ》された。

百姓が領主へ公事訴訟や届け・願書提出のため城下町に行く際に利用する宿を御用宿《ごようやど》という。御用宿は、ただ宿泊所を提供するだけでなく、村々の代表者との間で、さまざまな役割を記した規定書を交わしていた。

ひとつめは、諸届け・願書・証文・訴状・返答書などの筆耕である。江戸時代には文書による支配が広く行き渡っており、村方から領主へ差し出す願書などは、一定の書式に沿って作成しなければならなかった。とくに公事訴訟では、自己の主張を鮮明にするため、文章表現能力が求められた。

二つめは、御用状・触《ふれ》などの送達である。兵農分離が行なわれていた江戸時代には、城下町が領主支配の拠点であったため、村方への触の伝達や役所への召還（差紙《さしがみ》）は文書によって行なわれていた。

三つめは、御用に不慣れな百姓の手助けである。役所へ文書を取り次ぐ際には、御用宿が間に立った。また、文書の取り次ぎだけでなく、文書に不備があれば手直しも請け負った。さらに届け・願いがきちんと聞き届けられるよう、役人との交渉や駆け引きまで行なうこともあった。

四つめは宿泊施設としての役割だが、これにも村々からさまざまな要請があった。相談ごとに差し障りがないよう、ほかの国の百姓とは一緒の部屋にしないこと、村役人とほかの百姓とは違う部屋にすること、茶や煙草《たばこ》盆・火鉢の火は絶やさないこと、食事の種類を増やすこと、雪隠《せっちん》・小便所は毎日掃除すること、雨具を用意することなど、かなり細かいことまで決められていた。

御用宿は城下町における村の拠点としての役割をもっており、江戸以外に京都・大坂・甲府・仙台など多くの城下町にあった。

細見

女性の旅

関所では女性は厳しく調べられた

男性の旅と比べると、女性の旅は、関所の通行や寺社での女人禁制など、規制が多く不便なものであった。女性の旅には通常、男性が同行した。庶民の女性の旅では寺社参詣《さんけい》の旅が多く、関所手形を持参しないことも多かった。その場合は、旅籠《はたご》・茶屋などの手引きで関所を迂回《うかい》したり、関所近辺の抜け道を利用したりして関所破りをした。

関所破りは磔《はりつけ》などの重罪であったが、大名の妻子でもない女性の行為が、幕藩体制に影響を与えることはないと判断されたため、実際に幕府に摘発された例は多くない。無手形の旅は、江戸時代後半になると増加した。

女性の関所手形（女手形）は、江戸の女性の場合、当事者の家の主から町名主→町年寄→町奉行→幕府留守居→町奉行→町年寄→町名主→家の主という煩雑な経路をたどって入手した。

女手形には、通行人数、乗物の有無とその数、出発地と目的地などのほか、禅尼《ぜんに》・尼《あま》・比丘尼《びくに》・髪切《かみきり》・小女《こおんな》の区別を明記しなければならなかった。禅尼は身分のある人の後室（未亡人）やその姉妹で髪を切った者、尼は在家のふつうの女性で髪を剃った者、比丘尼はいわゆる女僧、髪切は惣髪《そうはつ》の先を切りそろえた者、小女は振袖を着た未婚の女性のことであった。

女性が関所に着くと、まず女手形を関所の足軽《あしがる》に提出し、それを足軽が上番所《うえばんしょ》か下改番所《したあらため》に取り次ぎ、手形署名者の印判を調べ、墨のかすれなども吟味した。

手形の発行者や印判が違ったりすると、手形を差し戻して、通過を許可しなかった。その場合、女性は手形の再発行を待って近くの宿に滞在するなどの方法をとった。たとえば、天和《てんな》元年（1681）の讃岐《さぬき》国の井上通女《つうじょ》が持っていた女手形には、「女」とだけあったため、東海道の今切《いまぎれ》関所で留められ、使者を大坂に派遣して「小女」と改めてもらったほどである。

また、関所には改女《あらためおんな》という女性を調べる者がいて、髪まで解かせて取り調べなどを行なった。

高野山《こうやさん》・比叡山《ひえいざん》・出羽三山《でわさんざん》などの霊山や修行地では女人禁制《にょにんきんせい》がふつうだが、女人堂を設けて参詣を許した。文化《ぶんか》14年（1817）に高野山へ立ち寄った夫婦の場合、女人堂には六畳敷の部屋が七部屋あり、結婚している場合は男性も宿泊でき、この夫婦もほかの女性たちと一緒に夫婦で泊まっている。

2 外国との接点

四つの口

【対馬】

三代将軍家光《いえみつ》の時代に始まった鎖国制度によって、外国との接触は一般には禁じられたが、接点がまったくなかったわけではない。

江戸時代に対等な外交を結んだ国が朝鮮王朝（李氏）で、豊臣秀吉の朝鮮出兵によって途絶えていた国交の復活交渉にあたったのが対馬《つしま》の宗《そう》氏である。交渉の努力が実り、慶長12年（１６０７）に正式な使節（回答兼刷還使《かいとうけんさつかんし》）が来日して、国交が回復。二年後には朝鮮政府と宗氏の間で己酉約条《きゅうやくじょう》が結ばれ、対馬藩による朝鮮貿易が再開された。対馬藩は、幕府にかわって外交実務にあたる見返りに朝鮮との貿易を独占し、釜山《プサン》に置かれた倭館《わかん》で業務を行なった。17世紀後期には日本の通用銀貨である丁銀《ちょうぎん》を輸出し、中国の生糸・絹織物や朝鮮人参を輸入して、莫大な利益をあげた。

朝鮮からは、徳川将軍に信を通じる外交使節団である「朝鮮通信使」が一二回にわたって来日し、そのうち一〇回は江戸城で国書奉呈などの儀式が行なわれた。通信使の異国風の行列は人気を呼び、絵画や祭礼の出し物などにも多く取り上げられた。

【薩摩】

朝鮮のほかに、徳川将軍に外交使節を派遣していたのが琉球《りゅうきゅう》王朝である。琉球と薩摩の関係は15世紀からだが、慶長14年、日明《にちみん》貿易の仲介を断わったことを理由に島津氏が武力で制圧し、薩摩藩の管理下に置かれることになった。薩摩藩は琉球の那覇に在番奉行を置いて、琉球が中国との間で行なっていた朝貢貿易に参画し、資金を提供して中国から生糸・絹織物を輸入させた。琉球は鹿児島に在番親方を常駐させ、薩摩藩との事務や交渉を行なった。

徳川将軍の代替わりに際しては、襲職《しゅうしょく》を祝う「慶賀《けいが》使《し》」が、琉球国王の代替わりに際しては、襲封《しゅうほう》のお礼を述べる「謝恩使《しゃおんし》」が、合わせて一八回渡来している。琉球の使節は、二回目からは薩摩藩主の参勤交代に同行して江戸へ上り、中国風の装いや琉球楽器を奏しながらの行列は、多くの見物人を集めた。

【長崎】

出島で知られる長崎は、西欧に対して開かれた唯一の窓口。16世紀後半にポルトガル船が来航するようになってから、貿易港として、またイエズス会の一拠点として、急速に発展した。

江戸幕府は長崎を重要な港として直轄地にし、寛永13年（１６３６）に出島を築いてポルトガル人を収容したが、翌年、島原の乱が起きると禁教政策の強化徹底を図り、ついにポルトガル船の来航を禁止した。

ポルトガル人にかわって出島に居留したのはオランダ人で、平戸《ひらど》にあったオランダ東インド会社の日本商館が移転させられた。オランダは日本の金銀銅を買い付け、日本へはおもに中国の生糸・絹織物を持ち込んで利益をあげた。オランダ商館長は、長崎奉行を通じて幕府に海外情報を記したいわゆる「和蘭風説書《オランダふうせつがき》」を提出し、また毎年江戸に参府して将軍に謁見《えっけん》した。オランダがもたらす情報や医学・科学などの先進的な知識は、日本の蘭学の発展などに大きく貢献した。

長崎にはまた中国の商船が来航し、正式な国交を結ぶことのなかった中国との貿易も行なわれていた。

【松前】

北海道の渡島《おしま》半島南部を本領とする松前《まつまえ》氏は最北の外様大名で、松前藩は寒冷地であるため稲作に適せず、無高とされた。藩の経済を支えたのはアイヌとの独占的な交易で、上級家臣らに交易権を認め、商い場所を知行として与える「商場知行制《あきないばちぎょうせい》」は独特の制度だった。

彼らは、商場であるアイヌの集落に米や酒・古着・漆器・鉄製品などを運び、蝦夷地《えぞち》の海産物や千島方面の毛皮、中国東北部・樺太《からふと》を経てもたらされる中国の錦類（蝦夷錦）などの特産品と取り引きした。

商場知行制は18世紀前半になると、商人に運上金《うんじょうきん》を納めさせて経営を任せる場所請負制に変わった。請負人たちは漁業に力を入れたので、鮭・鰊《にしん》・昆布などの漁獲高が増大した。これが、魚肥の普及や長崎・琉球から中国に輸出される俵物《たわらもの》の増加につながり、松前藩の松前（福山）・江差《えさし》・箱館《はこだて》の「三湊」は、海産物を求めて諸国から訪れる船で大いににぎわった。

日本と外国の眼

【漂流民と来日外国人】

　江戸時代にはいわゆる鎖国という外交・貿易体制がとられたため、一六三〇〜一八五〇年代までは、日本人が海外に出ることも、海外から帰国することも禁じられていた。ところが、みずからの意思とは関係なく、乗っていた船が漂流して海外に出てしまった者たちについては、例外的に帰国が許された。漂流民では、大《だい》黒屋《こくや》光太夫《こうだゆう》やジョン（中浜《なかはま》）万次郎《まんじろう》、ジョセフ・ヒコ（浜田彦蔵《はまだひこぞう》）がよく知られている。

　ほかに、中国の歴史的転換点を目撃した者たちもいる。寛永《かんえい》21年（１６４４）に越前《えちぜん》国三《み》国浦新保《くにうらしんぼ》村の船が、佐渡沖で漂流、無人島に漂着した。船を修理して日本に向かうがふたたび大風にあい、ロシアのポシエット湾に漂着。その後、盛京《せいけい》（瀋陽《しんよう》）・北京《ペキン》・朝鮮を経て日本へ帰国した。一行は、明《みん》の国都が都移りして清《しん》の国都となる、中国史上の大転換点を目のあたりにしたが、特別な感興は抱いていない様子である。

　鎖国のもとでは、オランダと中国の商人が、長崎に限って来航を許された。出島のオランダ人は、商館長とその随行員が、年一度（のち四年に一度）江戸へ参府し、日本を見聞する機会を得た。鎖国前・鎖国中・開国後に日本を訪れた外国人の見聞録には、以下のようなものがある。

　慶長《けいちょう》14年（１６０９）に、フィリピン臨時総督ロドリゴ・デ・ピベロは、マニラからメキシコに向かう途中、暴風のため日本に漂着した。江戸を訪れたロドリゴは、鎖国前のため、比較的自由に江戸市中を見物でき、魚市場や青物市場での品ぞろえの豊富さと、臨機応変に安売りをする様子や、街路が整備され清潔であることなどを書きとめている。

　鎖国中に江戸を訪れた二人のオランダ商館付医師のうちケンペルは、元禄《げんろく》4年（１６９１）と翌5年の二回江戸を訪れた。幕府の役人、参勤交代の大名とその家族・家臣などで、人口はひじょうに多く、城下は整然としていないが、大火の焼け跡には街路がつくられて整うと記している。文政《ぶんせい》9年（１８２６）に江戸を訪れたもうひとりの医師シーボルトは、江戸を、本来の町（外郭の内側）・市壁外の町（外郭の外側の町）・城（内郭）の三つに分けて説明している。大人口の集中による膨大な食料需要のため、海上輸送が一週間途絶えると、重大な事態になると警鐘を鳴らしている。

　開国後に駐日イギリス公使として、安政《あんせい》6年（１８

1859

６９）から三年間滞在したオールコックは、「大君の首都」として繁栄する江戸は、その一方で、広い谷間に抱かれて緑の森に取り囲まれ、近郊には起伏の多い丘陵が広がっていると、大都市でありながらも自然に恵まれたすばらしさを絶賛している。ただこの快適さを損なうのは、攘夷と称して外国人をつけねらうテロリストたちと、頻繁に発生する火災を知らせる半鐘の音なのであった。

海外を知ったおもな日本人

漂流者	漂流先とその後・聞書き、著作
大黒屋光太夫《だいこくやこうだゆう》 1751～1828	天明２年神昌丸で伊勢から江戸に向かう途中遭難しアムチトカ島に漂着。ペテルブルクでエカテリーナ２世に拝謁。寛政４年遣日使節ラクスマンとともに帰国。『北槎聞略』『漂民御覧之記』
中浜万次郎《なかはままんじろう》(ジョン万次郎) 1827? ～98	15歳で土佐から出漁して遭難。アメリカの捕鯨船に救われ、同国で教育を受ける。嘉永４年帰国、同６年幕臣となり、万延元年通訳として咸臨丸で再渡米。『漂客語録』『英米対話捷径』
浜田彦蔵《はまだひこぞう》(ジョセフ・ヒコ) 1837～97	嘉永３年播磨の永力丸で漂流50余日、アメリカ船に救われて渡米し帰化する。安政６年帰国し、アメリカ領事館の通訳として活躍。日本初の新聞「海外新聞」を発行。『漂流記』
津太夫《つだゆう》 生没年不詳	寛政５年陸奥国石巻から若宮丸で江戸に向かう途中遭難。ロシア船に救われ、ペテルブルクでロシア皇帝に謁見。文化元年遣日使節レザノフにとともに帰国。『環海異聞』
音吉《おときち》 1821～？	天保３年尾張国廻船宝順丸で遭難。14か月後アメリカ西海岸に漂着。ロンドン、マカオを経て8年モリソン号で帰国するが、異国船打払令により砲撃される(モリソン号事件)。のち上海で暮らす
次郎吉《じろきち》 1813～？	天保9年、長者丸に乗り仙台沖で遭難。6か月の漂流後、アメリカの捕鯨船に救われハワイに上陸。その後カムチャツカ、アラスカを経て択捉島に14年帰着。嘉永元年帰郷。『蕃談』『時規物語』
久蔵《きゅうぞう》 1787～1853	文化７年歓喜丸に乗り紀州沖で遭難し、カムチャツカ半島に漂着。凍傷のためオホーツクで片足を切断。10年万国図、種痘苗などを携えて箱館に帰着。『魯斉亜国漂流聞書』
小栗重吉《おぐりじゅうきち》 1784/85～1853	文化10年督乗丸で江戸から尾張へ戻る途中遭難。16か月の漂流後、南米沖でイギリス商船に救われる。メキシコ、アラスカ、カムチャツカを経て、14年帰郷。日本最初のロシア語辞典『ヲロシヤノ言』

日本に来たおもな外国人

人名	業績・著作
ヤン・ヨーステン 1556? ～1623	耶揚子とも。オランダ人船員。アダムズらとともに、慶長5年豊後に漂着。徳川家康の外交顧問となる。江戸に居宅を与えられ、日本女性と結婚し子女をもうけた。オランダの対日貿易独占に寄与
ウィリアム・アダムズ 1564～1620	慶長5年豊後に漂着したオランダ船のイギリス人航海長。徳川家康の外交顧問となり、三浦按針と名のる。相模国三浦郡に領地を与えられ、オランダ・イギリスとの通商に尽力。日本人妻との間に2人の子があった
ロドリゴ・デ・ビベロ 1564～1636	慶長14年マニラから母国メキシコに向かう途中、上総の岩礁で難破。救出され徳川家康・秀忠と会見し、翌年メキシコに帰任。日本とメキシコの貿易開始に尽力した。『ドン・ロドリゴ日本見聞録』
エンゲルベルト・ケンペル 1651～1716	元禄3年長崎出島のオランダ商館付医師として赴任したドイツ人。２年間の滞日中に２回江戸参府に随行した。日本での地理・風俗・動植物などの観察記録をもとに『廻国奇観』『日本誌』を執筆
カール・ツンベルク 1743～1828	スウェーデンの医師・博物学者。リンネに学ぶ。安永４年来日し、長崎オランダ商館医として１年間滞在。通詞らに医学・植物学・薬学を教え、日本の植物を多数採集。『日本紀行』『日本植物誌』
ジョバンニ・シドッチ 1668～1714	イタリアのイエズス会宣教師。宝永5年屋久島に上陸。鹿児島藩に捕らえられて江戸に送られた。小石川の切支丹屋敷で新井白石の審問を受け、海外情勢や、宗教・歴史・天文・地理などを詳しく述べた
フィリップ・シーボルト 1796～1866	ドイツの医師・博物学者。文政6年長崎出島のオランダ商館医として来日。鳴滝塾で医学・博物学を教授し、洋学発展に尽力。国禁の地図持ち出しで国外追放(シーボルト事件)。『日本』『日本植物誌』
ロバート・フォーチュン 1813～80	イギリスの園芸家。万延元年と文久元年の２度来日。各地で植物を購入・採集してイギリスに送る。帰国後、チェルシー植物園長となる。『幕末日本探訪記―江戸と北京』
ルーサフォード・オールコック 1809～97	イギリスの外交官。安政６年初代駐日総領事。東禅寺事件で水戸浪士に襲われるが難を逃れる。元治元年四国艦隊下関砲撃を主導したため、本国に返された。『大君の都』

細見 江戸時代名数辞典⑥
“九”から“万”までの巻

【権九郎《ごんくろう》】芝居の世界での陰語で、女にだまされやすく、金銭を搾取《さくしゅ》されたりする男のこと。安政5年に初演された河竹黙阿弥《かわたけもくあみ》の『江戸桜清水清玄《えどざくらきよみずせいげん》』に登場する番頭権九郎が起源。

【九十川《くじゅうがわ》】大井川の水量が増すこと。東海道の大井川には橋がなく、人足の背渡しが一般的で、水量が増すと割増料金で九〇文の渡し賃を取られたことから。

【九十九大久保に百本多、水野の苗字知れず】幕府の旗本に大久保・本多・水野を名のる家が多かったこと。九十九軒といえば大久保の意味となった。

【九十九三《つくもさん》】和歌三一文字を九・十・九・三に切って書くこと。

【百左衛門】百桟敷《ひやくさじき》の見物客の総称。この席は劇場で最低ランクの二階の追い込み一〇〇文の席だった。たんに百ともいう。

【百文銭】天保通宝銭《てんぽうつうほうせん》のこと。天保銭・当百銭ともいう。額面は一〇〇文だったが九六文で流通。天保9年から明治20年まで通用。

【当百八十《とうひゃくはちじゅう》】愚か者のこと。当百は当百銭（天保通宝銭）の略だが、額面どおり一〇〇文として通用しなかったため、少し足りない意味があり、八十にも百に足りない者の意味がある。

【三百諸侯《しょこう》】概数で三〇〇家ほどあったことから、江戸時代の大名の総称となった。

【三百目】元禄・宝永年間の間男《まおとこ》の科料の相場。密通発覚時に男は首代としてこのくらいの金額を銀で支払った。

【八百八寺】京都の異称。京都に寺院が多いことの表現。江戸の八百八町、大坂の八百八橋の対句。

【お千代】舟に乗って春を売る下等な遊女である舟饅《ふなまん》頭《じゅう》の異名。明和年間に評判をとったお千代という舟饅頭の名から転じたといわれる。

【千字書】一日に一〇〇〇字を書く手習い方法のひとつ。一般には冬至の日に行なわれた。

【千松《せんまつ》】義太夫『伽羅先代萩《めいぼくせんだいはぎ》』の主人公政岡《まさおか》の子どもの名。「おなかがすいてもひもじうはない」という台詞《せりふ》から空腹の意味となり、さらに転じて江戸料理屋で飯の隠語となった。

【万宝】元禄7年刊行の百科事典『万宝全書《まんぽうぜんしょ》』のこと。穀物は万民の宝ということから、五穀の異称としても用いられた。

江戸時代データバンク

街道データベース①

中山道［六九］

各宿場のデータは「宿場名と日本橋からの距離」「前宿からの距離」「旧国名」「現在地名」「宿泊施設数」「名所」「名物」「特色・エピソード」の順。☆は享和2年に大田南畝が銅座詰勤務のため江戸から大坂に向かう旅で、△は文久元年に和宮が一四代将軍家茂と結婚のため下向の旅で、▲は文久3年に浪士組上洛で宿泊したことを示す。データ＝「中山道・東海道宿村大概帳」（天保14年）。基本資料＝今井金吾『〔新装版〕今昔中山道独案内』（JTB）

日本橋

始点

1 板橋宿

10km

武蔵国豊島郡
東京都板橋区
本陣1・脇本陣2・旅籠54
観明寺・乗蓮寺・縁切榎
清水夏大根種・練馬大根種・人参種
江戸四宿のひとつで、宿内平尾から川越街道が分岐
△

16km

行田・忍道

行田を経て、日光・館林へ至る

8 熊谷宿

64km

武蔵国大里郡
埼玉県熊谷市
本陣2・脇本陣1・旅籠19
高城神社・熊野神社・熊谷寺
助郷に出す付近の村々の反対で、旅籠に食売女が置けなかった
☆
△

11km

9 深谷宿

75km

武蔵国榛沢郡
埼玉県深谷市
本陣1・脇本陣4・旅籠80
観音堂・三光院・清心寺・滝宮・普済寺・島護大明神
多くの旅籠に食売女がおり、江戸から二泊めに選ばれた

五料道

傍示堂から右へ分岐。五料関所を経て廏橋へ至る

11km

10 本庄宿

86km

武蔵国児玉郡
埼玉県本庄市
本陣2・脇本陣2・旅籠70
本庄城跡・城山稲荷・東の市神・開善寺・安養院
慶長17年幕領に。弘化2年2月、宿内に付け火盗賊が出没
△
▲

下仁田越道

金鑚神社のところから左へ分岐。信州追分宿へ至る

伊香保道

金久保村の八幡宮の先から右へ分岐。伊香保へ至る

8km

神流川渡場

武蔵・上野国境で徒渡し

11 新町宿

94km

上野国緑野郡
群馬県高崎市
本陣2・脇本陣1・旅籠43
八坂神社・翁塚・諏訪神社
加賀藩が開拓し享保9年に宿場が設置。宿内の右に日光道中、左に藤岡道が分岐

3km

15 安中宿

116km

上野国碓氷郡
群馬県安中市
本陣1・脇本陣2・旅籠17
石川忠房生祠・安中城
網・細引き・竹細工
安中藩の城下町で、幕末嘉永7年に食売女が置かれた

10km

16 松井田宿

126km

上野国碓氷郡
群馬県安中市
本陣2・脇本陣2・旅籠14
崇徳寺・不動寺・松井田八幡宮・松井田城跡
本饅頭・すねり・洗い張り
宿内から左に妙義道、右に榛名道が分岐。
▲

妙義道

碓氷神社近くと、百合若足跡石近くから左へ分岐

横川の関所

安中藩管理の関所で、東海道の箱根と同格。女・鉄砲を改めた

10km

17 坂本宿

135km

上野国碓氷郡
群馬県安中市
本陣2・脇本陣2・旅籠40
八幡宮・阿弥陀堂
寛永2年碓氷峠東麓に設置
☆
△

堂峰番所

竹の御番所とも呼ばれ、横川の関所の出先機関

和宮道

文久2年に開かれた道で、子持山下で分岐し、碓氷峠で中山道に合流

12km

18 軽井沢宿

147km

信濃国佐久郡
長野県北佐久郡軽井沢町
本陣1・脇本陣4・旅籠21
雲場の池・竈石
力餅・二八蕎麦
信濃最初の宿場。六九次でもっとも栄えた

※里程換算で四捨五入しているため、宿場間の距離と日本橋からの距離が一致しない場合がある。

つづく

5km

2 蕨宿

武蔵国足立郡
埼玉県蕨市
本陣2・脇本陣1・旅籠23
和楽備神社・熊野権現
焼米
☆
19km

9km

3 浦和宿

武蔵国足立郡
埼玉県さいたま市浦和区
本陣1・脇本陣3・旅籠15
慈恵稲荷・玉蔵院・清泰寺
うどん・鰻
文政4年に針ヶ谷一本杉で仇討ちが行なわれた
24km

5km

4 大宮宿

武蔵国足立郡
埼玉県さいたま市大宮区
本陣1・脇本陣9・旅籠25
氷川神社・黒塚・東光寺・普門院・加茂神社
▲
29km

8km

5 上尾宿

武蔵国足立郡
埼玉県上尾市
本陣1・脇本陣3・旅籠41
遍照院・らいでんの宮（雷電神社）
食売女が多く、風紀の厳しい川越藩士も訪れたという
37km

4km

6 桶川宿

武蔵国足立郡
埼玉県桶川市
本陣1・脇本陣2・旅籠36
浄念寺・天王の宮・加納天神（氷川天満宮）・多聞寺
△
41km

7km

7 鴻巣宿

武蔵国足立郡
埼玉県鴻巣市
本陣1・脇本陣1・旅籠58
勝願寺・鴻三社・平等寺
鴻巣人形・さし足袋・素麺・行田青薬
竹ノ森雷電社北側から日光裏街道が分岐
▲
48km

6km

柳瀬の渡場

烏川ともいわれた柳瀬川の渡しで、舟渡しだった

12 倉賀野宿

上野国群馬郡
群馬県高崎市
本陣1・脇本陣2・旅籠32
阿弥陀堂・九品寺・太鼓橋・飯玉大明神（倉賀野神社）・安楽寺
宿場東から日光に至る例幣使道が分岐する
☆
100km

6km

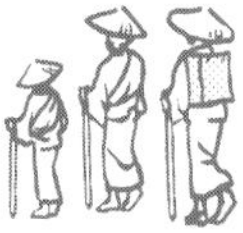

13 高崎宿

上野国群馬郡
群馬県高崎市
旅籠15
高崎城・諏訪神社・大信寺
上州絹・館煙草・白目竹
宿内から前橋道・三国街道が分岐。城下町でにぎわう
106km

7km

一の宮道

宿の間で左へ分岐する。上野国一の宮・貫前神社へ至る

14 板鼻宿

上野国碓氷郡
群馬県安中市
本陣1・脇本陣1・旅籠54
伊勢三郎屋敷跡・称名寺・鷹巣城跡・鷹巣神社
宿内から右へ榛名道が分岐。天保2年12月、宿内の旅籠で年貢金盗難事件が発生
△
113km

榛名道

豊岡村から右へ分岐。中之条に至る

三国街道

高崎宿の西から分岐。三国峠を経て越後長岡を経由し出雲崎へ至る

前橋道

高崎宿のなかから分岐。水上・長岡へ至る

4km

19 沓掛宿

信濃国佐久郡
長野県北佐久郡軽井沢町中軽井沢
本陣1・脇本陣3・旅籠17
宝性寺・秋葉神社
両隣の宿場とともに浅間三宿として栄えた。宿内より草津道・大笹道が分岐
△
151km

4km

20 追分宿

信濃国佐久郡
長野県北佐久郡軽井沢町追分
本陣1・脇本陣2・旅籠35
浅間神社・諏訪大明神（諏訪神社）・吉野太夫墓
北国街道分岐点で参勤交代の大名宿泊が多かった
▲
156km

追分刑場跡（分去れ）

慶応4年、赤報隊の桜井常五郎以下三名が処刑

21 小田井宿 161km

信濃国佐久郡
長野県北佐久郡御代田町
本陣1・脇本陣1・旅籠5
大名が追分に泊まる際、息女らが多く泊まったため「姫の宿」といわれた。文久元年、皇女和宮が休憩

5km

22 岩村田宿 165km

信濃国佐久郡
長野県佐久市岩村田
旅籠8
佐久鯉料理
城下町だが、本陣・脇本陣がなく、旅籠も最盛期に八軒と少なかった

皎月ヶ原（かないが原）

5km

23 塩名田宿 170km

信濃国佐久郡
長野県佐久市塩名田
本陣2・脇本陣1・旅籠7
塩名田神社・滝不動・経塚
千曲川東岸で、宿は小さいが、川止めのため本陣・脇本陣合わせて三軒あった

5km

28 和田宿 195km

信濃国小県郡
長野県小県郡長和町和田
本陣1・脇本陣2・旅籠28
難所・和田峠の入り口にあり、標高八二〇mの高地
△

22km

和田峠

元治元年11月20日、水戸天狗党と諏訪・松本藩が合戦

29 下諏訪宿 217km

信濃国諏訪郡
長野県諏訪郡下諏訪町
本陣1・脇本陣1・旅籠40
和田峠の西入り口。諏訪大社下社の門前町として発展
☆ △ ▲

11km

30 塩尻宿 228km

信濃国筑摩郡
長野県塩尻市
本陣1・脇本陣1・旅籠75

7km

31 洗馬宿 235km

信濃国筑摩郡
長野県塩尻市
本陣1・脇本陣1・旅籠29

3km

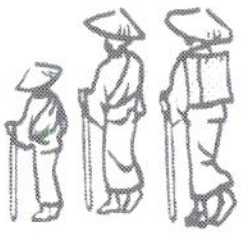

32 本山宿 239km

信濃国筑摩郡
長野県塩尻市
本陣1・脇本陣1・旅籠34
本山神社・本山観音堂
楊枝・蕎麦・熊皮(日出塩)
文人の大田南畝によると、うどん・蕎麦切・卓袱料理の看板が目立つ宿場
△

8km

33 贄川宿 247km

信濃国筑摩郡
長野県塩尻市
本陣1・脇本陣1・旅籠25
観音寺・諏訪神社・天神宮
檜細工塗物
木曾路最初の宿場で、北側の入り口に関所があった

9km

38 上松宿 283km

信濃国筑摩郡
長野県木曾郡上松町
本陣1・脇本陣1・旅籠35
玉林院・諏訪神社・寝覚の床・臨川寺・小野の滝
蕎麦切(寝覚)
商人が多く繁盛し、尾張藩の材木役所が置かれた
△

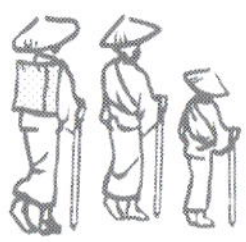

13km

39 須原宿 296km

信濃国筑摩郡
長野県木曾郡大桑村
本陣1・脇本陣1・旅籠24
定勝禅寺・磐出観音
桜の花漬け
▲

7km

40 野尻宿 303km

信濃国筑摩郡
長野県木曾郡大桑村
本陣1・脇本陣1・旅籠19
イボ石・妙覚寺・牛頭天王(須佐之男神社)・新町屋・熊野神社・巻沢橋(牧ヶ沢橋)
奈良井宿に次いで宿場通りが長い。寛政3年に大火

10km

41 三留野宿 313km

信濃国筑摩郡
長野県木曾郡南木曾町
本陣1・脇本陣1・旅籠32
等覚寺・白山権現祠(東山神社)・住吉祠・ふりそで松・かぶと観音堂・蛇石
和合酒(和合)・饅頭(神戸)・飴餅(神戸)
△

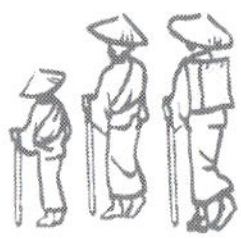

3km

24 八幡宿 173km

信濃国佐久郡
長野県佐久市
本陣1・脇本陣4・旅籠3
八幡神社
宿入り口の八幡神社に由来
△

3km

25 望月宿 177km

信濃国佐久郡
長野県佐久市
本陣1・脇本陣1・旅籠9
望月御牧（牧の原）・榊祭り・大伴神社・城光院
蓼科山麓の馬の名産地で毎年8月に幕府・朝廷に献上。宿内から上田道が分岐
☆

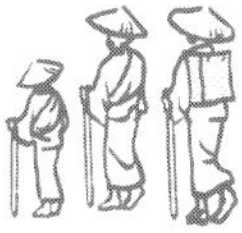

小諸道・上田道
芦田宿手前から右に分岐し、さらに二つに分岐する

つづく

5km

26 芦田宿 182km

信濃国佐久郡
長野県北佐久郡立科町芦田
本陣1・脇本陣2・旅籠6
芦田城跡・光徳寺
ぼた餅・目薬
中山道の難所・笠取峠の東の入り口で、生糸の産地

6km

上田道
笠取峠の松並木手前から右（北）へ分岐

27 長窪宿 187km

信濃国小県郡
長野県小県郡長和町長久保
本陣1・脇本陣1・旅籠43
長安寺
町の角から上田道が分岐
▲

8km

大門道
落合から左（南）に分岐。武田信玄の軍用道路「中の棒道」で大門峠へ下る

7km

34 奈良井宿 254km

信濃国筑摩郡
長野県塩尻市
本陣1・脇本陣1・旅籠5
法然寺・大宝寺・長泉寺・鎮大明神祠・峠の松
白木細工・お六櫛
奈良井千軒とも呼ばれ、膳椀・曲物の細工物で栄えた
▲

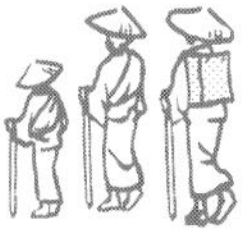

5km

35 藪原宿 259km

信濃国筑摩郡
長野県木曾郡木祖村
本陣1・脇本陣1・旅籠10
熊野権現祠・極楽寺
お六櫛・あららぎの箸
尾張藩の御鷹匠役所があり、鷹のヒナの捕獲と飼育・山の監視を行なった
☆

8km

36 宮越宿 267km

信濃国筑摩郡
長野県木曾郡木曾町
本陣1・脇本陣1・旅籠21
樋口兼光館跡・今井兼平館跡・斬蛇潭（蛇斬り淵）・林昌寺・明星巌・中三権守兼遠塚
近辺に竹がなく、宿場には土壁ではなく、板でできた家屋が並んだ

7km

37 福島宿 274km

信濃国筑摩郡
長野県木曾郡木曾町
本陣1・脇本陣1・旅籠14
水無神社・長福寺・興禅寺
道中薬（陀羅尼助・奇応丸）
木曾谷第一の繁栄を誇り、高台に関所を置いた。寛永13年5月関所破り事件発生
△

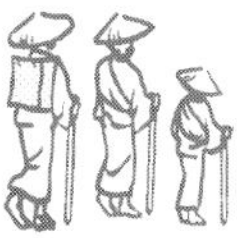

6km

42 妻籠宿 319km

信濃国筑摩郡
長野県木曾郡南木曾町
本陣1・脇本陣1・旅籠31
光徳寺・倉科祖霊社・男滝・女滝・一石栃観音堂
赤飯（嶺）・和合諸白
宿の入り口に口留番所

8km

43 馬籠宿 327km

信濃国筑摩郡
長野県木曾郡山口村
本陣1・脇本陣1・旅籠18

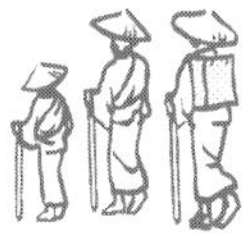

5km

44 落合宿 331km

美濃国恵那郡
岐阜県中津川市
本陣1・脇本陣1・旅籠14
落合五郎兼行之城跡
狐膏薬・火縄
町の西の与坂に尾張藩の白木改の番所があった

4km

45 中津川宿

美濃国恵那郡
岐阜県中津川市
本陣1・脇本陣1・旅籠29
恵奈神社（恵那神社）・中川神社・東円寺・八幡宮
金龍山餡餅・二八蕎麦
西からの木曽路の入り口。3・8日の六斎市でにぎわう
△ ▲
335km

10km

秋葉山道

恵那を経て秋葉大権現へ

46 大井宿

美濃国恵那郡
岐阜県恵那市
本陣1・脇本陣1・旅籠41
延寿院・市神神社
ひしや足袋
☆
345km

14km

名古屋道

巻金立場の先から南に分岐。名古屋に至る

54 河渡宿

美濃国方県郡
岐阜県岐阜市
本陣1・旅籠24
馬頭観音堂（愛染堂）
鵜飼（長良川上流）
河渡渡しの渡し舟を管轄。川止めなどでにぎわった
419km

河渡渡し

河渡宿の東の外れ、長良川下流にあたり、舟渡し

6km

岐阜道

長良川右岸から北東に分岐し、岐阜城下に至る

53 加納宿

美濃国厚見郡
岐阜県岐阜市
本陣1・脇本陣1・旅籠35
加納城・専福寺・天神社（加納天満宮）・盛徳寺
美濃一六宿唯一の城下町。富商が多い。宿内から北へ岐阜道、南へ伊勢道が分岐
☆ △ ▲
413km

17km

5km

55 美江寺宿

美濃国本巣郡
岐阜県瑞穂市
本陣1・旅籠11
延宝3年には旅籠もなかったが、幕府の助成金で立ち直った貧しい宿場。宿外れから南に墨俣道が分岐
424km

呂久川（揖斐川）

江戸時代は河道が異なり、呂久村の西側から舟渡し

墨俣道・大垣道

大嶋あたりで東南に墨俣道、少し先で西南に大垣道が分岐

9km

谷汲山道

杭瀬川

土橋を渡る

56 赤坂宿

美濃国不破郡
岐阜県大垣市
本陣1・脇本陣1・旅籠17
浅間神社・子安祠（神社）・安楽寺・甲塚
宿東に川港を抱え水運で栄えた。宿内から右（北）へ谷汲観音道が分岐
△
432km

6km

64 高宮宿

近江国犬上郡
滋賀県彦根市
本陣1・脇本陣2・旅籠23
多賀大社大鳥居・唯念寺
高宮布
多賀大社への入り口で、町中に大鳥居が建っていた
471km

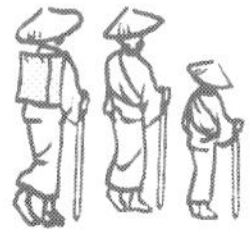

63 鳥居本宿

近江国坂田郡
滋賀県彦根市
本陣1・脇本陣2・旅籠35
上品寺・佐和山城跡
神教丸（鳥居本赤玉）・合羽
宿場西方から彦根道（朝鮮人来朝道）が分岐
465km

4km

62 番場宿

近江国坂田郡
滋賀県米原市
本陣1・脇本陣1・旅籠10
八葉山蓮華寺・擂鉢峠
脚気薬・足痛薬・磨針餅
矢倉橋の手前から北国街道が分岐
461km

8km

65 愛知川宿

近江国神崎郡
滋賀県愛知郡愛荘町
本陣1・脇本陣1・旅籠28
豊満寺・老蘇の森
一渓茶（煎茶）
△
479km

10km

66 武佐宿

近江国蒲生郡
滋賀県近江八幡市
本陣1・脇本陣1・旅籠23
武佐寺・住蓮坊首洗池
武佐墨・武佐升
☆ ▲
488km

14km

67 守山宿

近江国野洲郡
滋賀県守山市
本陣2・脇本陣1・旅籠30
東門院守山寺（守山観音）・慈願寺（帆柱観音）
馬道具・近江茶・にぎり墨
馬道具が多く近江茶をつくることで知られた
△
502km

6km

6km

母衣岩・烏帽子岩

12km

47 大久手宿 359km

美濃国土岐郡
岐阜県瑞浪市
本陣1・脇本陣1・旅籠30
白山神社・神明神社・観音堂
慶長9年新設の小さい宿場だが、美濃一六宿で旅籠がもっとも多かった
△

48 細久手宿 365km

美濃国土岐郡
岐阜県瑞浪市
本陣1・脇本陣1・旅籠24
庚申堂・日吉愛宕神社・穴観音
慶長15年新設の宿。寛政～安政にかけて三度も全焼

49 御嶽宿 377km

美濃国可児郡
岐阜県可児郡御嵩町
本陣1・脇本陣1・旅籠28
蔵王権現（金峰神社）・願興寺・尼ヶ池跡・愚渓寺
☆

4km

50 伏見宿 381km

美濃国可児郡
岐阜県可児郡御嵩町
本陣1・脇本陣1・旅籠29
大柳・領界石
文化7年駱駝が逗留
▲

8km

太田の渡し（今渡立場）

51 太田宿 388km

美濃国加茂郡
岐阜県美濃加茂市
本陣1・脇本陣1・旅籠20

8km

関道
勝山立場から北（右）へ分岐。関へ至る

勝山窟観音（岩屋観音）

52 鵜沼宿 396km

美濃国各務郡
岐阜県各務原市
本陣1・脇本陣1・旅籠25
犬山城・大安寺
宿内から南に犬山道が分岐
△

5km

国分寺道
青野村から右（北）へ分岐。美濃国分寺跡へ至る

幣懸松（青野の一木の松）

大垣道
相川支流の手前から左（東）へ分岐。大垣へ至る

57 垂井宿 437km

美濃国不破郡
岐阜県不破郡垂井町
本陣1・脇本陣1・旅籠27
本龍寺・鳥居・垂井の清水・玉泉寺・金蓮寺
南宮大社の入り口。宿内の十字路から府中道が分岐

5km

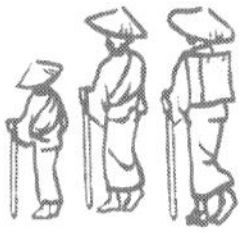

58 関ヶ原宿 443km

美濃国不破郡
岐阜県不破郡関ヶ原町
本陣1・脇本陣1・旅籠33
八幡宮・東西首塚・月見祠（月見の宮）・不破関古蹟
宿内で牧田街道・北国街道が分岐する交通の要地

4km

不破の関古蹟（松尾村）

59 今須宿 447km

美濃国不破郡
岐阜県不破郡関ヶ原町
本陣1・脇本陣2・旅籠13

4km

60 柏原宿 451km

近江国坂田郡
滋賀県米原市
本陣1・脇本陣1・旅籠22
成菩提院・伊吹堂・清龍寺
伊吹艾
伊吹山南麓にあり、宿西方には将軍上洛時の宿所・御茶屋御殿があった
☆
△
▲

6km

61 醒井宿 457km

近江国坂田郡
滋賀県米原市
本陣1・脇本陣1・旅籠11
賀茂明神社・蟹石・地蔵堂
醒井餅
日本武尊などに由来する三水四石の名所がある

4km

68 草津宿 508km

近江国栗太郡
滋賀県草津市
本陣2・脇本陣2・旅籠72
常善寺・立木神社・活人石
姥が餅・竹の鞭
東海道・矢橋街道の分岐点で、ここからは東海道の宿場と重なる。大津宿との間には瀬田の唐橋があり、軍事・交通の要衝として繁栄

14km

69 大津宿 522km

近江国滋賀郡
滋賀県大津市
本陣2・脇本陣1・旅籠71
義仲寺・膳所城・逢坂山
大津絵・算盤・縫針・川魚
△
▲

12km

三条大橋
終点

街道データベース② 甲州道中【四五】

△は天保12年に歌川広重が写生旅行で、▲は慶応4年に甲陽鎮撫隊が甲府へ行軍で、それぞれ宿泊したことを示す。なお、広重は甲府まで。甲陽鎮撫隊は勝沼宿の手前、柏尾橋で東征軍に敗走。データ＝「甲州道中宿村大概帳」（天保14年）。基本資料＝今井金吾『〔新装版〕今昔三道中独案内』（JTB）

日本橋
始点

1 内藤新宿
8km

武蔵国豊島郡
東京都新宿区
本陣1・旅籠24
太宗寺・正受院・成覚寺・花園神社・西向天神
元禄11年に宿駅となり、享保3年廃駅。明和9年に再興。宿から青梅街道が分岐
▲

1km　5km

多摩川
日野の渡し。3月～10月は船渡し。冬場は土橋を築く

9 府中宿
30km

武蔵国多摩郡
東京都府中市
本陣1・脇本陣2・旅籠29
薬師堂・日吉神社・六所宮
生糸
六所宮の門前町で、宿泊客が多く旅舎が多かった。将軍家の瓜畑御用をつとめた
▲

品川道
白糸台六丁目から南東へ分岐。東海道の品川宿へ至る。筏道ともいう

8 上石原宿
25km

武蔵国多摩郡
東京都調布市上石原
旅籠4
若宮八幡宮
人馬継立方の毎月1～6日を担当。安政5年、谷津新次郎が手習い塾秋月堂を創立

8km　7km　7km

10 日野宿
38km

武蔵国多摩郡
東京都日野市日野
本陣1・脇本陣1・旅籠20

浅川
10月～3月は橋渡し。鮎漁が盛んで、本丸御殿へ上納

11 横山宿
45km

武蔵国多摩郡
東京都八王子市
本陣2・脇本陣3・旅籠34
子安神社・永福稲荷・閻魔堂・市守神社・大義寺
甲州道中第一の宿場。宿内より南へ絹の道、北へ川越道が分岐
△

12 駒木野宿
52km

武蔵国多摩郡
東京都八王子市裏高尾町
本陣1・脇本陣1・旅籠12
宿内に小仏（駒木野）関所が設置。定番は川村・小野崎・佐藤・落合の四家

2km　4km

19 鶴川宿
76km

甲斐国都留郡
山梨県上野原市鶴川
本陣1・脇本陣2・旅籠8

鶴川
橋渡し。絶景の地。鮎が名物

18 上野原宿
74km

甲斐国都留郡
山梨県上野原市上野原
本陣1・脇本陣2・旅籠20
牛倉大明神・保福寺・大欅・木食白道上人加持水井
甲斐絹・紬・干魚
宿内に花井番所があった

河辺道
諏訪から左（西）へ分岐し、上野原宿の先で甲州道中と合流

境川関所・夜泣き桜

4km　3km　5km　1km

20 野田尻宿
80km

甲斐国都留郡
山梨県上野原市野田尻
本陣1・脇本陣1・旅籠9
西光寺
広重が旅籠小松屋に一泊
△

箭壺坂《やつぼざか》（座頭転ばし）

21 犬目宿
83km

甲斐国都留郡
山梨県上野原市犬目
本陣2・旅籠15
千貫松・不動院・白滝
団子・煮しめ・桂川白酒
郡内でもっとも高い宿場で四方の眺望が評判だった

22 下鳥沢宿
88km

甲斐国都留郡
山梨県大月市富浜町
本陣1・脇本陣2・旅籠11
諏訪神社・大木大明神社（福地八幡）
宿内に上野原宿からの近道・河辺道が通じていた

8km

2 下高井戸宿

16km

武蔵国多摩郡
東京都杉並区
本陣1・旅籠3
宗源寺・覚蔵寺・高井堂
宿内を鎌倉街道が横切る。上高井戸と合宿で人馬継立方を分担

1km

3 上高井戸宿

17km

武蔵国多摩郡
東京都杉並区
本陣1・旅籠2
長泉寺・烏山神社
人馬継立方の毎月後半をつとめた。宿内から北へ妙法寺道が分岐

6km

4 国領宿

23km

武蔵国多摩郡
東京都調布市国領町
旅籠1
常性寺・祇園寺
布田五宿の筆頭で、五宿で合宿。人馬継立方の毎月25～晦日を分担

つづく

0.3km

5 下布田宿

23km

武蔵国多摩郡
東京都調布市布田
旅籠3
蓮慶寺
人馬継立方の毎月19～24日を担当。幕末、名主糟（粕）谷重兵衛の手習い塾あり

0.2km

6 上布田宿

24km

武蔵国多摩郡
東京都調布市布田
旅籠1
大正寺・布田天神社
人馬継立方の毎月13～18日を担当。隣接して加宿の小島村が続いていた

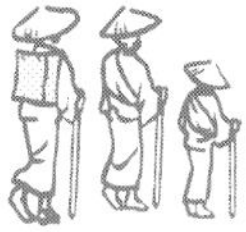

1km

7 下石原宿

25km

武蔵国多摩郡
東京都調布市下石原
八幡神社・常演寺
人馬継立方の毎月7～12日を担当。当初は上石原と合わせて「布田宿」と呼ばれ、のちに布田五宿となった

3km

高尾道

蛇滝への道標の先から左（南）に分岐。高尾山へ至る

13 小仏宿

55km

武蔵国多摩郡
東京都八王子市裏高尾町
旅籠11
浅川神社・宝珠寺
駒木野宿との相宿で、武蔵・相模の国境になる小仏峠の東麓に立地

6km

小仏峠

峠で高尾山道・景信山道を横切る

小仏関古跡

14 小原宿

61km

相模国津久井県
神奈川県相模原市相模湖町
本陣1・脇本陣1・旅籠7

2km

15 与瀬宿

63km

相模国津久井県
神奈川県相模原市相模湖町
本陣1・旅籠6
与瀬神社
鮎・鮎鮨
宿内から、桂川を渡って吉野宿へ向かう二瀬越の近道が分岐

▲

4km

16 吉野宿

67km

相模国津久井県
神奈川県相模原市藤野町
本陣1・脇本陣1・旅籠3

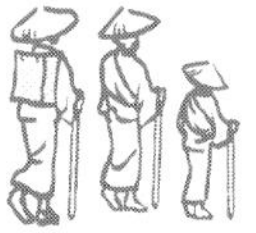

3km

17 関野宿

70km

相模国津久井県
神奈川県相模原市藤野町
本陣1・脇本陣1・旅籠3

23 上鳥沢宿

89km

甲斐国都留郡
山梨県大月市富浜町
本陣1・脇本陣2・旅籠13
福寿明神（福寿権現社）
人馬継立方の毎月15日までをつとめ、16日以降の下鳥沢宿と分担

3km

猿橋

桂川に架かる名勝

24 猿橋宿

91km

甲斐国都留郡
山梨県大月市猿橋町
本陣1・脇本陣2・旅籠10
鮎・山女
桂川と葛野川の合流する谷口に立地。名勝・猿橋見物の宿泊・休息客でにぎわった

2km

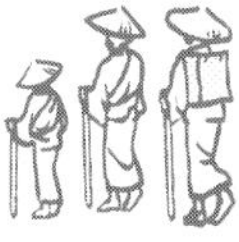

25 駒橋宿

94km

甲斐国都留郡
山梨県大月市駒橋
旅籠4

2km

26 大月宿

甲斐国都留郡
山梨県大月市
本陣1・脇本陣2・旅籠2
三島神社・光照寺
寛文年間に駒橋宿から分離
96km

1km

富士道
甲斐吉田村・伊豆三島宿を経て相模小田原に至る

大月川（笹子川）
橋渡し

9km

27 下花咲宿

甲斐国都留郡
山梨県大月市大月町花咲
本陣1・脇本陣2・旅籠22
郡内織（花咲・初狩宿周辺）
人馬継立方は月の前半を上花咲宿が、後半を下花咲宿がつとめた
97km

28 上花咲宿

甲斐国都留郡
山梨県大月市大月町花咲
本陣1・脇本陣2・旅籠13
98km

2km

田野道

千貫岩

鶴瀬関所

35 鶴瀬宿

甲斐国山梨郡
山梨県甲州市大和町鶴瀬
本陣1・脇本陣2・旅籠4
120km

4km

柏尾橋
慶応4年3月6日東征軍と甲陽鎮撫隊が交戦（勝沼の戦い）

36 勝沼宿

甲斐国山梨郡
山梨県甲州市勝沼町勝沼
本陣1・脇本陣2・旅籠23
上行寺・泉勝院
梨・柿・葡萄
町並みが東西に長く、二〇丁あった
124km

3km

37 栗原宿

甲斐国山梨郡
山梨県山梨市上・下栗原
本陣1・脇本陣1・旅籠20
127km

6km

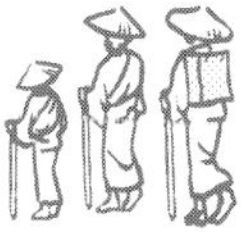

38 石和宿

甲斐国八代郡
山梨県笛吹市石和町
本陣1・脇本陣2・旅籠18
遠妙寺・武田氏石和館跡
宿内に石和代官陣屋が置かれていた。宿内から南東に小田原・沼津道が分岐
134km

笛吹川
石和の渡し（川田の渡し）

三峯道
笛吹川を渡って北西に分岐

恵林寺道
恵林寺へ行く道で、途中分岐して青梅街道に

6km

12km

43 蔦木宿

信濃国諏訪郡
長野県諏訪郡富士見町
本陣1・旅籠15
179km

13km

44 金沢宿

信濃国諏訪郡
長野県茅野市金沢
本陣1・旅籠17
192km

高遠道
宮川を渡ってすぐ左（西）へ分岐。金沢峠を越え高遠に至る

45 上諏訪宿

信濃国諏訪郡
長野県諏訪市
本陣1・旅籠14
205km

5.13km

下諏訪宿

終点

歌川広重『玉川堤の桜』

1km

29 下初狩宿

甲斐国都留郡
山梨県大月市初狩町
本陣2・脇本陣2・旅籠12

99km

3km

30 中初狩宿

甲斐国都留郡
山梨県大月市初狩町
本陣1・脇本陣1・旅籠25
近郊にめずらしい茶釜で茶をいれる茶屋あり。人馬継立方は毎月15日まで中初狩宿、後半を下初狩宿が担当

102km

4km

31 白野宿

甲斐国都留郡
山梨県大月市笹子町白野
本陣1・脇本陣1・旅籠4
天保7年に起きた郡内騒動では、一揆勢が宿内の天神坂に集結し、連判状を読み上げた

106km

2km

32 阿弥陀海道宿

甲斐国都留郡
山梨県大月市笹子町
本陣1・脇本陣1・旅籠4
東福寺
もとは上初狩宿で、寛文年間に白野・黒野田宿と本宿に分かれたという

108km

1km

33 黒野田宿

甲斐国都留郡
山梨県大月市笹子町黒野田
本陣1・脇本陣1・旅籠14
問屋業務を阿弥陀海道宿・白野宿と三分してつとめた

109km

小田原・沼津道

8km

笹子峠

甘酒茶屋

34 駒飼宿

甲斐国八代郡
山梨県甲州市大和町日影
本陣1・脇本陣1・旅籠6
問屋業務を鶴瀬宿と分担

114km

39 甲府柳町宿

甲斐国巨摩郡
山梨県甲府市
本陣1・脇本陣1・旅籠21
甲府城・穴切大神宮・義清神社・入明寺
搗栗・打栗・梨・葡萄
甲府城下町として繁栄。宿内から南西に身延道が分岐

140km

市川駿河道

甲府宿から出ていた身延道と合流し駿河に至る

14km

穂坂路

北に分岐して信濃佐久郡川上に至る

40 韮崎宿

甲斐国巨摩郡
山梨県韮崎市
本陣1・旅籠17
一橋陣屋・窟観音・平和観音
宿内から鰍沢道（駿河への脇道）・佐久往還が分岐

154km

16km

武田八幡道

韮崎宿の郊外で西に分岐。武田八幡に至る

蔦木道（逸見路）

水神町で北西に分岐。国見坂で甲州道中と合流

柳沢道

西へ分岐。柳沢に至る

41 台ヶ原宿

甲斐国巨摩郡
山梨県北杜市白州町
本陣1・旅籠14

169km

5km

42 教来石宿

甲斐国巨摩郡
山梨県北杜市白州町
本陣1・脇本陣1・旅籠7

175km

山口番所

5km

原道（韮崎道）

下蔦木から右（東）に分岐

歌川広重『木曾海道六十九次』より「下諏訪」

葛飾北斎『冨嶽三十六景』より「犬目峠」

街道データベース③
日光道中【二】

☆は元禄2年、松尾芭蕉が『奥の細道』の旅で、★は天明7年に古川古松軒が幕府巡見使随行の旅で、△は安政2年に浪士清河八郎が、それぞれ宿泊したことを示す。芭蕉は小山宿の先から壬生道へ入り、日光例幣使街道の鹿沼宿で一泊して日光道中に戻り、帰りは今市宿手前から芭蕉道または日光道中古道から奥州道中へ出た。清河八郎は宇都宮へ戻らず、今市宿を出て会津西街道から大田原道を経て奥州道中へ出た。データ＝「日光道中宿村大概帳」（天保14年）。基本資料＝今井金吾『新装版 今昔三道中独案内』（JTB）

日本橋
始点

9km

1 千住宿
9km

武蔵国豊島郡足立郡
東京都足立区
本陣1・脇本陣1・旅籠55
小塚原刑場・首切地蔵・回向院・飛鳥神社（素盞雄神社）
宿内から陸羽裏街道（古奥州道中）・大師道・水戸街道（水戸佐倉道）・流山道が分岐
☆

8km

7 栗橋宿
57km

下総国葛飾郡
埼玉県北葛飾郡栗橋町
本陣1・脇本陣1・旅籠25
焙烙地蔵・常薫寺・浄信寺・神光寺（深広寺）・静女之墳・福寿院・八坂神社・馬頭観音堂
利根川の橋渡しの宿としてにぎわった。利根川沿いに関所と渡船場があった

船渡し2km

利根川の渡し
栗橋側渡船場に馬船・茶船、中田側面にも茶船があった

8 中田宿
59km

下総国葛飾郡・幕領
茨城県古河市中田
本陣1・脇本陣1・旅籠6
鶴峯八幡・光了寺・大善院・万福寺・円光寺・本願寺・顕正寺
元和10年移転。栗橋と合宿

6km

9 古河宿
65km

下総国葛飾
茨城県古河市
本陣1・脇本陣1・旅籠31
神明社・一向寺・長谷寺・宗願寺・妙光寺・古河城・頼政神社・永井寺・正定寺
古河藩の城下町で宿内から関宿道・館林道が分岐
★△

3km

10 野木宿
68km

下野国都賀郡
栃木県下都賀郡野木町
本陣1・脇本陣1・旅籠25

7km

下妻道
法音寺あたりから右（東南）に分岐

11 間々田宿
74km

下野国都賀郡
栃木県小山市間々田
本陣1・脇本陣1・旅籠50
竜昌寺・不動堂・浄光院
元和4年に宿場となった
☆

9km

9km（下徳次郎宿から。上徳次郎宿からは7km）

18 徳次郎宿
119km

下野国河内郡
栃木県宇都宮市徳次郎町
本陣2・仮本陣1・脇本陣3・仮脇本陣1・旅籠72
智賀都神社・伝法寺・秋葉神社
大谷石
下・中・上徳次郎宿の三宿からなり、享保13年に合宿した。人馬継立方は当番制

猪倉山道
坊村から東方に分岐

鹿沼道
大沢宿入り口から南東に分岐

19 大沢宿
128km

下野国河内郡
栃木県日光市大沢町
本陣1・脇本陣1・旅籠41
竜蔵寺・大沢御殿
街道整備後に設置。寛永3年、日光社参の際の将軍休息所が置かれた

8km

20 今市宿
136km

下野国都賀郡
栃木県日光市今市
本陣1・脇本陣1・旅籠21
石地蔵・玄寿（樹）院・報徳二宮神社・如来寺・浄泉寺
宿内に荊沢道・壬生道・会津西街道が合流し、交通の要地として発展
△

芭蕉道
鉢石宿手前の筋違橋から右に分岐。瀬尾で会津西街道に接続

8km

21 鉢石宿
144km

下野国都賀郡
栃木県日光市鉢石町
本陣2・旅籠19
十王堂・稲荷神社・西行戻り石・鉢石・観音寺
蟠石・岩茸・川海苔
日光東照宮の門前町として繁栄した
☆△

※中田宿以降の日本橋からの距離は、利根川の船渡し2kmを含む。

9km

2 草加宿 17km

武蔵国足立郡
埼玉県草加市
本陣1・脇本陣1・旅籠67
東福寺
草加煎餅
越ヶ谷宿までが遠いため、慶長11年大川図書が幕府の許可を得て設置
△

7km

3 越ヶ谷宿 24km

武蔵国埼玉郡
埼玉県越谷市
本陣1・脇本陣4・旅籠52
天岳寺・浄光寺
宿で鳩ヶ谷道・常陸道が分岐
★

11km

岩槻道

4 粕壁宿 36km

武蔵国埼玉郡
埼玉県春日部市
本陣1・脇本陣1・旅籠45
八幡神社・東陽寺・碇神社
宿で宝珠花道・岩槻道が分岐
☆

6km

関宿道

小渕の一里塚を過ぎて右に分岐。関宿に至る

5 杉戸宿 42km

武蔵国葛飾郡
埼玉県北葛飾郡杉戸町
本陣1・脇本陣2・旅籠46

7km

御成道

上高野あたりの追分で左に分岐

6 幸手宿 48km

武蔵国葛飾郡
埼玉県幸手市
本陣1・旅籠27
神明神社・一色稲荷神社・常光寺・擔景寺・天神社・満福寺・雷電神社・妙観院・正福寺・聖福寺・比丘尼沼
塩がま
宿内に日光道中古道・関宿道が通じる

6km

12 小山宿 81km

下野国都賀郡
栃木県小山市
本陣1・脇本陣2・旅籠74
持宝寺・感応寺・須賀神社・現声寺・妙建寺・愛宕神社
宿内で佐野道が分岐。東に結城道が分岐

5km

壬生道

追分から北西に分岐。飯塚・壬生を経て今市に至る

13 新田宿 86km

下野国都賀郡
栃木県小山市羽川
本陣1・脇本陣1・旅籠11
成就院
初めは芋柄新田といった。宿の左に広野が広がり、日光・赤城・太平山を眺望する

3km

14 小金井宿 89km

下野国都賀郡
栃木県下野市国分寺町
本陣1・脇本陣1・旅籠43
磯宮権現・小金井の池・慈眼寺・蓮行寺・金井神社
日光に遠い方から下・中・上三宿に分かれていた

6km

15 石橋宿 95km

下野国都賀郡
栃木県下野市石橋
本陣1・脇本陣1・旅籠30
開運寺・威徳天神（多功天満宮）・見性院
宿内から東に結城道、西に壬生道が分岐し、にぎわった

6km

結城道

追分から東に分岐し南に向かい、石橋宿から出た道と合流。下総結城に至る

16 雀宮宿 101km

下野国河内郡
栃木県宇都宮市雀宮町
本陣1・脇本陣1・旅籠38

8km

17 宇都宮宿 109km

下野国河内郡
栃木県宇都宮市
本陣2・脇本陣1・旅籠42
台陽寺・亀の井・常念寺・晒し木綿・干瓢・鮎・竹笠・（渋）団扇・紙煙草入・縮布
日光道中で第一に繁盛した土地で宇都宮藩の城下町
★
△

三代歌川広重『日光道中栗橋之景』

街道データベース④

奥州道中【一〇】

★は天明7年に古川古松軒が幕府巡見使随行の旅で、△は安政2年に浪士清河八郎が、それぞれ宿泊したことを示す。なお、清河八郎は日光道中の今市宿から会津西街道・大田原道を経て奥州道中へ出た。データ＝「奥州道中宿村大概帳」（天保14年）。基本資料＝今井金吾『〈新装版〉今昔三道中独案内』（ＪＴＢ）

宇都宮宿 始点

11km

1 白沢宿 日本橋より 120km

下野国河内郡
栃木県河内郡河内町大字白沢
本陣1・脇本陣1・旅籠13
明星院
鬼怒川鮎・白沢牛蒡
慶長14年に町割が完成

鬼怒川
船渡し。11月〜2月は仮橋が架けられた。対岸の阿久津河岸は廻米の集散地

6km

水戸街道
氏家宿手前で右に分岐

2 氏家宿 126km

下野国塩谷郡
栃木県さくら市氏家
本陣1・脇本陣1・旅籠35
西導寺・蔦地蔵・光明寺・増渕城跡
宿内から原方街道・会津中街道・会津西街道が分岐

弥五郎坂
鮎瀬五郎ゆかりの山道

8km

3 喜連川宿 134km

下野国塩谷郡
栃木県さくら市喜連川
本陣1・脇本陣1・旅籠29
竜光寺・薬師堂・喜連川城・八幡宮（喜連川神社）・専念寺
一〇万石格の足利氏城下町

福原道
前坂を過ぎて右手（東）に分岐

11km

4 佐久山宿 145km

下野国那須郡
栃木県大田原市佐久山
本陣1・脇本陣1・旅籠27
佐久山城・実相院
三五〇〇石福原氏の城下町
★

7km

出張陣屋（八木沢）
享和3年〜文政6年に設置

5 大田原宿 152km

下野国那須郡
栃木県大田原市
本陣2・脇本陣1・旅籠42
薬師堂・金灯籠・光真寺・大田原神社・大田原城
大田原藩の城下町。宿内から日光北街道・塩原温泉道が分岐
△

黒羽道
川原町で右（東）に分岐。黒羽に至る

棚倉道
上深田を過ぎて右（東）に分岐。棚倉に至る

12km

6 鍋掛宿 164km

下野国那須郡
栃木県那須塩原市鍋掛
本陣1・脇本陣1・旅籠23

1km

那珂川
橋渡しだが船役所もあった

7 越堀宿 165km

下野国那須郡
栃木県那須塩原市越堀
本陣1・脇本陣1・旅籠11
清浄泉寺・黒羽藩の領界石
那珂川左岸に正保3年の開設。宿内から関街道が分岐

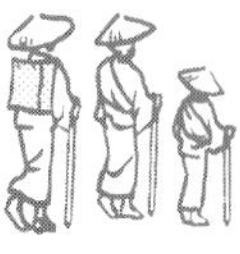

9km

8 芦野宿 174km

下野国那須郡
栃木県那須郡那須町芦野
本陣1・脇本陣1・旅籠25
最勝院・桜ヶ城（芦野陣屋）・明星院（三光寺）
芦野氏の城下町。芦野氏は旗本だったが、大名格待遇

12km

旗宿道
豆沢川を渡った白坂宿手前で右に折れ、旗宿へ至る。白河関跡あり

9 白坂宿 186km

陸奥国白河郡
福島県白河市白坂
本陣1・脇本陣1・旅籠27

8km

吉次の宮・黄金水
源義経の後援者、金売吉次が殺されたという伝説が残る

10 白河宿 194km

陸奥国白河郡
福島県白河市
本陣1・脇本陣2・旅籠35
妙関寺・乙姫桜・皇徳寺
氷餅・漬蕨・杢目摺色紙
白河藩の城下町だったが、慶応2年幕領に。宿内から那須湯本道が分岐
★
△

※日本橋からの距離は、利根川の船渡し2kmを含む。

街道データベース⑤

東海道【五三次】

★は『東海道中膝栗毛』で弥次郎兵衛と喜多八が、☆は元禄4年の江戸参府でケンペルが、△は享保13年に八代将軍徳川吉宗に献上されたゾウが、▲は文政6年の江戸参府でシーボルトが、それぞれ宿泊したことを示す。なお、ゾウは一部中山道を経て美濃路の起宿で、シーボルトは桑名から宮宿へ陸路の佐屋街道を通り佐屋宿で1泊している。データ＝『東海道宿村大概帳』（天保14年）。基本資料＝今井金吾『新装版）今昔東海道独案内』（JTB）

日本橋
始点

10km

1 品川宿
8km

武蔵国荏原郡
東京都品川区
本陣1・脇本陣2・旅籠93
御殿山・海晏寺
芝肴・奈良茶・荒蘭海苔
文久元年イギリス仮公使館だった東禅寺が水戸浪士に襲撃される（東禅寺事件）
△

10 km

池上道
青物横丁あたりから北西へ分岐。池上本門寺へ

六郷の渡し
宝永6年から船渡しに

2 川崎宿
18km

武蔵国橘樹郡
神奈川県川崎市川崎区
本陣2・旅籠72
川崎大師
万年屋の奈良茶飯・米饅頭
天保7年酔った一橋家中の者が鍋島藩主の関札（宿札）を引き抜く事件が発生
☆
△

3 神奈川宿
28km

武蔵国橘樹郡
神奈川県横浜市神奈川区
本陣2・旅籠58
亀の甲煎餅・台の茶屋料理
文久2年、生麦事件が発生
▲

8km　9km　5km

4 保土ヶ谷宿
32km

武蔵国橘樹郡
神奈川県横浜市保土ヶ谷区
本陣1・脇本陣3・旅籠67
帷子橋・遍照寺・御所台井
ぼたん餅・焼餅
南に金沢鎌倉道、北に八王子道の分岐点

5 戸塚宿
41km

相模国鎌倉郡
神奈川県横浜市戸塚区
本陣2・脇本陣3・旅籠75
当初宿駅ではなく、慶長9年に新設された
★
△

6 藤沢宿
49km

相模国鎌倉郡・高座郡
神奈川県藤沢市
本陣1・脇本陣1・旅籠45
藤沢山無量光院清浄光寺
ひしこ膾・栄螺・鮑
宿内で鎌倉道・江ノ島道が分岐。旅籠の半数以上が食売旅籠。遊廓街として有名
☆

14km　3km

大山道
大山阿夫利神社への参詣の道

7 平塚宿
63km

相模国大住郡
神奈川県平塚市
本陣1・脇本陣1・旅籠54
平塚・お菊の墓・要法寺
宿の西の花水川に花水橋
△

8 大磯宿
66km

相模国陶綾郡
神奈川県中郡大磯町
本陣3・旅籠66
虎御前の墓・鴫立庵
鮟鱇料理・花水団子・こゆるぎ饅頭・西行餅・盆山
東海道屈指の松並木が現存

17km　16km

9 小田原宿
82km

相模国足柄下郡
神奈川県小田原市
本陣4・脇本陣4・旅籠95
小田原城
外郎・小田原石・提灯
箱根山越えのため街道沿いの家々は水桶・筆・松明を常備
★
☆
▲
△

10 箱根宿
98km

相模国足柄下郡
神奈川県足柄下郡箱根町
本陣6・脇本陣1・旅籠36
接待茶屋・甲石・箱根七湯
山椒魚・寄木細工・甘酒
元和5年関所が設けられ、「出女」に厳しかったが鉄砲改めはなかった
★
△

つづく

15km

11 三島宿

伊豆国君沢郡
静岡県三島市
本陣2・脇本陣3・旅籠74
三島大社
三島暦・蒲鉾・蜜柑・椿
三島代官が設置され、大社の社家は江戸・相模・伊豆三国に限って暦を発行

★ △ ▲

113km

6km

12 沼津宿

駿河国駿東郡
静岡県沼津市原
本陣3・脇本陣1・旅籠55
千本松原・沼津城
鰹節・鮎

☆

119km

6km

13 原宿

駿河国駿東郡
静岡県沼津市原
本陣1・旅籠25
松蔭寺・帯笑園
鰻蒲焼・白酒
高潮被害のため、宿場ごと慶長13年に現在地へ移転

125km

11km

19 府中宿

駿河国安倍郡
静岡県静岡市葵区
本陣2・脇本陣2・旅籠43
駿府城・安倍川餅屋
安倍川餅・茶・山葵漬・細工物・紙子
宿の西を流れる安倍川の両岸に川会所が設置された

★ ☆

176km

安倍川の渡し

船渡し

6km

20 丸子宿

駿河国有渡郡
静岡県静岡市駿河区
本陣1・脇本陣2・旅籠24
吐月峰柴屋寺・丁字屋
とろろ汁・灰吹・盆山
歌川広重『東海道五十三次』のとろろ汁の丁字屋が有名

181km

8km

21 岡部宿

駿河国志太郡
静岡県志太郡岡部町
本陣2・脇本陣2・旅籠27
宇津谷峠の蔦の細道
十団子・とろろ汁

★ △

189km

7km

22 藤枝宿

駿河国志太郡
静岡県藤枝市
本陣2・旅籠37
田中城
染飯・鮫の細工・鮮魚料理

☆

196km

9km

23 島田宿

駿河国志太郡
静岡県島田市
本陣3・旅籠48
茶・朝顔蕎麦・朝顔饅頭
洪水で流され元和元年復帰

▲

205km

大井川の渡し

船渡し

4km

24 金谷宿

遠江国榛原郡
静岡県榛原郡金谷町
本陣3・脇本陣1・旅籠51
諏訪原城
菜飯田楽・子育飴・飴の餅
西に小夜の中山、東に大井川と、交通難所に挟まれ、大井川の渡渉地として繁栄

△

209km

16km

29 浜松宿

遠江国敷地郡
静岡県浜松市
本陣6・旅籠94
浜松城・宗円堂・賀茂神社
鯉鮒料理・薯蕷・花火

★ ☆ △ ▲

254km

11km

30 舞坂宿

遠江国敷地郡
静岡県浜松市
本陣2・脇本陣1・旅籠28
鰻・浜名湖魚料理
宿場の西に身分によって使用される雁木の乗船場が南・中・北の三か所あった

265km

今切の渡し

浜名湖を船で渡る

6km

31 新居宿

遠江国敷地郡
静岡県浜名郡新居町
本陣3・旅籠26
諏訪神社・東福寺・教恩寺・風炉の井・浜名の橋・紅葉寺・蔵法寺・汐見坂
鰻料理・鰹の塩辛・浜納豆
幕府の関所（元禄15年から吉田藩管理）があり、浜名湖の舞坂への渡船を管理

271km

7km

32 白須賀宿

遠江国浜名郡
静岡県湖西市
本陣1・脇本陣1・旅籠27
猿馬場・立岩大明神社
柏餅・蕎麦切
津波被害のため宝永4年潮見坂下から坂上の現在地へ

279km

6km

33 二川宿

三河国渥美郡
愛知県豊橋市
本陣1・脇本陣1・旅籠38
東観音寺・窟観音・日打坂
強飯・柏餅
旅人の休泊が少なく、二度も本陣が変わった

284km

6km

34 吉田宿

三河国渥美郡
愛知県豊橋市
本陣2・脇本陣1・旅籠65
吉田城・賢養院・大聖寺
火口・うたて兎餅・煙草
幕末の交通量増加で周辺農村の助郷負担増大。慶応3年吉田宿助郷騒動が起きた

☆ △

290km

12km

14 吉原宿

駿河国富士郡
静岡県富士市吉原
本陣2・脇本陣3・旅籠60
田子浦・富士山
白酒・鰹・鰻
△
137km

11km

富士川の渡し

船渡し

15 蒲原

駿河国庵原郡
静岡県静岡市清水区
本陣1・脇本陣3・旅籠42
富士見餅・鮑
元禄12年津波で現在地に
★
☆
148km

4km

16 由比宿

駿河国庵原郡
静岡県庵原郡由比町
本陣1・脇本陣1・旅籠32
御染物所正雪紺屋
与津海苔・桜海老・鮑
東海道の難所薩埵峠の東麓
に位置する小規模の宿場
152km

つづく

9km

17 興津宿

駿河国庵原郡
静岡県静岡市清水区
本陣2・脇本陣2・旅籠34
清見寺
万能膏・鮎・蠟燭・薫崎貝
細工・蕎麦切
朝鮮通信使が二度宿泊した
清見寺は名勝地と称賛
☆
△
161km

4km

18 江尻宿

駿河国庵原郡
静岡県静岡市清水区
本陣2・脇本陣3・旅籠50
追分羊羹店・清水湊
追分羊羹・豊心丹・羽衣
餅・青梅海苔
明治元年幕府方の咸臨丸が
漂着。官軍との間で激戦
▲
165km

久能道

南下して駒越で左右に分岐。東は御穂神社・三保の松原へ通じ、西は久能山東照宮を経て、府中宿の伝馬町手前で東海道に合流

7km

25 日坂宿

遠江国佐野郡
静岡県掛川市日坂
本陣1・脇本陣1・旅籠33
夜泣き石
子育て飴・蕨餅・碁石
代官所支配で、交通・宿泊機能が中心で、防火対策として空き地が多くとられた
★
215km

7km

26 掛川宿

遠江国佐野郡
静岡県掛川市掛川
本陣2・旅籠30
掛川城・天然寺
葛布・藍鮫・さし足袋
宿場の西・大池で、東海道から秋葉権現への秋葉道が分岐する
☆
222km

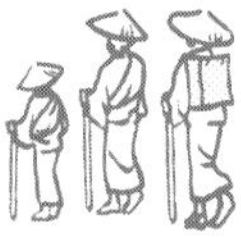

10km

27 袋井宿

遠江国山名郡
静岡県袋井市
本陣3・旅籠50
法多山尊永寺・秋葉総本山
可睡斎・油山寺
鰻・火縄・遠州凧
掛川宿・見附宿に挟まれ、休憩中心が多かった
△
232km

6km

28 見附宿

遠江国磐田郡
静岡県磐田市
本陣2・脇本陣1・旅籠56
十王堂・大見寺・見性寺
蕎麦切・饅頭
宿場の西には、天竜川岸へ渡る池田の渡船場があった
238km

天竜川の渡し

船渡し

本坂道

天竜川を渡って安間の萱場から本坂峠を越えて御油へ。婦女子の通行が多く、姫街道とも呼ばれたらしい

10km

吉田大橋

豊川に架かり、渡し船もあった

秋葉山道

秋葉山を経由して萱場へ至る本坂道

35 御油宿

三河国宝飯郡
愛知県豊川市
本陣2・旅籠62
東林寺
甘酒・饅頭
本坂通（姫街道）と秋葉山鳳来寺道の分岐点
300km

2km

36 赤坂宿

三河国宝飯郡
愛知県宝飯郡音羽町
本陣3・脇本陣1・旅籠62
関川神社・長福寺・宮道天神社・森内八幡宮・法蔵寺
草鞋
御油宿と並び食売女が多く、遊興の宿場として繁栄した
★
▲
302km

9km

37 藤川宿

三河国額田郡
愛知県岡崎市藤川町
本陣1・脇本陣1・旅籠36
赤山大明神（関山神社）・小豆坂古戦場
麻縄・雲母・網袋
御油・赤坂宿同様、遊女の多い宿場だった
△

311km

7km

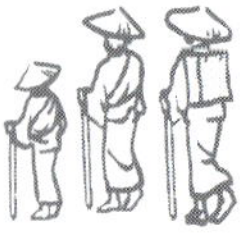

38 岡崎宿

三河国額田郡
愛知県岡崎市
本陣3・脇本陣3・旅籠112
随念寺・伊賀八幡宮・大樹寺・岡崎城・矢矯橋・浄瑠璃姫墳
八丁味噌
岡崎城下の伝馬通りが中心。矢作川の舟運・三州中馬の集散地

317km

13km

43 四日市宿

伊勢国三重郡
三重県四日市
本陣2・脇本陣1・旅籠98
那古浦・大宮神明社
饅頭・日永団扇・万金丹
宮宿に渡る港をもち、伊勢参宮道への追分を控え、旅人の往来でにぎわった
★ ☆ ▲

389km

11km

伊勢参宮道

東海道の日永の追分から分岐。伊勢山田宿に至る

44 石薬師宿

伊勢国鈴鹿郡
三重県鈴鹿市石薬師町
本陣3・旅籠15
石薬師寺・範頼祠・山辺赤人古跡・白鳥塚
鰻・薬師餅
南外れの石薬師寺の門前町として開けたが、宿場としては不振で、文化12年人足・伝馬の半減を許可

400km

3km

45 庄野宿

伊勢国鈴鹿郡
三重県鈴鹿市庄野町
本陣1・脇本陣1・旅籠15
川俣神社・八王子社
俵の焼飯・糯米俵
宿場としては不振。人足・伝馬の半減を許可された

403km

8km

46 亀山宿

伊勢国鈴鹿郡
三重県亀山市
本陣1・脇本陣1・旅籠21
亀山城・亀山神社・石井兄弟亀山敵討遺跡・梅巌寺・関の小万のもたれ松
さし櫛・追分そば・三本松焼餅
石川氏六万石の城下町だったが、意外にひなびた宿場

410km

6km

47 関宿

伊勢国鈴鹿郡
三重県亀山市関町
本陣2・脇本陣2・旅籠42
福蔵寺・赤坂頓宮跡
竹・火縄・地蔵餅
宿名は古代の鈴鹿関にちなむ。宿で伊勢参宮道が分岐

416km

12km

52 草津宿

近江国栗太郡
滋賀県草津市
本陣2・脇本陣2・旅籠72
常善寺・石津寺・義仲寺
姥が餅・竹の鞭
中山道、矢橋街道の分岐点で交通の要衝として繁栄。客舎・茶店が多かった
☆ △

469km

14km

矢橋道

瀬田の唐橋

53 大津宿

近江国滋賀郡
滋賀県大津市
本陣2・脇本陣1・旅籠71
四宮大明神社・長等神社
大津絵・算盤・弁慶餅
北越・近江国中の物産が琵琶湖水運で集まって栄え、諸侯の蔵屋敷も多かった
▲

483km

12km

三条大橋

終点

歌川広重『東海道五十三次』より「府中」

歌川広重『東海道五十三次』より「品川」

15km

39 池鯉鮒宿

三河国碧海郡
愛知県知立市
本陣1・脇本陣1・旅籠35
知立神社
伊毛川（麺類）・蕎麦切
宿場内から分かれる三道があり、馬市・木綿市の市場町としてにぎわった
☆
△
332km

11km

40 鳴海宿

尾張国愛知郡
愛知県名古屋市緑区
本陣1・脇本陣2・旅籠68
瑞泉寺・誓願寺・鳴海神社（成海神社）・笠寺観音（笠覆寺）
有松絞り・鳴海絞り
342km

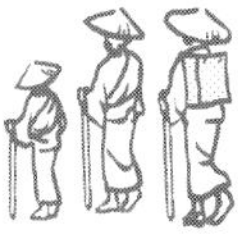

7km

41 宮（熱田）宿

尾張国愛知郡
愛知県名古屋市熱田区
本陣2・脇本陣1・旅籠248
熱田神宮・蔵福寺
蒲焼・菓子・鯉料理・きしめん
桑名に渡る「七里の渡し」、美濃路・佐屋路の分岐点
★
▲
349km

名古屋道

中山道へ通じる道で、宮から北方の名古屋を経て垂井、伏見、大井に出る三ルートがあった

佐屋街道

宮から桑名への陸上の迂回路で、神守を経て佐屋に至り、木曾川を川舟で下って桑名へ

七里の渡し

渡海28km

42 桑名

伊勢国桑名郡
三重県桑名市
本陣2・脇本陣4・旅籠120
伊勢神宮一の鳥居・桑名城・住吉神社・矢田八幡宮（立坂神社）・赤須賀地蔵尊
焼蛤・白魚・奈良漬
宮への港を擁する交通の要衝で、町数が多く商人の家が軒を連ねた
376km

7km

48 坂下宿

伊勢国鈴鹿郡
三重県亀山市関町
本陣3・脇本陣1・旅籠48
法安寺・清滝の観音・筆捨山
櫛・蟹餅・鮎の鮨・蕎麦切
鈴鹿山麓にあり、慶安3年の洪水で、一〇丁ほど東の現在地に移転。峠越えを控えて旅籠が多かった
423km

10km

鈴鹿峠

東海道有数の難所。鈴鹿大権現・鏡岩などの名所あり

49 土山宿

近江国甲賀郡
滋賀県甲賀市土山町
本陣2・旅籠44
垂水斎王頓宮跡・谷大明神
指櫛・銘酒田村川・飴
北国に通じる御参街道・伊勢参宮への道ができ、旅人の往来・物資の流通で繁栄
☆
▲
433km

11km

50 水口宿

近江国甲賀郡
滋賀県甲賀市水口町
本陣1・脇本陣1・旅籠41
大岡寺・善福寺・蓮華寺・天満宮（水口天満宮）・水口城・水口神社・美濃部干瓢・籐行李細工
代官所が置かれた幕府直轄領から天和2年水口藩領に。三筋通りが特徴
443km

14km

51 石部宿

近江国甲賀郡
滋賀県湖南市
本陣2・旅籠32
吉姫神社・吉御子神社・真砂寺
田楽・おはん長右衛門飴・心太
宿の西側で、街道が上道（本道）と下道の二つに分岐。草津への途中に和中散本舗
457km

歌川広重『東海道五十三次』より「赤坂」

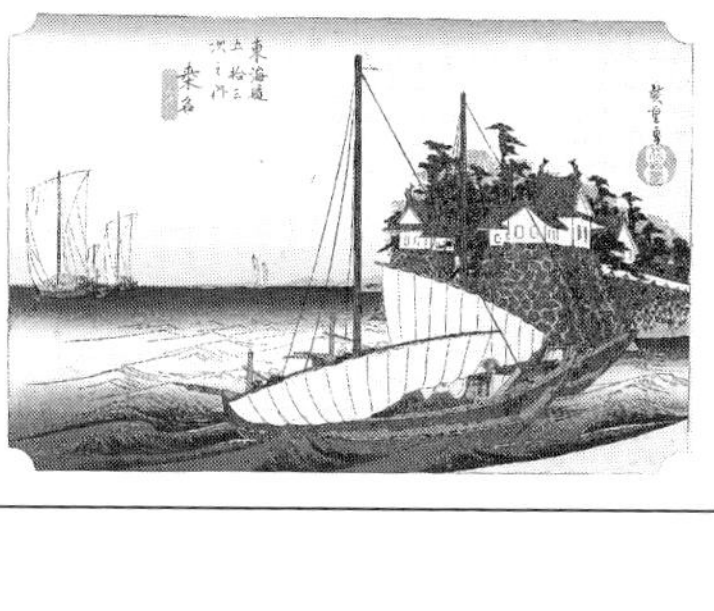

歌川広重『東海道五十三次』より「桑名」

江戸時代略年表

西暦	和暦	事項
1590	天正18	豊臣秀吉、全国を統一する。徳川家康、関東に移封し、江戸に入る。
1591	天正19	豊臣秀次、関白となる。
1592	文禄1	秀吉、肥前名護屋城に入り、朝鮮出兵を始める（文禄の役）。
1593	文禄2	豊臣秀頼が生まれる。
1595	文禄4	秀吉、関白秀次を切腹させる。太閤検地が全国で終了する。
1597	慶長2	秀吉、再度朝鮮出兵を行なう（慶長の役）。
1598	慶長3	秀吉が没する。
1599	慶長4	秀頼、秀吉の遺命により、伏見城から大坂城に入る。
1600	慶長5	オランダ船が豊後に漂着し、ウィリアム・アダムズ（三浦按針）が家康と会見する。関ヶ原の戦いで徳川勢、石田三成らを破る。
1601	慶長6	東海道の宿場が指定され、伝馬制が制定される。徳川譜代の家臣、関東・東海に封じられる。
1602	慶長7	中山道に伝馬制が設けられる。
1603	慶長8	家康、征夷大将軍となる（江戸幕府始まる）。諸大名の普請による江戸の城下整備が着工される。
1604	慶長9	諸街道に一里塚が築かれる。
1605	慶長10	徳川秀忠、第二代将軍となる。
1606	慶長11	江戸城の大拡張開始。普請には豊臣系西国諸大名を中心に動員。
1607	慶長12	江戸城の初代天守完成する。朝鮮使節、初めて江戸に入る。家康、駿府城に移る。
1608	慶長13	伏見の銀座が京に移される。
1609	慶長14	薩摩藩、琉球に出兵し、琉球王を捕らえる。オランダに貿易許可が出され、平戸商館が設けられる。
1610	慶長15	西国大名に対する防御拠点として、名古屋城の築城が始まる。
1611	慶長16	角倉了以、高瀬川を開削する。
1612	慶長17	岡本大八事件が起こり、大八は火刑、大名有馬晴信は切腹。
1613	慶長18	全国にキリスト教禁止令が出され、宣教師らが追放される。
1614	慶長19	大久保忠隣が改易される。高山右近らキリシタン、国外に追放される。大坂の豊臣秀頼勢と幕府勢、開戦する（大坂冬の陣）。和議が結ばれ、大坂城、内郭まで破却される。
1615	元和1	豊臣勢と再戦、大坂城が落城し、豊臣氏滅ぶ（大坂夏の陣）。一国一城令が出される。武家諸法度と禁中並公家諸法度が制定される。

初代　徳川家康
在職1603～05（1542～1616）

2代　徳川秀忠
在職1605～23（1579～1632）

人物生存年表

- 角倉了以　1554～1614
- 石田三成　1560～1600
- 藤原惺窩　1561～1619
- 加藤清正　1562～1611
- 福島正則　1561～1624
- ウィリアム・アダムズ（三浦按針）　1564～1620
- 淀君　1567？～1615
- 山田長政　？～1630
- 伊達政宗　1567～1636
- 吉孫左衛門　1570～1617
- 支倉常長　1571～1622
- 松永貞徳　1571～1653
- 沢庵宗彭　1573～1645
- 島津家久　1576～1638
- 林羅山　1583～1657
- 本阿弥光悦　1588～1637
- 隠元隆琦　1592～1673
- 豊臣秀頼　1593～1615
- 松平信綱　1596～1662
- 酒井田柿右衛門（初代）　1596～1666
- 後水尾天皇　1596～1680（在位1611～29）
- 吉田光由　1598～1672

1616	元和2	家康が没する。中国以外の外国船寄港地を平戸と長崎に限定。
1617	元和3	家康に東照大権現の神号下る。江戸の吉原に遊廓開設が許可される。
1620	元和6	諸大名が動員され、大坂城の再築城が始まる。秀忠娘の和子、後水尾天皇のもとに入内する。
1622	元和8	長崎でキリシタンが処刑される（元和大殉教）。江戸城、天守建て替えなど大改築が行なわれる。
1623	元和9	徳川家光、第三代将軍となる。イギリス、平戸の商館を閉鎖して日本から撤退する。
1625	寛永2	関所・伝馬制が改定される。
1629	寛永6	女浄瑠璃・女歌舞伎などが禁止される。紫衣事件が起こり、沢庵ら流罪となる。後水尾天皇が退位し、秀忠外孫、明正天皇が即位する。
1632	寛永9	秀忠が没する。諸士（旗本）法度が制定される。
1633	寛永10	奉書船以外の海外渡航・渡航者帰国を禁じる（鎖国令の始め）。
1634	寛永11	長崎出島の工事開始。譜代大名の妻子、江戸居住となる。
1635	寛永12	日本人の海外渡航・帰国を厳禁とする。参勤交代が制度化される。
1636	寛永13	出島完成。銭座が設置され、寛永通宝の鋳造が開始される。
1637	寛永14	島原・天草のキリスト教徒、島原の乱を起こす（～1638）。
1638	寛永15	江戸城の天守が完成する。
1639	寛永16	ポルトガル人の来航・居住が禁止され、鎖国体制が整う。
1642	寛永19	寛永の大飢饉が起き、大名や旗本に飢饉対策が命じられる。
1643	寛永20	田畑永代売買禁令が出される。
1646	正保3	明の鄭成功、日本に対清援兵を請うが拒絶される。
1651	慶安4	家光が没する。徳川家綱、第四代将軍となる。由井正雪らの幕府転覆未遂事件、慶安事件起こる。
1657	明暦3	明暦の大火が起き、江戸城および城下の多くが焼失する。
1660	万治3	仙台藩の御家騒動、伊達騒動が起こる（～1671）。
1661	寛文1	初の藩札となる銀札が福井藩で発行される。
1663	寛文3	武家諸法度が改定され、殉死が禁じられる。江戸・大坂・京の飛脚制度が成立する。
1669	寛文9	斗量制が定められ、京枡に統一される。アイヌのシャクシャインが蜂起する。
1679	延宝7	高田藩の御家騒動、越後騒動が起こる（～1681）。
1680	延宝8	家綱が没する。徳川綱吉、第五代将軍となる。酒井忠清、失脚する。
1681	天和1	堀田正俊、大老となる。

3代 徳川家光 在職1623～51（1604～51）

4代 徳川家綱 在職1651～80（1641～80）

- 住吉如慶 1599～1670
- 朱舜水 1600～82
- 狩野探幽 1602～74
- 由井正雪 1605～51
- 中江藤樹 1608～48
- 池田光政 1609～82
- 河村瑞賢 1618～99
- 菱川師宣 1618？～94
- 熊沢蕃山 1619～91
- 宮崎安貞 1623～97
- 伊藤東涯
- 契沖
- 関孝和 1640～1708
- 井原西鶴 1642～93
- 前田綱紀 1643～1724
- 松尾芭蕉 1644～94
- 坂田藤十郎（初代） 1645～1709
- 稲生若水 1655～1715
- 新井白石 1657～1725
- 柳沢吉保 1658～1714
- 尾形光琳 1658～1716
- 室鳩巣
- 尾形乾山 1663～1743
- 荻生徂徠 1666～1728
- 貝原益軒

江戸時代略年表

西暦	年号	出来事
1682	天和2	江戸に八百屋お七の大火が起こる。
1683	天和3	武家諸法度が改定され、大名廃絶を防ぐ末期養子が許可される。
1684	貞享1	堀田正俊、稲葉正休に江戸城中で刺殺される。
1685	貞享2	生類憐みの令が出される。
1688	元禄1	柳沢吉保、側用人となる。
1695	元禄8	幕府財政難に対し、荻原重秀らの主導で貨幣改鋳が行なわれる。中野に野犬収容の犬小屋が設置される。
1701	元禄14	浅野長矩、江戸城中で吉良義央に刃傷におよび、切腹、改易される。
1702	元禄15	赤穂浪士、吉良邸に討ち入り、吉良義央を討ち取る。
1707	宝永4	藩札の通用が禁止される。富士山、大噴火する。
1709	宝永6	綱吉が没する。生類憐みの令、廃止される。徳川家宣、第六代将軍となる。新井白石らの正徳の治が始まる。
1710	宝永7	新井白石起草の武家諸法度とその句解が頒布される。
1711	正徳1	朝鮮使節の待遇を簡素化し、将軍の称号を「日本国王」とする。
1712	正徳2	荻原重秀、勘定奉行を罷免される。家宣が没する。
1713	正徳3	徳川家継、第七代将軍となる。
1714	正徳4	江戸城大奥の年寄、江島（絵島）が流罪となる（江島・生島事件）。
1715	正徳5	長崎貿易を制限し金銀流出を防ぐ、海舶互市新例が出される。
1716	享保1	家継が没し、徳川宗家の血筋が絶える。新井白石ら、罷免される。紀州藩の徳川吉宗、第八代将軍となる。享保の改革が始まる（～1745）。
1717	享保2	大岡忠相、江戸の町奉行となる。
1719	享保4	金銀貸借訴訟などを不受理とする相対済し令が出される。
1721	享保6	目安箱が設置される。小石川薬園が設立される。
1722	享保7	諸大名に上米を課し、参勤交代が緩和される。
1723	享保8	幕政に広範な人材登用を図る「足高の制」が施行される。
1729	享保14	相対済し令が廃され、金銀貸借訴訟の受理が再開される。
1730	享保15	米価引き上げのため、買米が実施される。上米の令が停止され、参勤交代が旧来に戻る。
1732	享保17	享保の大飢饉が起こる。
1733	享保18	江戸ほか各地で米問屋などの打ちこわしが起こる。
1739	元文4	尾張藩主徳川宗春、奢侈を責められ蟄居となる。陸奥・安房沖にロ

5代 徳川綱吉 在職1680～1709（1646～1709）

6代 徳川家宣 在職1709～12（1662～1712）

7代 徳川家継 在職1713～16（1709～16）

8代 徳川吉宗 在職1716～45（1684～1751）

人物生存年表

- 伊藤東涯 1670～1736
- 大岡忠相 1677～1751
- 契沖 1640～1701
- 関孝和
- 石田梅岩 1685～1744
- 井原西鶴 1642～93
- 竹田出雲 1691～1756
- 安藤昌益 1703?～1762
- 前田綱紀 1643～1724
- 賀茂真淵 1697～1769
- 青木昆陽 1698～1769
- 松尾芭蕉 1644～94
- 竹内式部 1712～67
- 坂田藤十郎（初代） 1645～1709
- 富永仲基 1715～46
- 竹本義太夫 1651～1714
- 近松門左衛門 1653～1724
- 稲生若水 1655～1715
- 新井白石 1657～1725
- 熊沢蕃山 1619～91
- 柳沢吉保 1658～1714
- 尾形光琳 1658～1716
- 室鳩巣 1658～1734
- 市川団十郎（初代） 1660～1704
- 尾形乾山 1663～1743
- 荻生徂徠 1666～1728
- 徳川光圀 1628～1700
- 貝原益軒 1630～1714

西暦	年号	事項
		シア船が出没する。沿海諸藩に監視と警戒が通達される。
1742	寛保2	基本法典となる公事方御定書が制定される。輸出用銅の不足から長崎貿易が制限される。
1743	寛保3	諸国に甘藷栽培が奨励される。
1745	延享2	徳川家重、第九代将軍となる。
1746	延享3	加賀藩の御家騒動、加賀騒動が起こる（～1754）。
1748	寛延1	出羽の寒河江・白岩の農民、江戸で越訴におよぶ。
1751	宝暦1	吉宗が没する。
1752	宝暦2	長州藩、藩政改革を行なう（宝暦の改革）。
1754	宝暦4	薩摩藩、幕命で木曾川改修工事を始める（宝暦治水。～1755）。
1755	宝暦5	奥羽地方で大飢饉となる。
1758	宝暦8	竹内式部ら京都朝廷の尊王論者へ初の処罰、宝暦事件が起こる。
1759	宝暦9	新規銀札発行禁止、金札・銭札の全廃が命じられる。
1760	宝暦10	徳川家治、第一〇代将軍となる。
1761	宝暦11	家重が没する。上田藩で強訴・打ちこわしが起こる（上田騒動）。
1764	宝暦14	宇都宮藩で打ちこわしが起こる（籾摺騒動）。
1767	明和4	田沼意次、側用人となる。山県大弐ら、謀反人の疑いで捕らえられ、処罰される（明和事件）。上杉治憲（鷹山）、米沢藩藩政改革を行なう。
1768	明和5	大坂などで打ちこわしや一揆が起こる。新潟で町民が一揆を起こす（新潟湊騒動）。
1769	明和6	田沼意次、老中格となる。兵庫・西宮が幕領となる。
1771	明和8	杉田玄白・前野良沢ら、人体解剖を見学。伊勢御蔭参りが流行。
1772	安永1	田沼意次、老中となる。江戸で大火が起こる（目黒行人坂火事）。
1774	安永3	杉田玄白・前野良沢ら、『解体新書』を刊行する。
1778	安永7	ロシア船、蝦夷地に来航し、松前藩に通商を要求する。
1779	安永8	松前で漁民の強訴が起こる。松前藩、ロシアの要求を拒絶する。
1782	天明2	下総の印旛沼・手賀沼の干拓事業が始まる。天明の大飢饉が始まる（～1787）。
1783	天明3	大坂で打ちこわしが起こる。浅間山、大噴火する。田沼意知、若年寄となる。大黒屋光太夫、ロシアに漂着する。
1784	天明4	田沼意知、江戸城中で刺される。田沼意次、蝦夷地調査を命じる。
1786	天明6	印旛沼などの干拓、中止される。家治が没する。田沼意次、老中を罷免される。山陽で一揆が頻発する。最上徳内、千島を探検する。
1787	天明7	徳川家斉、第一一代将軍となる。各地で打ちこわしが続発（天明の

9代　徳川家重
在職1745～60（1711～61）

10代　徳川家治
在職1760～86（1737～86）

山東京伝　1761～1816
小林一茶　1763～1827
谷文晁　1763～1840
十返舎一九　1765～1831
調所広郷　1776～1848
曲亭（滝沢）馬琴　1767～1848
塙保己一　1746～1821
佐藤信淵　1769～1850
大田南畝（蜀山人）　1749～1823
間宮林蔵　1775～1844
式亭三馬1776～1822
与謝蕪村　1716～83
柄井川柳　1718～90
喜多川歌麿　1753～1806
会沢正志斎（安）
細川重賢　1720～85
前野良沢　1723～1803
村田清風　1783～1855
池大雅　1723～76
鶴屋南北（４世）　1755～1829
山県大弐　1725～67
大槻玄沢　1757～1827
鈴木春信　1725～70
平賀源内　1728～79
本居宣長　1730～1801
杉田玄白　1733～1817
円山応挙　1733～95

江戸時代略年表

西暦	年号	事項
1789	寛政1	打ちこわし）。松平定信、老中首座となる（寛政の改革。～1793）旗本らの債権放棄を命じる棄捐令が出される。米価調節や有事の備えのため、籾を蓄える囲米が命じられる。
1790	寛政2	江戸の石川島に人足寄場が設置される。学問統制策、寛政異学の禁。
1791	寛政3	江戸で町入用節減が命じられ、七分積金制が制定される。
1792	寛政4	ロシアのラクスマン、大黒屋光太夫を護送して根室に来航し通商を要求。典仁親王への尊号宣下が幕府により停止（尊号事件）。
1793	寛政5	松平定信、老中を辞職する。大豊作で米価が下落する。
1798	寛政10	近藤重蔵、択捉島に大日本恵土呂府の標柱を建てる。
1799	寛政11	東蝦夷地が幕府直轄地となり、南部・津軽藩に守備が命じられる。
1802	享和2	蝦夷奉行が設置され、のち箱館奉行に改称される。
1803	享和3	アメリカ・イギリス船が長崎に来航する。
1807	文化4	西蝦夷地が幕府直轄地となる。
1808	文化5	仙台・会津藩に蝦夷地警備が命じられる。間宮林蔵、樺太を探検する。イギリス軍艦、長崎に侵入し、オランダ商館員を捕らえる（フェートン号事件）。
1811	文化8	ロシアのゴローニンらを国後島で捕縛、松前に移送する。
1812	文化9	高田屋嘉兵衛、ロシア船に捕らえられる。
1813	文化10	高田屋嘉兵衛、解放され、ゴローニンら、釈放される。
1821	文政4	伊能忠敬、『大日本沿海輿地全図』を完成させる。東西蝦夷地が松前藩に返還される。
1824	文政7	イギリス船員、常陸国大津浜に上陸し、水戸藩に捕捉される。
1825	文政8	異国船打払令が出される。会沢正志斎、『新論』を著わす。
1827	文政10	家斉、太政大臣となる。調所広郷、薩摩藩財政改革を始める。
1828	文政11	シーボルトの日本地図持ち出しが露見、関係者が処罰される（シーボルト事件）。
1832	天保3	村田清風、長州藩、藩政改革を行なう。
1833	天保4	天保の飢饉始まる（～1836）。
1836	天保7	諸国で打ちこわしが続発、甲州郡内騒動、三河加茂一揆が起こる。
1837	天保8	大塩平八郎、大坂で乱を起こす。浦賀奉行と薩摩藩、漂流民を乗せたアメリカのモリソン号を砲撃。徳川家慶、第一二代将軍となる。
1839	天保10	渡辺崋山・高野長英ら、捕らえられる（蛮社の獄）。

11代 徳川家斉
在職1787～1837（1773～1841）

家慶
（1793～1853）

人物生存年表

山東京伝 1761～1816
小林一茶 1763～1827
谷文晁 1763～1840
十返舎一九 1765～1831
調所広郷 1776～1848
曲亭（滝沢）馬琴 1767～1848
塙保己一 1746～1821
佐藤信淵 1769～1850
大田南畝（蜀山人） 1749～1823
間宮林蔵 1775～1844
緒方洪庵 1810～63
式亭三馬 1776～1822
平田篤胤 1776～1843
佐久間象山 1811～64
喜多川歌麿 1753～1806
会沢正志斎（安） 1782～1863
柳亭種彦 1783～1842
村田清風 1783～1855
鶴屋南北（4世） 1755～1829
1787～1856
為永春水 1790～1843
松平定信 1758～1829
渡辺崋山 1793～1841
杉田玄白 1733～1817
葛飾北斎 1760～1849

年	年号	事項
1841	天保12	水野忠邦 天保の改革を始める。株仲間解散令が出される。
1842	天保13	異国船打払令を緩和し、薪水給与が認められる。
1843	天保14	人返し令・上知令が出される。水野忠邦、老中を罷免される。
1851	嘉永4	アメリカ船、中浜万次郎らを連れて琉球に来航。株仲間再興。
1853	嘉永6	アメリカのペリー、浦賀に来航する。家慶が没する。ロシアのプチャーチン、長崎に来航する。徳川家定、第一三代将軍となる。
1854	安政1	ペリー、再来航する。日米和親条約が締結され、下田・箱館が開港する。イギリス・ロシアと和親条約を結ぶ。
1857	安政4	下田条約が調印される。アメリカ総領事ハリス、家定に謁見する。
1858	安政5	井伊直弼、大老となる。日米修好通商条約が無勅許で調印される。家定が没する。安政の大獄が始まる。徳川家茂、第一四代将軍となる。
1859	安政6	神奈川・長崎・箱館が開港し、露仏英蘭米の五か国に貿易が許可。
1860	万延1	咸臨丸、遣米使節の随行艦として太平洋を横断する。井伊直弼、暗殺される（桜田門外の変）。
1861	文久1	ロシア軍艦、対馬に来航し、芋崎を一時占拠する（対馬事件）。江戸・大坂開市、兵庫・新潟開港延期が関係国に要請される。
1862	文久2	老中安藤信正、襲撃される（坂下門外の変）。家茂、孝明天皇妹和宮と婚儀を行なう。島津久光、兵を率い上京、勅使と江戸へ下向する。将軍後見職・政事総裁職・京都守護職が新設される。薩摩藩士、イギリス人を殺害する（生麦事件）。
1863	文久3	家茂、上洛する。長州藩、下関で外国船を砲撃する。イギリス、薩摩を攻撃する（薩英戦争）。京都朝廷で政変、公武合体派が尊攘派を追放する（文久3年8月18日の政変）。
1864	元治1	水戸藩の天狗党、挙兵する。長州藩、京都で挙兵する（禁門の変）。第一次長州征討が命じられる。外国艦隊、下関を砲撃する（下関戦争）。高杉晋作が挙兵し、長州藩で討幕派が実権を握る。
1865	慶応1	第二次長州征討が発令される。兵庫開港問題の交渉が行なわれる。
1866	慶応2	薩長同盟が成る。家茂が没する。第二次長州征討、中止される。徳川慶喜、第一五代将軍となる。孝明天皇、没する。
1867	慶応3	兵庫開港勅許下りる。土佐藩の山内豊信（容堂）、大政奉還を建白する。薩摩藩と長州藩に討幕の密勅が出される。慶喜、大政奉還をする。王政復古の大号令が発され、慶喜に辞官納地が求められる。
1868	明治1	鳥羽・伏見の戦いが起こり、旧幕軍が敗れる（戊辰戦争始まる）。西郷隆盛ら新政府軍、江戸城を接収する（江戸開城）。

12代 徳川
在職1837〜53

13代 徳川家定
在職1853〜58（1824〜58）

14代 徳川家茂
在職1858〜66（1846〜66）

15代 徳川慶喜
在職1866〜67（1837〜1913）

山内豊信（容堂） 1827〜72
西郷隆盛 1827〜77
大原幽学 1797〜1858
吉田松陰 1830〜59
大久保利通 1830〜78
木戸孝允 1833〜77
橋本左内 1834〜59
坂本龍馬 1835〜67
松平容保 1835〜93
島津斉彬 1809〜58
高杉晋作 1839〜67
明治天皇 1852〜1912（在位1867〜1912）
鍋島直正 1814〜71
井伊直弼 1815〜60
河竹黙阿弥 1816〜93
島津久光 1817〜87
二宮尊徳
毛利敬親 1819〜71
安藤信正 1819〜71
岩倉具視 1825〜83

◆参考文献一覧

青木虹二編・保坂智補編『編年百姓一揆史料集成』全20巻（三一書房、１９７９）
青木美智男『深読み浮世風呂』（小学館、2003年）
青山忠正『幕末維新 奔流の時代』（文英堂、１９９６）
秋山高志ほか編『図録山漁村生活史事典』（柏書房、１９８１）
朝倉無声『見世物研究』（筑摩書房、２００２）
朝日重章『鸚鵡籠中記』上下（岩波文庫、１９９５）
阿部昭『江戸のアウトロー』（講談社、１９９９）
荒居英次『近世の漁村』（吉川弘文館、１９７０）
飯島千秋『江戸幕府財政の研究』（吉川弘文館、２００４）
家近良樹『孝明天皇と「一会桑」――幕末・維新の新視点』（文藝春秋、２００２）
家近良樹『徳川慶喜』（吉川弘文館、２００４）
井坂清信「文政期における水戸藩修史事業の一斑」（『参考書誌研究』第36号、日本図書館協会、１９８９）
石井良助『江戸の刑罰』（中央公論社、１９６４）
石川悌二『東京の橋――生きている江戸の歴史』（新人物往来社、１９７７）
石川尚子「「おかず番付」にみる江戸庶民の日常食」（『論集 江戸の食――くらしを通して』弘学出版、１９９４）
石川松太郎『藩校と寺子屋』（教育社歴史新書、１９７８）
石山秀和・市川寛明『江戸の学び』（河出書房新社、２００６）
市岡正一『徳川盛世録』（東洋文庫・平凡社、１９８９）
市川寛明「巨大都市江戸における交換と消費」（『都市江戸への歴史視座』名著出版、２００４）
伊藤好一『江戸の夢の島』（吉川弘文館、１９８２）
伊藤好一『江戸の町かど』（平凡社、１９８７）
伊藤好一『江戸上水道の歴史』（吉川弘文館、１９９６）
乾宏巳『江戸の職人』（吉川弘文館、１９９６）
井上光貞・永原慶二・児玉幸多・大久保利謙編『日本歴史体系』３（山川出版社、１９８８）
岩城卓二「御用宿」（『近世畿内・近国支配の構造』柏書房、２００６）
『岩波講座　歌舞伎・文楽』全10巻（岩波書店、１９９７〜９８）
岩淵令治「江戸藩邸と都市社会」（『江戸武家地の研究』塙書房、２００４）
氏家幹人『江戸藩邸物語』（中央公論社、１９８８）
氏家幹人『江戸老人旗本夜話』（講談社文庫、２００４）
浦井祥子「江戸の除夜の鐘について」（『江戸町人の研究』第6巻、吉川弘文館、２００６）
H・O・ローテルムンド『疱瘡神』（岩波書店、１９９５）
江戸遺跡研究会編『図説江戸考古学研究事典』（柏書房、２００１）
江藤彰彦「福岡藩における記録仕法の改革」（『西南地域の史的展開』近世篇、思文閣出版、１９８８）
江戸東京博物館編『江戸城』（２００７）
江戸東京博物館編『皇女和宮』（１９９７）
江戸東京博物館編『参勤交代――巨大都市江戸のなりたち――』（１９９７）
江戸東京博物館編『狩野派の三百年』（１９９８）
エドワード・S・モース著、斎藤正二・藤本周一訳『日本のすまい 内と外』（八坂書房、２００４）
NHKデータ情報部編『ヴィジュアル百科 江戸事情』第一巻（雄山閣出版、１９９１）
江森一郎『「勉強」時代の幕開け』（平凡社、１９９０）
遠藤元男『職人の歴史』（至文堂、１９５６）
大石学編『新選組情報館』（教育出版、２００４）
大石学編『近世藩制藩校大事典』（吉川弘文館、２００６）
大口勇次郎「天保期の性格」（『岩波講座 日本通史』12、１９７６）
大野充彦「土佐藩の修史事業」（『歴史手帖』名著出版、１９８９）
小川光暘『寝所と寝具の歴史』（雄山閣出版、１９７３）
小川恭一『江戸幕藩大名家事典』（原書房、１９９２）
小川恭一編著『江戸幕府旗本人名事典』別巻・解説編（原書房、１９９０）
小川恭一『江戸の旗本事典』（講談社文庫、２００３）
小川恭一『お旗本の家計事情と暮らしの知恵』（つくばね舎、１９９９）
小野武雄編『江戸の遊戯風俗図誌』（展望社、１９８３）
岡田芳郎ほか『暦を知る事典』（東京堂出版、２００６）
小沢詠美子『江戸ッ子と浅草花屋敷』（小学館、２００６）
小田彰信編・藤野保校訂『補訂版 恩栄録・廃絶録』（近藤出版社、１９７６）
小野均『近世城下町の研究』（至文堂、１９９３）
小野正雄「幕藩制政治改革論」（『幕藩権力解体過程の研究』校倉書房、１９９３）
落合延孝『幕末民衆の情報世界』（有志舎、２００６）
落合延孝『八州廻りと博徒』（山川出版社、２００２）
鹿児島県立黎明館編『薩摩の篤姫から御臺所・天璋院』（１９９５）
笠間良彦『江戸幕府役職集成』（雄山閣出版、１９６５）
笠間良彦『図説・江戸町奉行所事典』（柏書房、１９９１）
笠谷和比古『近世武家社会の政治構造』（吉川弘文館、１９９３）
鹿島万兵衛『江戸の夕栄』（中央公論社、１９７７）
片倉比佐子『天明の江戸打ちこわし』（新日本出版社、２００１）
金井圓『藩政』（至文堂、１９５２）
株式会社トータルメディア開発研究所『深川江戸資料館』（江東区深川江戸資料館、発行年不明）
『歌舞伎事典』（平凡社、１９８３）
『歌舞伎登場人物事典』（白水社、２００６）
川島慶子「熊本細川家における系譜・家譜編纂」（『地方史研究』第２９１号、２００１）
川添裕『江戸の見世物』（岩波新書、２０００）
川名登『河岸に生きる人びと――利根川水運の社会史』（平凡社、１９８２）
菊池貴一郎『絵本江戸風俗往来』（平凡社、１９７８）
喜田川守貞『守貞謾稿』上中下巻（東京堂出版、１９７３〜７４）
北島正元『徳川家康』（中央公論社、１９８３）
北原進『江戸の札差』（吉川弘文館、１９８５）
喜多村筠庭『嬉遊笑覧』１〜４（岩波文庫、２００２〜０５）
旧事諮問会編『旧事諮問録』上下（岩波文庫、１９８６）
黒木喬『江戸の火事』（同成社、１９９９）
くもん子ども研究所『浮世絵にみる江戸の子どもたち』（小学館、２０００）
栗原信充「柳庵雑筆」（日本随筆大成編輯部編『日本随筆大成』第３期３、吉川弘文館、１９９５）
郡司正勝『かぶき入門』（岩波現代文庫、２００６）
小泉和子『家具と室内意匠の文化史』（法政大学出版局、１９７８・７９）
小泉和子『日本史小百科　家具』（東京堂出版、１９８０）
小泉和子「暮らしの道具」（『岩波講座 日本通史』第13巻、１９９４）
小泉和子『道具と暮らしの江戸時代』（吉川弘文館、１９９４）
小泉和子『室内と家具の歴史』（中央公論社、２００５）
神坂次郎『元禄御畳奉行の日記』（中公新書、１９８４）
江東区深川江戸資料館「長屋のくらしと道具③」（『資料館ノート』第47号、２００３）

幸田成友『幸田成友著作集』第2巻（中央公論社、１９７２）
国立史料館編『播磨屋中井家永代帳』（東京大学出版会、１９８２）
国立歴史民俗博物館編『ドキュメント災害史　１７０３―２００３』（２００３）
児玉幸多編『日本交通史』（吉川弘文館、１９９２）
児玉幸多編『産業史』Ⅱ（山川出版社、１９６５）
斎藤月岑『武江年表』全2巻（平凡社、１９７８）
佐藤昌介『洋学史研究序説』（岩波書店、１９６４）
佐藤宏之「大名家家臣団の再編成とその構造」（『日本歴史』第６６９号、吉川弘文館、２００４）
佐藤宏之「読み継がれる越後騒動」（『一橋論叢』第７８０号、一橋大学、２００５）
佐藤宏之「〈近世大名改易〉再考」（『史海』第53号、東京学芸大学、２００６）
佐藤宏之「続・読み継がれる越後騒動」（『書物・出版と社会変容』第1号、２００６）
作道洋太郎『日本貨幣金融史の研究』（未来社、１９６１）
佐山半七丸『都風俗化粧伝』（平凡社、１９８２）
十方庵敬順『遊歴雑記初編』全2巻（平凡社、１９８９）
柴田宵曲『幕末の武家』（青蛙選書、１９６５）
進士慶幹『江戸時代の武家の生活』（至文堂、１９６６）
進士慶幹『新装版　江戸時代武士の生活』（雄山閣出版、１９８１）
杉立義一『お産の歴史』（集英社、２００２）
杉森玲子『近世日本の商人と都市社会』（東京大学出版会、２００６）
鈴木章生『江戸の職人』（青春出版社、２００３）
鈴木理生『江戸はこうして造られた――幻の百年を復原する』（ちくま学芸文庫、２０００）
鈴木昶『日本の妙薬』（岩崎美術社、１９９１）
関根黙庵『講談落語今昔譚』（平凡社、１９９９）
高木侃『三くだり半と縁切寺』（講談社、１９９２）
高橋敏「幕末民衆の恐怖と妄想」（『国立歴史民俗博物館研究報告』第１０８集、２００３）
高橋敏『幕末狂乱　コレラがやって来た！』（朝日新聞社、２００５）
高橋敏『博徒の幕末維新』（筑摩書房、２００４）
高橋保永「勝手経済録」（『日本経済大典』第16巻・明治文献、１９６８）
高村光雲『幕末維新懐古談』（岩波書店、１９９５）
高柳金房『江戸時代選書2　大奥の秘事』（雄山閣、２００３）
高柳金芳『江戸時代御家人の生活』（雄山閣、１９８２）
高山慶子「江戸町火消の経費」（『地方史研究』３０８、名著出版、２００４）
竹内誠「天明の江戸打ちこわしの実態」（『徳川林政史研究所研究紀要』、１９７１）
竹内誠・古泉弘・池上裕子・加藤貴・藤野敦『東京都の歴史』（山川出版社、１９９７）
竹内誠監修・市川寛明編『地図・グラフ・図解でみる　一目でわかる江戸時代』（小学館、２００４）
立川昭二『日本人の病歴』（中公新書、１９７６）
立川昭二『近世病草紙』（平凡社、１９７９）
棚橋正博・村田裕司編著『絵でよむ江戸のくらし風俗大事典』（柏書房、２００４）
谷川章雄「江戸の墓地の発掘――身分・階層の表徴としての墓」（『甦る江戸』新人物往来社、１９９１）
たばこと塩の博物館『粧いの文化史』（１９９１）
たばこと塩の博物館『拳の文化史』（１９９９）
たばこと塩の博物館『大見世物』（２００３）
たばこと塩の博物館『きんからかわの世界』（１９８９）
たばこと塩の博物館『海を渡った江戸の和紙』（１９９４）
たばこと塩の博物館『寛政の出版界と山東京伝』（１９９５）
たばこと塩の博物館『阿蘭陀趣味』（１９９６）
たばこと塩の博物館『日本を見つけた。』（２００２）
田畑喜右ヱ門撰、斎木一馬・岩沢愿彦校訂『断家譜』（続群書類従完成会、１９７９〜８１）
玉井哲雄『江戸町人地に関する研究』（近世風俗研究会、１９７７）
玉井哲雄『江戸――失われた都市空間を読む』（平凡社、１９８６）
田村栄太郎『江戸城』（雄山閣、２００３）
達磨屋活東子編『燕石十種』のうち、『五月雨草紙』『後はむかし物語』『塵塚談』『賤のをだ巻』『我衣』
近松祭企画・実行委員会編『近松門左衛門三百五十年』（和泉書院、２００３）
塚本学『地方文人』（教育社歴史新書、１９７７）
寺門静軒『江戸繁昌記』全3巻（平凡社、１９７４〜７６）
東京帝国大学史談会編、三好一光校注『旧事諮問録』（青蛙房、１９８２）
東京都公文書館『江戸住宅事情』（１９９０）
東京都公文書館『江戸の葬送墓制』（１９９３）
東京都編『東京市史稿　皇城編』（臨川書店、１９７３・７４）
徳川美術館編『姫君の華麗なる日々』（２００４）
所理喜夫「江戸の出稼人」（『江戸町人の研究』吉川弘文館、１９７３）
所三男『近世林業史の研究』（吉川弘文館、１９８０）
内藤昌「江戸の都市と建築」（『江戸図屏風』別巻、毎日新聞社、１９７２）
永島今四郎・大田贇雄編『新装版　定本江戸城大奥』（新人物往来社、１９９５）
中田薫『法制史論集』第1巻（岩波書店、１９２６）
新見吉治『旗本』（吉川弘文館、１９６７）
西坂靖『三井越後屋奉公人の研究』（東京大学出版会、２００６）
西山松之助ほか編『江戸学事典』（弘文堂、１９８４）
日本學士院日本科学史刊行会編『明治前日本林業技術発達史　新訂版』（野間科学医学研究資料館、１９８０）
『日本思想大系　29　中江藤樹』（岩波書店、１９７４）
『日本思想大系　42　石門心學』（岩波書店、１９７１）
『日本思想大系　44　本多利明、海保青陵』（岩波書店、１９７０）
『日本思想大系　51　國學運動の思想』（岩波書店、１９７１）
『日本思想大系　53　水戸學』（岩波書店、１９７３）
日本風俗史学会編『史料が語る江戸の暮らし１２２話』（つくばね舎、１９９４）
根岸鎮衛『耳袋』全2巻（平凡社、１９７８〜７９年）
根岸茂夫「元禄期秋田藩の修史事業」（『栃木史学』第5号、１９９１）
野田浩子「彦根藩における井伊家系譜の編纂」（『彦根城博物館紀要』第8号、１９９８）
野中和夫編『ものが語る歴史12　石垣が語る江戸城』（同成社、２００７）
延広真治『落語はいかにして形成されたか』（平凡社、１９８６）
萩原進編集・校訂『浅間山天明噴火史料集成』全5巻（群馬県文化事業振興会、１９８５〜９５）
服部幸雄『大いなる小屋』（平凡社、１９９４）
服部幸雄『絵本　夢の江戸歌舞伎』（岩波書店、２００１）
服部幸雄『江戸歌舞伎』（岩波書店、１９９３）
服部幸雄『歌舞伎の原郷　地芝居と都市の芝居小屋』（吉川弘文館、２００７）
林英夫・青木美智男編『番付で読む江戸時代』（柏書房、２００３）
林玲子『江戸問屋仲間の研究』（御茶の水書房、１９６７）
林玲子『江戸・上方の大店と町家女性』（吉川弘文館、２００１）
林玲子『江戸店の明け暮れ』（吉川弘文館、２００３）

原田伴彦・遠藤武・百瀬明治『江戸の女たち』（柏書房、２００６）
原田信男「江戸の食生活と料理文化」（『江戸の食文化』吉川弘文館、１９９２）
秀村選三・桑波田興・藤井譲治「藩政の成立」（『岩波講座　日本歴史』第10巻、１９７５）
尾藤正英『日本封建思想史研究』（青木書店、１９６１）
日野龍夫『江戸人とユートピア』（朝日選書、１９７７）
樋畑雪湖『江戸時代の交通文化』（刀江書院、１９３１）
平出鏗二郎『敵討』（中公文庫、１９９０）
平井聖監修『図説江戸１　江戸城と将軍の暮らし』（学習研究社、２０００）
平井聖監修『よみがえる江戸城――徹底復元――』（学習研究社、２００５）
平野正章「江戸時代の食生活」（日本風俗史学会二十周年記念展実行委員会編『浮世に見る江戸の生活』日本風俗史学会、１９８０）
平松義郎『近世刑事訴訟法の研究』（創文社、１９６０）
深井甚三『幕藩制下陸上交通の研究』（吉川弘文館、１９９５）
深井甚三『江戸の旅人たち』（吉川弘文館、１９９７）
深井甚三『江戸の宿』（平凡社、２０００）
深井雅海『図解　江戸城をよむ』（原書房、１９９７）
深津正「「あかり」の昔と今」（『風俗史への招待』文化出版局、１９８５）
深谷克己「明君創造と藩屏国家(1)～(3)」（『早稲田大学大学院文学研究科紀要』第40～42、１９９４～９６）
深谷克己『百姓成立』（塙書房、１９９３）
深谷克己「名君とはなにか」（『歴史評論』第５８１号、校倉書房、１９９８）
深谷克己「明君録」（『歴史をよむ』東京大学出版会、２００４）
福田千鶴『幕藩制的秩序と御家騒動』（校倉書房、１９９９）
福田千鶴「近世中期の藩政」（『日本の時代史16　享保改革と社会変容』吉川弘文館、２００３）
福田千鶴『御家騒動』（中公新書、２００５）
福田千鶴『江戸時代の武家社会』（校倉書房、２００５）
藤井譲治『日本の歴史12　江戸開幕』（集英社、１９９２）
藤田覚・大岡聡編『江戸――街道の起点』（『街道の日本史』20、吉川弘文館、２００３）
藤田恒春「大名「改易」の構造」（『史泉』第65号、関西大学、１９８７）
藤野保『幕藩体制史の研究』（吉川弘文館、１９７５年）
藤野保『新訂　幕藩体制史の研究』（吉川弘文館、１９７５）
藤野保『近世国家史の研究』（吉川弘文館、２００２）
藤野保『近世国家解体過程の研究』前・後編（吉川弘文館、２００６）
藤原千恵子編『図説浮世絵に見る江戸の一日』（河出書房新社、１９９６）
藤原千恵子編・佐藤要人監修『図説浮世絵に見る江戸っ子の一生』（河出書房新社、２００２）
保坂智『百姓一揆とその作法』（吉川弘文館、２００２）
堀江英一編『藩政改革の研究』（御茶の水書房、１９５５）
堀江保蔵『我国近世の専売制度』（日本評論社、１９３３）
堀内信編『南紀徳川史』（名著出版、１９７０～７２年）
真島好恵「『由緒書抜』はなぜ作られたのか」（『青森県史研究』第６号、２００２）
マーク・ラビナ著・浜野潔訳『「名君」の蹉跌』（ＮＴＴ出版、２００４）
松本四郎『日本近世都市論』（東京大学出版会、１９８３）
松本良太「人宿」（『岩波講座　日本通史』岩波書店、１９９５）
松浦静山『甲子夜話』全20巻（平凡社、１９７７～８３）
丸山雍成『日本近世交通史の研究』（吉川弘文館、１９８９）
丸山雍成「街道・宿駅・旅の制度と実態」（『日本の近世』第６巻、中央公論社、１９９２）
三上参次『江戸時代史』（講談社学術文庫、１９７６）
三谷一馬『江戸庶民風俗図絵』（三樹書房、１９９９）
宮地正人『歴史の中の新選組』（岩波書店、２００４）
宮田登『江戸歳時記』（吉川弘文館、１９８１）
三田村鳶魚『三田村鳶魚全集』第10巻（中央公論社、１９７５）
三井高維『両替年代記関鍵』巻二（岩波書店、１９３３）
三井文庫編『三井事業史』本篇第一巻（１９８０）
水林彪『封建制の再編と日本的社会の確立』（山川出版社、１９８７）
南和男『江戸の社会構造』（塙書房、１９６９）
南和男『幕末都市社会の研究』（塙書房、１９９９）
南和男『江戸の町奉行』（吉川弘文館、２００５）
宮本馨太郎『燈火』（朝文社、１９９４）
森下みさ子『江戸の花嫁』（中公新書、１９９２）
守屋毅『村芝居』（平凡社、１９８８）
安澤秀一編『松江藩出入捷覧』（原書房、１９９０）
安村敏信『狩野派　探幽と江戸狩野派』（東京美術、２００６）
矢野憲一『枕』（法政大学出版局、１９９６）
山口和雄『日本漁業史』（東京大学出版会、１９５７）
山田徳兵衛『日本人形史』（講談社、１９８４）
山田徳兵衛『吉徳これくしょん　雛人形・五月人形・羽子板』（東京堂出版、１９８２）
山本英二「尾張藩の歴史編纂事業と木曾の百姓控山」（徳川林政史研究所『紀要』第26号、１９９２）
山本進『図説　落語の歴史』（河出書房新社、２００６）
山本博文『参勤交代』（講談社新書、１９９８）
山本博文『鎖国と海禁の時代』（校倉書房、１９９５）
山本博文『鬼平と出世　旗本たちの昇進競争』（講談社現代新書、２００２）
山本博文『サラリーマン武士道　江戸のカネ・女・出世』（講談社現代新書、２００１）
山本博文『殉死の構造』（弘文堂、１９９４）
山本政恒著・吉田常吉校訂『幕末下級武士の記録』（時事通信社、１９８５）
矢守一彦編『週刊朝日百科　日本の歴史』75（朝日新聞社、１９８７）
柚木学『近世海運史の研究』（法政大学出版局、１９７９）
横倉辰次『与力・同心・目明しの生活』（雄山閣出版、１９７５）
横山百合子『明治維新と近世身分制の解体』（山川出版社、２００５）
吉岡孝『江戸のバガボンドたち』（ぶんか社、２００３）
吉田伸之『近世都市社会の身分構造』（東京大学出版会、１９９８）
吉田伸之『成熟する江戸』（講談社、２００２）
吉田伸之編『日本の近世　都市の時代』（中央公論社、１９９２）
吉永昭『近世の専売制度』（吉川弘文館、１９７３）
吉原健一郎『江戸の町役人』（吉川弘文館、１９８０）
若尾政希「享保～天明期の社会と文化」（『日本の時代史16　享保改革と社会変容』吉川弘文館、２００３）
早稲田大学演劇博物館編『芝居絵に見る江戸・明治の歌舞伎』（小学館、２００３）
渡辺和敏「関所・口留番所の機能と運営」（『日本の近世』第６巻、中央公論社、１９９２）
渡辺信一郎『江戸の庶民生活・行事事典』（東京堂出版、２０００）
渡辺信一郎『大江戸庶民のあっと驚く生活考』（青春出版社、２００３）
渡辺尚志『浅間山噴火』（吉川弘文館、２００３）

江戸文化歴史検定

写真協力……東京国立博物館
(Image：TNM Image Archives)
元離宮二条城事務所
(株)百日草
デザイン……(有)ビー・シー
イラスト……蓬生雄司
米田清史
地図作成……エルフ
校正……オフィス・タカエ
編集協力……小西むつ子
青木桃子
(有)三猿舎
編集……青柳　亮
伊藤千栄子
柳沢文子
竹内明彦(小学館)
宇南山知人(小学館)
資材……横山　肇
制作……森川和勇
制作企画……大木由紀夫
宣伝……青島　明
販売……奥村浩一
監修……東京都歴史文化財団　江戸東京博物館

江戸文化歴史検定公式テキスト【上級編】

江戸博覧強記

二〇〇七年六月二七日　初版第一刷発行

編者——江戸文化歴史検定協会
発行者——八巻孝夫
発行所——株式会社　小学館
〒一〇一—八〇〇一
東京都千代田区一ツ橋二—三—一
電話　編集：〇三（三二三〇）五一一七
販売：〇三（五二八一）三五五五
印刷所——日本写真印刷株式会社
DTP——株式会社吉野工房
製本所——牧製本印刷株式会社

Printed in Japan ISBN978-4-09-626602-1